重大工程建设关键技术研究
总主编 孙 钧

长大桥梁建养关键技术丛书

丛书

城市桥梁设计创新与实践

韩振勇

编著

上海科学技术出版社

图书在版编目(CIP)数据

城市桥梁设计创新与实践/ 韩振勇编著. —上海：
上海科学技术出版社, 2019.2
（长大桥梁建养关键技术丛书）
ISBN 978-7-5478-4238-6

Ⅰ.①城… Ⅱ.①韩… Ⅲ.①城市桥—桥梁设计
Ⅳ.①U448.152.5

中国版本图书馆 CIP 数据核字(2018)第 243814 号

城市桥梁设计创新与实践
韩振勇　编著

上海世纪出版（集团）有限公司
上海 科 学 技 术 出 版 社　出版、发行
（上海钦州南路 71 号　邮政编码 200235　www.sstp.cn）
上海中华商务联合印刷有限公司
开本 787×1092　1/16　印张 18.25　插页 4
字数 430 千字
2019 年 2 月第 1 版　2019 年 2 月第 1 次印刷
ISBN 978-7-5478-4238-6/U·74
定价：160.00 元

本书如有缺页、错装或坏损等严重质量问题，请向工厂联系调换

重大工程建设关键技术研究

总主编

孙　钧　　同济大学教授，中国科学院院士

学术顾问

邱大洪　　大连理工大学教授，中国科学院院士

钱七虎　　中国人民解放军陆军工程大学教授，中国工程院院士

郑皆连　　广西大学教授，中国工程院院士

陈政清　　湖南大学教授，中国工程院院士

吴志强　　同济大学教授，中国工程院院士

王　平　　西南交通大学教授

刘斯宏　　河海大学教授

杨东援　　同济大学教授

内容提要

本书简要介绍城市桥梁建设的特点,以天津的城市桥梁为例,详细介绍近年来城市桥梁的设计创新与实践。

全书共分7章,第1章介绍城市桥梁设计理念以及城市桥梁研究与应用现状;第2～7章分别介绍天津海河上的大沽桥、直沽桥、金阜桥、赤峰桥、富民桥、吉兆桥等6座城市桥梁的设计创新与工程实践,每章分别包括桥梁方案设计、桥梁结构设计及分析、桥梁构造设计及试验研究、施工关键技术研究等内容。

本书是作者科研团队多年来研究成果和工程应用的集成,主要面向从事桥梁设计、施工、管理的工程技术人员,也可以作为高等院校相关专业师生的学习参考书。

长大桥梁建养关键技术丛书

编委会

主任

郑皆连

副主任

陈政清

委员（以姓氏笔画为序）

王用中　华旭刚　刘旭锴　孙利民　李永乐
李贤琪　张宇峰　张喜刚　陈宜言　邵旭东
胡建华　徐恭义　高宗余　韩振勇

编审委员会

主任

韩振勇

副主任

张振学

参编人员

王秀艳　王振南　洪　全　周凤先
王　楠　张　琳　王　英

审定人员

井润胜　汤洪雁　崔志刚

重大工程建设关键技术研究

总　序

近年来，我国各项基础设施建设的发展如火如荼，"一带一路"建设持续推进，许多重大工程项目如雨后春笋般蓬勃兴建，诸如三峡工程、青藏铁路、南水北调、三纵四横高铁网、港珠澳大桥、上海中心大厦，以及由我国援建的雅万高铁、中老铁路、中泰铁路、瓜达尔港、比雷埃夫斯港，等等，不一而足。毋庸置疑，我国已成为世界上建设重大工程最多的国家之一。这些重大工程项目就其建设规模、技术难度和资金投入等而言，不仅在国内，即使在全球范围也都位居前茅，甚至名列世界第一。在这些工程的建设过程中涌现的一系列重大关键性技术难题，通过分析探索创新，很多都得到了很好的优化和解决，有的甚至在原来的理论、技术基础上创造出了新的技术手段和方法，申请了大量的技术专利。例如，632 m 的上海中心大厦，作为世界最高的绿色建筑，其建设在超高层设计、绿色施工、施工监理、建筑信息化模型（BIM）技术等多方面取得了多项科研成果，申请到 8 项发明专利、授权 12 项实用新型技术。仅在结构工程方面，就应用到了超深基坑支护技术、超高泵送混凝土技术、复杂钢结构安装技术以及结构裂缝控制技术等许多创新性的技术革新成果，有的达到了世界水平。这些优化、突破和创新，对我国工程技术人员将是非常宝贵的参考和借鉴。

在 2016 年 3 月初召开的全国人大全体会议期间，很多代表谈到，极大量的技术创新与发展是"十三五"时期我国宏观经济实现战略性调整的一项关键性驱动因素，是实现国家总体布局下全面发展的根本支撑和关键动力。

同时，在新一轮科技革命的机遇面前，也只有在关键核心技术上一个个地进行创新突破，才能实现社会生产力的全面跃升，使我国的科研成果和工程技术掌控两者的水平和能力尽早、尽快地全面进入发达国家行列，从而在国际上不断提升技术竞争力，而国力将更加强大！当前，许多工程技术创新得到了广泛的认可，但在创新成果的推广应用中却还存在不少问题。在重大工程建设领域，关键工程技术难题在实践中得到突破和解决后,需要把新的理论或方法进一步梳理总结,再一次次地广泛应用于生产实践,反过来又将再次推动技术的更进一步的创新和发展,是为技术的可持续发展之巨大推动力。将创新成果进行系统总结,出版一套有分量的技术专著是最有成效的一个方面。这也是出版"重大工程建设关键技术研究"丛书的意义之所在。以推广学术上的创新为主要目标,"重大工程建设关键技术研究"丛书主要具有以下几方面的特色:

1. 聚焦重大工程和关键项目。目前,我国基础设施建设在各个领域蓬勃开展,各类工程项目不断上马,从项目体量和技术难度的角度,我们选择了若干重大工程和关键项目,以此为基础,总结其中的专业理论和专业技术使之编纂成书。由于各类工程涉及领域和专业门类众多,专业学科之间又有相互交叉和融合,难以单用某个专业来设定系列丛书,所以仍然以工程大类为基本主线,初步拟定了隧道与地下工程、桥梁工程、铁道工程、公路工程、超高层与大型公共建筑、水利工程、港口工程、城市规划与建筑共八个领域撰写成系列丛书,基本涵盖了我国工程建设的主要领域,以期为未来的重大工程建设提供专业技术参考指导。由于涉及领域和专业多,技术相互之间既有相通之处,也存在各自间的不同,在交叉技术领域又根据具体情况做了处理,以避免内容上的重复和脱节。

2. 突出共性技术和创新成果,侧重应用技术理论化。系列丛书围绕近年来重大工程中出现的一系列关键技术难题,以项目取得的创新成果和技术突破为基础,有针对性地梳理各个系列中的共性、关键或有重大推广价值的技术经验和科研成果,从技术方法和工程实践经验的角度进行深入、系统而又详尽的分析和阐述,为同类难题的解决和技术的提高提供切实的理论依据和应用参考。在"复杂地质与环境条件下隧道建设关键技术丛书"(钱七虎院士任编委会主任)中,对当前隧道与地下工程施工建设中出现的关键问题进行了系统阐述并形成相应的专业技术理论体系,包括深长隧道重大突涌水灾害预测预警与风险控制、盾构工程遇地层软硬不均与极软地层的处理、类矩形盾构法、水下盾构隧道、地面出入式盾构法隧道、特长公路隧道、隧道地质三维探测、盾构隧道病害快速检测、隧道及地下工程数字化、软岩大变形隧道新型锚固材料等,使得关键问题在研究中得到了不同程度的解决和在后续工程中的有效实施。

3. 注重工程实用价值。系列丛书涉及的技术成果要求在国内已多次采用,实践证明是可靠的、有效的,有的还获得了技术专利。系列丛书强调以理论为引领,以应用为重点,以案例为说明,所有技术成果均要求以工程项目为背景,以生产实践为依托,使丛书既富有学术内涵,又具有重要的工程应用价值。如"长大桥梁建养关键技术丛书"(郑皆连院士任编委会主任、陈政清院士任副主任),围绕特大跨度悬索桥、跨海长大桥梁、多塔斜拉桥、特大跨径钢管混凝土拱桥、大跨度人行桥、大比例变宽度空间索面悬索桥等重大桥梁工程,聚焦长大桥梁的设计创新理论、施工创新技术、建设难点的技术突破、桥梁结构健康监测与状态评估、运营期维修养护等,主要内容包括大型钢管混凝土结构真空辅助灌注技术、大比例变宽度空间索面悬索桥体系、新型电涡流阻尼减振技术、长大桥梁的缆索吊装和斜拉扣挂施工、超大型深水基础超高组合桥塔、变形智能监测、基于BIM的建养一体化等。这些技术的提出以重大工程建设项目为依托,包括合江长江一桥、合江长江二桥、巫山长江大桥、桂广铁路南盘江大桥、张家界大峡谷桥、西堠门大桥、嘉绍大桥、港珠澳大桥、虎门二桥等,书中对涉及具体工程案例的相关内容进行了详尽分析,具有很好的应用参考价值。

4. 聚焦热点,关注风险分析、防灾减灾、健康检测、工程数字化等近年来出现的新兴分支学科。在绿色、可持续发展原则指导下,近年来基础建设领域的技术创新在节能减排、低碳环保、绿色土木、风险分析、防灾减灾、健康检测(远程无线视频监控)、工程使用全寿命周期内的安全与经济、可靠性和耐久性、施工技术组织与管理、数字化等方面均有较多成果和实例说明,系列丛书在这些方面也都有一定体现,以求尽可能地发挥丛书对推动重大工程建设的长期、绿色、可持续发展的作用。

5. 设立开放式框架。由于上述的一些特性,使系列丛书各分册的进展快慢不一,所以采用了开放式框架,并在后续系列丛书各分册的设定上,采用灵活的分阶段付梓出版的方式。

6. 主编作者具备一流学术水平,从而为丛书内容的学术质量打下了坚实的基础。各个系列丛书的主编均是该领域的学术权威,在该领域具有重要的学术地位和影响力。如陈政清教授,中国工程院院士,"985"工程首席科学家,桥梁结构与风工程专家;郑皆连教授,中国工程院院士,桥梁设计施工专家;钱七虎教授,中国工程院院士,防护与地下工程专家;吴志强教授,中国工程院院士,城市规划与建设专家;等等。而参与写作的主要作者都是活跃在我国基础设施建设科研、教育和工程的一线人员,承担过重大工程建设项目或国家级重大科研项目,他们主要来自中铁隧道局集团有限公司、中交隧道工程局有限公司、中铁十四局集团有限公司、中交第一公路工程局有限公司、青岛地铁集团有限公司、上海建工集团有限公司、上海城建集团、中交公路规划设计院有限公司、陆军研究院工程设计研究所、招商局重庆交通科研设计院有限公司、天津城建集团有限公司、浙江省交通规划设计研究院、江苏交通科学研究院有限公司、同济大学、河海大学、西南交通大学、湖南大学、山东大学等。各位专家在承担繁重的工程建设和科研教学任务之余，奉献了自己的智慧、学识和汗水，为我国的工程技术进步做出了贡献，在此谨代表丛书总编委对各位的辛劳表示衷心的感谢和敬意。

当前，不仅国内的各项基础建设事业方兴未艾，在"一带一路"倡议下，我国在海外的重大工程项目建设也正蓬勃发展，对高水平工程科技的需求日益迫切。相信系列丛书的出版能为我国重大工程建设的开展和创新科技的进步提供一定的助力。

孙钧

2017年12月，于上海

孙钧先生，同济大学一级荣誉教授，中国科学院资深院士，岩土力学与工程国内外知名专家。"重大工程建设关键技术研究"系列丛书总主编。

长大桥梁建养关键技术丛书

序

　　随着高速公路、高速铁路建设的快速发展,我国桥梁建设不断向大跨、重载、新材方向发展,高铁桥梁、大跨公路桥梁、跨海大桥不断刷新着世界纪录。截至2016年底,我国有公路桥梁80余万座、铁路桥梁20余万座,桥梁数量已位居世界第一。目前已建成的苏通大桥、江阴大桥、杭州湾大桥、西堠门大桥、万县长江大桥等一大批桥梁,在跨径、技术难度和建设质量方面均处于世界同类桥梁前列。同时主持或参与建设的一批国际知名桥梁工程,如马来西亚槟城二桥、巴拿马运河三桥、塞尔维亚泽蒙-博尔察大桥、新奥克兰海湾桥等,也荣获了多项著名国际大奖。

　　长大桥梁建设技术是体现一个国家桥梁建设水平的重要标志。在自主建设的基础上,我国桥梁技术在勘察设计、施工技术、建设管理、安全保障和新材料新装备应用等方面都取得了一批自主创新成果,各种大跨径梁式桥、拱桥、斜拉桥、悬索桥等大型桥梁建设技术得到了快速发展。为了更好地促进重大工程建设关键技术的推广和应用,编委会遴选了近年在重大工程特大跨度悬索桥、跨海长大桥、多塔斜拉桥、特大跨径钢管混凝土拱桥、大跨度人行桥、大比例变宽度空间索面悬索桥、新型城市桥梁等领域取得的创新成果和技术,围绕长大桥梁的设计创新理论、施工创新技术、建设难点的突破、桥梁结构健康监测与状态评估、运营期维修养护等方面,以学术专著的形式介绍这些技术难度较高的长大桥梁在设计、施工、监测与养护,以及结构与振动控制理论、风险评估等方面的创新成果和核心技术。

　　丛书中涉及和介绍的一些创新成果在国内均属于首创,有的已形成具有自主知识产权的核心技术。例如,由广西大学郑皆连院士研发并首先应用和推广的缆索吊装斜拉扣挂施工技术,是现代大跨径钢管混凝土拱桥的主流施工方法,也极大地推动了拱桥的建设。在此基础上,针对500米级钢管混凝土拱桥建造面临的挑战,郑皆连院士又创新性地提出了大型钢管混凝土结构真空辅助灌注管内混凝土技术、500米级钢管混凝土拱桥的制造安装成套技术,研发了全隔离和全防腐的吊杆拉索,形成了500米级钢管混凝土拱桥设计、制造、施工核心技术。湖南大学针对大跨度人行桥的抗风及人致振动等动力问题,提出的大比例变宽度空间索面悬索桥体系以及开发的新型电涡流阻尼减振技术,在多个超大跨度人行桥中进行了应用,取得了较好的效果。中交公路规划设计院结合嘉绍大桥、港珠澳大桥的建设经验,在多塔斜拉桥适宜结构体系及关键装置、超大型深水基础、超高组合桥塔技术等方面均取得了较大的成果。中铁大桥勘测设计院以全国工程设计大师徐恭义为首的桥梁设计团队,通过武汉杨泗港长江大桥、连镇铁路五峰山长江大桥、泰州长江大桥、镇江长江大桥和鹦鹉洲长江大桥等悬索桥工程的建设,在特大跨度悬索桥设计、施工中取得了重大突破和创新成果。江苏交通科学研究院在役长大桥梁安全与健康国家重点实验室的研究团队多年来在桥梁结构健康监测与状态评估领域进行了持续的研究,其成果被应用于7座长江大桥在内的国内30余座大桥的健康监测系统的设计与实施中。天津城建院在城市桥梁结构体系及细部构造等方面的创新,以及新技术、新材料等的应用,也得到了业内的广泛认可。

  桥梁建设虽然在诸多方面取得了很大的成就,但与发达国家相比,在创新设计理念、耐久性、高性能材料、标准规范、专业化人才队伍等方面还存在不足,一些基础理论研究和共性关键技术尚需突破。这套书作为长大桥梁建设关键技术的代表,期望起到以点带面的作用,在促进关键技术推广应用的同时,为先进技术的发展和提高起到积极的促进作用。在新一轮科技革命和产业变革加速演进,重大颠覆性创新不断涌现的今天,更需要专家和学者重视创新技术的总结、推广和应用。丛书在研讨策划、组织、编写和审稿的过程中得到了相关大型企业、高校、研究机构和学会协会的大力支持,许多专家在百忙之中给丛书提供了很多好的建议和想法。尤其是亲自参与书稿编写工作的专家学者,他们在繁忙的工作之余牺牲了自己的休息时间,为技术成果的总结出版奉献了自己的智慧和汗水,在此一并表示感谢。

2017 年 11 月

  陈政清先生,湖南大学资深教授,中国工程院院士,桥梁工程专家。"长大桥梁建养关键技术丛书"主编。

前 言

本书作为"长大桥梁建养关键技术丛书"之一,旨在为广大桥梁建设技术人员提供一本可指导城市桥梁设计、施工的技术性参考书。

近年来,随着世界经济快速发展,人们对城市桥梁的美学景观要求越来越高,各种与生态环境、历史文化及美学景观融合的复杂桥型应运而生,越来越多基于新理念、新材料和新体系的城市桥梁不断涌现。相对于公路桥梁,城市桥梁在满足交通功能的基础上,更注重桥梁的景观效果,同时还应兼顾城市历史文化、建筑风格以及桥位周边的规划和环境等因素。欧美、日本等发达国家和地区表现尤为突出,设计师们在新型城市桥梁设计中注重桥梁与环境相协调,融入人性化的设计理念,且根据不同的地形条件,因地制宜,设计出许多造型优美、极具特色的景观桥梁。当前,我国城市桥梁建设日新月异,而天津作为国际现代化大都市,在海河综合开发改造过程中提出了"城市桥梁"概念,并做了大量突破性的尝试。设计师们根据不同的桥位和交通需求,尝试城市桥梁的多样性,融入建筑美学元素,与周边环境相协调,强调以人为本,重视亲水设计,突出行人在桥上行走的体验。

作者多年来一直致力于城市桥梁的设计与施工工作,以本书所述天津海河大沽桥、直沽桥、金阜桥、赤峰桥、富民桥、吉兆桥等6座城市桥梁建设为依托,主持多项国家级、省部级科技攻关项目,获国家科技进步二等奖、天津市科技进步一等奖等奖项,主持设计施工的桥梁获国际桥梁大奖——尤金·菲戈奖、全国优秀工程勘察设计银质奖、中国建设工程鲁班奖、中国土木工程詹天佑奖等奖项。

本书是作者所带领的研究团队多年来理论成果和工程应用的总结,主要面向具有一定工程经验的技术人员,注重创新与实践,力求图文并茂,以实际工程案例的形式方便读者理解和掌握。

本书部分成果来自作者所主持的科研项目,工程设计案例均来自天津城建设计院有限公司主持设计的桥梁,大部分工程施工案例来自天津城建集团及所属公司主持施工的桥梁。天津城建集团及所属公司、天津城建设计院有限公司、同济大学、清华大学、华中科技大学、天津大学等单位为作者的相关研究提供了大力支持,并提出了很多有益的建议,作者对参与本书内容研究的合作者表示衷心的感谢!

当前,我国城市桥梁建设仍处于不断积累和高速发展的阶段,由于时间仓促和作者认识上的局限性,本书疏漏和不当之处在所难免,恳请广大读者不吝赐教,以便再版时修正、提高。

作 者

2019 年 1 月

目 录

第1章 绪论

1.1 城市桥梁设计理念 ………………………………………………… 1
1.2 城市桥梁研究与应用现状 …………………………………………… 2

第2章 天津海河大沽桥

2.1 桥梁方案设计 ………………………………………………………… 4
　2.1.1 工程建设条件 …………………………………………………… 4
　2.1.2 桥梁方案构思 …………………………………………………… 4
2.2 桥梁结构设计及分析 ………………………………………………… 5
　2.2.1 工程概况 ………………………………………………………… 5
　2.2.2 结构设计 ………………………………………………………… 6
　2.2.3 整体计算分析 ………………………………………………… 11
2.3 桥梁构造设计及试验研究 ………………………………………… 13
　2.3.1 构造设计 ……………………………………………………… 13
　2.3.2 吊杆连接构造疲劳试验 ……………………………………… 15
2.4 施工关键技术研究 ………………………………………………… 16
　2.4.1 主拱安装 ……………………………………………………… 17
　2.4.2 体系转换施工 ………………………………………………… 24
　2.4.3 厚板焊接变形控制 …………………………………………… 33
　2.4.4 环氧沥青铺装 ………………………………………………… 37
　2.4.5 成桥试验 ……………………………………………………… 38

第3章 天津海河直沽桥

39

- 3.1 桥梁方案设计 ········· 40
  - 3.1.1 工程建设条件 ········· 40
  - 3.1.2 桥梁方案构思 ········· 40
- 3.2 桥梁结构设计及分析 ········· 41
  - 3.2.1 工程概况 ········· 41
  - 3.2.2 结构设计 ········· 43
  - 3.2.3 整体计算分析 ········· 43
- 3.3 桥梁构造设计及试验研究 ········· 45
  - 3.3.1 构造设计 ········· 45
  - 3.3.2 试验研究 ········· 54
- 3.4 施工关键技术研究 ········· 70
  - 3.4.1 吊杆张拉控制 ········· 70
  - 3.4.2 双曲面钢拱肋制作成型工艺 ········· 71
  - 3.4.3 叶片及弧形梁连接片制作成型工艺 ········· 75
  - 3.4.4 空间斜向变截面钢拱的安装工艺 ········· 78
  - 3.4.5 钢拱桥施工体系转换研究 ········· 83

第4章 天津海河金阜桥

88

- 4.1 桥梁方案设计 ········· 88
  - 4.1.1 工程建设条件 ········· 88
  - 4.1.2 桥梁方案构思 ········· 88
- 4.2 桥梁结构设计及分析 ········· 91
  - 4.2.1 工程概况 ········· 91
  - 4.2.2 结构设计 ········· 93
  - 4.2.3 结构受力优化分析 ········· 100
  - 4.2.4 整体计算分析 ········· 103
- 4.3 桥梁构造设计及试验研究 ········· 105
  - 4.3.1 大吨位拉压剪支座设计及试验研究 ········· 106
  - 4.3.2 撑杆设计及试验研究 ········· 107
  - 4.3.3 铝合金桥面板性能试验研究 ········· 107
- 4.4 施工关键技术研究 ········· 110
  - 4.4.1 施工整体工序研究 ········· 110

4.4.2 钢箱梁加工及安装 ……………………………………………… 114
4.4.3 空间扭曲纵、横拱加工制造工艺研究 …………………………… 118
4.4.4 施工控制成果 …………………………………………………… 128

第5章 天津海河赤峰桥
129

5.1 桥梁方案设计 ……………………………………………………… 129
　5.1.1 工程建设条件 …………………………………………………… 129
　5.1.2 桥梁方案构思 …………………………………………………… 129
5.2 桥梁结构设计及分析 ……………………………………………… 132
　5.2.1 工程概况 ………………………………………………………… 132
　5.2.2 结构设计 ………………………………………………………… 132
　5.2.3 整体计算分析 …………………………………………………… 135
5.3 桥梁构造设计及试验研究 ………………………………………… 139
　5.3.1 主塔总体受力分析与设计 ……………………………………… 139
　5.3.2 主塔锚固区设计 ………………………………………………… 139
　5.3.3 钢主梁锚固区设计 ……………………………………………… 141
　5.3.4 主塔基础设计 …………………………………………………… 142
　5.3.5 限位墩设计 ……………………………………………………… 146
　5.3.6 拉索合理布置和索力优化 ……………………………………… 148
5.4 施工关键技术研究 ………………………………………………… 150
　5.4.1 主塔施工工艺 …………………………………………………… 150
　5.4.2 钢箱梁加工及安装 ……………………………………………… 152
　5.4.3 拉索张拉及体系转换 …………………………………………… 155

第6章 天津海河富民桥
168

6.1 桥梁方案设计 ……………………………………………………… 168
　6.1.1 工程建设条件 …………………………………………………… 168
　6.1.2 桥梁方案构思 …………………………………………………… 168
6.2 桥梁结构设计及分析 ……………………………………………… 170
　6.2.1 工程概况 ………………………………………………………… 170
　6.2.2 结构设计 ………………………………………………………… 170
　6.2.3 整体计算分析 …………………………………………………… 184

6.3 桥梁构造设计及试验研究 195
6.3.1 主鞍设计和试验研究 195
6.3.2 索夹设计和试验研究 197
6.3.3 空间缆索下吊点设计和试验研究 198

6.4 施工关键技术研究 200
6.4.1 空间缆索悬索桥施工技术综述 200
6.4.2 猫道设计和架设 200
6.4.3 主缆架设准备措施和主缆架设 202
6.4.4 体系转换和现场监控 205

第7章 天津海河吉兆桥 209

7.1 桥梁方案设计 209
7.1.1 工程建设条件 209
7.1.2 桥梁方案构思 210

7.2 桥梁结构设计及分析 210
7.2.1 工程概况 210
7.2.2 结构体系 212
7.2.3 整体计算分析 216

7.3 桥梁构造设计及试验研究 225
7.3.1 负弯矩区节段模型试验 225
7.3.2 新型抗拔不抗剪 T 形连接件性能试验 244
7.3.3 软钢阻挡装置力学性能试验研究 258

7.4 施工关键技术研究 263
7.4.1 钢桁架制作精度控制 263
7.4.2 钢桁架小空间复杂节点制造技术 265
7.4.3 钢桁架安装技术 268

参考文献 269

第 1 章

绪　论

1.1　城市桥梁设计理念

近年来,随着社会经济的发展,物质极大丰富,人们已经不再仅仅满足于桥梁所提供的使用功能,而对桥梁提出更高的期望。尤其对于在城市中建造的桥梁而言,不单单是一座只解决交通功能的桥梁,而且要兼具景观效果。人们对环境的要求与审美品位不断提升,城市桥梁建设已经突破了传统理念的束缚,逐渐向新型、景观、定制等方向发展。

随着计算机技术的飞速发展,桥梁设计已摆脱了过去繁重的手工计算,复杂结构的计算已经不再是困扰设计师们的难题。在桥梁的规划和设计阶段,可以运用高度发展的计算机辅助手段进行有效、快速的优化和仿真分析,虚拟现实技术的应用使业主可以十分逼真地预先看到桥梁建成后的外形和功能,可以模拟桥梁在地震和台风袭击下的表现,可以预知桥梁对环境的影响和昼夜景观等,这些都为决策提供极为便利的条件。结构动力学理论的发展与完善,使大桥采用非常轻质的梁型时不至于发生风毁事故。依靠科技进步,设计人员可以打破常规,采用特殊的结构,用更低的造价建造最美观、最实用的桥梁。

得益于世界经济的快速发展和计算手段的不断提高,各种与生态环境、历史文化及美学景观融合的大跨或复杂桥型的建设成为可能,越来越多基于全新的设计理念和新材料、新体系的城市桥梁应运而生。不同于公路桥梁,城市桥梁要在满足交通功能的基础上,适当考虑桥梁的景观效果,同时还应与城市历史文化、桥位周边规划及建筑风格,以及桥位周边环境相融合。

景观性是指人们的视觉印象与文化底蕴的结合,考虑的基本原则如下:① 与周边环境协调。桥梁的形式、尺寸和体量要与周边的环境条件相协调,根据不同的环境采用突出、消隐或融合的方法,用以强调、隐去或介于其间的表现桥体。② 反映国家、地区、民族的文化特点,桥梁建设要因地制宜。③ 桥梁自身的线条,主要是指通过近观和远观的视觉效果而体现出的桥梁整体与各组成部件、构件或各组成部分构件之间的尺寸和比例的协调。④ 桥梁着装主要指桥体色彩和装饰等。桥体色彩在很大程度上影响桥梁与周围环境的协调程度,可以依据周边的环境特点,根据突出、消隐或融合的法则,采用暖色、冷色或比较平和的颜色,恰当地与周围和桥体自身结合的装饰将对桥梁的近观效果起到画龙点睛的作用。

1.2　城市桥梁研究与应用现状

　　欧美、日本等发达国家和地区桥梁在满足交通功能的同时,使用功能已不断提高,大型海峡桥、海湾桥、湖泊桥中间设置车站、商店,桥墩、桥塔上设置装饰独特的咖啡馆、供人休闲的观景台,栏杆及桥头布置雕塑、壁画之风方兴未艾。许多新型城市桥梁的设计中注重桥梁与环境的协调和人性化的理念,设计师根据不同的地形条件,因地制宜,设计出许多与周边环境协调、造型优美、实用的桥梁。

　　近年来,我国城市桥梁建设日新月异。海河是天津的母亲河,她穿越天津市区,宽 100～200 m,临近海河河岸的建筑群和路网已经定型。天津作为国际现代化大都市,在城市桥梁建设中进行大胆探索和实践。自 2003 年开始,关于海河综合开发改造工程,提出了"城市桥梁"新概念——在满足交通功能的基础上,适当考虑桥梁的景观效果。设计师们根据不同的桥位和交通需求,尝试城市桥梁的多样性,融入建筑美学元素,与周边环境相协调,强调以人为本,重视亲水设计,突出行人在桥上行走的体验。

　　天津在特定的经济发展时期,结合特定的地理、历史环境,桥梁建设者们提出"城市桥梁"的概念,通过对结构体系的创新、结构构造的创新、新材料的应用、大型空间计算软件的应用等,使现代钢结构桥梁以其独特的优势在天津城市桥梁建设中大放异彩。按照建成通车的先后顺序(大沽桥、直沽桥、金阜桥、赤峰桥、富民桥和吉兆桥),分别介绍海河综合开发改造过程中的 6 座新建桥梁。

第 2 章

天津海河大沽桥

2006年6月，在美国宾夕法尼亚州匹兹堡召开的国际桥梁大会上，由国际著名桥梁大师邓文中院士提出设计方案、天津城建设计院有限公司与重庆达士工程事务所合作设计、天津城建集团施工的天津海河大沽桥摘取了世界著名桥梁大奖——尤金·菲戈奖[①]。

大沽桥于2005年建成通车。大沽桥大拱圈面向东方，象征着太阳；小拱圈面向西方，象征着月亮，行车视野开阔。有了"太阳"和"月亮"，大沽桥桥侧又点亮"星星"。夜幕降临，桥和河岸上的路灯、吊杆和桥梁连接处的聚光灯、人行道弧形边缘的装饰灯把海河点缀得璀璨美丽，成为天津市的一道靓丽景观，如图2-1所示。

图 2-1　大沽桥

[①] 尤金·菲戈奖是以已故著名桥梁设计师尤金·菲戈先生的名字命名的奖项，该奖由国际桥梁大会创立，以表彰那些富于想象和创新的标志性桥梁。

2.1 桥梁方案设计

2.1.1 工程建设条件

大沽桥位于天津市中心，跨越海河，连接和平区、河北区，它是海河综合开发改造工程的第一座新建桥梁，也是构成天津市中心商业区的重要组成部分[1]。大沽桥设计荷载等级为城-A级，双向六车道，两侧设人行道，桥宽约为32 m。海河为内河六级通航航道，通航净宽为30 m，净高为4.5 m，同时河岸两侧建筑群和路网已定型。海河上游船众多，考虑河道通航要求，同时为了减少行船撞击桥墩事故的发生，主桥拟采用一跨过河的结构形式，主跨跨径约为106 m。与此同时，为了给两侧下穿道路及河滨亲水平台提供足够的空间，拟设置2个边跨，跨径约为30 m。大沽桥桥头距离相交道路路口较近，所接路口高程较低。考虑骑行的舒适感，纵坡不应超过2.5%，受通航净空及两侧路网限制，主梁梁高需小于1.3 m。

本场地地震基本烈度为Ⅶ度，地震动峰值加速度为0.15g，设计地震分组为第二组。根据区域地质勘察和对附近建筑的调研，桥区场地主要以软土为主[1]。

2.1.2 桥梁方案构思

大沽桥的方案设计，综合分析斜拉桥、悬索桥、拱桥的经济性，以及桥梁与环境的协调性，做到桥梁与城市风景、城市空间和谐互补，选定下承式拱桥的设计方案，并由邓文中院士团队进行深化设计。

常规下承式拱桥拱肋和吊杆垂直桥面设置，大沽桥限定的1.3 m梁高很难满足32 m桥宽要求，因此将拱肋向内侧平移，使得人行道在拱肋外侧，拱肋间距为24 m。传统拱桥横向设置风撑结构以保持拱结构的稳定，如图2-2所示。

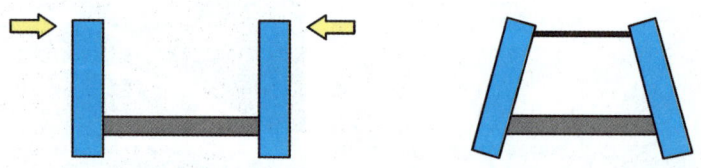

图2-2 拱结构示意图

为了使拱肋窈窕，并且满足拱的稳定问题，大沽桥单侧拱对应两排吊杆，形成三维空间结构。打破传统提篮拱桥两个拱肋结构内倾、对称设置的设计方法，采用两个拱肋一大一小的非对称、外倾设置方式，寓意"日月同辉"。大拱圈面向东方，象征着太阳；小拱圈面向西方，象征着月亮。

大拱拱圈弧长为140 m，拱高为39 m，平面向外倾斜比例为3∶1。小拱拱圈弧长为116 m，拱高为19 m，平面向外倾斜比例为2.5∶1。大、小拱共设置88根吊杆并锚固于主梁，形成三维稳定结构，吊杆外侧设置圆弧形观景平台。由于桥位处为软土地基，拱脚与钢箱梁固定，钢梁内设置系

---

[1] 天津城建设计院有限公司的"天津海河大沽桥设计文件(2005)"。

杆,形成系杆拱桥的结构方案。两侧边跨钢梁与中跨拱结构刚性连接,形成三跨连续结构,以增加主跨结构,尤其是拱脚位置的刚度。与此同时,三跨连续结构减小中跨墩柱的尺寸,避免设置复杂的牛腿结构。这种结构体系称为"敞开式四索面倾斜拱肋系杆拱桥"。

2.2 桥梁结构设计及分析

2.2.1 工程概况

大沽桥跨越海河及两侧道路,跨径布置为 24 m+106 m+24 m,全长为 154 m,为下承式系杆拱结构[1]。桥面宽为 30~59 m,其中,车行道全宽为 24 m,双向六车道。车行道两侧均有 5.5 m 宽的镂空梁,镂空梁外侧为观景式人行道,大拱侧人行道由桥头位置宽 3.0 m 按曲线渐变到主跨跨中位置宽 11.5 m,小拱侧人行道由桥头位置宽 3.0 m 按曲线渐变到主跨跨中位置宽 8.5 m。两条拱肋平面向外侧倾斜并且高度不同,每条拱肋对应两个索面,为钢梁提供支撑,车行道位置的钢梁内设置系杆。桥梁整体为顺桥向对称、横桥向不对称结构。大沽桥桥位如图 2-3 所示。

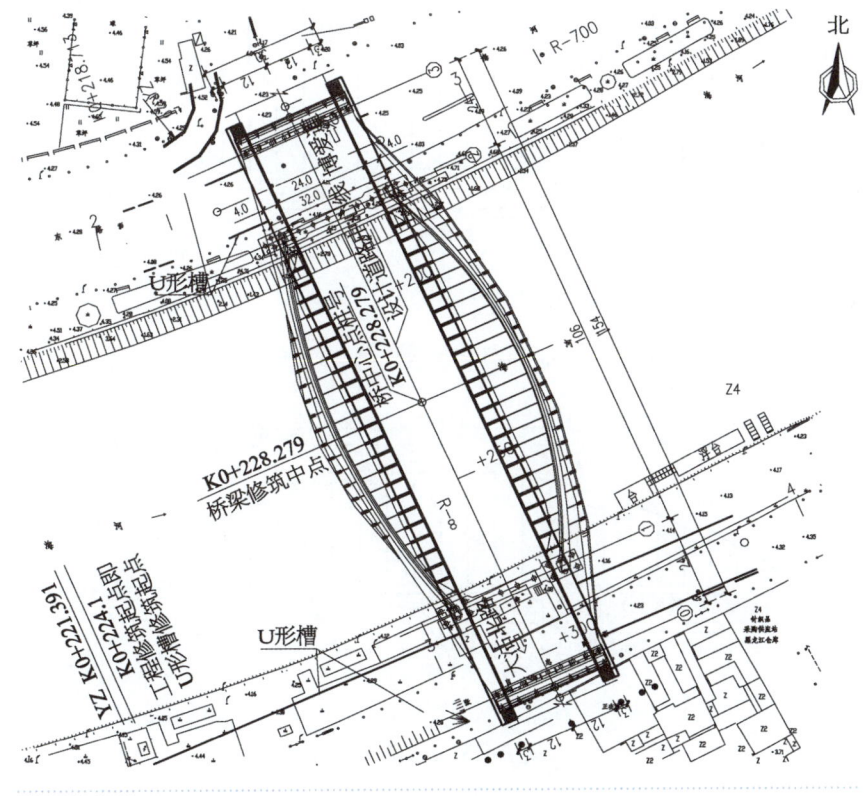

图 2-3 大沽桥桥位图(单位:m)

---

[1] 天津城建设计院有限公司的"天津海河大沽桥设计文件(2005)"。

2.2.2 结构设计

2.2.2.1 主拱

大沽桥大、小拱肋均为倾斜的倒梯形截面拱。大拱平面向外倾斜,比例为3∶1,拱圈在竖直平面内的投影高度为 39 m,拱肋中心线为抛物线,矢跨比为 1∶2.72,横截面为变截面倒梯形,下口宽为 0.9 m,上口宽自拱顶至拱脚由 1.3 m 至 2.2 m 线性变化,梯形高度与上口宽相等。小拱平面向外倾斜,比例为2.5∶1,拱圈在竖直平面内的投影高度为 19 m,拱肋中心线为抛物线,矢跨比为 1∶5.58,横截面为等截面倒梯形,下口宽为 0.9 m,上口宽为 1.5 m,高为 1.5 m。大拱拱脚距离道路中心线 14.93 m,小拱拱脚距离道路中心线 14.44 m。拱脚底与钢箱梁顶面齐平并由高强螺栓连接在中横系梁上。大拱侧系杆距离大拱拱脚 3.423 m,预加力为 6 000 kN。小拱侧系杆距离小拱拱脚 2.933 m,预加力为 10 500 kN。大沽桥大、小拱立面布置如图 2-4、图 2-5 所示。

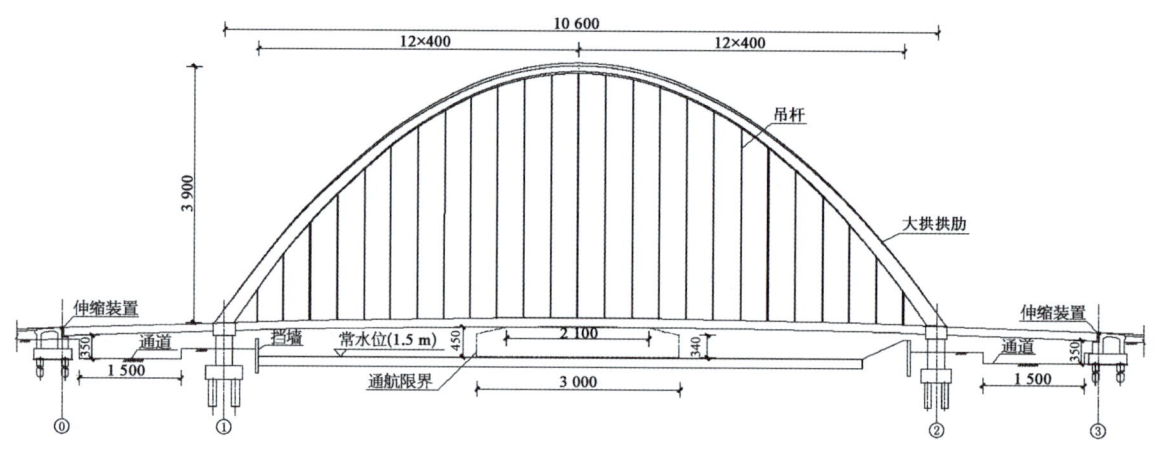

图 2-4 大沽桥大拱立面布置图(单位:cm)

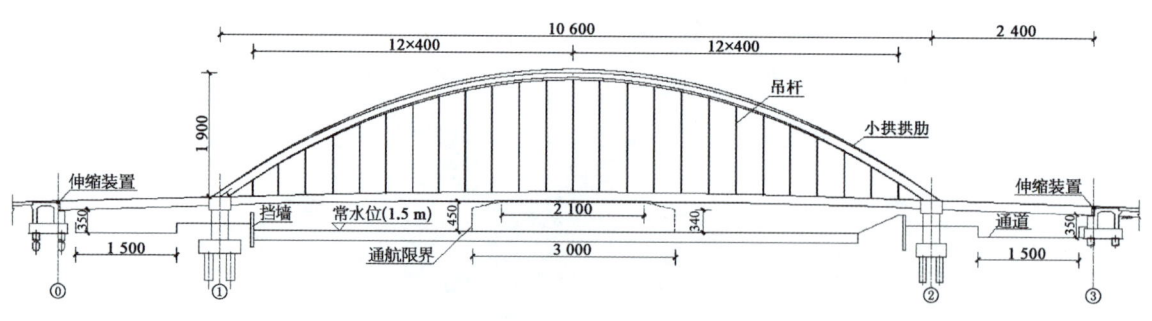

图 2-5 大沽桥小拱立面布置图(单位:cm)

对于常规拱结构,在主要荷载作用下,拱的面外不存在弯矩和剪力,调整吊杆力时也不产生面外的弯矩和剪力,相对来说结构更容易实现。但是,对于大沽桥而言,从景观角度出发,拱圈外倾,可以提供开敞的视野和舒适的行车空间。与此同时,人行道不对称设置,考虑景观步道吊杆对拱结构的影响,需要车行道侧的吊杆与拱平面存在偏心,以平衡景观步道侧吊杆对拱产生的倾覆力矩。大沽桥实现方案设计中日月同辉的构思,两道拱不对称外倾布置,产生错落有致的效果。主桥倾斜拱断面如图 2-6 所示。

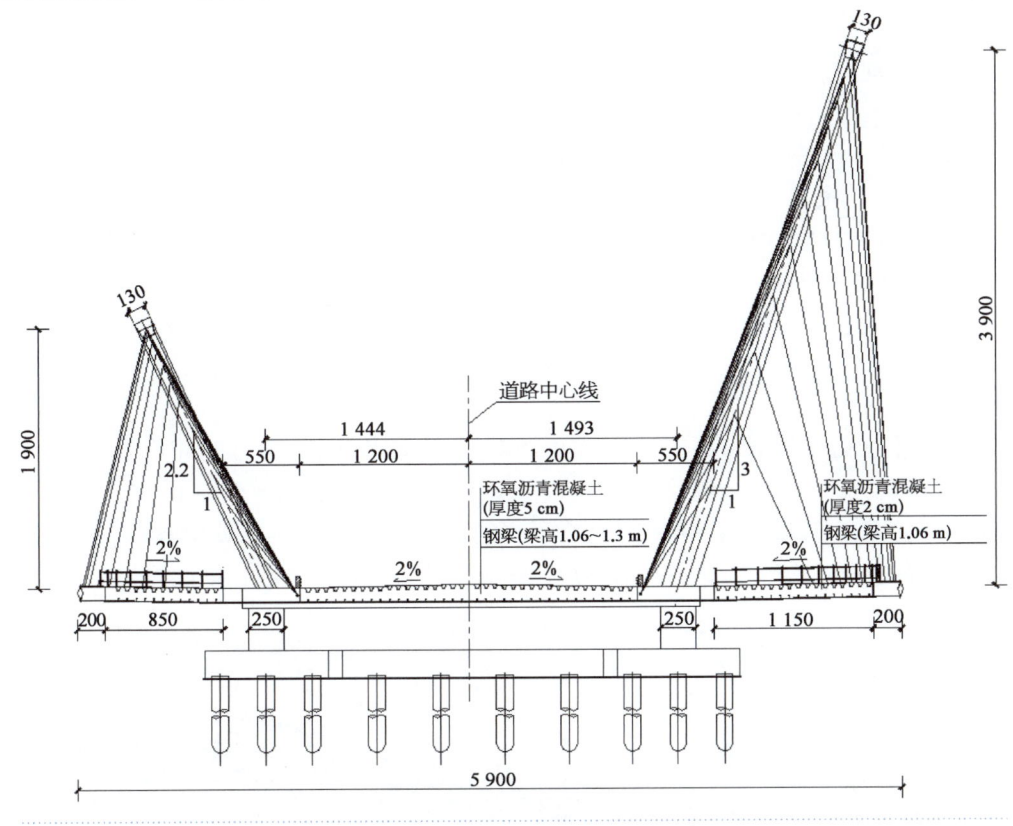

图 2-6 主桥倾斜拱断面图(单位:cm)

主拱均采用 Q370qD 钢,板厚规格有 26 mm、30 mm、32 mm、40 mm、60 mm,需满足厚度方向钢板性能级别 Z25 指标。主拱结构在工厂分节制作,考虑到结构受力及施工吊装能力等因素,每个主拱分为 9 节制造。

2.2.2.2 钢箱梁

车行道部分为 24 m 宽的正交异性钢箱梁结构,采用 Q345qD 钢,桥面系受力由横桥向控制。横桥向每个断面有 4 根吊杆,横向受力可看作三跨连续梁结构,桥跨中心位置处横向跨径布置为 19.0 m+24 m+16.0 m。主桥钢箱梁标准断面如图 2-7 所示。

大沽桥主梁顶面设置双向 2%的横坡,底面水平,主梁横断面中间梁高为 1.3 m,边缘梁高为 1.06 m。人行道部分采用 1.06 m 等高钢箱梁。主梁梁高较矮,但大沽桥横向三跨连续梁的效应明显,经计算,主梁梁高的设置满足要求。结合大、小拱平面投影区域的大小,人行景观平台尺寸有所不同。车行道与人行道钢箱梁之间通过镂空横梁连接,可为人、车之间分离提供安全保障,并减小车辆对行人观景的影响。

钢梁顶板采用带 U 肋的正交异性板结构,顶板厚度为 12 mm、14 mm 和 16 mm,U 形肋为梯形闭口肋,用 8 mm 厚的钢板冷弯成型,U 形肋在桥面纵向分节位置均采用高强螺栓连接。钢梁底板采用带 L 形肋的正交异性板结构,底板厚度为 12 mm 和 14 mm。除在中墩拱脚及边墩支座位置设置刚性横梁外,在顺桥向每 4 m 设置一道 20 mm 厚的横梁。边跨车行道为单箱六室钢箱梁,腹板基本均匀布置。

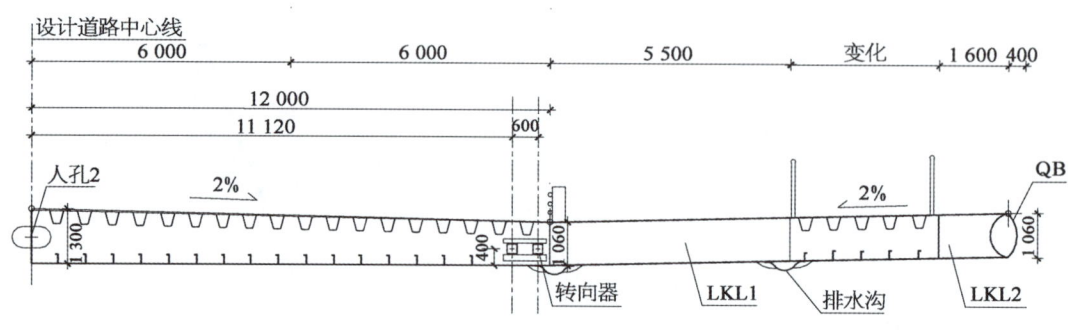

图 2-7 主桥钢箱梁标准断面图

大沽桥主梁为封闭结构,梁高较矮,且主拱倾斜,钢箱梁内部湿气较难排出。为解决钢梁内部的防腐问题,在大沽桥箱形桥台处设置除湿机,以保持钢梁和大、小拱内部的干燥。箱内送风槽在人行道弯道处另接管道,作为同一台设备两个不同的送风槽。大、小拱内分别做相应送风管道,管道可从相应人行道送风管道转弯处接起,再通过拱脚与箱梁接口通入拱内。除湿机在湿度大于预设数值时自动启动。除湿机管道平面布置如图 2-8 所示。

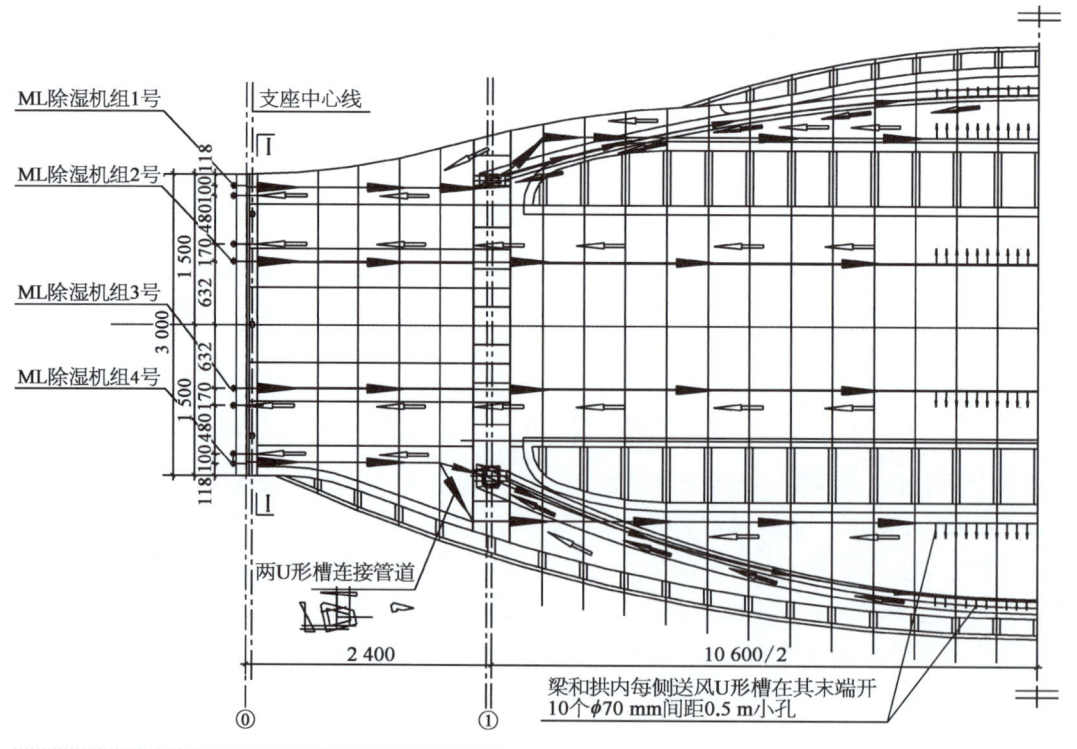

图 2-8 除湿机管道平面布置图(单位:cm)

2.2.2.3 吊杆

大沽桥每道拱上设置两排吊杆,分别锚固于车行道外侧和景观步道外侧。车行道两侧吊杆为横向 24 m 宽钢箱梁提供支撑,人行道外侧吊杆为两侧人行道提供部分支撑。拱圈横向外倾设置,拱圈重力与人行道外侧吊杆力共同平衡车行道侧吊杆力。由于拱外倾的缘故,车行道外侧的吊杆也外倾,对行车净空没有影响,景观步道外侧的吊杆设置在外侧的挑梁上,对于净空要求较低的人行基本没有影响。

大沽桥大拱外侧设置 23 根吊杆,小拱外侧设置 15 根吊杆,大、小拱内侧各 25 根吊杆,吊杆纵向间距均为 4 m。吊杆采用直径 5 mm 的高强镀锌平行钢丝束成品索,标准强度 $R_{by}=1\,670$ MPa,其中,规格为 19ϕ5 mm 的外侧吊杆 38 根,规格为 73ϕ5 mm 的内侧吊杆 50 根。吊杆外部采用双层 PE 防护,钢丝束间灌注专用防腐油脂。吊杆通过叉耳式构造与拱肋连接,通过冷铸墩头锚固于镂空横梁上。吊杆端部配置减振装置、防水罩及专用油脂密封防腐构造,吊杆由海河西路到海河东路编号为 13#-1#-13′#。吊杆构造如图 2-9 所示。

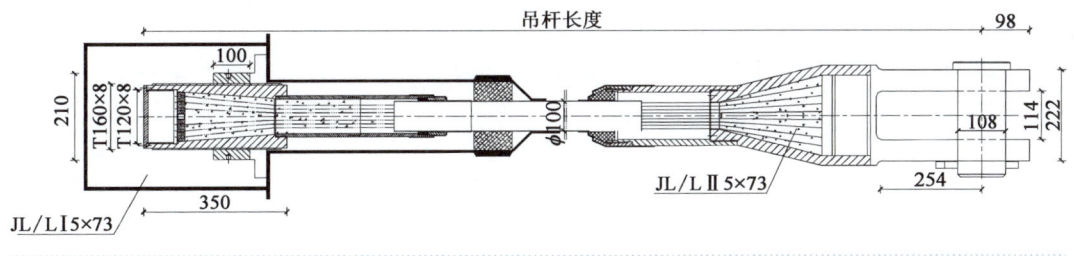

图 2-9 吊杆构造图

2.2.2.4 系杆

桥位处为软土地基,在软土基础上设计拱桥结构,解决好拱脚水平推力问题是设计的关键环节。大沽桥采用系杆拱桥的结构方案,在车行道钢梁内布置有 4 组用于平衡拱脚水平推力的系杆,系杆均采用防腐性能好、更容易穿过横隔板构造的非集束环氧钢绞线。在大拱侧设置 2 组,每组 37 根钢绞线;在小拱侧设置 2 组,每组 55 根钢绞线。钢绞线公称直径为 15.2 mm,标准抗拉强度为 1 860 MPa。钢绞线在钢梁内顺桥向沿道路纵断线曲线布置,通过横隔梁位置的穿孔式转向器转向。转向器构造如图 2-10 所示。

由于系杆采用非集束式布置,要求每根钢绞线均设置外挤 PE,每组钢绞线外增设 PE 防护套。钢绞线采用单根双向张拉工艺,锚垫板下设置纠偏装置。

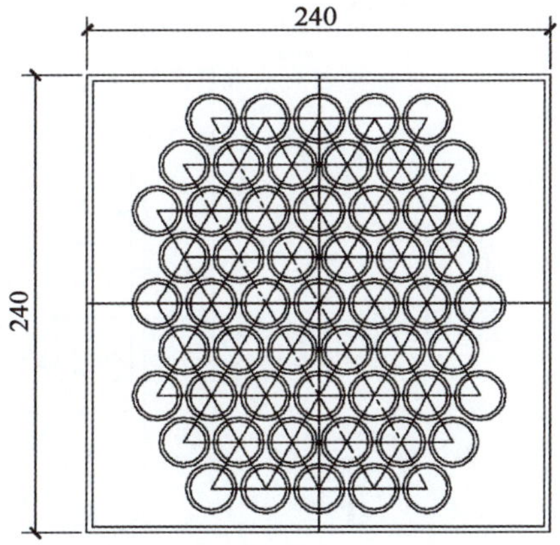

图 2-10 转向器构造图

2.2.2.5 基础

0# 及 3# 墩位设置一字形桥台,桥台宽为 30 m,厚为 5 m,内部设置除湿机,桥台顶分别设置三块四氟板式橡胶支座,桥台底均设两排共 16 根直径 1.0 m 的钻孔灌注桩,承台厚为 1.5 m。0# 及 3# 桥台半正立面、半平面、侧立面外形如图 2-11~图 2-13 所示。

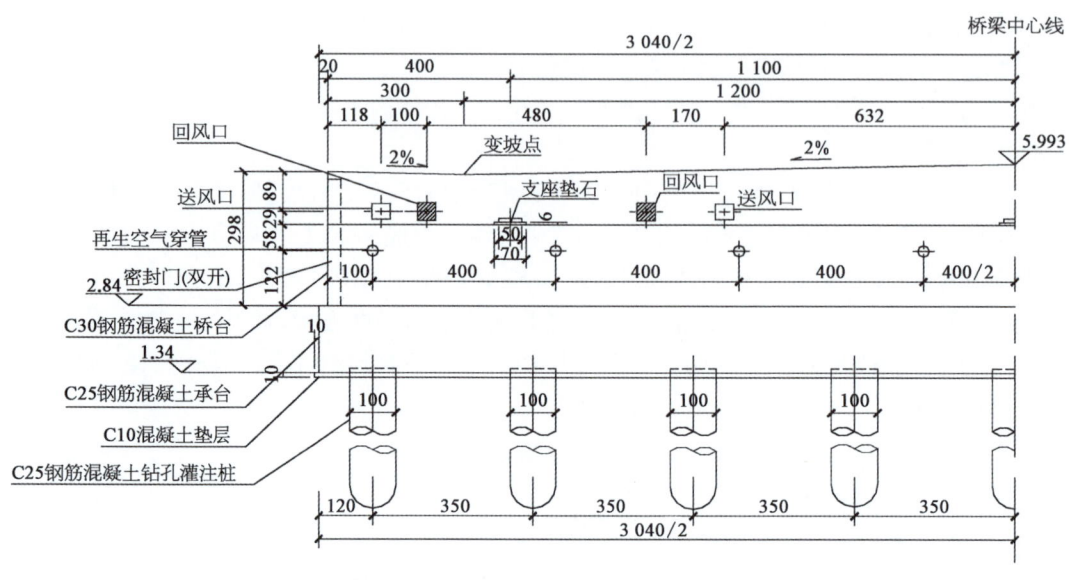

图 2-11 0#、3#桥台半正立面外形图(单位:cm)

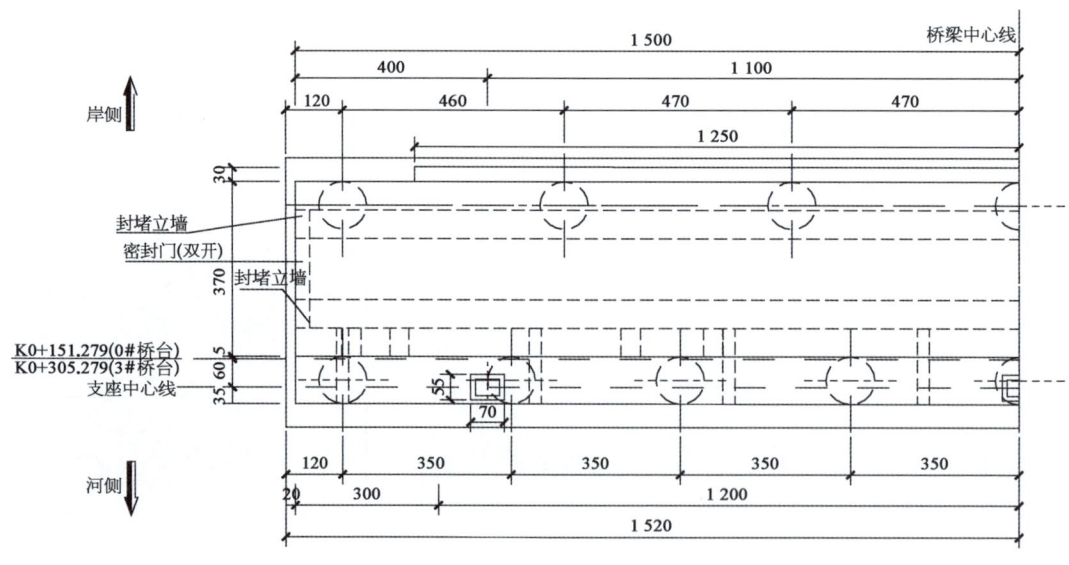

图 2-12 0#、3#桥台半平面外形图(单位:cm)

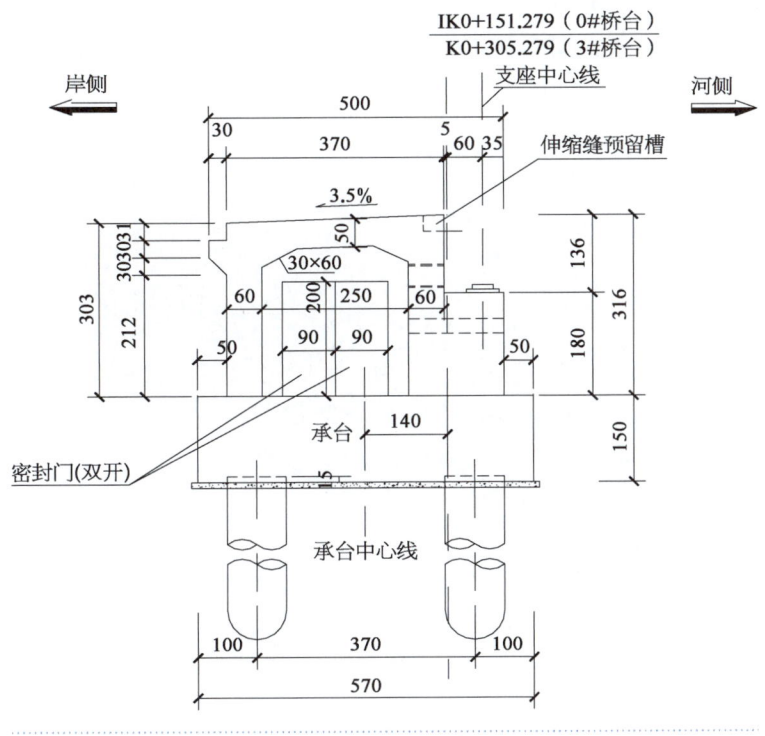

图 2-13　0♯、3♯桥台侧立面外形图(单位：cm)

1♯及 2♯墩采用双墩柱无盖梁形式,墩柱采用 2.5 m×2.5 m 矩形断面。其中,1♯墩左侧采用 GPZ(KZ)20-GD-C 球冠支座,右侧采用 GPZ(KZ)20-DX-e150-C 球冠支座。2♯墩左侧采用 GPZ(KZ)20-DX-e150-C 球冠支座,右侧采用 GPZ(KZ)20-SX-e150-C 球冠支座。1♯、2♯墩墩底承台厚 2.0 m,承台下设置 16 根直径 1.2 m 的钻孔灌注桩。

2.2.3　整体计算分析

1) 主要规范及标准

(1)《公路桥涵钢结构及木结构设计规范》(JTJ 025—1986)。

(2)《城市桥梁设计准则》(CJJ 11—1993)。

(3)《城市桥梁设计荷载标准》(CJJ 77—1998)。

(4)《公路桥涵设计通用规范》(JTJ 021—1989)。

(5)《公路钢筋混凝土及预应力混凝土桥涵设计规范》(JTJ 023—1985)。

(6)《公路桥涵地基与基础设计规范》(JTJ 024—1985)。

(7)《公路工程抗震设计规范》(JTJ 004—1989)。

2) 计算模型

采用大型有限元分析软件 Midas Civil 进行全桥上部结构整体计算分析。其中,吊杆和系杆采用桁架单元,主拱、钢箱梁及镂空梁均采用空间梁单元模拟。边界条件为释放 0♯桥台和 3♯桥台处主梁结构的水平位移约束。1#墩大拱拱脚处施加水平双向固定约束,小拱拱脚处施加顺桥向水平单向固定约束,2#墩大拱拱脚处施加横桥向单向固定约束,释放小拱拱脚处水平双向约束。大沽桥有限元计算模型如图 2-14 所示。

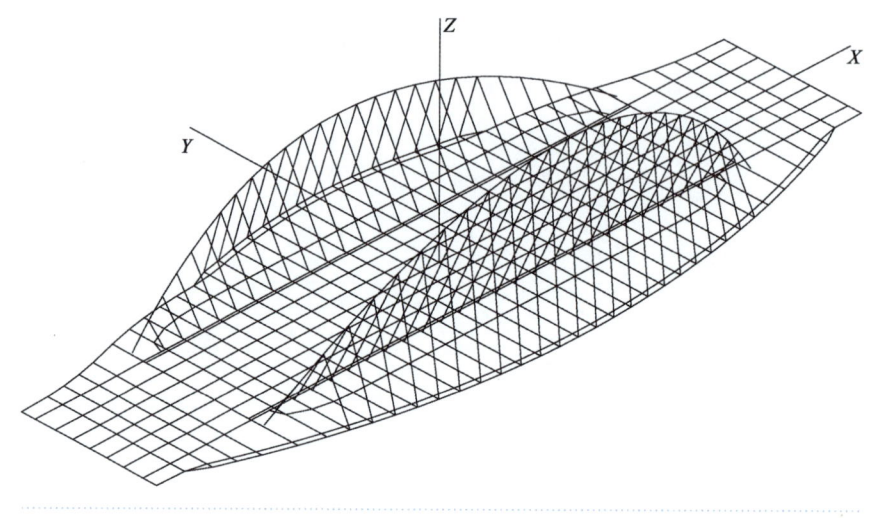

图 2-14 大沽桥有限元计算模型

3) 作用

(1) 永久作用。① 结构自重:钢材容重为 78.5 kN/m³,沥青混凝土铺装容重为 24 kN/m³;② 基础不均匀沉降:中墩位置为 2 cm,边墩位置为 1 cm。

(2) 可变作用。① 汽车荷载:城-A 级,双向六车道;② 人群荷载:2.4 kN/m²;③ 汽车制动力:根据《公路桥涵设计通用规范》(JTJ 021—1989)的规定计算;④ 温度作用:考虑体系温差±35℃、吊杆与钢主梁温差±10℃、拱左右侧面温差±5℃、钢主梁梯度温度参考英国桥梁规范 BS5400 规定取用;⑤ 风荷载:100 年一遇离地面 10 m 高度处、10 min 平均最大风速为 31.3 m/s。

(3) 偶然作用

地震作用:抗震设防烈度为Ⅶ度,水平向设计基本地震动加速度峰值为 0.15g。

4) 静力分析结果

大沽桥钢结构采用容许应力法设计,经计算,标准作用组合下,大沽桥大拱最大应力为 151 MPa,小拱最大应力为 154 MPa,主梁最大应力为 110 MPa,满足规范要求。

外侧吊杆最大应力为 455 MPa,内侧吊杆最大应力为 628 MPa,均小于 668 MPa(0.4×1 670 MPa),满足规范要求。

大拱侧系杆最大应力为 592 MPa,小拱侧系杆最大应力为 705 MPa,均小于 744 MPa(0.4×1 860 MPa),满足规范要求。

5) 屈曲分析结果

考虑全桥满布汽车荷载和人群荷载工况,对结构进行整体屈曲分析,前 10 阶屈曲临界荷载系数见表 2-1,一阶屈曲临界荷载系数为 9.8,满足规范要求,一阶屈曲为大拱的面外失稳。一阶屈曲失稳模态如图 2-15 所示。

第 2 章　天津海河大沽桥

表 2-1　前 10 阶屈曲临界荷载系数

模　态	特征值	模　态	特征值
1	9.8	6	23.1
2	10.4	7	24.8
3	11.9	8	28.3
4	13.6	9	36.8
5	22.6	10	38.8

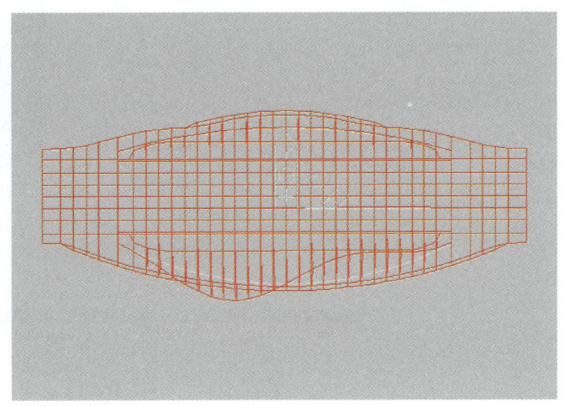

图 2-15　一阶屈曲失稳模态

6）抗震性能分析结果

采用反应谱分析方法对大沽桥进行抗震性能分析。分析结果表明，大沽桥抗震性能良好，主体结构满足规范要求。

2.3　桥梁构造设计及试验研究

2.3.1　构造设计

大沽桥为空间结构，拱脚及吊杆连接等局部构造复杂，为掌握关键局部构造的受力特点，采用三维空间有限元模型及试验对其进行深入分析。

2.3.1.1　拱脚构造

利用有限元分析程序建立大、小拱拱脚段的空间板单元模型，将总体空间分析计算得到的拱脚段内力值施加到局部计算模型中，拱脚与钢箱梁顶板底面进行面约束。大拱拱脚的计算模型如图 2-16 所示。

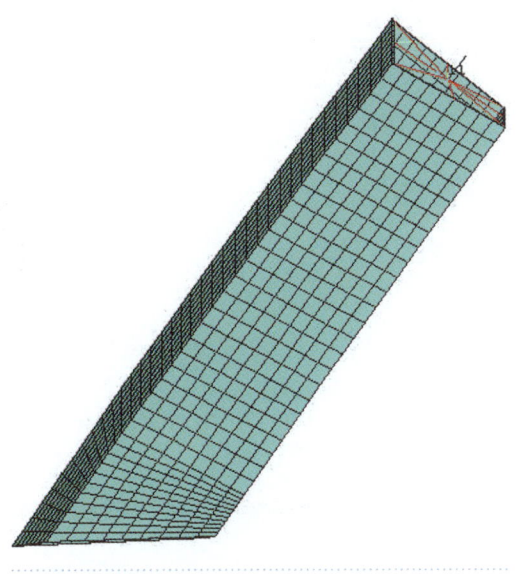

图 2-16　大拱拱脚的计算模型

分析得到标准作用组合下,大拱拱脚最大应力为 179 MPa,如图 2-17 所示。

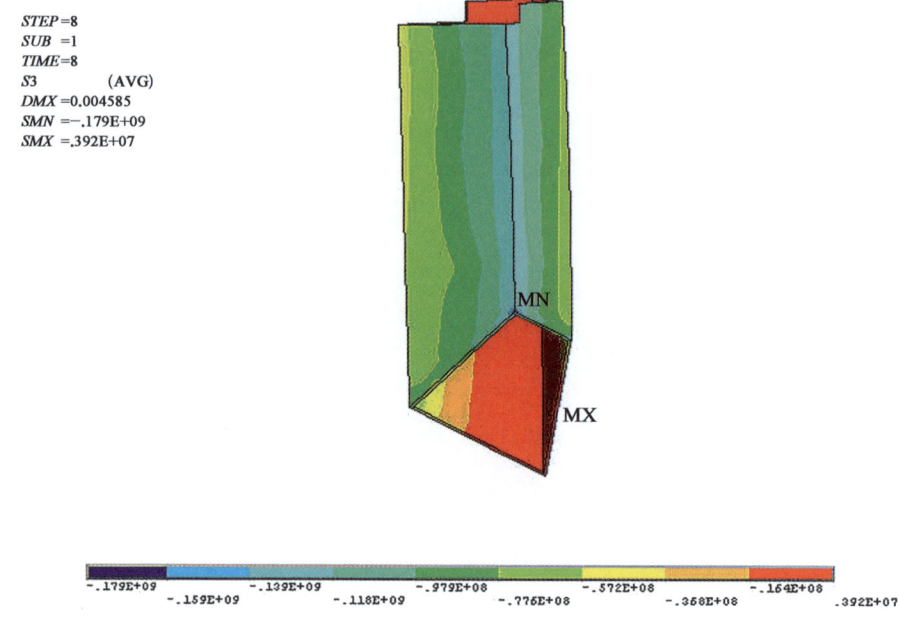

图 2-17　大拱拱脚应力结果(最大应力为 179 MPa)

分析得到标准作用组合下,小拱拱脚的最大应力为 174 MPa,如图 2-18 所示。

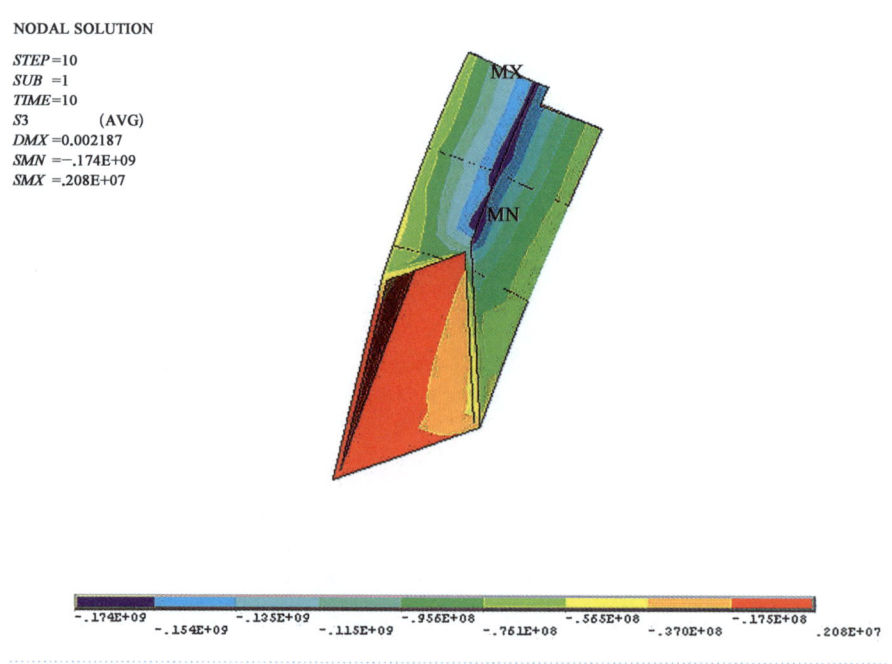

图 2-18　小拱拱脚应力结果(最大应力为 174 MPa)

大、小拱拱脚的应力均满足规范要求。

2.3.1.2 吊杆连接构造

大沽桥为敞开式四索面倾斜拱肋结构,吊点处受力十分复杂。采用穿过拱截面锚固吊杆的传统方式对拱结构的削弱较大,不利于结构受力。因此,吊杆与拱肋之间采用销接的连接方式,接头处拱肋内部设置竖向加劲肋,下焊吊耳,通过销子与吊杆上锚头衔接,在吊杆下端进行张拉。这种吊杆连接方式不削弱拱结构,结构受力状态良好。大沽桥吊杆连接构造示意及上下部连接构造如图 2-19~图 2-21 所示。

2.3.2 吊杆连接构造疲劳试验

大沽桥吊杆与拱肋采用销接连接,接头处拱肋内部设置竖向加劲,下焊吊耳,通过销与吊杆上锚头衔接,构造复杂。该处不仅大量采用焊接,而且还有销接与锚固,在吊杆集中力的作用下,应力分布十分复杂。为了检验吊杆上部连接构造的长期力学性能,对吊杆上部连接构造进行疲劳试验,试验检验内容如下:

(1) 吊耳上端厚钢板 Z 向受力性能。
(2) 吊耳与上端厚钢板的焊接性能。
(3) 吊杆销子的受力性能。
(4) 热铸锚锚杯与吊耳(锚具吊耳)的焊接性能。
(5) 钢丝束自身的性能。

疲劳试验如图 2-22 所示。

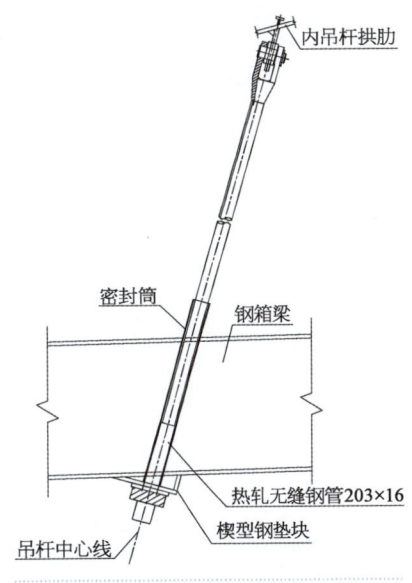

图 2-19 吊杆连接构造示意图

吊杆连接构造疲劳试验于 2004 年 12 月在中国船舶工业金属结构试验检测中心强度疲劳检测站进行。试件由天津城建集团大沽桥项目经理部加工制造,全长为 4.15 m,有效试验长度为 3.6 m,结构为 $\phi 5\times 73$ 吊杆索,索体包覆 PE 护套,钢丝标准强度为 1 670 MPa,公称截面积为 1 433 mm^2,公称破断载荷为 2 536 kN。

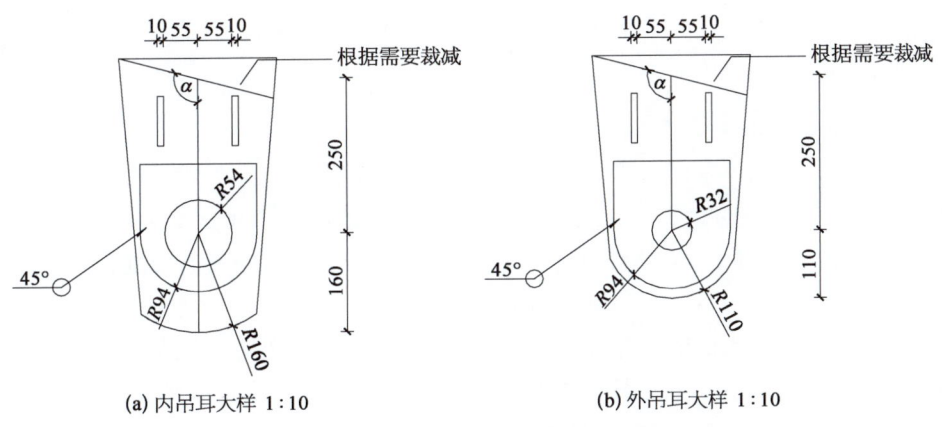

图 2-20 内外吊耳上部连接构造图

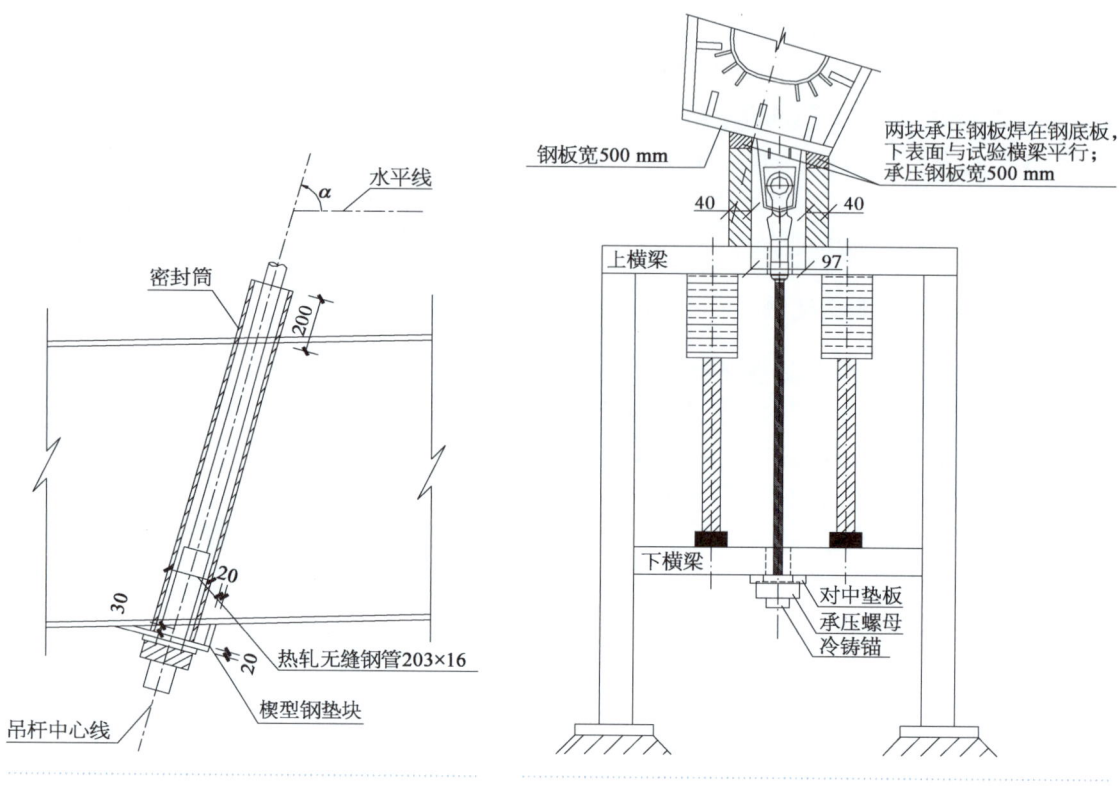

图 2-21　吊杆下部连接构造图　　　　图 2-22　疲劳试验示意图

对疲劳试件按正弦波加载,频率为 1.9 Hz,载荷上限为 690 kN,下限为 420 kN,应力幅值为 188 MPa。200 万次疲劳加载后,钢丝无断丝,索体表面 PE 护套无损伤,经超声波探伤,两端锚具及吊耳上端厚钢板未发现裂纹,产品质量合格。

2.4　施工关键技术研究

大沽桥施工关键技术主要包括以下部分:

(1) 主拱安装。大沽桥采用倒梯形钢箱拱,横桥向倾斜角度大,受力复杂,最高点距桥面 39 m,安装难度较大。大小钢拱肋的安装定位是大沽桥施工中难度最大、技术含量最高的问题。由于大、小拱肋高度较高、质量较重、向外倾斜角度较大,拱肋整体安装存在较大的难度和危险,如何实现拱肋在空间状态下的稳定及定位安装时空间位置的准确至关重要。

(2) 体系转换施工。大沽桥结构体系复杂,系杆拱桥本身是一种内部高次超静定结构,施工过程中单根吊杆的调整会引起所有吊杆受力的响应,寻求最佳的张拉顺序,采用合理的吊杆张拉方法,对大沽桥顺利达到成桥状态至关重要。

(3) 厚板焊接变形控制。60 mm 厚钢板应用于全焊钢桥中,对焊接工艺要求较高,应进行深入研究。

（4）环氧沥青铺装。针对大沽桥所处的气候与环境条件，以及钢桥面铺装的特殊要求，选择环氧沥青混凝土作为钢桥面的铺装方案，为环氧沥青铺装首次在天津市桥梁工程中的应用。

（5）成桥试验。进行成桥静动载试验，以了解结构在荷载作用下的实际工作状态，综合分析、判断桥梁结构的安全承载能力和使用条件。

2.4.1 主拱安装

2.4.1.1 工艺特点和难点

大沽桥钢箱拱肋安装的难点主要体现在拱肋支撑体系架设、拱肋吊装空间姿态调整、拱肋空间定位精度调节和空间测量控制等方面。由于钢拱整体重量较重，进行拱的整体安装具有较大难度和风险，因此采用分段吊装组拼的施工方案。

2.4.1.2 大、小拱分节设计

钢拱肋的分节加工制造主要考虑以下因素：吊车的吊装能力、减少现场焊接工作量、吊耳位置布置、拱节板厚的变化、横隔板的位置等。将大、小钢拱肋各分13节。大、小拱分节示意如图 2-23、图 2-24 所示。

大、小拱肋分节与吊装后各节段参数见表 2-2。

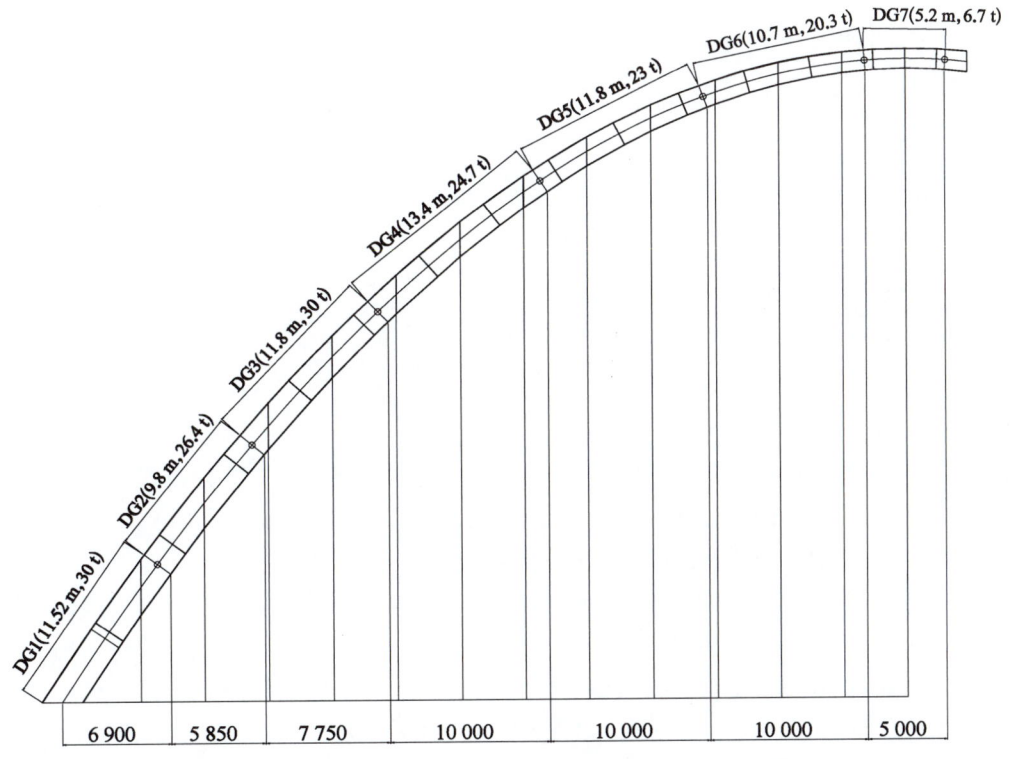

图 2-23 大拱分节示意图

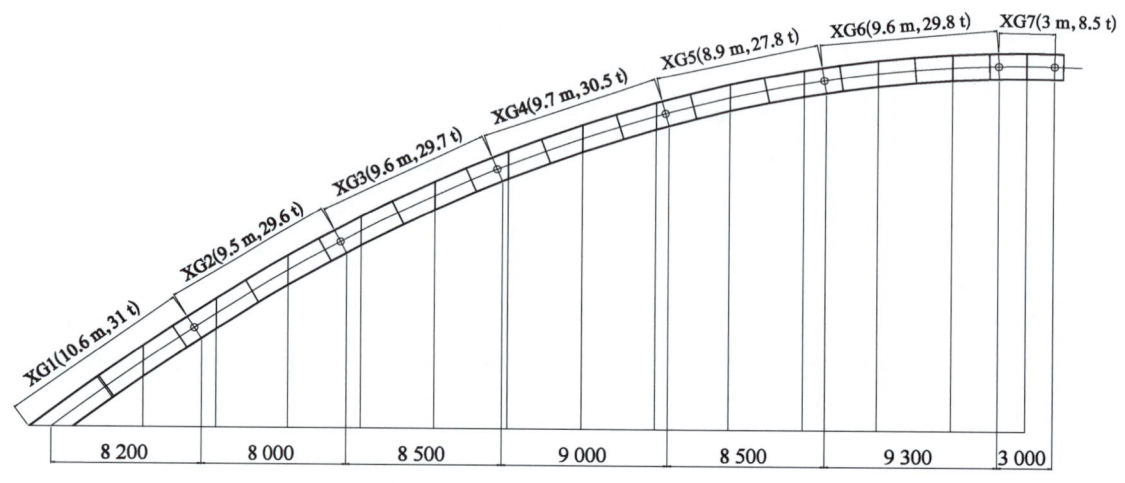

图 2-24 小拱分节示意图

表 2-2 大、小拱拱肋分节与吊装后各节段参数

部位	编号	弧长(m)	质量(t)	吊装半径(m)	部位	编号	弧长(m)	质量(t)	吊装半径(m)
大拱肋	DG7 合龙段	5.2	6.7	12	小拱肋	XG7 合龙段	3	8.5	12
	DG6	10.7	20.3	12		XG6	9.6	29.8	12
	DG5	11.8	23	12		XG5	8.9	27.8	12
	DG4	13.4	24.7	14		XG4	9.7	30.5	12
	DG3	11.8	30	14		XG3	9.6	29.7	14
	DG2	9.8	26.4	14		XG2	9.5	29.6	14
	DG1 拱脚段	11.52	30	14		XG1 拱脚段	10.6	31	14

2.4.1.3 拱肋支架方案设计

钢箱拱肋支架体系布置原则如下：每组支架均对应拱肋的分节点、支架布置尽量避开挂索所需位置、支架顶部预留足够的施工操作空间、支架尽量布置在拱轴投影线正下方。考虑支架选材，将圆管撑支架与八三墩支架两套体系进行方案比选。

圆管撑支架体系：采用 ϕ600 圆管作为支撑立柱，并配以型钢作为横向和斜向连接构件组成整体支架体系，如图 2-25 所示。该支架体系具有如下特点：在工程中使用较多，材料结构组成比较常用；拼装工艺较简单，连接形式单一，主要为焊接；支架布置间距可根据需要进行调节，为挂索创造条件；支架质量较轻（约 679 t），对钢箱梁的受力较为有利；架设工作主要为高空焊接作业，在安全方面存在较大隐患；施工工作量较大，周期较长（总工期 2.5 个月）；钢材用量较大，施工成本较高（约 341 万元）。

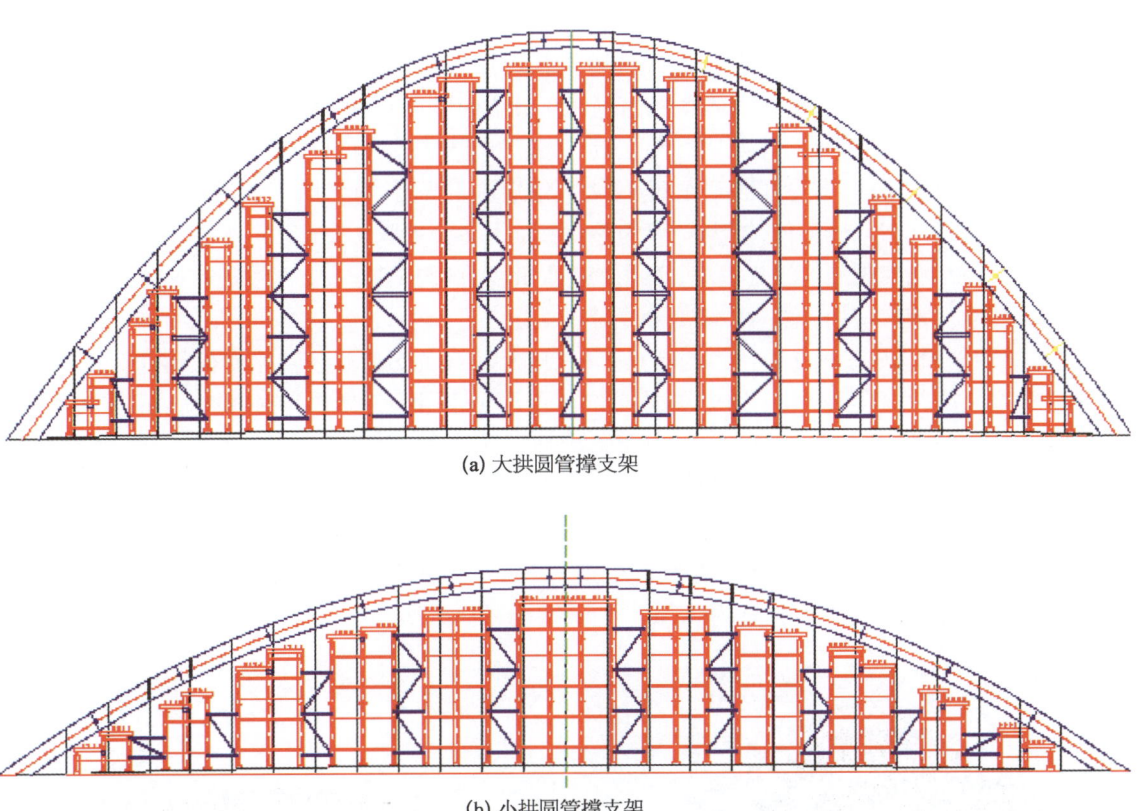

(a) 大拱圆管撑支架

(b) 小拱圆管撑支架

图 2-25 大、小拱圆管撑支架体系布置图

图 2-26 八三墩支架体系

八三墩支架体系：采用八三式铁路轻型军用墩构成，如图 2-26 所示。该支架体系具有如下特点：杆件、配件型号少，同一编号杆件、配件可互换使用，部分不同编号的杆件可替代使用，施工方便；各杆件及配件强度高，结构整体性强，安全度高；结构形式灵活，可根据现场情况，灵活组装成各种形式支架；拼装操作简易，且自带拼装工具，大部分单根杆件自重较轻，可用人力完成成套组件的拼装作业；拼装迅速，容易开展工作面，可大大缩短施工周期（总工期 1 个月）；通过横纵联系架的连接，可使全桥支架形成整体，增大支架的整体稳定性、抗冲击性能，抵抗拱在安装和挂索调索时产生的水平推力；支架结构较为密集，全桥支架质量较重（约 1 155 t），对钢箱梁受力有一定的影响；结构杆件均可周转使用，施工成本较低（约 171 万元）。

通过对圆管撑与八三墩支架体系的特点分析可知，八三墩支架较圆管撑支架具有安装工艺简便、施工速度快捷、安全隐患小、工期短、成本低的优点，因此采用八三墩作为钢拱肋安装的支架体系。

2.4.1.4 支架架设施工

全桥八三墩支架体系（图 2-27）共 1 110 t，其中八三墩支架约为 910 t，下垫梁工字钢约为 130 t。根据上下游拱肋高度及倾斜角度不同，在上下游侧各布置 12 组支架，每半桥布置 6 组。上游侧（小拱侧）支架总重约为 259 t，支架高度分别为 16 m、15 m、13 m、10 m、8 m，下游侧（大拱侧）拱支架总重约为 648 t，支架高度分别为 36 m、34 m、29 m、21 m、15 m。

图 2-27 全桥八三墩支架体系

2.4.1.5 辅助安装结构

为保证施工的顺利进行，在拱肋结构分节吊装、组拼、焊接之前，需对辅助安装结构进行加工、制作、定位与安装。

1) 拱托结构

拱托结构可提高钢箱拱肋空间定位精度。拱托分为上、下两层，上部为拱节定位托，下部为支撑架，定位托与支撑架之间用螺栓连接成整体，当张拉吊杆时，拱肋发生偏移，拱托也能够随之滑动，而不会限制拱肋的位移。

定位托（图 2-28）是直接支撑拱箱的主要受力结构，通过定位托立板开口夹角可对拱箱的倾斜角度予以限制，保证拱箱外倾角度准确，同时将拱箱向外翻倒的倾覆力转化为对支架体系的竖直压力。定位托由12 mm厚钢板焊接而成,立板开有夹角,夹角根据拱托作用位置处拱节底角角度确定,且大于底角2°,以满足拱节倾斜角的调节要求。在定位托底板上沿横桥向开螺栓槽,槽长300 mm、宽26 mm。

图2-28 定位托结构

大沽桥施工过程中,大拱拱中最大水平位移为6.88 cm、最大竖向位移为0.56 cm,小拱拱中最大水平位移为8.48 cm、最大竖向位移为0.75 cm。定位托底板与支架顶板螺栓槽可相互调节,位移量为±15 cm,能够满足拱箱偏移的要求。

2) 限位码板结构

拱箱接口限位码板结构(图2-29)为拱箱安装定位装置,在拱节吊装空间姿态与设计姿态之间存在偏差时,可通过限位码板的限制将拱节的空间姿态进行校正,保证钢拱接口处连接顺畅,同时限位码板还可作为两节拱接口处临时连接的码板使用。限位码板的设置提高拱肋安装调节的便利性,确保安装精度,加快施工进度。

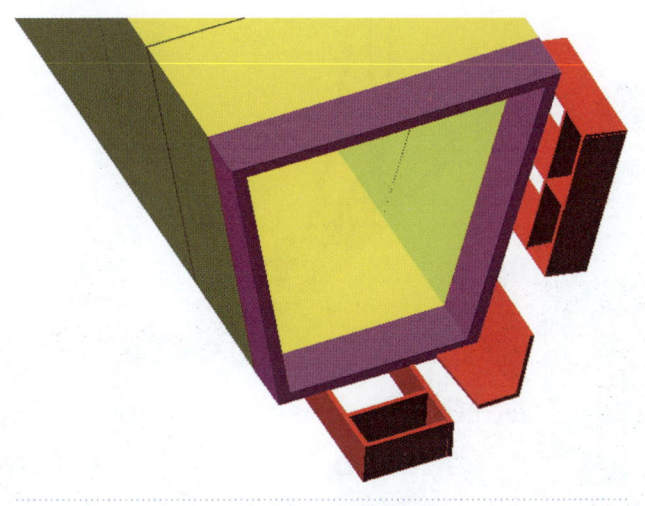

图2-29 限位码板结构

接口限位码板采用20 mm厚钢板制成,布置在拱节上口底角的两侧面,与板面焊接长度为40 cm(双面焊),限位板探出接口为30 cm,并刨切5 mm的坡角。在限位板两端设加强板将同一板面内的限位板连接成整体,加强板厚 12 mm,与限位板垂直布置。

2.4.1.6 施工准备

在拱肋安装作业前应做好以下准备工作:

(1) 每节拱节在加工厂内加工完成后进行预拼装,在几何尺寸无误、线形符合要求后出厂。在厂内完成吊耳结构的焊接,对吊耳的焊接质量进行探伤,保证焊口质量。

(2) 各节钢拱加工完成后,根据事先计算好的拱节定位点位置在拱节上、下口打出样冲眼,用于拱节的精定位。

(3) 根据拱托设计位置在钢拱上划线或打孔,便于拱箱在相应的拱托上定位。钢拱吊装吊点按设计结构形式及位置在厂内制作、焊接完成。

(4) 预先在加工厂内对每节拱上口四边点焊小块钢板,拱节上口预先焊接接口限位板。

(5) 将支架吊装到指定位置,与八三墩上垫梁栓接。在拱节运到施工现场之前,按照设计位置提前将拱托安装于拱支架上,以达到拱托粗定位的目的。

(6) 为便于拱脚定位,首先将拱脚法兰钢板按预定位置定位于中横梁上,并将拱脚螺栓拧紧,在法兰盘上划线标示出拱脚底口中心线及外框线。在底口外沿靠近边跨侧两角位置焊接两块限位板用于拱脚定位。

(7) 总体吊装顺序安排。采用一台 150 t 履带吊进行钢箱拱肋的吊装作业。拱节吊装顺序采用两边对称安装中间合龙的方式,首先吊装拱脚节段,依次对称吊装,并在中间节处合龙。

2.4.1.7 拱脚段安装

在拱托支撑架上按预设位置、高程和定位点安装定位托,将定位托与支撑架之间的 4 个高强螺栓栓紧。由 150 t 履带吊将拱节按安装到位时的方向、角度吊离地面,通过测量上、下水平距离差及拱箱底角边与水平面的夹角复测拱箱的空间姿态,在姿态不满足预定要求时采取调换吊点及调

图 2‑30 拱脚段安装现场

节钢丝绳长度的方式调整。拱节安装方向、角度正确无误后,将拱脚箱口放置于法兰盘上的定位线框内,拱脚外沿两角紧贴定位板。拱脚基本定位后吊车放松少量钢丝绳,将拱节上口沿拱托立板夹角开口缓慢落下,测量人员利用全站仪复测控制点三维坐标,并根据坐标情况进行微调,在拱节控制点坐标满足设计要求后,拱托与拱箱之间填塞钢板楔稳固拱箱,将拱脚与法兰钢板焊接并将全部高强螺栓拧紧,安装拱脚加劲肋板。拱脚段安装现场如图2-30所示。

2.4.1.8　标准段安装

拱脚段安装焊接完成后,由测量人员对该段特征截面(吊点截面、拱托截面及上下口截面)的空间位置进行复测,同时考虑预安装拱节位置的调整情况并计算安装定位的空间坐标。根据坐标值,按照上节拱段吊装方式由150 t履带吊将拱肋吊起,调节方向、角度准确后,将拱节下口首先安置于已安装拱节上口限位板内,然后将上部拱身放置于已定位拱托上。调整拱节的空间姿态,根据实测坐标对拱节进行精确定位调节。拱节位置、方向、角度通过吊车卸力、填塞钢板块和移动拱托的方式调节,焊口通过安置T形板及码板采用千斤顶调节,在拱肋位置、方向、角度及焊口都无误后,将拱节的下端与已安装拱节上端通过码板连接后施焊。

2.4.1.9　合龙段安装

合龙段钢拱安装主要利用其两侧拱节接口限位码板作为支撑点,采取强制对中的方式合龙。合龙段安装温度为20℃,因为气温会造成拱节长度变化,所以在合龙段安装前,观测气温变化并计算出合龙段实际长度,根据两侧拱箱接口形状对合龙段进行下料,以满足安装、焊接要求。在理想合龙温度下,开始合龙段拱肋吊装、定位、焊接。大、小拱合龙段吊装均采用150 t履带吊以两点吊方式进行,合龙段吊装姿态满足要求后,将其沿定位码板下落放置稳定后即完成初定位。采用码板、L形板及千斤顶进行精确定位调节,保证接口平顺,调节到位后码板连接、施焊。合龙段安装及焊接必须迅速。合龙段安装如图2-31所示。

图2-31　合龙段安装

2.4.2 体系转换施工

体系转换施工是大沽桥由施工状态向成桥状态转换的重要环节。体系转换主要包括系杆、吊杆的安装及张拉、拱肋支架的拆除、施工平台顶部沙漏的拆除等工作。体系转换施工的关键点是吊杆张拉。索支承桥梁结构吊杆的张拉与调整是桥梁设计与施工的关键,关系到施工期和成桥后结构的受力状态及安全性。

2.4.2.1 吊杆张拉方法优化

大沽桥空间结构的复杂性决定吊杆张拉方法的独特性。基于此,利用吊杆张拉影响矩阵和泛函极值原理,提出优化的吊杆张拉方法,只对局部吊杆的索力进行拆分及多次张拉,从而使大部分吊杆仅经过一次张拉就能达到目标索力。以系杆拱为例说明吊杆张拉优化方法的基本原理。

设 $BF(i)$ 为结构中第 i 号吊杆的初始索力,可以由拆架、指定初张力等条件确定,一般为已知的。$PF(i)$ 为第 i 号吊杆的理想目标索力,由结构优化得到。

当采用一个千斤顶进行吊杆张拉时,索力控制方程按图2-32所示步骤建立。

为了从初始索力 $BF(i)$ 达到目标索力 $PF(i)$,必须对第 j 号吊杆增加张拉力 x_j。根据叠加原理,每根吊杆张拉完成后,第 i 号吊杆的索力为

$$BF(i) + \sum_{j=1}^{n} f_{ij} x_j = PF(i) \quad (i=1,\cdots,n) \quad (2-1)$$

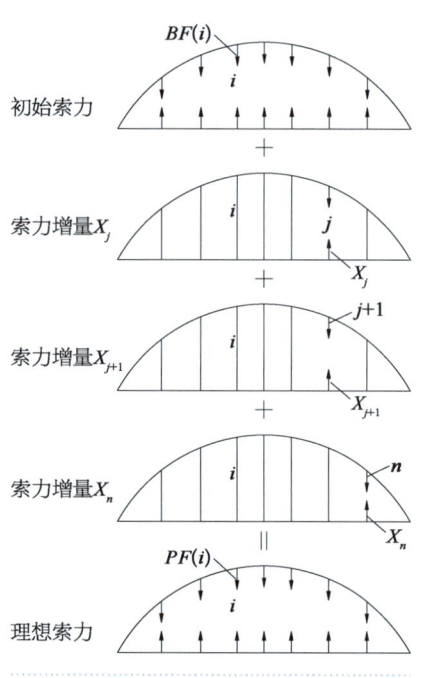

图2-32 索力控制方程的建立过程

式中　n——结构中吊杆根数;

　　　f_{ij}——对结构中第 j 号吊杆施加单位张拉力,即 $x_j=1$ 时,在第 i 号吊杆上产生的吊杆响应力,即"影响矩阵";

　　　x_j——张拉时,基本体系中第 j 号吊杆的张拉力增量;

　　　$BF(i)$——第 i 号吊杆的初始索力;

　　　$PF(i)$——第 i 号吊杆的理想目标索力。

式(2-1)满足张拉过程中索力的要求,由于未知量 x_j 的个数与方程组的阶数相同,因此能够唯一解出张拉力增量 x_j。

如果存在附加位移条件或截面内力条件,则可列出下列方程。

1) 位移约束条件

$$BG(i) + \sum_{j=1}^{n} g_{ij} x_j = PG(i) \quad (i=1,\cdots,n_g) \quad (2-2)$$

2) 截面内力约束条件

$$BM(i) + \sum_{j=1}^{n} m_{ij} x_j = PM(i) \quad (i=1,\cdots,n_m) \quad (2-3)$$

式中 $BG(i)$——第 i 号结点的初始位移；

g_{ij}——对结构中第 j 号吊杆施加单位张拉力，即 $x_j=1$ 时，在第 i 号结点上产生的位移响应值，即"位移影响矩阵"；

$PG(i)$——第 i 号结点的理想目标位移；

$BM(i)$——第 i 号截面的初始内力；

m_{ij}——对结构中第 j 号吊杆施加单位张拉力，即 $x_j=1$ 时，在第 i 号截面上产生的内力响应值，即"内力影响矩阵"；

$PM(i)$——第 i 号截面的理想内力；

n_g——要满足位移约束条件的结点数；

n_m——要满足截面内力约束条件的截面数。

由以上分析可知，未知变量 x_j 共 n 个，而方程个数为 $(n+n_g+n_m)$ 个，方程个数大于未知数个数，无法获得唯一解。

因此，应建立一个泛函来求解，泛函的建立通常采用最小误差理论。以 $\Delta\varepsilon_{if}$ 表示索力的误差，$\Delta\varepsilon_{ig}$ 表示位移值的误差，$\Delta\varepsilon_{im}$ 表示截面内力值的误差。

于是式(2-1)索力的误差为

$$\Delta\varepsilon_{if}=PF(i)-BF(i)-\sum_{j=1}^{n}f_{ij}x_j \quad (i=1,\cdots,n) \tag{2-4}$$

式(2-2)位移值的误差为

$$\Delta\varepsilon_{ig}=PG(i)-BG(i)-\sum_{j=1}^{n}g_{ij}x_j \quad (i=1,\cdots,n_g) \tag{2-5}$$

式(2-3)截面内力值的误差为

$$\Delta\varepsilon_{im}=PM(i)-BM(i)-\sum_{j=1}^{n}m_{ij}x_j \quad (i=1,\cdots,n_m) \tag{2-6}$$

引进惩罚参数 β_f，β_g，β_m，形成泛函：

$$I=\beta_f\sum_{i=1}^{n}(\Delta\varepsilon_{if})^2+\beta_g\sum_{i=1}^{n_g}(\Delta\varepsilon_{ig})^2+\beta_m\sum_{i=1}^{n_m}(\Delta\varepsilon_{im})^2 \tag{2-7}$$

其中，I 代表误差的绝对值。

当误差 I 最小时，由 $\dfrac{\partial I}{\partial x_i}=0$，建立 $n\times n$ 的方程组，进而得到各吊杆力增量 x_j 的唯一解。惩罚参数取值越大，该项误差越小。

由式(2-1)求得的 x_j 是索力增量，不是施工张拉力。索力增量与施工顺序无关，只与张拉过程中结构的基本体系有关，而施工张拉力却与施工顺序密切相关。在实际施工中，往往期望得到吊杆的施工张拉力，因此必须先确定吊杆的施工张拉顺序，进而在这一特定施工顺序的基础上得出吊杆的施工张拉力。

吊杆施工张拉力求解过程如图 2-33 所示。

张拉过程中，每次张拉一根吊杆，张拉施工顺序从左侧拱脚开始依次张拉至右侧拱脚。由

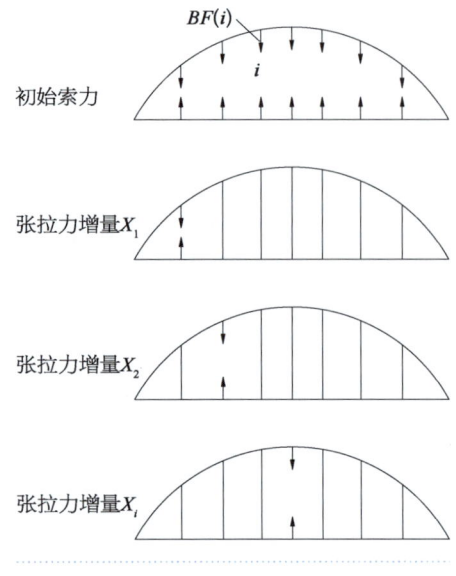

图 2-33 吊杆施工张拉力求解过程

式(2-1)计算得到第 j 号吊杆的张拉力增量为 x_j,则第 1 根吊杆的施工张拉力 T_1 为

$$T_1 = BF(1) + x_1 \tag{2-8}$$

第 2 根吊杆的施工张拉力 T_2 为

$$T_2 = BF(2) + f_{21}x_1 + x_2 \tag{2-9}$$

同理,第 i 根吊杆的施工张拉力 T_i 为

$$T_i = BF(i) + \sum_{j=1}^{i-1} f_{ij}x_j + x_i \tag{2-10}$$

最后一根吊杆(即第 n 根吊杆)的施工张拉力为

$$T_n = BF(n) + \sum_{j=1}^{n-1} f_{nj}x_j + x_n = BF(n) + \sum_{j=1}^{n} f_{nj}x_j \tag{2-11}$$

按照上述各式得到的施工张拉力进行张拉后,各吊杆的索力均可达到理想目标索力。一般从拱脚开始单侧张拉的顺序是不合理的,应依据结构受力合理、施工方便等原则,首先确定较为合理的施工顺序。

以上仅是求解施工张拉力的一个示例和理论证明。由式(2-1)求得各吊杆由初始索力 $BF(i)$ 至理想索力 $PF(i)$ 的增量 x_i,由式(2-10)可以求得在某个施工顺序下各吊杆的施工张拉力 T_i。通常采用这种方法得到的部分吊杆施工张拉力非常大,实际施工无法实现,若采用现在常用的分级分批方法,则会占用大量的施工资源和时间。

针对上述问题,在式(2-1)和式(2-10)的基础上,提出"拆分张拉"的吊杆施工优化方法,以得到简化、合理的吊杆张拉施工步骤。

"拆分张拉"的吊杆施工优化方法是指将按式(2-1)及式(2-10)求得的施工张拉力中大于结构(或设备)最大设定索力的吊杆索力进行"拆分",把这些吊杆的张拉过程分为两次或多次进行,从而使在调整后的张拉过程中,整个吊杆张拉中没有大于结构(或设备)最大设定吊杆力的吊杆,同时也使吊杆张拉的工序较少,时间较快。

吊杆的"拆分张拉"方法"拆分"了吊杆的张拉力增量 x_j,即 $x_j = x_j^{\mathrm{I}} + x_j^{\mathrm{II}}$,在拆分后的基础上,重新求解施工张拉力。实际上,该方法是不断调整基本体系初始索力 $BF(i)$ 的过程,即先完成张拉力增量 x_j^{I} 及其余不进行拆分的吊杆的张拉力增量,得到新的初始索力 $BF(i)$,然后在新的初始索力 $BF(i)$ 的基础上,再完成张拉力增量 x_j^{II},从而实现理想目标索力。

通过如图 2-34 所示的等价性来说明"拆分张拉"吊杆施工优化方法的基本原理(图 2-35)。

根据叠加原理,上述两种方法的基本原理是等价的。张拉力增量 x_j 计算得到的施工张拉力 T_j 难以实施,而将张拉力增量 x_j 拆分为 x_j^{I}、x_j^{II} 后,计算得到的施工张拉力 T_j 相应为 T_j^{I} 和 T_j^{II},由于两者均小于吊杆的最大设定张拉力,因此在施工中均能实施。

上述两种方法中各吊杆的施工张拉力是完全不同的(拆分的是张拉力增量,而不是施工张拉力),需要另外求解各吊杆的施工张拉力。

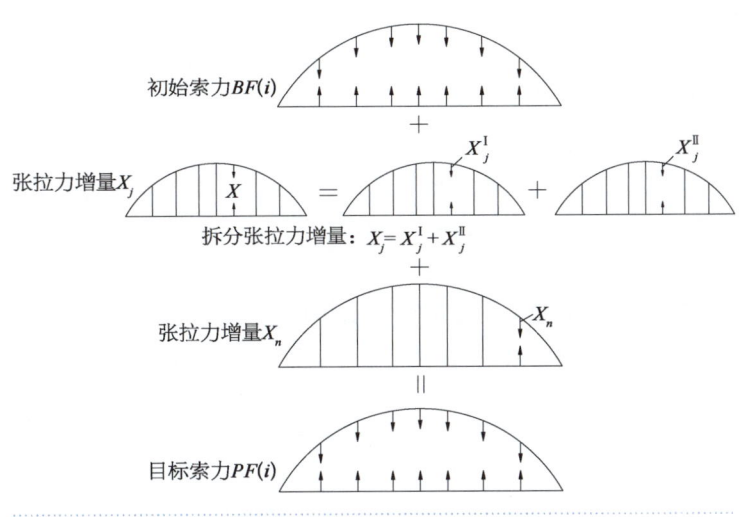

图 2-34 张拉力增量"拆分"示意图

大沽桥的大、小拱主拱圈均外倾,吊杆共有 88 根,为空间四索面布置,其中内侧吊杆均为 25 根,大拱侧外侧吊杆为 23 根,小拱侧外侧吊杆为 15 根。在吊杆根数及索力上,大拱和小拱的内外侧吊杆力极不平衡。拱圈外倾是大沽桥最显著的特点,外倾的拱圈造成在吊杆施工之前无法拆除支架,吊杆的张拉必须同时考虑支架的稳定性和受力安全性。

由于大沽桥为高次超静定体系,单根吊杆的调整会引起其余吊杆受力的改变,重复多次的调整可能导致无法达到施工目标。同时,也在施工设备移动、张拉工作及实际吊杆力测量等方面耗费大量的人力和物力。所以,寻求最佳的张拉顺序,采用合理的吊杆张拉力,对大沽桥的吊杆张拉工作至关重要。

在大沽桥吊杆张拉施工期间,运用吊杆"拆分张拉"的概念,对吊杆张拉力和张拉顺序进行反复优化,使大沽桥内侧共50 根吊杆仅经过三次张拉即达到设定的吊杆力,外侧全部 38 根吊杆只经过一次张拉即达到设定的吊杆力,大大减少施工步骤,缩短施工工期。

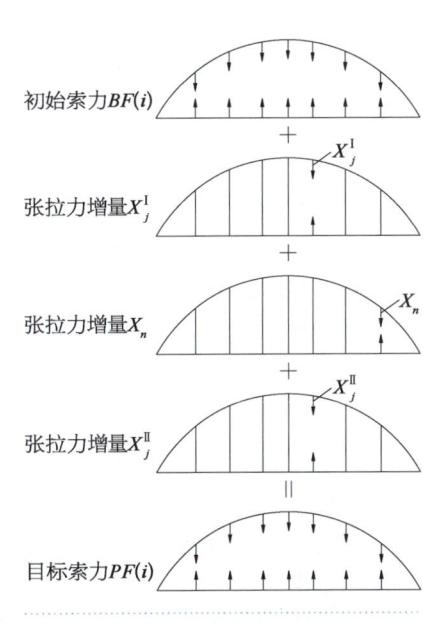

图 2-35 "拆分张拉"吊杆施工优化方法的基本原理

2.4.2.2 技术难点分析

(1) 系杆的整个安装及张拉过程始终处于狭小空间内,系杆长度较长,达到 109 m,且每组系杆均穿过钢箱梁内的转向器进行弧形张拉。

(2) 不同部位的吊杆张拉终应力不同,在整个张拉过程中,各部位的吊杆索力衰减也不同,整个吊杆张拉过程的分步与每步中每根吊杆张拉力大小的确定都需要大量的计算才能得到。为保证拱肋受力及桥身位移的对称性,每根吊杆张拉力控制都需要非常精确,张拉时始终要保持对称编号吊杆的同步对称张拉。

(3) 由于大、小拱在拼装及合龙后具有应力重分布的情况,每个拱托的受力情况各不相同。张拉过程中,大、小拱肋均发生向行车道方向的偏移,因此在拱托拆除前与拱肋之间部分脱离、部分压紧。拱托解除约束后,拱节本身向外侧发生位移。拆除拱托时,要防止拱因受力不均而产生不对称变形,因此必须按顺序同时对称拆除拱托。

(4) 部分八三墩支架较高,距离施工栈桥较远,最小作业半径为 12 m,当拆除八三墩支架时,吊装作业半径较大、高度较高,吊装过程中要避免损伤吊杆。

2.4.2.3 体系转换施工准备

为保证体系转换施工的顺利进行,首先对体系转换全过程拱肋及箱梁体系的受力情况进行分析,设计简便、合理、安全的体系转换工艺流程。其次做好体系转换施工前各项准备工作,具体如下:

(1) 大、小拱焊接合龙完成后,测量全拱及全桥各个控制点的空间坐标,为体系转换过程的位移控制提供原始数据。

(2) 进行大、小拱的防腐喷涂处理,同时拆除环拱脚手架,为吊杆的安装及张拉工作扫除障碍并提供作业空间。涂装及拆除工作由拱顶向拱脚方向进行。

(3) 进行大、小拱位移片的布置,作为监测拱肋位移变化的控制点。

(4) 位移片布置完成后,除用于支撑拱托结构的八三墩杆件外,拆除所有对吊杆安装、张拉有影响的八三墩杆件。

(5) 对大、小拱的拱脚围板进行焊接,同时在拱托底板上用红油漆标记出拱托紧固螺栓的位置。围板焊接满足设计要求后,按由拱顶到拱脚的顺序将拱托螺栓放松,但不得拆除,以避免张拉过程中螺栓滑落。将所有紧固螺栓放松后设专人观测拱托有无滑动现象,量测滑移距离并重新标记。通过监测拱托位移的变化,分析拱肋变形和位移情况。

(6) 进行大、小拱内外侧吊杆挂索和系杆安装,准备张拉施工。

2.4.2.4 体系转换施工

1) 吊杆挂索

由于吊杆采用热挤聚乙烯高强平行钢丝拉索,聚乙烯外皮在挂索时很容易损坏,因此在挂索时采用软绳吊装。对于位置较低的吊杆,采用 25 t 吊车安装,对于位置较高的吊杆,采用 5 t 卷扬机和转向滑轮进行安装。在安装过程中,如遇到八三墩、脚手管等障碍物,采用 2 t 倒链调节方向。将吊杆的锚头和拱节的吊耳用钢销连接。挂索完毕后开始安装吊杆的张拉锚具,先将吊杆穿过马蹄铁和索道管,由于吊杆的自重很大,因此采用 5 t 卷扬机、转向滑轮和 2 t 倒链进行穿索,然后将锚具拧紧准备张拉。

2) 系杆安装

由于系杆穿过 27 节钢箱梁横隔板,每节钢箱梁横隔板设置 4 个转向器,在每节钢箱梁横隔板安排现场人员一名,按数字顺序穿索,大沽桥大、小拱系杆编号如图 2-36 所示。

现场系杆安装施工如图 2-37 所示。

3) 工艺施工

阶段 0:完成八三墩的架设和行车道沥青的铺装,拱肋分节尚未全部拼装完成。

阶段 A:完成大、小拱拱肋分节拼装施工,完成拱肋合龙。

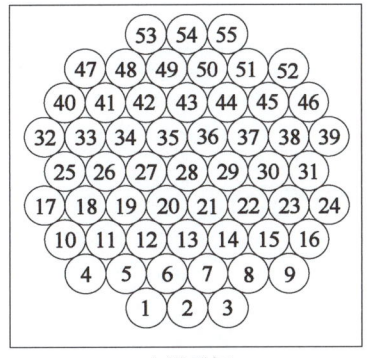

图 2-36　大沽桥大、小拱系杆编号

图 2-37　现场系杆安装施工

阶段 B1：张拉内侧吊杆前，大、小拱侧同时张拉系杆。大、小拱交替分批张拉不受拱托和八三墩支架影响的内侧吊杆。由拱顶向拱脚对称张拉，即每次张拉拱对称位置上的两根吊杆，并同时做好另一侧拱吊杆的张拉准备。

B1-a 系杆张拉：同时张拉大、小拱侧对称的系杆 DG1 和 XG1。系杆采用单根双向张拉方式，以油压表读数和张拉伸长值两个参数进行双控。系杆张拉初始预紧力取 30% 的单束张拉力。单组系杆完成预紧力张拉后进行 100% 张拉力张拉，按系杆编号由大到小及由小到大的顺序，将每组系杆张拉两遍，再根据现场系杆实际受力情况，对不足部分采用单向张拉补足。张拉施工过程中记录实测油压表读数及伸长值 2 个参数。系杆张拉到设计系杆力后持荷 2 min。实际伸长值与理论伸长值的差值控制在 ±6% 以内。系杆理论油压表读数和理论伸长值见表 2-3。

表2-3 系杆张拉理论油压表读数和理论伸长值

系杆编号	张拉力0.5P1 (kN)	单束张拉力 (kN)	理论油压表读数 (MPa)	理论伸长值 (cm)
DG1	2 833	76.6	17.1 16.4	30.4
XG1	5 665	103	21.7 22.2	40.8

B1-b 吊杆张拉：内侧吊杆张拉初始预紧力为150 kN，初始预紧力张拉完成后，标记锚杯位置并进行应力补张拉。吊杆张拉在各阶段末均持荷2 min。张拉完成后观测拱托滑移情况并重新标记。吊杆张拉顺序和张拉力见表2-4。

表2-4 吊杆张拉顺序及张拉力

张拉顺序	吊杆编号	张拉力(kN)	张拉顺序	吊杆编号	张拉力(kN)
1	DN1 XN1	290 440	/	/ /	/ /
2	DN3 DN3′ XN3 XN3′	300 300 440 440	7	DN9 DN9′ XN11 XN11′	300 300 350 350
3	DN4 DN4′ XN5 XN5′	300 300 440 440	8	DN10 DN10′ XN12 XN12′	290 290 290 290
4	DN5 DN5′ XN7 XN7′	300 300 440 440	9	DN11 DN11′ XN13 XN13′	290 290 250 250
5	DN6 DN6′ XN9 XN9′	300 300 440 440	10	DN12 DN12′ / /	290 290 / /
6	DN8 DN8′ XN10 XN10′	300 300 370 370	/	/ / / /	/ / / /

阶段B2：在完成系杆和吊杆50%的控制力张拉后，大、小拱侧同时张拉剩余的系杆，然后张拉内侧吊杆，张拉顺序同B1阶段。

B2-a 系杆张拉：大、小拱侧再次同时张拉剩余的系杆DG2和XG2，理论油压表读数和理论伸长值与前次张拉相同。

B2-b 吊杆张拉：再次张拉 B1-b 阶段中的内侧吊杆。张拉完成后观测拱托滑移情况。

阶段 C：由于吊杆张拉时空间位置向行车道板方向移动，因此拱托在被拆除前已经与拱肋发生部分脱离，并且每个拱托的受力情况各不相同。基于上述因素，在拆除拱托过程中应先拆除已脱离的部分，后拆除未脱离的部分。拆除前，将已放松的拱托紧固螺栓重新全部拧紧，限制拱托的滑移，然后按从拱顶至拱脚的顺序依次拆除拱托。为防止大拱或小拱因受力不均而产生不对称变形，拆除拱托时要对称拆除，不得单独拆除不对称拱托或同时拆除多个拱托。拱托拆除后进行拱托支架的拆除，先拆卸拱托支架与八三墩之间的连接螺栓，再用吊车直接吊装拱托支架。将拱托切割拆除后，采用吊车将拱托及拱托支架吊装出拱的投影线，吊装过程中要防止索具与吊杆、拱肋的碰撞。

阶段 D：拱托全部拆除后，拆除八三墩支架，拆除时从跨中向两侧进行。由于部分八三墩支架较高(最高为 36 m)，距离施工栈桥较近，最小作业半径为 12 m，因此大拱较高处的八三墩采用 220 t 汽车吊拆除，较矮处采用 50 t 汽车吊拆除，小拱采用 50 t 汽车吊拆除。吊装高度不大于 10 m，吊装吨位控制在 5 t 内，吊装时宜采用 4 根立柱形成整体的框架。吊车将八三墩支架采用钢丝绳进行拴扣后，进行竖向连接板螺栓拆除。当外侧吊杆与所拆除的八三墩冲突时，采用人工或吊车将吊杆翻出八三墩以外。拆除八三墩连接架时，用 220 t 吊车采用钢丝绳进行拴扣后，再将八三墩连接架用气焊割除。所有的型钢被彻底切除后，吊装出支架范围。由 50 t 吊车将小拱侧八三墩整体框架吊装至施工栈桥后，由 20 t 汽车吊在施工栈桥上肢解。大、小拱八三墩支架底部垫梁采用双拼 I550 或双拼 I360 工字钢。由于在拼装过程中全部采用电焊焊接，在拆除时可在混凝土工艺墩上将双拼工字钢拆分为单拼，采用吊车直接吊装的方式吊出大、小观景平台。工字钢下部采用混凝土工艺墩与钢箱梁连接。工艺墩在钢箱梁上焊接有 $\phi 12$ 锚筋，采用空压机进行破除。

阶段 B3：由拱顶向拱脚对称张拉 B1、B2 阶段未张拉的内侧吊杆，见表 2-5。

表 2-5　吊杆张拉顺序及张拉力

张拉顺序	吊杆编号	张拉力(kN)	张拉顺序	吊杆编号	张拉力(kN)
1	DN2	400	3	DN13	400
	DN2′	400		DN13′	400
	XN2	450		XN6	450
	XN2′	450		XN6′	450
2	DN7	400	4	XN8	450
	DN7′	400		XN8′	450
	XN4	450		/	/
	XN4′	450		/	/

阶段 E：待内侧吊杆全部张拉完成后，拆除中跨底层沙漏。

阶段 B4：由拱顶向拱脚对称张拉内侧吊杆，大、小拱交替进行，吊杆张拉顺序和张拉力见表 2-6，内侧吊杆张拉前需将外侧吊杆进行挂索和预紧施工，外侧吊杆张拉初始预紧力为 30 kN。

表 2-6　吊杆张拉顺序和张拉力

张拉顺序	吊杆编号	张拉力(kN)	张拉顺序	吊杆编号	张拉力(kN)
1	DN1	792	/	/	/
2	XN1	874	/	/	/
3	DN2 DN2′	794 794	18	XN9 XN9′	495 495
4	XN2 XN2′	744 744	19	DN10 DN10′	590 590
5	DN3 DN3′	763 763	20	XN10 XN10′	437 437
6	XN3 XN3′	803 803	21	DN11 DN11′	558 558
7	DN4 DN4′	833 833	22	XN11 XN11′	412 412
8	XN4 XN4′	759 759	23	DN12 DN12′	538 538
9	DN5 DN5′	795 795	24	XN12 XN12′	404 404
10	XN5 XN5′	896 896	25	DN13 DN13′	516 516
11	DN6 DN6′	762 762	26	XN13 XN13′	407 407
12	XN6 XN6′	769 769	27 28	DN1 XN1	661 775
13	DN7 DN7′	712 712	29	DN2 DN2′	615 615
14	XN7 XN7′	670 670	30	XN2 XN2′	632 632
15	DN8 DN8′	670 670	31	DN3 DN3′	586 586
16	XN8 XN8′	564 564	32	XN3 XN3′	562 562
17	DN9 DN9′	629 629	33	XN4 XN4′	519 519

阶段 F：由拱顶向拱脚对称分批张拉外侧吊杆,大、小拱交替进行,吊杆张拉顺序和张拉力见表 2-7。

表 2-7 吊杆张拉顺序和张拉力

张拉顺序	吊杆编号	张拉力(kN)	张拉顺序	吊杆编号	张拉力(kN)
1	DW1 DW2 DW2′	144 147 147	10	XW6 XW6′ /	68 68 /
2	XW1 XW2 XW2′	154 158 158	11	DW7 DW7′ /	72 72 /
3	DW3 DW3′	113 113	12	XW7 XW7′	59 59
4	XW3 XW3′	111 111	13	DW8 DW8′	67 67
5	DW4 DW4′	95 95	14	XW8 XW8′	49 49
6	XW4 XW4′	91 91	15	DW9 DW9′	62 62
7	DW5 DW5′	85 85	16	DW10 DW10′	58 58
8	XW5 XW5′	78 78	17	DW11 DW11′	54 54
9	DW6 DW6′	78 78	18	DW12 DW12′	51 51

阶段 G：完成人行道铺装以及附属结构施工。

通过现场实测数据与理论计算数据进行对比可知，吊杆响应力和结构位移变化趋势与计算仿真模拟结果相同，支架拆除后结构的受力状态符合设计要求。分析偏差产生原因，主要是理论计算时所采用的设计参数，如材料的弹性模量、构件自重、施工临时荷载等，与实际工程中所表现出来的参数不完全一致，因此当采用理论值进行施工控制时，结构的实际变形不能完全达到预期结果，实际操作时应根据结构表现出的特性，对设计参数进行修正，并反馈到理论计算中。经过多次迭代分析，将优化后的分析结果应用到下一阶段的体系转换施工中。

2.4.3 厚板焊接变形控制

厚板焊接问题主要为焊接变形难以控制和校正、焊接残余应力难以消除、焊接热循环难以控制、容易产生焊接热裂纹及层状撕裂等。因此，进行厚板焊接工艺的研究十分重要。大沽桥拱和纵梁均为厚板结构，板厚为 32~60 mm，材质为 Q370qD 钢，大、小拱典型截面如图 2-38 所示。

对于实际的焊接结构，由于结构形式的多样性，焊缝数量与分布、焊接顺序和方向的不同，导致产生的焊接变形比较复杂。为了便于理解和掌握焊接变形的特点和规律，将复杂的焊接变形

(图2-39)分解成几种基本形式,如与焊缝线垂直的横向收缩、与焊缝线平行的纵向收缩及角变形、绕焊缝线回转变形等。焊件的变形往往是上述几种基本变形形式的组合。

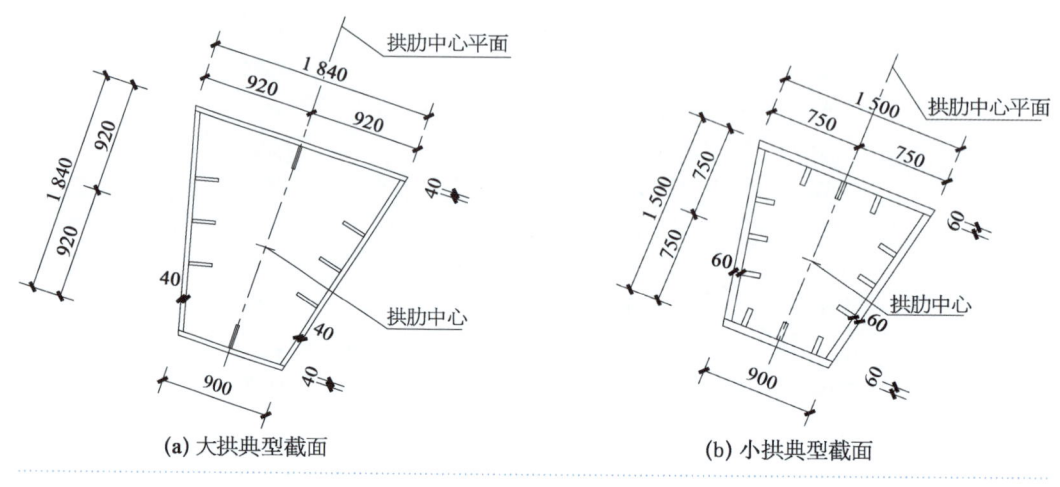

图2-38 大、小拱典型截面图

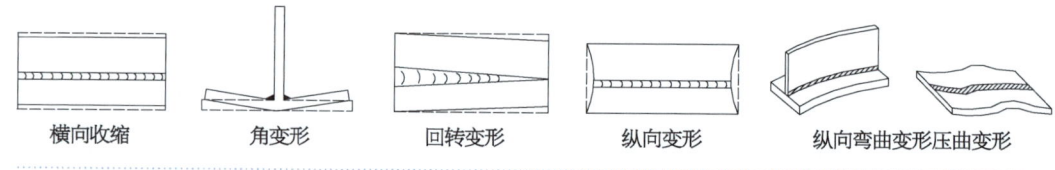

图2-39 焊接变形

通常,将收缩变形、弯曲变形归为整体变形,将角变形、压曲变形归为局部变形。

2.4.3.1 焊接变形的影响因素

1) 焊接方法

由于焊接变形是由不均匀加热引起的,因此变形大小与加热情况有紧密联系。不同的焊接方法、热源或加热集中程度,均会造成不同的焊接变形。对于常用的焊接方法,按产生焊接变形由大到小的顺序,依次为气焊、手工电弧焊、埋弧焊、气体保护焊和接触焊。因此,对于大沽桥低合金钢厚板的焊接,尽可能采用CO_2气体保护焊施焊。

2) 焊接规范

表2-8列出根部间隙、接头设计、焊条类型和尺寸等各种工艺参数对对接焊缝横向收缩的影响。

表2-8 工艺参数对对接焊缝横向收缩的影响

工艺参数	影响情况
根部间隙	收缩量随根部间隙的增加而增大,影响大
接头设计	单面V形接头产生的收缩量比双V形接头大,影响大
焊条尺寸	用大尺寸焊条,收缩量减少,影响适中
拘束程度	收缩量随拘束程度的增加而减少,影响适中

(续表)

工艺参数	影响情况
焊条类型	影响小
锤击	锤击减少收缩量,影响小

不仅焊缝的横向收缩,几乎每种焊接变形都与焊接能量有关,因此在设计和工艺允许的条件下,应尽可能减少线能量,进而减少焊缝截面尺寸,这对减少焊接变形和应力均有利。例如:在线能量一定的情况下,采用大电流快速焊比小电流慢速焊的加热集中程度高,主作用区窄,产生的收缩变形和弯曲变形都会减少。

此外,可适当地采用单层焊接或分层焊接、分段焊、反向分段焊、从中心往两端焊等方法达到减小焊接变形的目的。

3)焊接程序

焊接程序不仅影响构件变形的性质,而且影响构件的应力状态。合理地选择焊接程序,避免结构产生不容许的变形值和应力。在很多情况下,既要避免变形又要避免应力是不可能的,因此需要在鉴定两者对于结构作用的基础上合理地选择焊接程序。在个别情况下,焊接程序可以考虑采用防止和减少焊接变形和应力的方法,如采用反弯曲、锤击等方法。

4)焊缝长度

焊缝长度严重影响焊接弯曲变形和收缩变形,断续焊代替连续焊可以大大减少焊接变形。但需要注意,断续焊缝起弧、收弧点多,影响焊缝质量,增加锈蚀,特别是造成更多的应力集中源,大大降低焊接结构的疲劳强度和抗脆断能力,因此对于承受动荷载及低温工作的结构,不宜采用断续焊缝,可考虑采用小截面连续焊缝。

2.4.3.2 焊接变形研究

1)焊缝的横向和纵向收缩

焊接时,沿焊缝横向和纵向的温度分布不均匀,焊件不能自由膨胀和收缩,引起构件的纵向及横向收缩,使构件长度缩短、宽度变窄,如果在焊接结构生产备料过程中没有考虑这种收缩变形,则焊接后结构尺寸会变小,严重时甚至造成结构尺寸的缩小量远超过公差允许范围而报废。在零部件焊接时,为了在焊后割去多余的余量,就要增加工序、劳动量,浪费材料。在成批生产的情况下,一般是结合工厂的具体条件,在试制过程中对结构的焊后收缩进行实际测量,找出规律,然后确定余量数值,表2-9、表2-10列出焊件在自由状态下,手工焊时各种焊缝收缩数值的近似值,可供估计收缩余量时参考。

表2-9 焊缝横向收缩量近似值 (mm)

接头形式	钢板厚度										
	5	6	8	10	12	14	16	18	20	22	24
	横向收缩量										
V形坡口对接焊缝	1.3	1.3	1.4	1.6	1.8	1.9	2.1	2.4	2.6	2.8	3.1
X形坡口对接焊缝	1.2	1.2	1.3	1.4	1.6	1.7	1.9	2.1	2.4	2.6	2.8

(mm)(续表)

接头形式	钢板厚度									
	5	6	8	10	12	14	16	18	20	22	24
	横向收缩量									
单面坡口十字角焊缝	1.6	1.7	1.8	2.0	2.2	2.3	2.5	2.7	3.0	3.2	3.5
单面坡口角焊缝	0.8	0.8	0.8	0.8	0.7	0.7	0.6	0.6	0.6	0.4	0.4

表2-10 焊缝纵向收缩率近似值 (mm/m)

对接焊缝	连续角焊缝	间断角焊缝
0.15~0.3	0.2~0.4	0~0.1

注：表中所列数据是在宽度大约为15倍板厚的焊缝区域中的纵向收缩量。

角焊缝的横向收缩小于对接焊缝，断续焊缝的收缩量小于连续焊缝。

多层焊时，第一层引起的收缩量最大，第二层增加的收缩量大约为第一层收缩量的20%，第三层增加5%~10%，最后一层增加更少。

2) 纵向弯曲变形

对于T形构件和工字梁，应特别注意焊缝的纵向弯曲变形。对于T形构件，随着焊接的进行，焊接变形逐渐加大。对于工字梁，在下侧焊接时，焊接变形增加，在上侧焊接时，焊接变形减少。第二个角焊缝产生的变形一般小于第一个角焊缝产生的变形，并造成一定的残余变形，即使在角焊缝两侧的熔敷金属重量相等，接头几何尺寸对称时也是如此。

2.4.3.3 减少和防止焊接变形的方法

有残余应力的焊件在后续加工、储运及使用(承载)过程中还可能会发生变形。其中，焊件在切削加工过程中的回弹变形会对其加工质量产生严重影响。焊接变形还会降低焊件的疲劳强度与承载能力，可能导致焊件加工时超过规定的制造公差。因此，在实际生产中常需要有效地减少焊接残余应力与焊接变形，或者按照具体焊件的相关要求对其加以控制。

总体来说，降低焊接残余应力可从以下几个方面着手：降低残余应力水平，特别是降低最大残余拉应力水平；缩小高残余应力的存在区间和范围；减少残余拉应力的维数。

1) 设计措施

焊接结构设计措施实际上是负责结构设计工作的技术人员应遵循的设计规范与原则，既包括确定结构的外形、尺寸及确定结构中的各个焊接接头，还包括选择接头形式(如对接接头、搭接接头、十字接头、T形接头、角接接头和端接接头等)及规定焊缝高度。其他有关设计方面的措施，特别是坡口形状与焊接顺序的确定，以及连续焊缝与断续焊缝的选择等则归于工艺措施。

用于限制焊接残余应力与焊接变形的主要设计措施有：使焊缝长度尽可能最短、板厚尽可能最小、焊脚尽可能最小，与连续焊缝相比优先选用断续焊缝、与对接焊缝相比优先选用角焊缝、采用对接焊缝连接的构件应在垂直于焊缝方向上具有可变形长度、复杂结构最好采用分部件组合焊接。

设计中应尽量避免焊缝密集与交叉，焊缝间相互平行且密集时，相同方向上的焊接残余应力区和塑性变形区均会出现一定程度的叠加；焊缝交叉时，两个方向上均会产生较高的残余应力。

这两种情况下,作用于结构上的双倍温度-形变循环均可能会在局部区域(如缺口和缺陷处)进入材料塑性状态。针对这种情况,可将横焊缝在纵焊缝间作交错布置,此外还可以用切口来避免焊缝间的交汇。对于需要考虑疲劳强度的结构,这类切口应有条件的采用。

设计中应尽量采用薄板,目的在于限制三维拉应力的水平与大小。当板厚较大时,第三主应力可能在板厚方向上占有较大比例,因而,设计中对超过一定板厚的焊接构件通常要安排消除应力退火。

对于对接焊缝,焊缝厚度应与板厚相同。对于角焊缝的焊角高度,相对来说较为自由,但也不应超过其所需的静载尺寸,因为焊接热输入以及由此产生的收缩力与变形均会随着焊角高度的增大而增大。

对于联系焊缝(按构件设计要求不直接承载的焊缝)可采取断续焊缝的形式,以降低热输入总量。双面断续角焊缝的焊段可交错布置,在可能出现腐蚀的地方用切口使焊缝闭合。联系焊缝还可采用另一种变形较小的形式——塞焊。

对于减少残余应力和变形,十字接头、丁字接头、角接接头和搭接接头中角焊缝优于对接焊缝(在疲劳强度方面则相反)。采用角焊缝时,间隙与力线的偏移会降低接头的刚性,从而使结构中的横向残余应力有所降低。

对于桥梁等大型复杂结构,可将其划分为若干组件或部件分别预制,达到规定的尺寸精度后再进行组装,这一措施不仅能非常有效地减少整体结构的焊接残余应力与焊接变形,而且组件或部件的尺寸精度保证整体结构的尺寸精度。此外,组件或部件可在工厂内预制,仅整体结构需要在现场组焊。对于桥梁结构,应尽可能避免现场施焊,各组件间的现场连接接头可采用高强度螺栓连接。

2) 选材措施

焊接材料在很大程度上应根据焊接工艺的要求进行选择。选用的材料应在相应的设计和制造条件下适于焊接,且焊接形成的接头在承受工作荷载时应能避免开裂,可抵抗破坏以及具有足够的变形能力。

3) 制造工艺措施

对于厚板焊接,焊接变形一旦发生将很难矫正,厚板的焊接变形应根据各种影响因素综合分析,制订合理的焊接工艺、焊接顺序以及工装等控制焊接变形。

大沽桥在生产制造过程中,主要采用CO_2气体保护焊,并通过采取反变形工装、一条焊缝多台焊机同时施焊等技术措施来控制焊接变形和残余应力,取得很好的效果。

2.4.4 环氧沥青铺装

天津市地属温带气候区,干燥温暖,全年极端高温为41.2℃,极端低温为-27.4℃。气候条件中对铺装影响最大的因素是气温。有关测试资料表明,由于钢箱梁箱体内不通风,散热速度慢。因此,高温季节,钢箱梁桥面钢板温度比传统的桁架梁钢桥桥面温度高出10℃,而且高温持续时间更长。根据某国内大跨径钢箱梁桥对钢桥面铺装实测的资料,当最高环境气温为34℃时,桥面钢板表面温度为62℃。根据以上资料,大沽桥桥面铺装材料的设计温度范围取为-15~+70℃,铺装的高温稳定性是设计考虑的主要问题。此外,还要考虑低温抗裂性能。

1) 铺装方案

大沽桥钢桥面采用正交异性板结构,车轮荷载作用下局部变形较大,钢桥面板热容量小、传热快,要求铺装具有以下性能:良好的抗滑性能、行车的稳定性能、良好的粘结强度、良好的抗疲劳开裂性能、良好的变形特性、良好的耐久性能、良好的防水功能。综合以往桥面铺装设计和试验成果,大沽桥采用双层环氧沥青混合料的铺装方案,铺装层厚度为 5 cm。

2) 环氧沥青铺装施工注意事项

(1) 粘结层的施工。粘结层是使铺装层与桥面板协同作用的关键,直接影响到铺装的使用耐久性。喷洒防水粘结层时,应提前 1 h 用高压热空气(70~80℃)烘干钢桥面板,确保桥面上的喷洒区及其临近区域没有水迹。粘结料喷洒后必须在 48 h 内进行铺装作业,如因故不能按时进行铺装施工,需在铺装施工前重喷粘结料。

(2) 环氧沥青混凝土的摊铺和碾压。铺装层厚度为 5 cm,宽度为 24 m。整个铺装层分上、下两层摊铺,每层厚为 25 mm。摊铺下层时在全宽 24 m 方向上分两段摊铺,即 12 m+12 m。摊铺上层时分三段摊铺,即 12 m+6 m+6 m。根据供料能力及各料车送料单上的容许卸料时间范围及时调整摊铺速度,以不停机为控制原则。摊铺时,将摊铺机熨平板的预热温度控制在 110~121℃ 之间,加热温度保持均匀一致。为防止局部过热,宜采取断续加热方式。设专人负责翻动螺旋布料器与熨平板之间的混合料,防止产生"死料"。若已产生"死料",应立即清除。

铺装层摊铺后马上初压,初压完成之前,摊铺层的温度不得低于 82℃,终压必须在摊铺层温度下降至 65℃ 之前完成。

2.4.5 成桥试验

大沽桥施工完成后,进行成桥静动载试验,以了解结构在荷载作用下的实际工作状态,综合分析判断桥梁结构的安全承载能力和使用条件,试验结论如下:

(1) 在桥梁成桥试验中,采用多工况排布(包括中跨对称、中跨大拱侧偏载、中跨小拱侧偏载、边跨对称、支点对称布置)布置荷载,测得关心位置(拱顶、拱肋四分点、中跨跨中主梁、边跨跨中主梁、中跨 L/4 截面主梁等部位)的钢板应力、梁体挠度均接近空间有限元理论计算值,试验荷载作用下,结构处于弹性工作状态,结构整体工作状态良好。

(2) 实测桥跨结构一阶振动频率为 0.80 Hz,振型以大拱侧人行道梁的竖向振动与大拱的横向振动为主,对应的理论计算值为 0.82 Hz。二阶振动频率为 1.14 Hz,振型以小拱侧人行道梁的竖向振动与小拱的横向振动为主,相应的理论计算值为 1.12 Hz。实测值与理论值非常接近,结构的实际振动特性与理论值基本相同。

第 3 章

天津海河直沽桥

天津市河西区奉化道跨越海河处矗立着一座造型舒展、轻盈美观的三跨连续中承式无推力拱结构——直沽桥(图3-1)。直沽桥结构新颖、受力明确,颇具时代感。桥梁主体结构上、下游侧分别设置人行桥和景观步道,保障两岸人行交通的顺畅和带状公园与亲水空间的沟通。直沽桥每条拱肋均采用三维曲线造型,高低不同、错落有致,钢拱肋通过叶状连接片连接。白天叶状连接片折射多彩的阳光,夜间则形成跨越海河的亮丽拱形,像是散落在海河的弯月,整座桥似一晶莹的雕塑。直沽桥于2007年建成通车,成为海河上一座具有现代风格的艺术作品。

图 3-1 直沽桥

3.1 桥梁方案设计

3.1.1 工程建设条件

天津海河直沽桥位于天津市区中心地段的海河上,连接河东区大直沽西路和河西区奉化道,是天津市中心城区快速路工程南横的一部分,也是连接友谊路行政中心、小白楼商务区以及通往滨海新区、天津机场等地区最快捷的通道。

海河规划为Ⅵ级航道,正常通航水位为 1.5 m(大沽高程),最高蓄水位为 2.5 m,最高洪水位为 4.54 m,要求桥下净空为 4.5 m,梁底标高大于 6.0 m,主航道净宽为 30 m。直沽桥与海河正交,道路设计等级为城市快速路,双向 8 车道,设计行车速度 $V=60$ km/h,设计汽车荷载为城-A 级。直沽桥主跨采用一跨跨越海河,河道内不设墩,两侧边跨分别跨越海河东路及海河西路,净宽分别为 21 m、19 m,净空为 3.5 m。桥梁上游侧设置人行桥,以保障两岸人行交通的顺畅,下游侧设置景观步道,满足两岸亲水平台的沟通[1]。

工程建设场地地质勘察结果查明,在钻探所达深度范围内,场地地层属全新统和上更新统沉积。根据区域地质勘察和地下水水质分析试验结果,场地地基土基本均匀,埋深 20 m 范围内不存在液化土层,适宜进行本工程建设。该场区的地下水对混凝土结构具有弱腐蚀性。本场地地震基本烈度为Ⅶ度,设计基本地震动峰值加速度值为 0.15 g,场地土类别为Ⅲ类。

3.1.2 桥梁方案构思[2]

河西区奉化道处的海河河岸是较为吸引游人驻足的沿河带状公园。充分考虑桥位周边的环境特点,以城市桥梁景观与功能双赢为标准,构思设计一座造型舒展、轻盈美观的三跨连续中承式无推力拱结构。根据各种规划交通通行的需要,桥梁横向共分为三部分:

---

[1] 天津城建设计院有限公司的"天津海河直沽桥设计(2005)"。
[2] 直沽桥由天津城建设计院有限公司与法国米姆拉姆(天津)建筑工程咨询有限公司合作设计。

(1) 中央主桥部分通行机动车,横桥向设 3 个主拱,每个主拱各由 3 条较为纤细的箱形纵拱肋和横向连接骨架构成,其中:中间复合拱组通过两排空间拉索连接桥面系中央横梁,两边复合拱组各通过两排空间拉索分别连接主桥外侧和人行桥或景观步道内侧。为了保持桥梁结构稳定,在各复合拱组之间设置风撑或拱间联系。

(2) 上游侧部分供行人通过。在河中宽度范围,于主桥边部悬挑大型观景平台,并设置与平台衔接的人行桥。人行桥与主桥桥面同高,在非平台范围与主桥之间设置横梁结构,人行桥跨越沿河公园和海河东路或海河西路后通过楼梯落地,解决海河东路与海河西路之间的人行要求。

(3) 下游侧部分供行人通过。于海河堤岸之间设置高程较低的景观步道,并通过倾斜向下的若干挑梁与主桥实现镂空连接。景观步道的设置较好地解决海河堤岸亲水平台之间的有效沟通,其与人行桥不同的平面投影曲率避免对称结构带来的呆板,同时由于景观步道的高程较低,使得游人与海河更加亲近,有回归自然之感。

根据顺桥向各种跨越需求,桥梁需上跨海河西路、河西带状公园、海河、河东带状公园、海河东路。桥位处海河宽约为 110 m,通航净宽和净高要求为 30 m 和 4.5 m,东西两侧带状公园宽约为 20 m,海河东路和海河西路净宽各为 21 m、19 m,净空为 3.5 m,因此直沽桥采用三跨桥梁结构,跨径布置为 56 m+138 m+56 m,全长为 250 m。桥梁主跨、边跨分别跨越海河和海河东路、海河西路,利用海河与下穿道路之间的带状公园,设置中跨、边跨拱组的拱脚结构,并设置拉杆、斜撑杆,以满足结构受力要求。

直沽桥每条拱肋均采用三维曲线造型,高低不同、错落有致,其平面和立面的投影均为美观流畅的曲线。较小断面的拱肋与连接骨架,使得其所构成的拱组及整座桥体更显通透轻巧。各拱肋间的连接骨架由几何形状各异但外形圆润的叶状连接片包裹。

3.2 桥梁结构设计及分析

3.2.1 工程概况

直沽桥跨径布置为 56 m+138 m+56 m,全长为 250 m。车行道横向总宽度为 34.26 m,横向布置为 0.23 m(栏杆)+0.5 m(路缘带)+14.25 m(车行道)+0.25 m(路缘带)+0.23 m(栏杆)+3.34 m(中间带)+0.23 m(栏杆)+0.25 m(路缘带)+14.25 m(车行道)+0.5 m(路缘带)+0.23 m(栏杆)。上游侧人行桥宽度为 4.5 m,横向布置为 0.25 m(栏杆)+4.0 m(人行道)+0.25 m(栏杆)。下游侧景观步道宽为 5.0 m,横向布置为 0.25 m(栏杆)+4.5 m(人行道)+0.25 m(栏杆)。桥梁结构与海河正交,桥面纵坡为 3.093%,车行道双向横坡为 2%,人行桥及景观步道横坡为 0%[①]。

桥梁上部结构为三跨连续中承式无推力拱结构,并设置斜撑杆及拉杆作为传递部分水平力的构造,桥面采用正交异性板体系,将车道荷载通过横梁、纵梁及吊杆传递给拱。

桥梁下部结构采用混凝土桥墩、桥台、承台及钻孔灌注桩基础。0#及 3#桥台均设置两排每排 9 根 ϕ1.0 m 钻孔灌注桩,承台厚度为 2.5 m,1#及 2#桥墩均设置四排每排 12 根 ϕ1.2 m 钻孔灌注桩,承台厚度为 2.5 m。桥型布置如图 3-2~图 3-5 所示。

---

① 天津城建设计院有限公司的"天津海河直沽桥设计(2005)"。

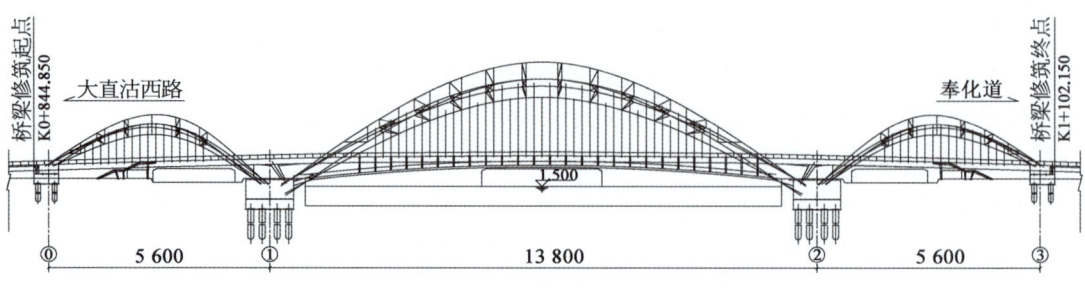

图 3-2 直沽桥立面图(单位：cm)

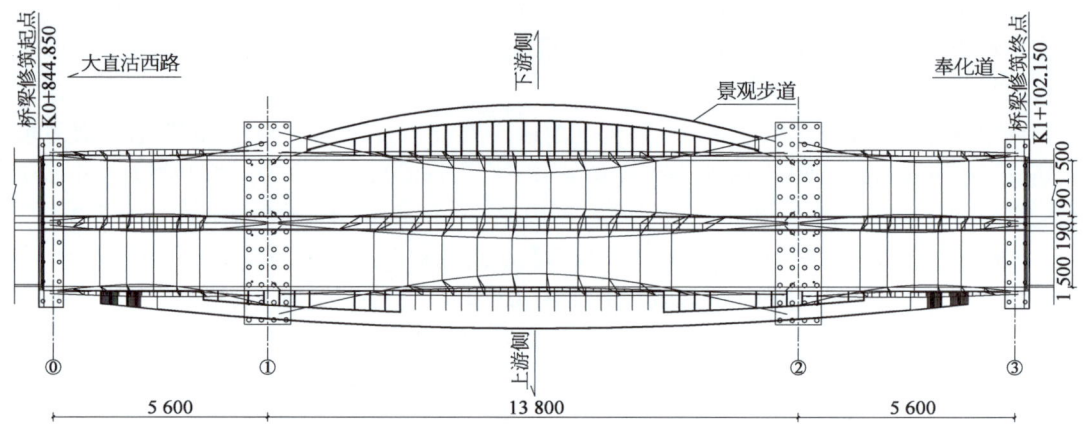

图 3-3 直沽桥平面图(单位：cm)

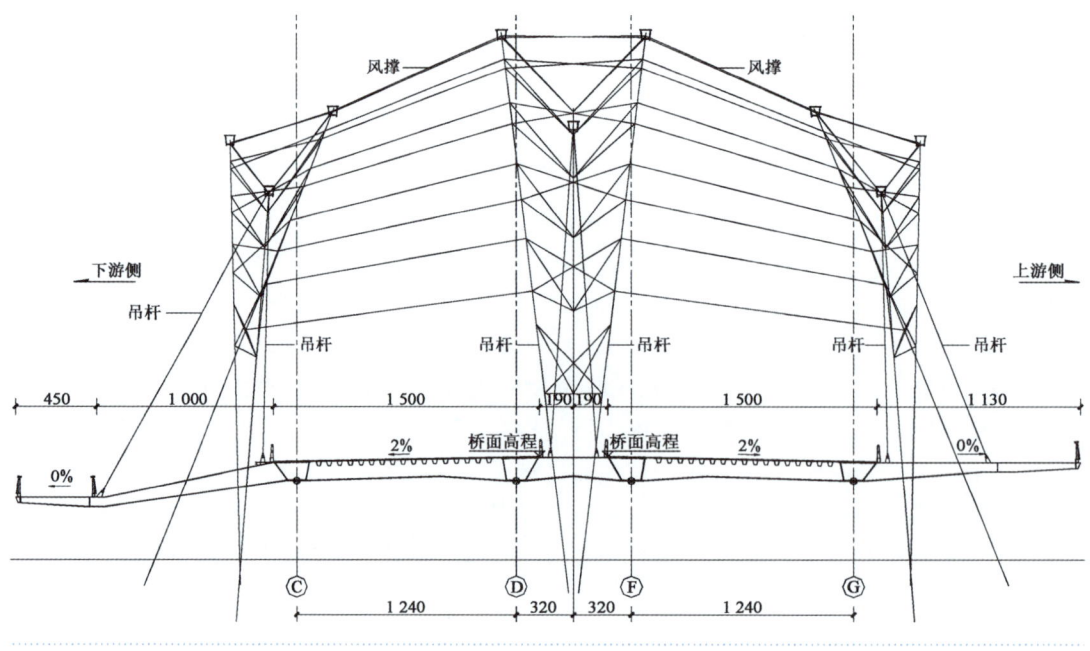

图 3-4 直沽桥跨中位置断面图(单位：cm)

第 3 章　天津海河直沽桥

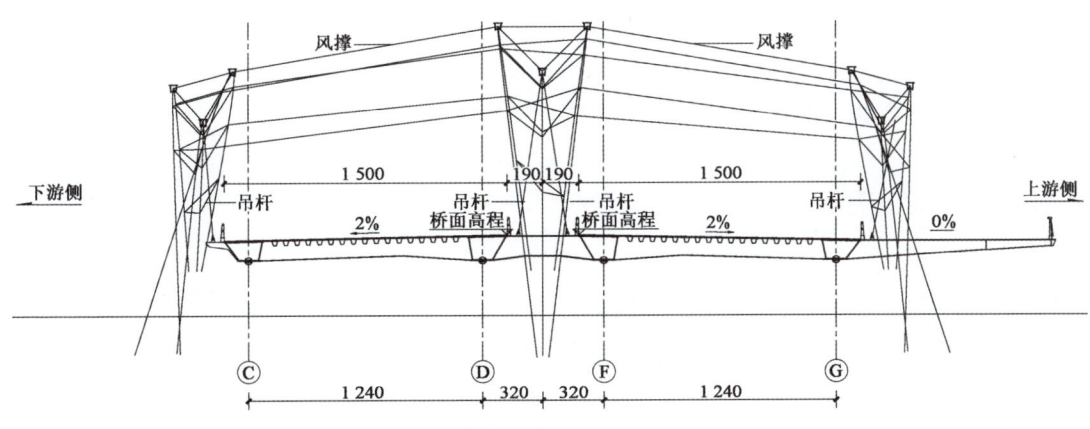

图 3-5　直沽桥支点位置断面图(单位:cm)

3.2.2　结构设计

直沽桥为特殊的中承式拱桥,其传力路径如下:正交异性钢桥面板将汽车荷载传至临近位置横隔板,横隔板将承受荷载传至纵梁,纵梁将承受荷载通过临近吊杆传至临近纵拱组。景观步道或人行桥面板将所承受的人群荷载传至纵、横梁格,纵、横梁格将承受的荷载通过临近吊杆传至临近纵拱组。纵拱组将承受的全部荷载传至拱脚,进而传至基础。纵拱拱组是全桥的主要传力结构,其中在中墩处设置的斜撑杆及拉杆用以传递结构自身的部分水平力。

由以上传力路径可知,该桥主要关键部位如下:吊杆及其上、下吊点构造是中承式梁拱组合体系的关键结构;拱组构成上部结构最终的传力构件,拱组的受力安全与稳定至关重要。其中,纵拱拱肋、花瓣骨架或拱间联系,以及风撑构件及其连接节点的设计均要确保安全可靠,纵拱组拱脚构造是将纵拱组承受的力传至下部基础的关键部位;斜撑拉杆组合构造用以传递拱脚部分水平力,其对减小梁段支撑间距、改善全局受力也有所帮助;中墩混凝土系梁是确保斜撑、拉杆及拱脚将上部结构内力传递给下部结构的关键环节,其设计与防护应加以重视。

3.2.3　整体计算分析

1) 主要规范及标准

(1)《公路桥涵钢结构及木结构设计规范》(JTJ 025—1986)。
(2)《城市桥梁设计准则》(CJJ 11—1993)。
(3)《城市桥梁设计荷载标准》(CJJ 77—1998)。
(4)《公路桥涵设计通用规范》(JTJ 021—1989)。
(5)《公路钢筋混凝土及预应力混凝土桥涵设计规范》(JTJ 023—1985)。
(6)《公路桥涵地基与基础设计规范》(JTJ 024—1985)。
(7)《公路工程抗震设计规范》(JTJ 004—1989)。

2) 计算模型

采用 Midas Civil 软件进行整体结构受力分析。坐标原点位于全桥纵向中心、车行道横向中心和钢箱梁半高度位置,顺桥向为 X 轴,横桥向为 Y 轴,竖直向上为 Z 轴正方向。计算模型中,除了将吊杆和拉压杆按照桁架单元考虑外,其他结构均使用梁单元模拟。其中,纵拱曲线由多根简化的直线梁单元连接组成,桥面系简化为工字形截面的纵、横梁体系。

边界条件:0#桥台、3#桥台均设置竖向约束,1#桥墩设置竖向、顺桥向和横桥向约束,2#桥墩设置竖向和横桥向约束。拱脚间均采用刚性连接,保证其整体变形,采用梁单元释放梁端自由度来模拟一端固结一端铰接的斜撑杆构造。直沽桥空间计算模型如图 3-6 所示。

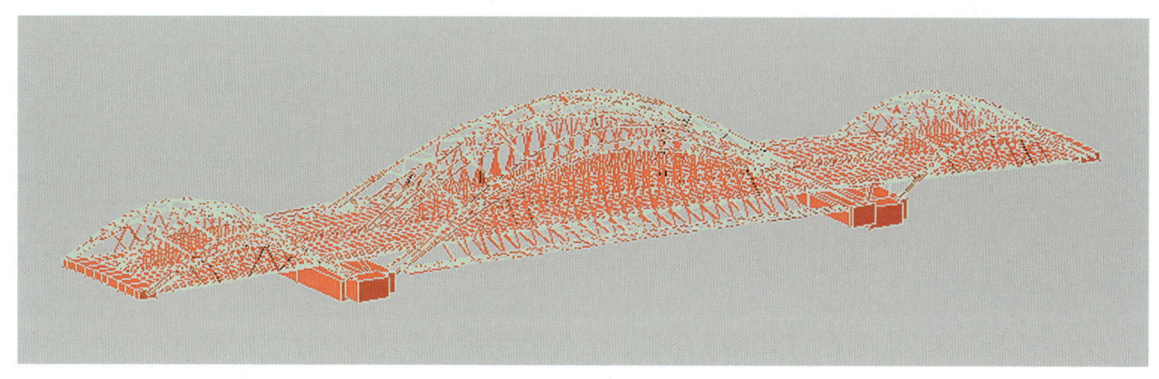

图 3-6　直沽桥空间计算模型

3) 静力分析

进行全桥静力分析,考虑结构自重、车辆荷载、人群荷载、风荷载、整体升降温、局部温差以及各个墩位 6 mm 的不均匀沉降等工况。其中,荷载组合Ⅰ包括结构自重、不均匀沉降、汽车荷载、人群荷载等;荷载组合Ⅱ在荷载组合Ⅰ的基础上增加温度荷载和风荷载效应。

荷载组合Ⅰ、Ⅱ作用下,桥梁结构主拱应力在 -150~160 MPa,主梁应力在 -120~130 MPa,最大活载位移为 11 cm。桥梁结构的应力及结构变形均满足规范要求。

4) 抗震性能分析

采用反应谱分析方法对直沽桥进行抗震性能分析。依据《公路工程抗震设计规范》生成地震反应谱,地震输入方向包括竖向、纵桥向和横桥向 3 个方向,地震荷载组合包括结构恒载和地震效应,下部结构按照地震荷载组合结果进行设计。分析结果表明,直沽桥主体结构设计满足抗震规范要求。

5) 屈曲分析

对直沽桥进行屈曲分析,主要考虑结构一期、二期恒载及车辆、人群荷载,得到结构前 10 阶屈曲临界荷载系数,见表 3-1。计算结果表明,结构在恒载、满布汽车和人群荷载作用下,最小屈曲临界荷载系数为 5.45,满足规范要求。

表 3-1　结构前 10 阶屈曲临界荷载系数

模 态	临界荷载系数	模 态	临界荷载系数
1	5.45	3	5.85
2	5.53	4	6.35

(续表)

模　态	临界荷载系数	模　态	临界荷载系数
5	6.43	8	7.10
6	6.58	9	7.73
7	6.63	10	7.90

3.3 桥梁构造设计及试验研究

3.3.1 构造设计

3.3.1.1 钢纵梁局部加强构造

常规拱桥的纵梁主要承受桥面荷载产生的弯矩作用，尤其对于系杆拱结构更是如此。直沽桥纵梁为梯形钢箱截面(图 3-7)，上、下行桥两侧各设置一根纵梁，两纵梁间设置横梁连接，上铺正交异性桥面板。首先，纵梁要承受巨大的纵向水平力，起到系杆的作用。第二，纵梁要承受桥面荷载产生的弯矩作用。第三，在斜撑杆与栏杆构造位置，纵梁要承受该构造产生的较大弯矩作用。因此，直沽桥的纵梁需要在不同的位置进行必要的局部加强处理。

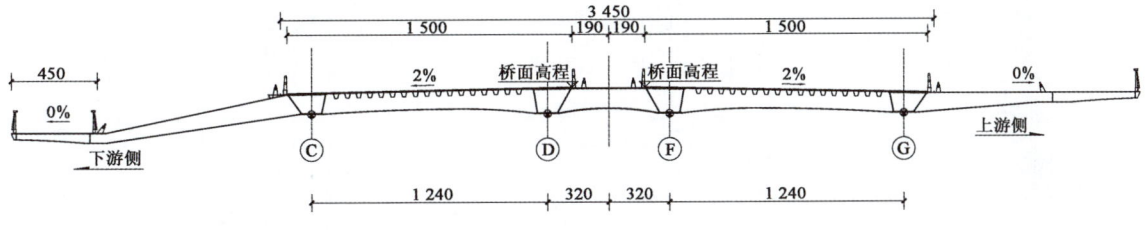

图 3-7　钢箱梁断面图(单位：cm)

作为直接承载的桥面系以横桥向为主要传力方向。其中，车行道部分由 4 道箱形纵梁(高度由路中的 1.36 m 渐变到车行道边线位置的 1.06 m，底面水平)和带有纵向 U 形肋的正交异性顶板构成，顺桥向每 2 m 设置一道变厚度的横隔板或悬挑横梁。人行桥及景观步道部分由纵、横梁构成(高度由路中方向的 0.55 m 变化到路边方向的 0.35 m，顶面水平)。车行道与人行桥、景观步道之间通过悬挑横梁连接。

正交异性钢桥面系顶底板厚度及横隔板厚度在拱梁连接位置、斜撑等部位进行加强，以适应复杂结构的受力需求。斜撑部位钢梁加强构造如图 3-8 所示。

3.3.1.2 斜撑，拉杆及其上、下节点构造

为了克服中墩位置大、小拱间的不平衡水平力，在中墩大拱与小拱之间设置纵向斜撑，其立面投影方向与小拱拱脚方向一致(图 3-9)、横断面投影由桥外侧的上节点指向桥中心方向的下节点。为了平衡由于斜撑杆件压力引起的竖直分力，在斜撑与小拱之间设置拉杆。斜撑杆上端与箱形纵梁固接，下端与混凝土横梁设置为可动铰连接，拉杆布置在斜撑杆外侧，上、下端分别与箱形纵

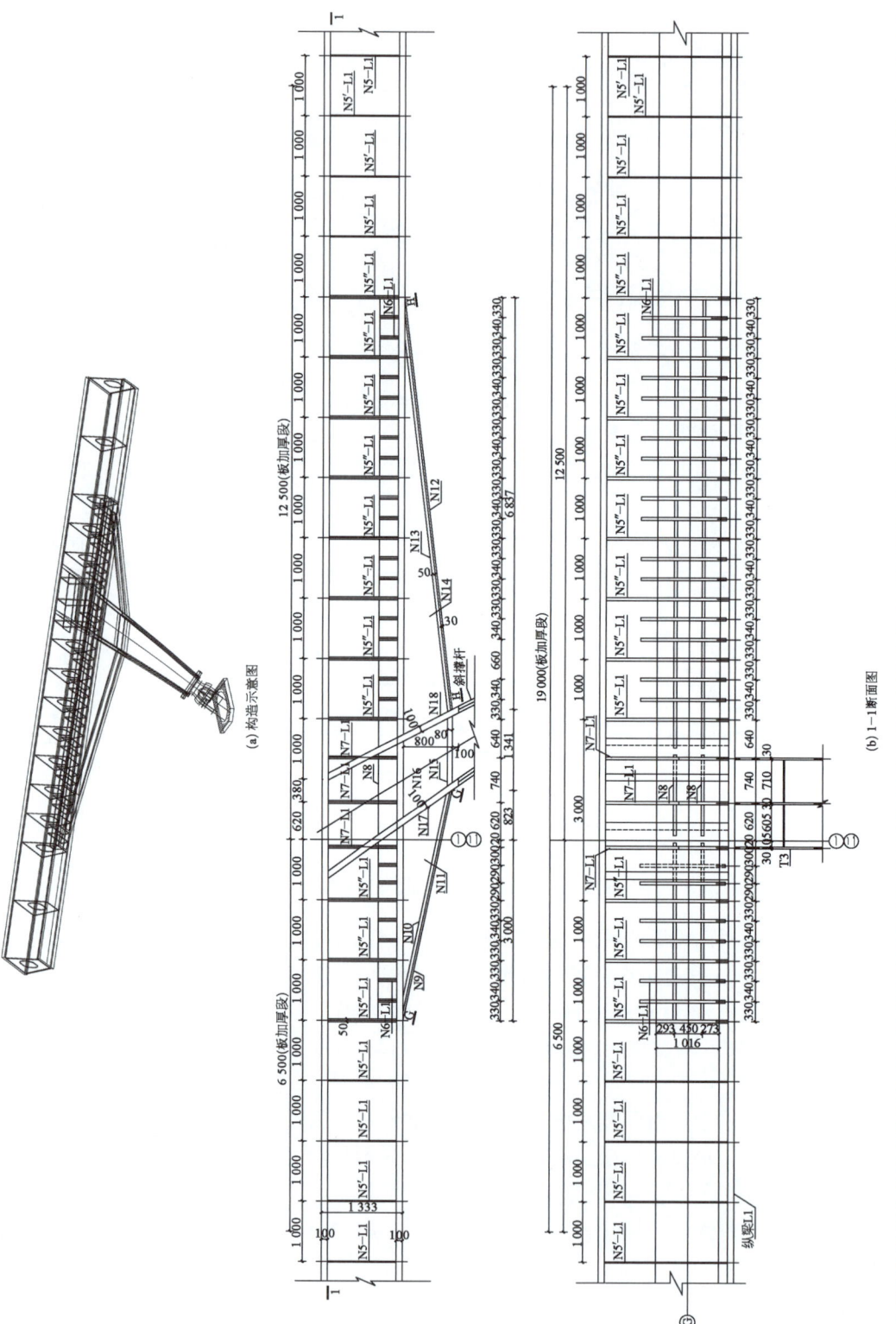

图 3-8 斜撑部位钢梁加强构造

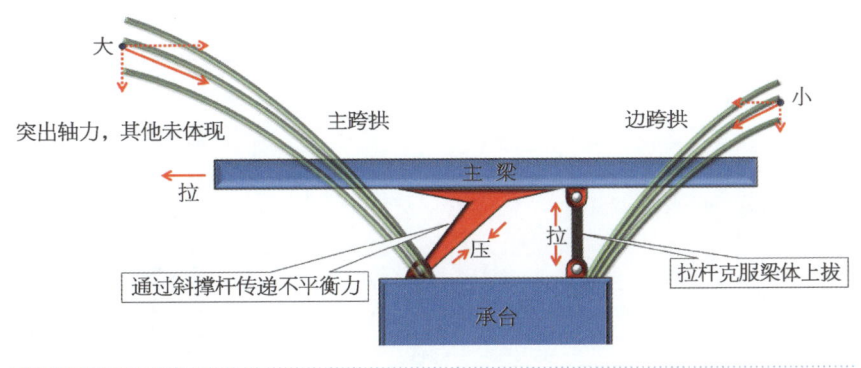

图 3-9　斜撑、拉杆位置示意图

梁和混凝土横梁铰接以释放弯矩作用。

斜撑构件采用上大下小的箱形截面,其顶部与相应的加强钢纵梁焊接(图 3-10),底部设置钢底板,并与其下的钢铸件顶板采用高强螺栓连接,下部钢铸件可实现斜撑杆件下部的铰接状态以释放弯矩作用。

图 3-10　斜撑构造

拉杆(图 3-11)与预埋在混凝土中的竖直钢板采用销铰连接。拉杆通过预埋钢板焊接焊钉锚固于混凝土中。

斜撑杆和拉杆是本桥设计的重点之一,也是受力最为复杂的部分。在恒载及活载作用下,主跨拱结构的水平力大于边跨拱结构,连接主、边跨拱的混凝土横梁结构有沿桥梁纵轴向外侧平动的趋势。由于斜撑杆下端与混凝土横梁连接,斜撑杆与混凝土横梁夹角近 60°,斜撑杆的水平分力平衡拱的不平衡水平向作用,这个力传递到斜撑杆顶端,进而传递给桥面钢纵梁。同时,斜撑杆上端的钢纵梁又承受一个较大的弯矩。为了避免箱梁发生较大扭转,在斜撑杆外侧布置拉杆构造,

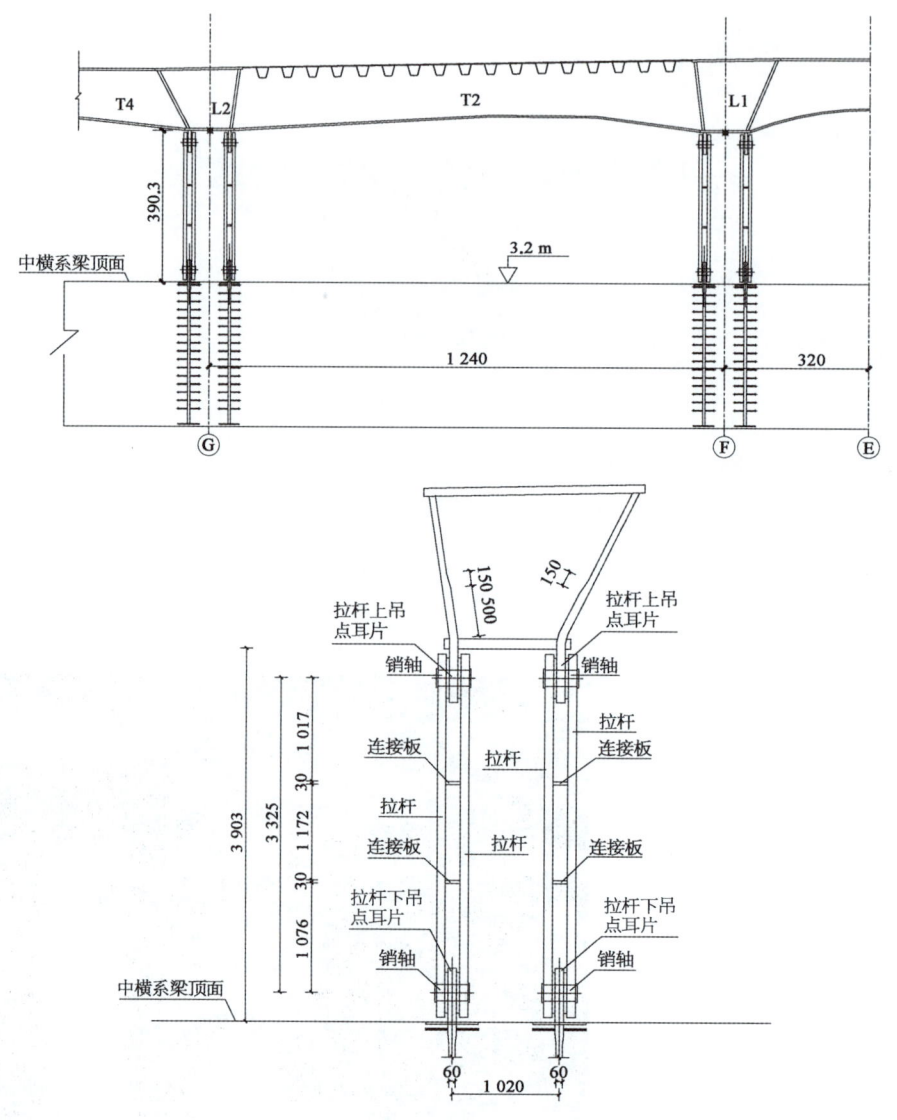

图 3-11 拉杆构造

通过撑拉杆构造解决拱脚不平衡水平力问题。

3.3.1.3 纵拱组及拱脚构造

桥梁每个独立的拱组由 3 条三维曲线线形的具有弧形顶板的箱形钢拱肋构成,而每条钢拱肋由弧形梁与精轧螺纹钢筋构成的骨架连接成为具有较好局部稳定性的拱组,形状各异的叶状连接片包裹在弧形梁与精轧螺纹钢筋构成的钢骨架周围(图 3-12～图 3-14)。

由于该桥空间特性显著,纵拱拱肋同时与花瓣骨架和风撑等连接,其纵拱肋内部隔板设计(图 3-15)需要考虑避免与花瓣骨架构件或隔板及风撑隔板位置冲突,由于隔板形状各异,且考虑施工方便,设计时隔板位置及形状尺寸需要结合花瓣骨架及风撑构件的具体情况,利用空间绘图多次优化确定。

第 3 章 天津海河直沽桥

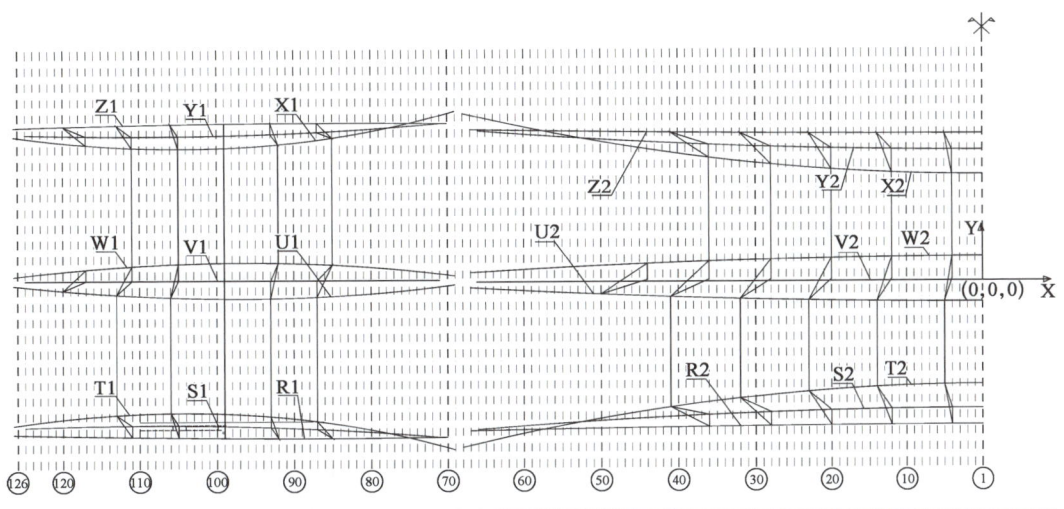

图 3-12 纵拱平面布置图

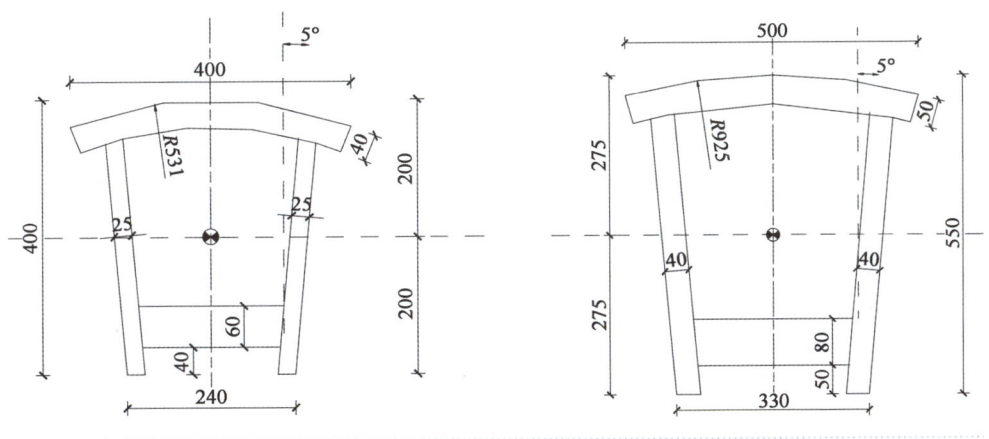

图 3-13 纵拱断面图

图 3-14 纵拱加工吊装

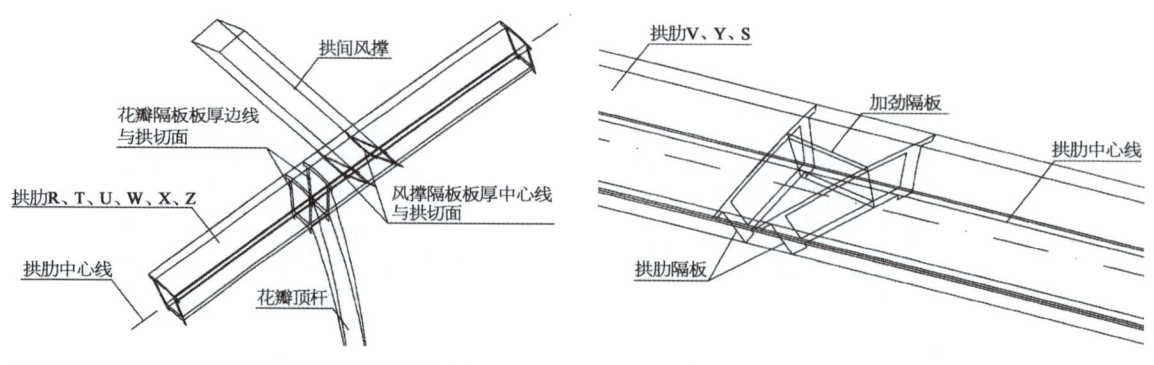

图 3-15　拱内隔板示意图

纵拱拱脚的可靠性关系到全桥的安全。纵拱拱脚采用完全刚接锚固的形式,纵拱截面外轮廓焊接焊钉,外围作钢筋骨架安装,就位后与中墩系梁混凝土共同浇注。中拱及边拱拱脚具体构造如图 3-16 所示。

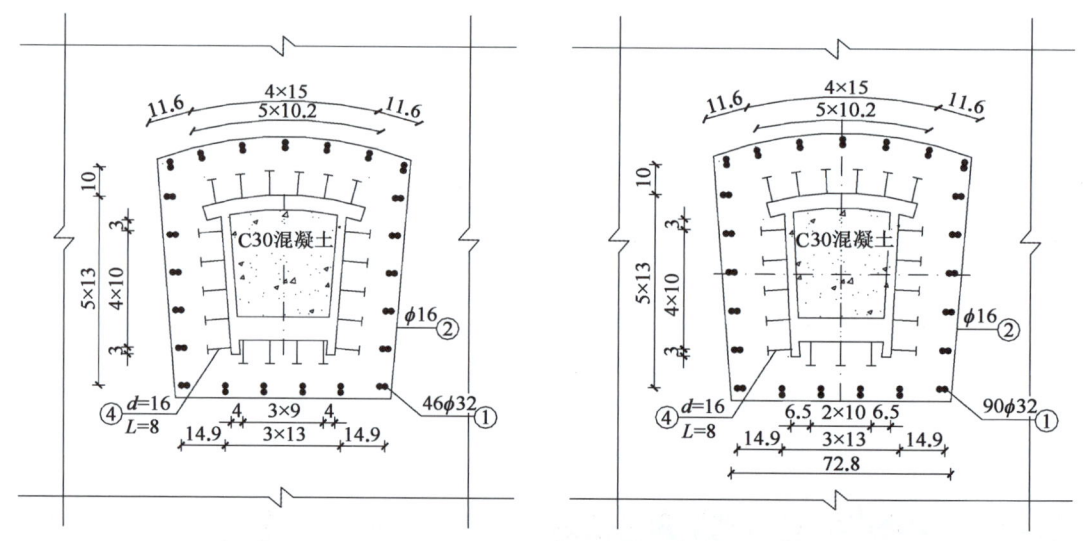

图 3-16　中拱及边拱拱脚具体构造

3.3.1.4　花瓣骨架及拱间联系构造

桥梁设计采用独特"叶片"构造,钢拱肋通过花瓣骨架连为一体,连接杆件由曲面叶状连接片包裹。花瓣骨架平面布置如图 3-17 所示。

依据局部受力需要,花瓣骨架顶杆采用箱形截面弧形梁,并与相应纵拱采用熔透焊连接。为了实现更好的美学效果,花瓣骨架弧形梁的空间曲线线形极不规则,每片花瓣均需要空间绘图定位,其对应的拱内隔板要尽量利用原拱内的横隔板或与原拱肋横隔板不产生冲突,且要求该构件及相关节点具有较好的受力传力效果。

花瓣骨架拉杆采用精轧螺纹钢筋,其上、下端分别与花瓣骨架弧形梁和纵拱通过螺栓连接。花瓣骨架拉杆两端的固定板需要空间绘图定位,以确定花瓣骨架弧形梁内隔板位置。在内隔板准

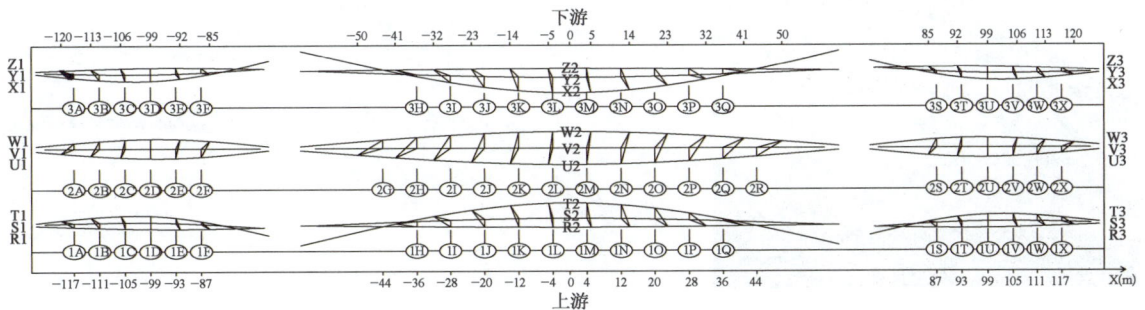

图 3-17 花瓣骨架平面布置图

确定位后,隔板的尺寸对拉杆位置又有影响,通过优化设计,达到理想受力状态。

花瓣骨架加工及半成品如图 3-18、图 3-19 所示。

成桥状态的花瓣结构如图 3-20 所示。

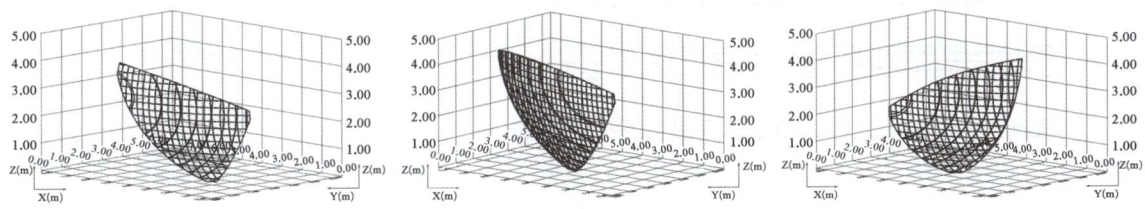

图 3-18 花瓣骨架加工图

图 3-19 花瓣骨架半成品

图 3-20 成桥状态的花瓣结构

桥面以上的纵拱肋利用花瓣结构联系成整体,桥面水平高度附近纵拱肋采用拱间联系连成整体。经过多次优化计算后确定采用的拱间联系布置及构造如图 3-21 所示。

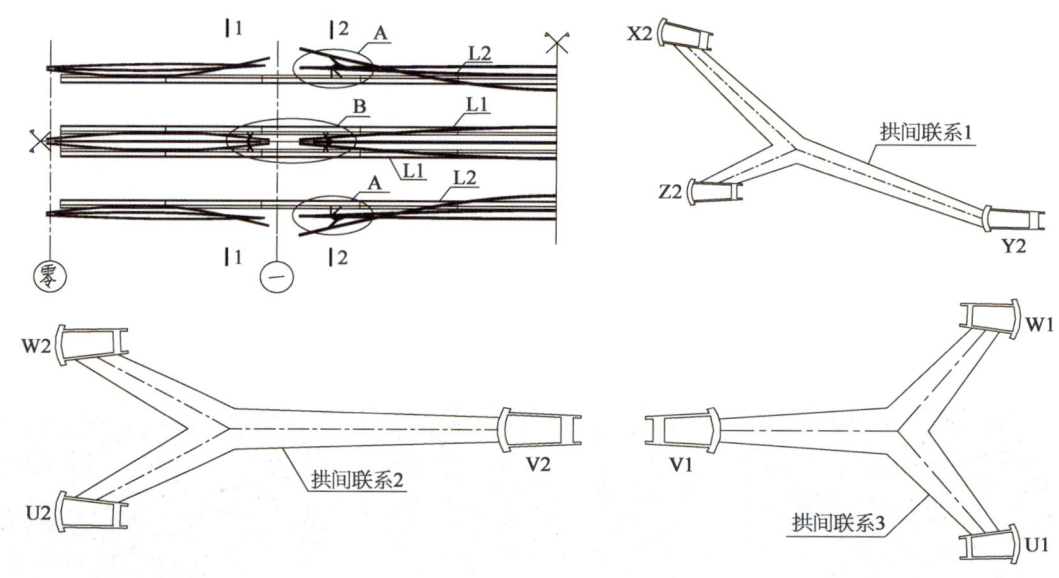

图 3-21 拱间联系布置及构造

3.3.1.5 风撑构造

每跨 3 个拱组之间设有风撑连接以确保拱组结构的侧向稳定,全桥共设置风撑 40 道。其中,主跨风撑间距为 8 m,上、下行各布置 10 道。边跨风撑间距为 6 m,上、下行各布置 10 道。风撑采用箱形断面,与拱组之间采用空间定位技术熔透焊连接,如图 3-22 所示。

3.3.1.6 吊杆及相关构造

直沽桥空间吊杆布置复杂,经过反复计算分析和比较,最终确定采用平行和交叉两种方式相结合的吊杆布置方式,以满足结构施工和成桥后的受力需要。

采用空间绘图对各个平行钢丝吊杆上、下吊点位置进行准确定位,以避免不同吊杆上、下吊点构造与其他构造冲突,同时结合纵拱和桥面系的变形情况确定准确的吊杆长度。吊杆与拱肋的上

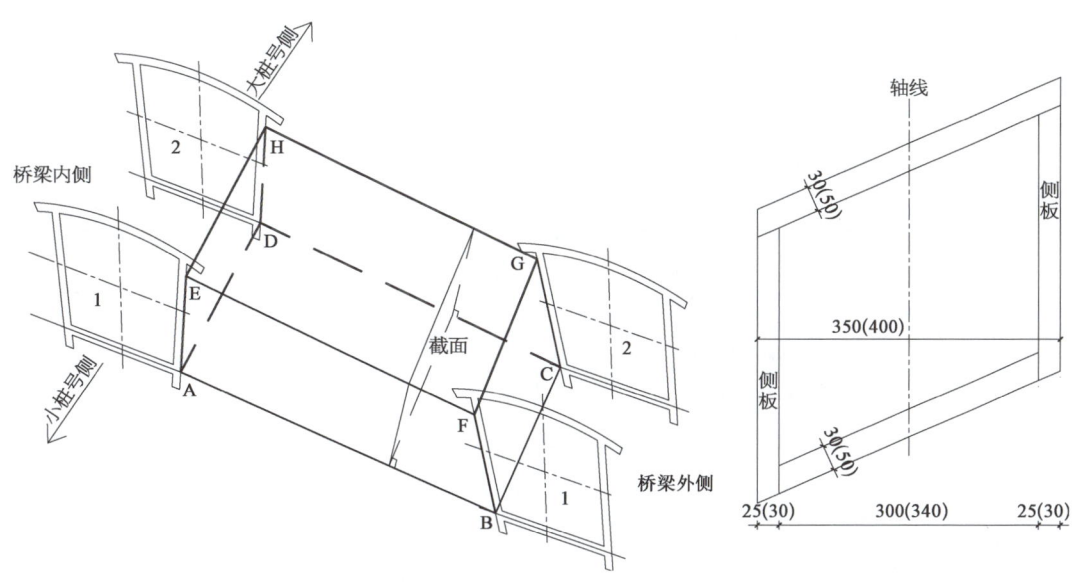

图3-22 风撑连接示意及断面图

部连接端采用叉耳式构造,与桥面系镂空梁或悬挑梁的下部连接端采用叉耳内旋式构造,以方便吊杆力调整。上吊点吊耳空间布置较为复杂,吊杆相关构件及节点容易发生疲劳破坏,同时考虑桥体美观性等要求,应综合考虑吊耳构造的设计。通过合理优化,上吊点构造共有6种样式、下吊点构造共有3种样式。上、下吊点构造如图3-23所示。

图3-23 上、下吊点构造

3.3.1.7 中墩系梁及维护构造

混凝土中墩系梁是本桥下部结构的关键部位。该系梁连接两跨拱的拱脚,同时连接斜撑杆和拉杆构造传递水平力,确保斜撑杆和拉杆发挥作用。中墩系梁也是将上部结构巨大竖向力传递给承台、桩基的中间构件。中墩系梁与承台间采用滑动支座连接,在保障中跨拱水平位移的同时,将水平力传递给斜撑杆,实现水平力的传递,如图3-24所示。

考虑到中墩系梁温度变位需要,且支座处于地下水位及海河常水位以下,需要进行防水保护。因此,在中墩承台四周设置地下连续墙围护结构,系梁与地连墙之间顺桥向、横桥向均设有足够缝隙,地下连续墙顶面与系梁齐平,且入土深度适宜,可在桥区兼做海河护岸。采用橡胶止水带对支

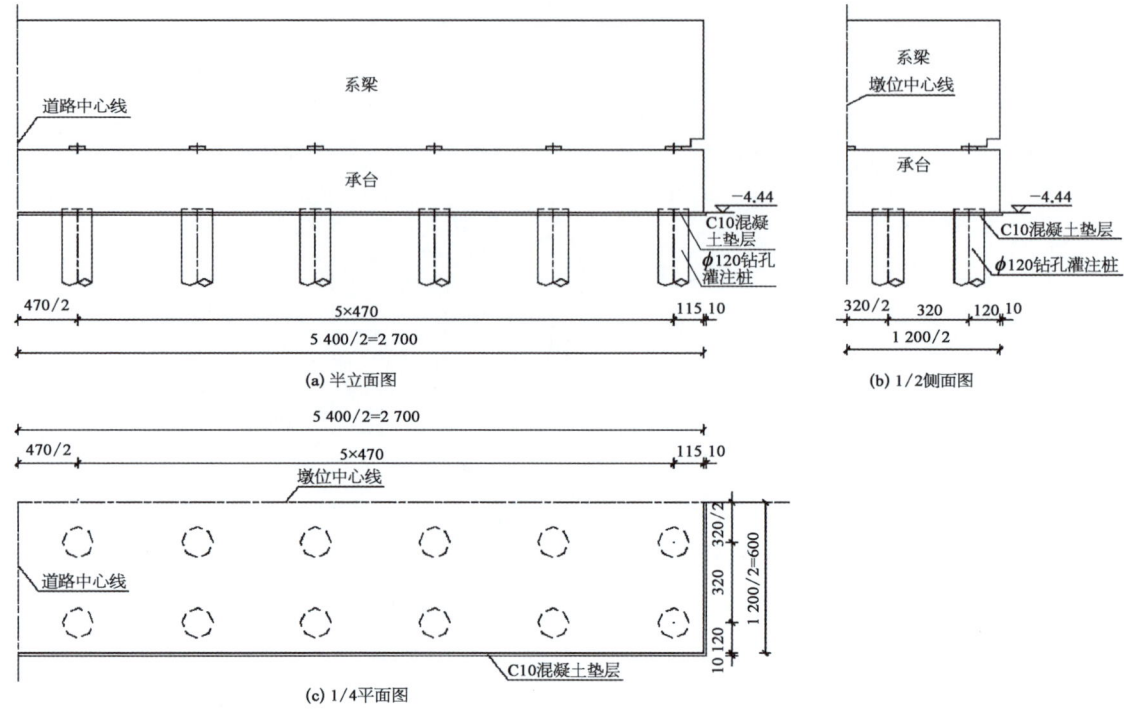

图 3-24 中墩系梁结构(单位:cm)

座进行防水保护,橡胶止水带设置在承台顶面和系梁底面的外边缘。

3.3.2 试验研究

3.3.2.1 大吨位拉杆及抗拉销铰接试验

1) 试验目的

大吨位拉杆及抗拉销铰连接纵梁及中横系梁,在两端连接处采用销铰结构,载荷范围为 $-277 \sim 3\,498$ kN,结构强度及疲劳寿命十分重要,有必要进行相关性能的试验研究。

钢拉杆静、动强度试验的主要目的是测量钢拉杆在设计静力及动力载荷作用下各关键点处的应变值,并进一步计算得到相应测点处的应力,检验试验应力值是否超过材料本身的允许应力值,进而判断钢拉杆在设计静力及动力载荷作用下工作状态是否安全。钢拉杆疲劳试验的目的是测试钢拉杆结构的疲劳寿命是否满足要求。

2) 试验试件

大吨位拉杆主要由三个部分组成:拉杆本体,上、下吊耳及销子。上吊耳直接与主梁焊接,下吊耳与桥墩连接,通过上、下两个销子将拉杆本体与吊耳相连。

大吨位拉杆尺寸较长、载荷大,难以进行足尺模型试验。为了满足疲劳试验台架的要求,同时又不改变结构的受力状态,考虑采用缩尺模型试验。缩尺比大小确定的原则是在保证试件模型的长度不大于3 m的前提下,经过缩比后的试件板厚为标准厚度,以便于购买和加工。最终确定采用 1∶2.86 的缩尺比模型进行试验。钢拉杆试件结构如图 3-25 所示。

第 3 章　天津海河直沽桥

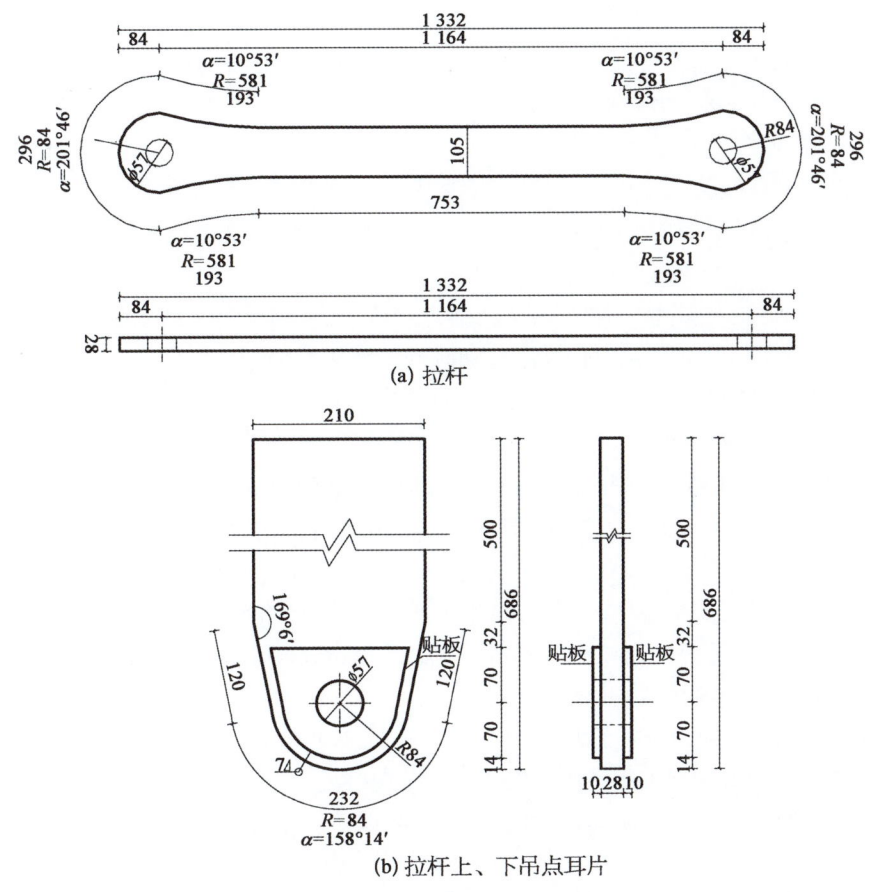

图 3-25　钢拉杆试件结构

3) 静载强度试验

钢拉杆静载强度试验主要是测试结构在静态拉力作用下,结构特征点处的应力、应变及变形随拉力的变化曲线,并在此基础上分析结构的承载能力,具体试验步骤为:

(1) 在试件特征点(结构的最大应力点或关键点)处粘贴应变片,用于测试结构上应变随加载力的变化趋势。

(2) 在大型试验机上安装需加载的试件,并连接应变仪及相应的测试系统。

(3) 开动加载系统缓慢加载(0~200 kN),然后缓慢卸载,并重复三次,以消除连接缝隙,在此过程中观察试验数据是否正常。

(4) 正式试验前,应变测试系统调零,然后加载。初始载荷为 50 kN,以 50 kN 为一档加载至 350 kN,再加载至 428 kN。实际试验时,各档载荷允许较小的差异。加载到某一档的试验载荷,稳定 1 min 后采集测点处应变值,并记录变形数据(伸长量)。

(5) 步骤(4)重复三次,并保存相应测试数据。

(6) 3 次测试完成后,整理试验数据。计算测点处的拉应力值,并校核结构的静态强度是否满足要求。

4) 动载强度试验

结构动载强度试验主要是测试结构在规定的动载荷作用下,结构特征点处的应力、应变随时间变化的曲线,并在此基础上分析结构的动载强度是否满足要求,具体试验步骤如下:

(1) 试件上的测点与静载强度试验一致。

(2) 将试件安装在疲劳试验机上,并连接动态应变仪及相应的信号采集系统。

(3) 开动加载系统,缓慢加载(0～200 kN),然后缓慢卸载,并反复三次,以消除连接缝隙。在此过程中,同时监视测试数据以观察试验数据是否正常。

(4) 正式试验前,应变测试系统调零,然后进行加载,加载频率为 5 Hz,荷载值从 0 kN 加载到 428 kN,同时利用动态信号测试系统记录应变随时间的变化曲线。

(5) 试验完成后,整理试验数据。计算测点处的动态拉应力值,并校核结构的动强度是否满足要求。

5) 疲劳试验

在疲劳试验机上施加动载荷,根据结构疲劳寿命的设计要求确定动荷载的循环次数,并在完成试验后观察结构是否出现明显裂纹或其他损伤,以确认结构的疲劳寿命是否达到要求,具体试验步骤如下:

(1) 在疲劳试验机上安装拉杆,试件上的测点不变,并连接动态应变仪及测试系统。

(2) 开动加载系统,缓慢加载(0～200 kN),然后缓慢卸载,并反复三次,以消除连接缝隙。

(3) 应变测试系统调零,然后进行加载。

(4) 载荷范围为 5.5～428 kN,循环次数为 200 万次,频率 5 Hz。

(5) 每隔 2 万次加载检查 1 次试件状态。

(6) 试验后观察试件是否有明显裂纹或其他损伤,以确认试件的疲劳寿命是否达到要求。

6) 试验结论

通过对钢拉杆进行静载强度、动载强度和疲劳试验,得到以下试验结论:

(1) 根据静载强度试验结果,在最大试验载荷作用下,所有测点中米塞斯应力最大为 108 MPa,钢拉杆的静强度满足要求。

(2) 根据动载强度试验结果,在动强度试验中,所有测点中米塞斯应力最大为 118 MPa,钢拉杆的动强度满足要求。

(3) 疲劳试验完成后,钢拉杆组件状态基本完好,如图 3-26 所示。疲劳试验结果表明,钢拉杆的疲劳寿命满足要求。

3.3.2.2 吊杆上、下连接构造试验

1) 试验目的

直沽桥吊杆规格不一,上、下端均采用叉耳式结构,试验研究检验吊杆组装件的静力和疲劳性能是否满足要求。

2) 试验试件

根据钢丝规格,吊杆试件分为 $\phi 5 \times 19$ 和 $\phi 5 \times 37$ 两组,吊杆钢丝采用公称直径 5 mm、标准强度 1 670 MPa 的缆索用热镀锌钢丝,吊杆构造如图 3-27 所示。

3) 静载荷试验

静强度试验在华中科技大学土木检测中心 Q1 500 kN 卧式拉力试验机上进行,试验机加载

图 3-26 疲劳试验完成后钢拉杆组件状态

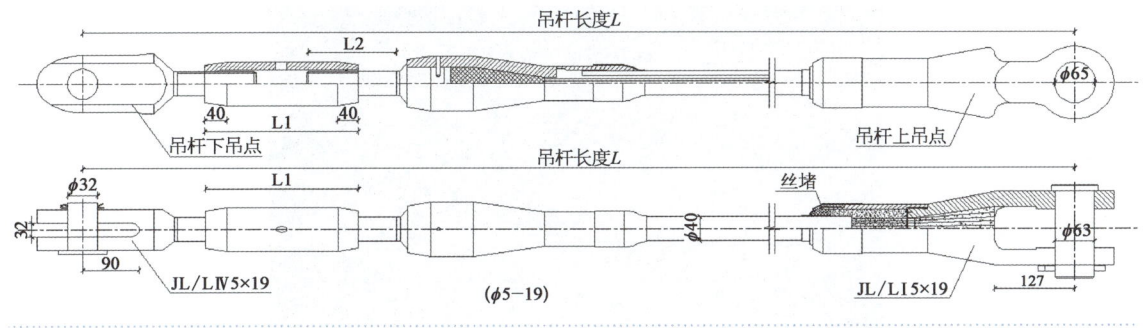

图 3-27 吊杆构造

精度为 5‰。

在拉力试验机上安装好吊杆组装件,由 $0.1P_b$ 开始加载,每级 $0.1P_b$,持荷 2 min 后测量每级索长的变化,加载速度不大于 100 MPa/min,逐级加载到 $0.5P_b$,持荷 10 min,每级 $0.05P_b$,持荷 2 min 后测量每级索长的变化,直到 $0.95P_b$。记录试验中的异常情况。

卸载后检查断丝和两端锚具情况。吊杆组装件静力试验如图 3-28 所示。

静力试验结果如下:

(1) $\phi 5\times 37$ 型吊杆组装件静拉至拉索公称破断索力的 95%,未发现破坏迹象。当静拉至拉索公称破断索力的 100% 时,出现一根断丝,即实测 $\phi 5\times 37$ 型吊杆组装件效率系数 $\eta=0.95$。$\phi 5\times 19$ 型吊杆组装件静拉至拉索公称破断索力的 100%,未发现破坏迹象,即实测缆索 $\phi 5\times 19$ 型吊杆组装件效率系数 $\eta=1.0$。静力试验后吊杆组装件情况如图 3-29、图 3-30 所示。

(2) $\phi 5\times 37$ 型和 $\phi 5\times 19$ 型吊杆组装件完成静力试验后,锚具完好,调节端旋合正常。

(3) $\phi 5\times 37$ 型和 $\phi 5\times 19$ 型吊杆组装件完成静力试验后,叉耳及销子配合正常,未出现明显的塑性变形。

图 3-28 吊杆组装件静力试验

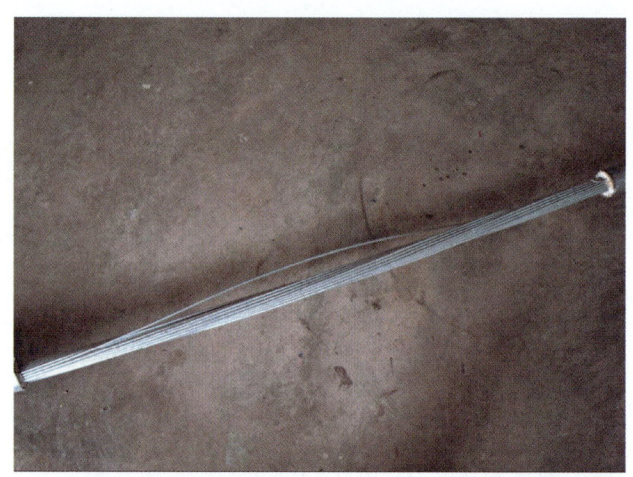

图 3-29 静力试验后 φ5×37 型吊杆组装件断丝情况

图 3-30 静力试验后 φ5×19 型吊杆组装件断丝情况

第 3 章 天津海河直沽桥

4) 疲劳试验

疲劳试验使用的加载设备为华中科技大学土木检测中心的 100T 液压伺服作动器疲劳试验机。安装完毕后,预拉至 $0.35P_b$,持荷 10 min 后进行疲劳试验。吊杆组装件疲劳试验如图 3-31 所示。

图 3-31 吊杆组装件疲劳试验

在疲劳试验过程中,如有断丝发生,记录断丝部位和根数,以及循环次数。完成疲劳试验后,采用大功率电烙铁将缆索平行钢丝的防护层剥除,观察断丝情况,检测锚具部件和平行钢丝束的状况,并拍摄照片,疲劳试验结果如下:

(1) $\phi 5\times 37$ 型和 $\phi 5\times 19$ 型吊杆组装件完成疲劳试验后,聚乙烯护套均未发现脱落、起皮迹象,试验结果如图 3-32 所示。

(a) $\phi 5\times 37$ 型吊杆组装件外表面

(b) $\phi 5\times 19$ 型吊杆组装件外表面

图 3-32 疲劳试验结束后吊杆组装件断丝情况

(2) 对于 $\phi 5\times 37$ 型吊杆组装件,疲劳的上、下限加载值分别为 $P_{max}=420\text{ kN}$ 和 $P_{min}=310\text{ kN}$,加载频率为 3.0~5.0 Hz,等幅正弦波加载 200 万次。对于 $\phi 5\times 19$ 型吊杆组装件,疲劳的上、下限加载值分别为 $P_{max}=130\text{ kN}$ 和 $P_{min}=75\text{ kN}$,加载频率为 3.0~5.0 Hz,等幅正弦波加载 200 万次。$\phi 5\times 37$ 型和 $\phi 5\times 19$ 型吊杆组装件完成疲劳试验后,剥除防护层进行观察,未出现断丝现象,试验结果如图 3-33 所示。

(a) φ5×37型吊杆组装件的平行钢丝束

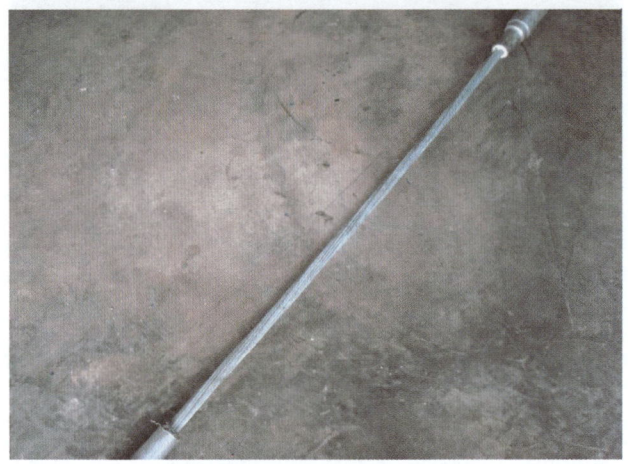

(b) φ5×19型吊杆组装件的平行钢丝束

图3-33 疲劳试验结束后吊杆组装件的平行钢丝束情况

(3) φ5×37型和φ5×19型吊杆组装件锚具完好,调节端旋合正常,如图3-34所示。

(a) φ5×37型吊杆组装件的锚具调节端

(b) φ5×19型吊杆组装件的锚具调节端

图3-34 疲劳试验结束后吊杆组装件的锚具调节端

(4) φ5×37型和φ5×19型吊杆组装件完成疲劳试验后,叉耳及销子配合正常,未出现明显的塑性变形,如图3-35所示。

(a) φ5×37型吊杆组装件的叉耳及销子

(b) φ5×37型吊杆组装件的锚具叉耳及销子

(c) φ5×19型吊杆组装件的叉耳及销子

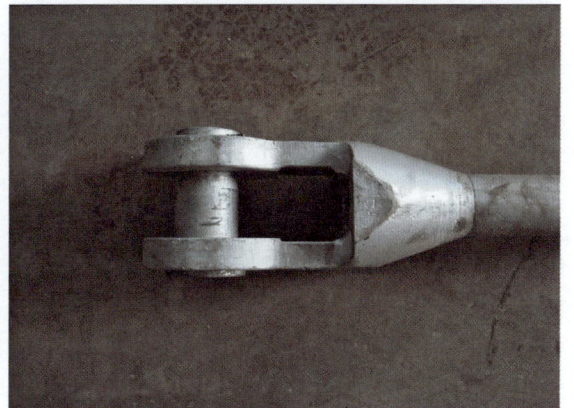
(d) φ5×19型吊杆组装件的锚具叉耳及销子

图 3-35　疲劳试验结束后吊杆组装件的叉耳及销子

3.3.2.3　厚板焊接接头冲击韧性试验和拉伸试验

1) 试验目的

测试钢板焊接工艺,检验焊接件焊接接头的冲击韧性和力学性能是否满足国家规范要求。

2) 试验试件

严格按照《焊接接头机械性能试验取样方法》(GB/T 2649—1989)的规定制作试验所需的试样,制作主要步骤如下：① 切割板材,制作试板；② 焊接试板,制作试件；③ 从试件上截取样坯；④ 采用机加工方法,制作试样。

从试件中截取样坯时,尽量采用机械切削的方法。样坯也可用剪床、热切割以及其他方法截取,但均应考虑其加工余量,在任何情况下都必须保证受试部分的金属不在切割影响区内。各种厚度的试样均制作 5 件,所需板材见表 3-2。冲击韧性试验中焊接接头冲击韧性试验样坯截取部位及尺寸如图 3-36 所示。

表 3-2　试验所需板材　　　　　　　　　　　　　　　　　　　　　　　　　　(mm)

序号	厚度	单件(边)尺寸($A_0 \times B_0$)	备注
1	40	300×200	对接焊
2	50	300×200	对接焊
3	60	300×200	对接焊
4	80	300×200	对接焊
5	100	300×200	对接焊

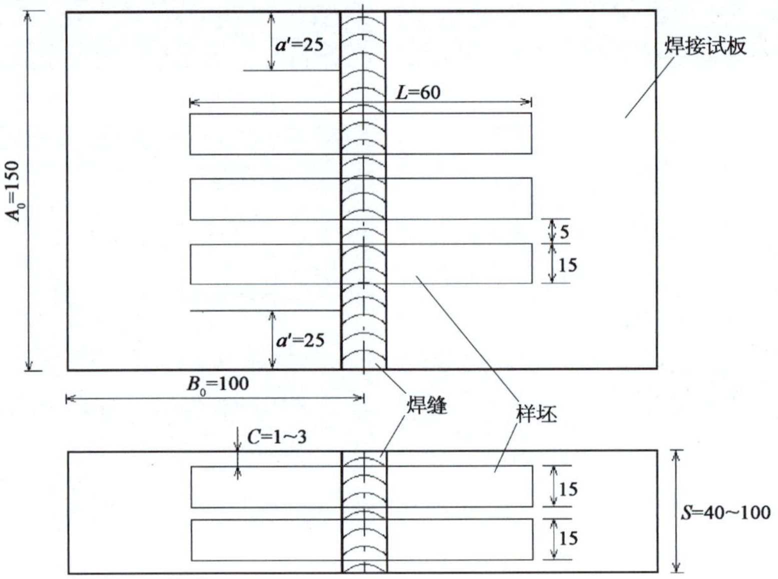

图 3-36　冲击韧性试验中焊接接头样坯截取部位及尺寸

对于厚度为 40~60 mm 和 80~100 mm 的试件,其焊接接头拉伸样坯截取部位及尺寸如图 3-37、图 3-38 所示。

依据规范规定,以 10 mm×10 mm×55 mm 带有 V 形缺口的试样为标准试样。试样尺寸、缺口尺寸及偏差应符合如图 3-39 所示的要求。

加工试样缺口时,应严格控制其形状、尺寸精度以及表面粗糙度。试样缺口底部应光滑,没有与缺口轴线平行的明显划痕,冲击韧性试样如图 3-40 所示。

利用样坯制作用于拉伸试验的圆形试样,具体形状和尺寸,以及完成后的试样如图 3-41、图 3-42 所示。

对于冲击韧性试验和拉伸试验,每种试验均有 5 种板厚,每种板厚制作 5 件焊接试样,共 25 件焊接试样。为了试验方便,采用如下编号格式:XX-N,其中 XX 代表板厚,如 40、50、60、80、100;N 代表序号,其值为 1、2、3、4、5。例如:40-1 代表从板厚 40 mm 的焊接试件上截取样坯后制作的第一件试样。

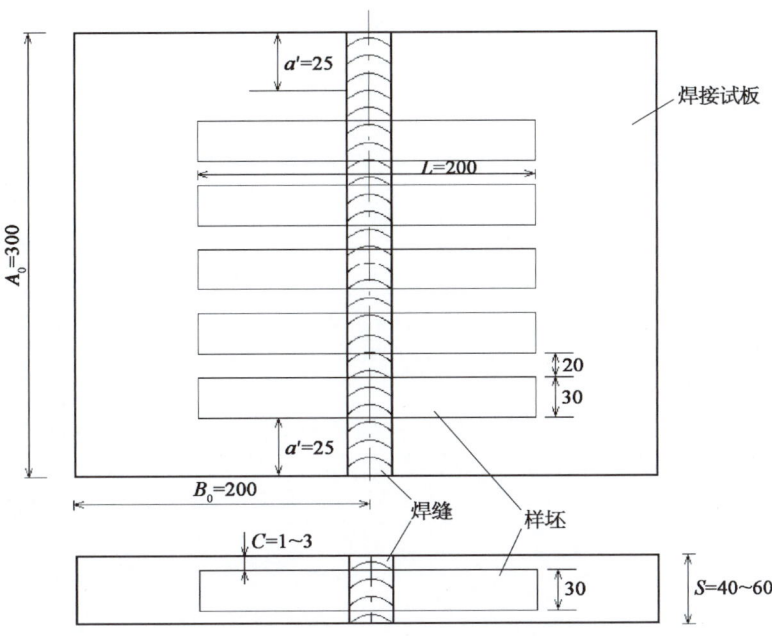

图 3‑37　厚度为 40～60 mm 时焊接接头拉伸样坯截取部位及尺寸

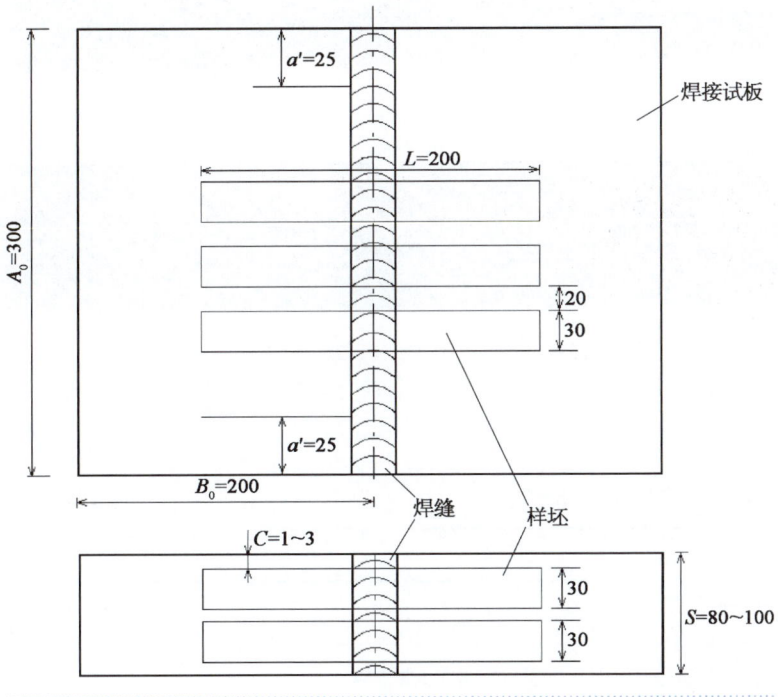

图 3‑38　厚度为 80～100 mm 时焊接接头拉伸样坯截取部位及尺寸

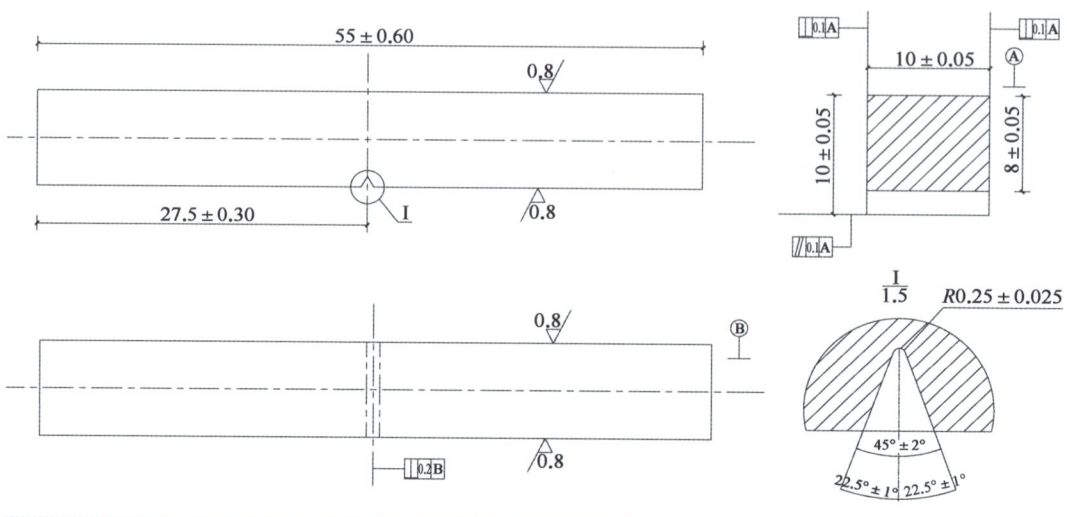

图 3-39　V 形缺口试样

图 3-40　冲击韧性试样

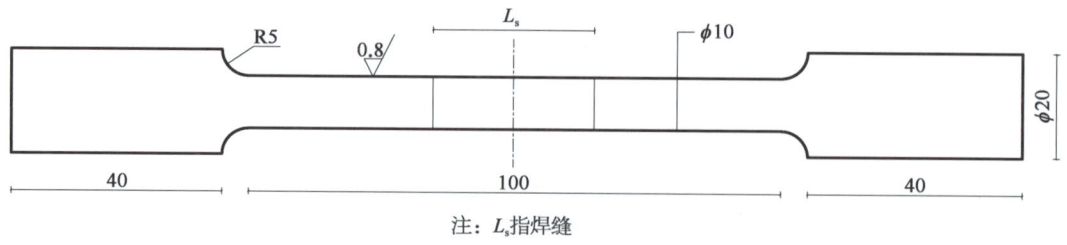

注：L_s 指焊缝

图 3-41　圆形试样结构尺寸

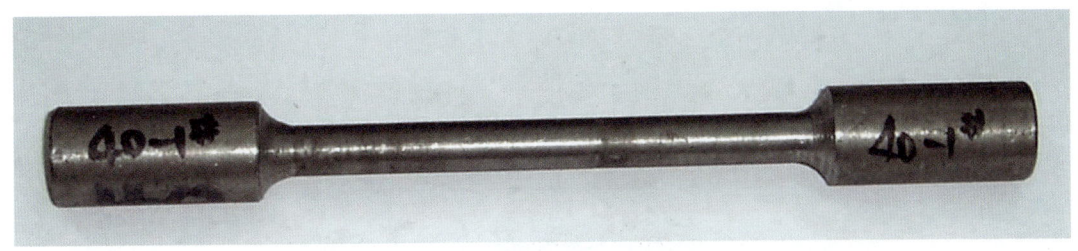

图 3-42　圆形试样

3) 冲击韧性试验

试验设备为冲击试验机(型号 JB-30B,冲击能量 300/150 J),冷却设备为冲击试验低温仪,试验设备如图 3-43 所示。

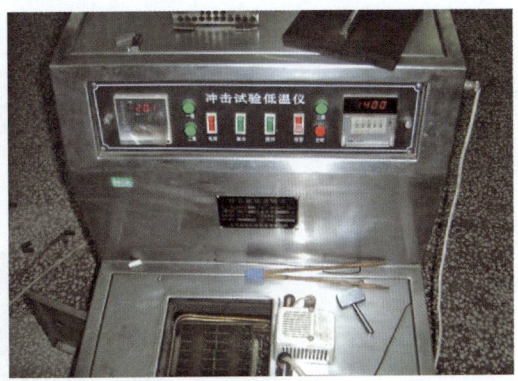

图 3-43　冲击试验机及低温仪

一定尺寸和形状的试样在冲击负荷作用下,一次冲断时,单位横截面积上所消耗的冲击功即表示试样的冲击韧性。试件焊缝处的冲击韧性表征材料抵抗冲击载荷的能力。冲击韧性是通过冲击试验来测定的,这种试验在一次冲击载荷作用下显示试件缺口处的力学特性(韧性或脆性)。虽然试验中测定的冲击吸收功或冲击韧性不能直接用于工程计算,但可作为判断材料脆化趋势的一个定性指标,还可作为检验材质热处理工艺的一个重要手段。

焊接接头冲击韧性试验可检测焊接件焊接接头的冲击韧性是否满足国家标准,具体试验步骤如下:

(1) 按照国标要求制作标准的焊接接头 V 形缺口冲击韧性试样。

(2) 将试样置于零下 20℃ 的液体中冷却,然后快速取出安放在冲击试验机上进行试验。

(3) 记录表盘上所示的冲击功,观察断口,如图 3-44 所示。

(4) 整理试验数据,检验试样的冲击韧性是否满足国标要求。

4) 拉伸试验

试验设备为万能材料试验机(型号 SHIMADZU AG-IS,最大加载力 250 kN),如图 3-45 所示。

焊接接头拉伸试验可检测焊接件焊接接头的力学性能是否满足国家标准的要求。具体试验步骤为:

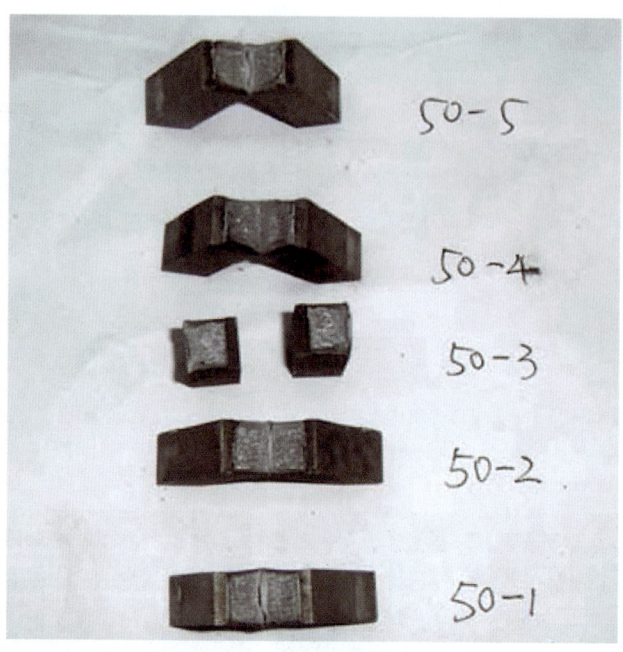

图 3-44 试验完成后试件照片

图 3-45 万能材料试验机(SHIMADZU AG-IS,250 kN)

(1) 按照国标要求制作标准焊接接头试样。

(2) 利用游标卡尺测量试样横截面直径。圆形试样横截面直径应在标距的两端及中间处两个相互垂直的方向上各测一次,并取其算术平均值。选用三处最小的直径来计算横截面面积。试验机具备保存直径数据、计算横截面面积、直接利用试验测试得到的拉力数据计算截面应力的功能。直接在测量系统中输入各个试样的直径数据。

(3) 在万能材料试验机上安装需加载的试样,并连接测试系统。

(4) 开动加载系统,缓慢加载,测试系统直接记录试验数据。

(5) 试样被缓慢拉长,最后被拉断,记录拉断区域,如图3‑46所示。

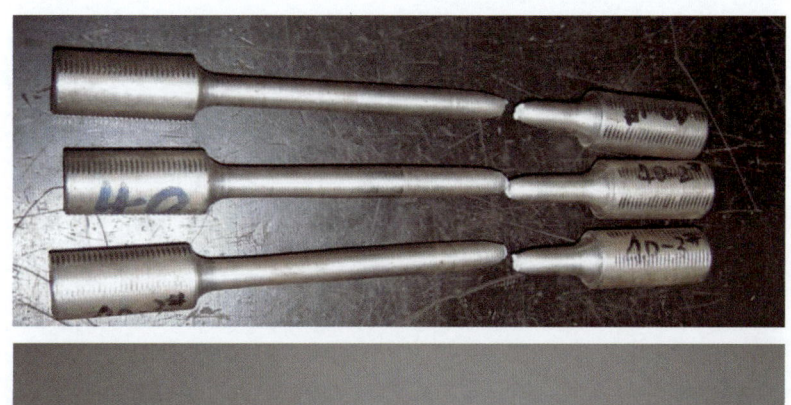

图3‑46　试验完成后的试样

(6) 整理试验数据,根据国标检验试样的力学性能是否满足要求。

5) 试验结论

(1) 冲击韧性试验。整理25件试样的试验数据见表3‑3～表3‑7,其中平均值为5件试样冲击功实测值的算术平均值。

表3‑3　40 mm厚焊接试板的焊接接头试样冲击韧性试验结果

试样名称	编　号	试验温度	缺口位置	冲击功(J)	平均值(J)
焊接接头试样 材质Q370qD	40‑1	−20℃	焊缝	159	113.8
	40‑2	−20℃	焊缝	174	
	40‑3	−20℃	焊缝	38	
	40‑4	−20℃	焊缝	42	
	40‑5	−20℃	焊缝	156	

表3‑4　50 mm厚焊接试板的焊接接头试样冲击韧性试验结果

试样名称	编　号	试验温度	缺口位置	冲击功(J)	平均值(J)
焊接接头试样 材质Q370qD	50‑1	−20℃	焊缝	89	91.0
	50‑2	−20℃	焊缝	158	
	50‑3	−20℃	焊缝	35	
	50‑4	−20℃	焊缝	106	
	50‑5	−20℃	焊缝	67	

表 3-5　60 mm 厚焊接试板的焊接接头试样冲击韧性试验结果

试样名称	编 号	试验温度	缺口位置	冲击功(J)	平均值(J)
焊接接头试样 材质 Q370qD	60-1	-20℃	焊缝	174	104.0
	60-2	-20℃	焊缝	79	
	60-3	-20℃	焊缝	88	
	60-4	-20℃	焊缝	146	
	60-5	-20℃	焊缝	33	

表 3-6　80 mm 厚焊接试板的焊接接头试样冲击韧性试验结果

试样名称	编 号	试验温度	缺口位置	冲击功(J)	平均值(J)
焊接接头试样 材质 Q370qD	80-1	-20℃	焊缝	102	88.8
	80-2	-20℃	焊缝	35	
	80-3	-20℃	焊缝	90	
	80-4	-20℃	焊缝	86	
	80-5	-20℃	焊缝	131	

表 3-7　100 mm 厚焊接试板的焊接接头试样冲击韧性试验结果

试样名称	编 号	试验温度	缺口位置	冲击功(J)	平均值(J)
焊接接头试样 材质 Q370qD	100-1	-20℃	焊缝	75	109.6
	100-2	-20℃	焊缝	100	
	100-3	-20℃	焊缝	89	
	100-4	-20℃	焊缝	150	
	100-5	-20℃	焊缝	134	

依据《桥梁用结构钢》(GB/T 714—2000)的规定,Q370qD 的一组试样 V 形冲击功的算术平均值应不小于 41 J,且允许其中有一个试样的单值低于 41 J,但不低于规定值的 70%,即 28.7 J。从测试数据来看,5 组试样的冲击功算术平均值均大于国标规定值,且每组最多只有一个低于规定值,但大于规定值的 70%。本试验测试的 25 件试样的焊接接头(焊缝)的工艺性能(冲击功)满足《桥梁用结构钢》的要求,直沽桥钢结构材料的冲击性能满足要求。

(2) 拉伸试验。整理 25 件试样的试验数据见表 3-8～表 3-12,其中 σ_s 为试样屈服点,R_m 为试样抗拉强度,δ_5 为试样伸长率,Z 为试样断口收缩率。

表 3-8　40 mm 厚焊接试板的焊接接头试样拉伸试验结果

试样名称	编 号	σ_s(MPa)	R_m(MPa)	δ_5(%)	Z(%)	断裂位置
焊接接头试样 材质 Q370qD	40-1	360	530	20.0	72.0	母材
	40-2	360	530	23.0	68.5	母材
	40-3	365	530	23.0	71.0	母材
	40-4	345	530	24.0	72.0	母材
	40-5	370	530	22.5	71.5	母材

表 3-9　50 mm 厚焊接试板的焊接接头试样拉伸试验结果

试样名称	编　号	σ_s（MPa）	R_m（MPa）	δ_5（%）	Z（%）	断裂位置
焊接接头试样 材质 Q370qD	50-1	375	530	21.5	74.5	母材
	50-2	390	560	24.5	78.5	母材
	50-3	375	535	20.5	81.0	母材
	50-4	385	530	23.0	78.5	母材
	50-5	385	550	27.5	73.0	母材

表 3-10　60 mm 厚焊接试板的焊接接头试样拉伸试验结果

试样名称	编　号	σ_s（MPa）	R_m（MPa）	δ_5（%）	Z（%）	断裂位置
焊接接头试样 材质 Q370qD	60-1	335	535	24.0	75.0	母材
	60-2	360	550	20.0	73.0	母材
	60-3	360	545	20.5	71.0	母材
	60-4	360	545	21.5	68.5	母材
	60-5	355	550	21.1	69.5	母材

表 3-11　80 mm 厚焊接试板的焊接接头试样拉伸试验结果

试样名称	编　号	σ_s（MPa）	R_m（MPa）	δ_5（%）	Z（%）	断裂位置
焊接接头试样 材质 Q370qD	80-1	360	545	21.1	69.5	母材
	80-2	340	520	23.5	75.0	母材
	80-3	331	530	21.5	75.0	母材
	80-4	345	525	21.6	74.5	母材
	80-5	330	520	24.0	75.0	母材

表 3-12　100 mm 厚焊接试板的焊接接头试样拉伸试验结果

试样名称	编　号	σ_s（MPa）	R_m（MPa）	δ_5（%）	Z（%）	断裂位置
焊接接头试样 材质 Q370qD	100-1	340	555	21.4	73.5	母材
	100-2	335	535	20.7	73.1	母材
	100-3	330	535	20.3	74.0	母材
	100-4	345	565	21.6	74.0	母材
	100-5	345	565	21.6	74.0	母材

依据《桥梁用结构钢》的规定，Q370qD 的屈服点不小于 330 MPa，抗拉强度不小于 490 MPa，试样伸长率不小于 20%。从测试数据来看，所有试样的屈服点、抗拉强度、伸长率等力学性能指标均满足国标要求。试样断裂的位置均位于母材，表明焊缝处的力学性能要优于表格中的测试数据。本试验测试的 25 件试样焊接接头的力学性能均满足《桥梁用结构钢》的要求。

3.4 施工关键技术研究

直沽桥结构受力复杂,建造工艺要求高,施工方法也与常规桥梁有所不同。施工过程中,针对新型吊杆的张拉、双曲面钢拱肋和叶状连接片的制作成型、空间斜向变截面钢拱的安装工艺、钢拱合龙工艺以及钢拱桥施工体系转换等问题均进行深入研究。

3.4.1 吊杆张拉控制

3.4.1.1 吊杆张拉难点分析

直沽桥为密索体系,全桥共 282 根吊杆。横桥向分为 6 个索面(包括交叉索与直吊杆两种索面),分别有 $\phi 5\times 37$ 和 $\phi 5\times 19$ 两种规格吊杆,成桥索力较小。

3.4.1.2 吊杆张拉施工工艺

吊杆张拉施工工艺流程如下:吊杆进场→吊杆检验→锚座试安装就位→支设临时脚手架→吊杆吊装、牵引、连接就位→第一次张拉→结构体系转换、二次张拉、索力调索→最终索力调整→锚具固定、保护→结束。

因吊杆受力较小,采用人工将吊杆张拉端锚具可靠连接。在主梁张拉节点处对称张拉,同时用 YCD20 型千斤顶预张拉至 2 t 初始力,将全桥吊杆预张拉后检查并配合监控单位测量,准备张拉。

张拉工装:吊杆张拉采用特制的反力架工装,如图 3-47 所示。

张拉操作规程如下:

(1) 工装安装要求。首先保证张拉工装的标准,为保证拉力传递准确,下卡盘的上顶面和上卡盘的下顶面必须水平。安装时,下卡盘与索必须垂直,同时在锚杯处弹一条索的中心线,在下卡盘上弹一条平行直线,用大角尺量准垂直角度后上紧下卡盘所有螺钉。

(2) 千斤顶安放位置要求。为保证受力的均衡性,在卡盘的侧面用墨线弹出千斤顶的安放位置,在千斤顶的两侧弹出千斤顶中线。安装时保证两线重合为一条直线,同时千斤顶安放位置处工装必须打磨平整。

(3) 套筒旋紧的要求。旋紧套筒时,扭力扳手以两个人旋力为准,不加套管。用力时保持与油压千斤顶同步。

(4) 千斤顶的操作要求。油压千斤顶每次加压以 2 MPa 呈阶梯状增进,同时保证与套筒旋紧同步跟进。

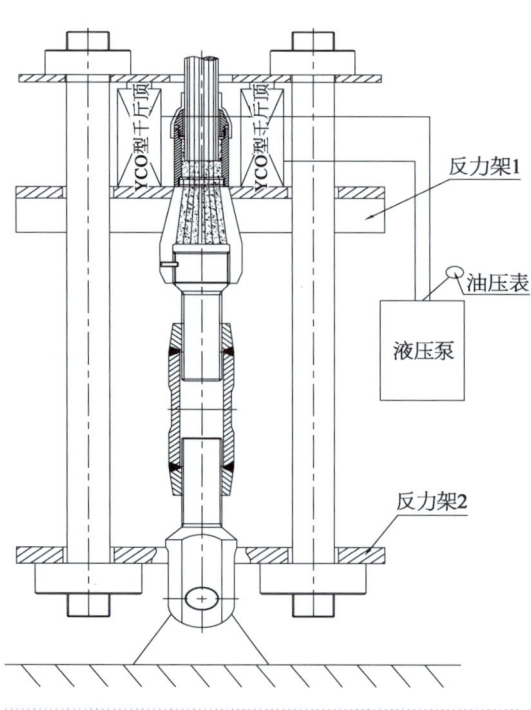

图 3-47 张拉反力架工装示意图

(5) 张拉力值的要求。严格按照监控指令要求张拉索力,不允许超张拉。达到设计力值后,旋紧调节套筒直到油表下降,然后回松调节套筒,油表值回升到张拉油表读数后,再旋紧调节套筒直至油表数下降,停止张拉,完成一次张拉循环。

(6) 张拉加压过程的要求。张拉过程中,密切关注墨线的垂直度情况,如出现偏差应及时纠正。

(7) 索力验证的要求。在达到索力值后,进行一次回油验证。即进行1次回油后,张拉到原始的设计吨位值,旋紧套筒见油表读数下降后,再反向旋松螺母,见油表上升后即代表张拉正常,旋紧套筒至油表下降即可。

吊杆张拉如图3-48所示。

图3-48 吊杆张拉

3.4.1.3 实测结果

成桥状态控制参数包括成桥状态理想吊杆力及恒载作用下梁、拱控制点位移。通过现场实测数据与计算理论状态值进行对比发现,吊杆响应力及结构位移变化与计算结果基本相同,支架拆除后结构的受力状态符合设计要求。

3.4.2 双曲面钢拱肋制作成型工艺

直沽桥上部拱肋结构(图3-49)由三跨连拱组成,主跨为138 m,副跨各为56 m,主、副跨拱脚间距为8 m。主跨拱最高为30 m,副跨拱最高为17 m。每跨拱由三道独立的拱组成,主跨和副跨的中间拱位于两侧车行道之间,侧拱位于车行道与景观步道、人行桥之间。每个独立的拱由三条箱形钢拱组成,箱形钢拱为三维曲线造型。无论从结构特点、数量、保证现场的安装精度等几个方面,钢拱肋的厂内加工制作都显得至关重要。由于每一道钢拱肋长度长、质量大,整体组装焊接基本无法实现,因此采用钢拱肋分节组装、焊接的施工方法。

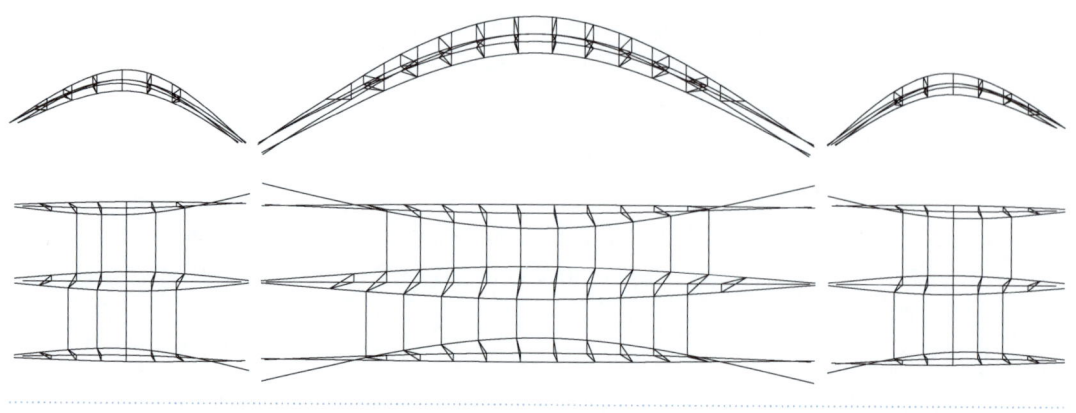

图 3-49 钢拱肋

钢拱肋的分节加工制造需考虑以下因素：吊车的吊装能力、拱节焊接的工作量、吊杆的吊耳布置、拱节板厚的变化、拱肋隔板的位置。经过三维放样并全方位综合考虑后，将主跨拱分为 11 节、副跨拱分为 7 节，主、副跨拱分节如图 3-50、图 3-51 所示。

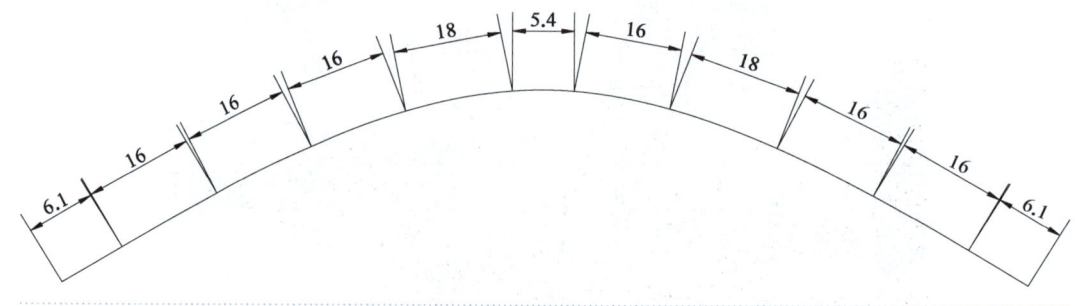

图 3-50 主跨拱分节

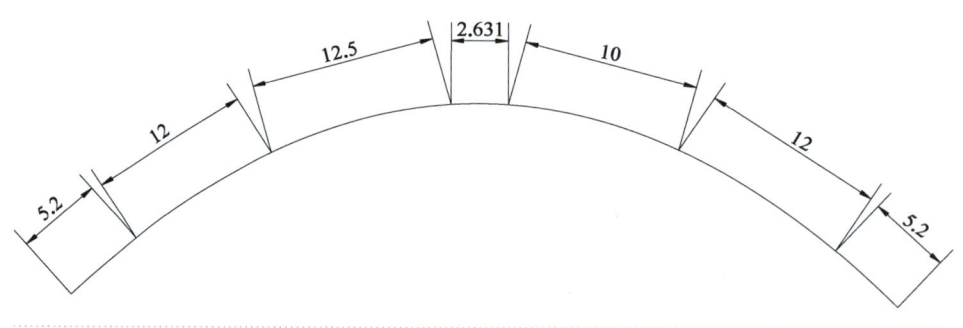

图 3-51 副跨拱分节

拱肋立体单元采用在专用胎架上分段制造的工艺方法，每个组装胎架均按拱肋立体单元制造的需要设置。在拱形胎架底板标记块上，划制拱肋各个单元的定位基准线和拱肋外形尺寸检查线，胎架旁设置专用标杆，作为检查上肋板单元定位标高的基准。拱肋立体单元在组装胎架上完成组装焊接，矫正修磨相邻单元端口。拱肋立体单元组焊顺序及要求如下：

(1) 胎架制造。拱肋截面较小,扭曲变形较大,需作刚性较强的胎架,胎架主要由槽钢、角钢组成,如图 3-52 所示。

图 3-52 胎架

(2) 拱肋放样三维坐标。将拱肋在总体坐标轴上沿 X 方向等距切断,截面与其各自放样线垂直。截面间距为 2 m,每条拱的截面上取 9 个放样点,如图 3-53 所示。

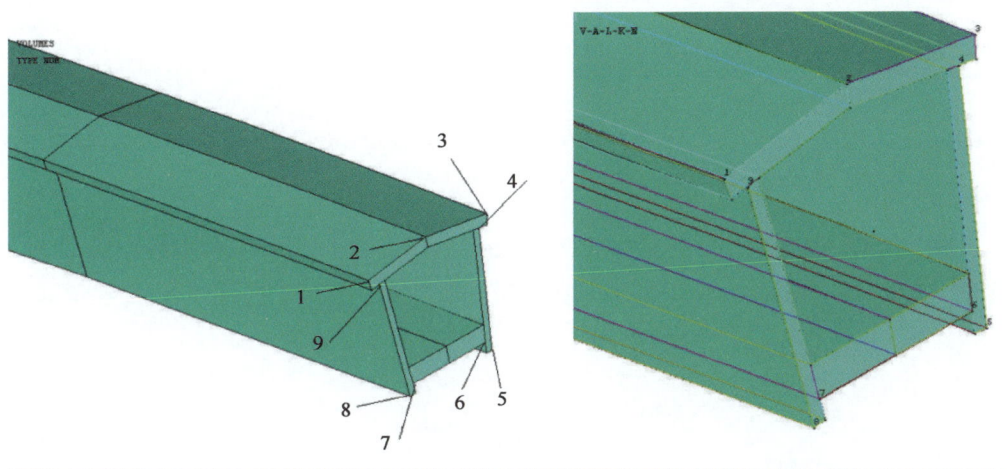

图 3-53 拱截面放样点示意

注:1—3 点为顶板最外侧及最高点;6,7 点为底板最外侧点;4、5、8、9 点为腹板最高或最低点

(3) 顶板单元制造。顶板最大板厚为 50 mm,呈三维曲面,截面为圆弧,纵向有拱度,侧向有旁弯。

(4) 底板单元制造。底板最大板厚为 80 mm,纵向有拱度,侧向有旁弯。采用激光经纬仪,在胎架上划制出拱肋立体单元纵、横方向基准线,根据基准线划制出拱肋各个单元件的定位线,并划制出长度、宽度检查线,在标记块上用样冲打上标记。

(5) 腹板单元制造。通过数控下料对腹板外形进行制造,再利用压力机对其进行整形压弯。

(6) 测量工作。对拱肋组装精度进行测量(与激光经纬仪配合),主要检查长度、宽度、高度尺寸以及端口尺寸、腹板四角标高。

为保证拱肋现场安装定位准确,缩短桥位安装工期,应在各节段加工焊接成型之后进行预拼装,通过预拼装施工精确定位每跨拱肋各节段之间相对位置、每组拱肋内部三段拱节之间相对位置以及吊耳位置,在正式吊装定位之前将拱肋的线形及各项定位数据调整到最佳状态,确保安装施工的顺利进行。拱肋立体单元预拼装工艺流程如图3-54所示。

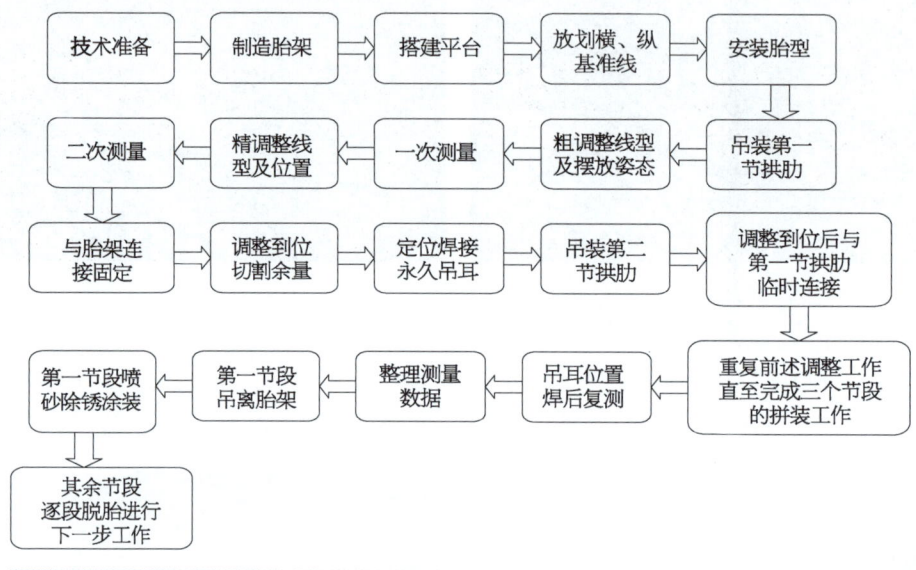

图3-54 拱肋立体单元预拼装工艺流程

预拼顺序如下:

(1) 建立预拼坐标系。在地面上放置地样线,以拱肋轴线端点为坐标原点,拱肋纵向为 X 轴,拱度方向为 Y 轴,旁弯方向为 Z 轴,建立预拼坐标系,如图3-55所示。

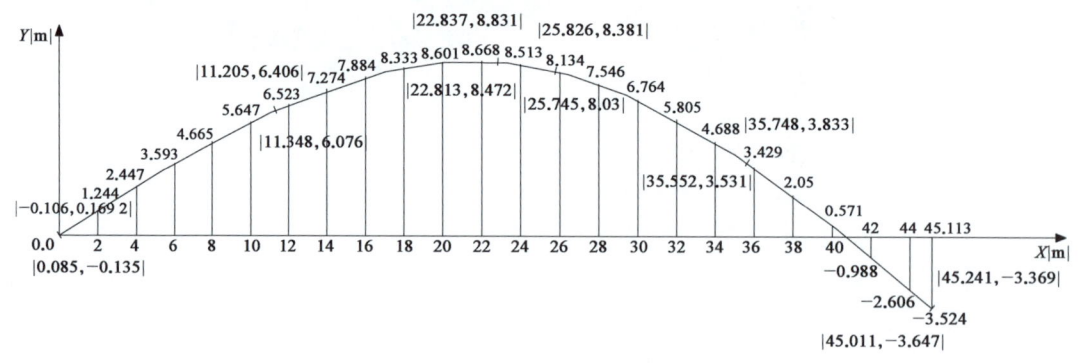

图3-55 拱肋预拼坐标系

(2) 胎架定位。以地样线为基准,在拱肋支撑点处设置胎架,将拱肋吊装就位于支架之上,如图3-56所示。

第 3 章　天津海河直沽桥

图 3-56　拱肋吊装至胎架上

(3) 确定测量监测点。按照理论数据对每一节拱肋进行测量调整,对于测量结果误差较大的拱肋进行机械调整。

(4) 检查。用全站仪对拱肋定位点进行校核,并对得出坐标进行记录,如图 3-57 所示。

图 3-57　利用全站仪校核拱肋定位点

(5) 将上述坐标数值返至现场,由现场人员将其转换为拱肋的桥位定位坐标。

3.4.3　叶片及弧形梁连接片制作成型工艺

直沽桥叶片最初的设计方案是由钢叶片以及叶片骨架构成。考虑到钢叶片制作难度大、工期长等因素,最终设计方案以树脂叶片结构取而代之。在直沽桥整个结构体系中,叶片结构受力很小,但基于其形状的特殊性(三维曲面结构),在工厂内制作的过程中,既要考虑到叶片自身的曲率符合设计要求,又要考虑到其与拱肋节点的结合关系,因此加工叶片结构的难度极大。

全桥共有68组叶片,每组叶片由2个单叶片及中间骨架组成,单个叶片为三维曲面结构,共有34种曲率,如图3-58所示。

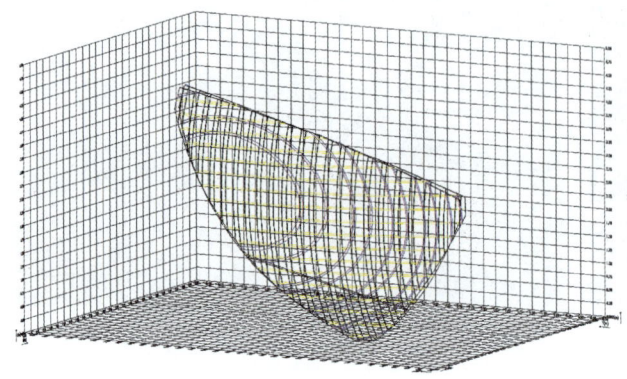

图3-58 直沽桥叶片构造

树脂叶片结构包括:树脂叶片、弧形梁、精轧螺纹钢体系等,弧形梁的制作是树脂叶片结构制作的关键环节。弧形梁位于每一组拱肋(三条拱)靠两侧的拱肋之间,起到横向传力的作用,因此保证其制作安装的精度非常重要。弧形梁为异型曲面结构,其顶、底板均为弧形面,腹板为圆柱斜曲面,其箱形截面尺寸较小。工厂内加工制造难度极大,弧形梁工厂内制作要点如下:

1) 弧形梁的制作基准

以每个弧形梁的底板平面为制作基准,给出以底板为基准的坐标系,并给出其余三块板(顶板、腹板)的三维空间定位坐标,如图3-59所示。

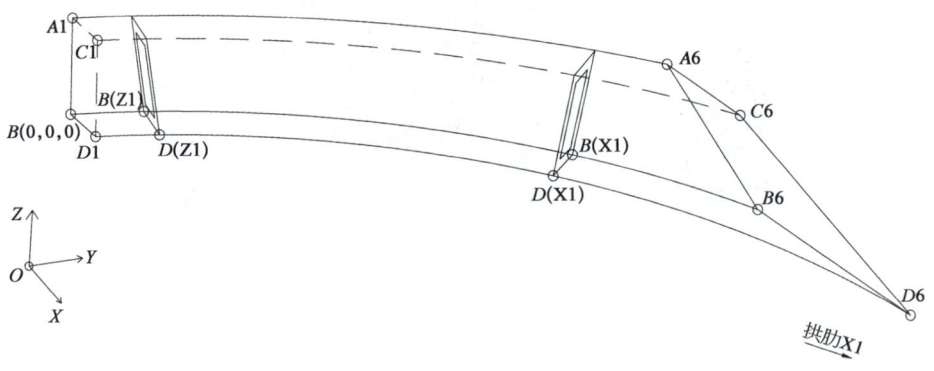

图3-59 弧形梁三维空间定位坐标

2) 以弧形梁腹板为例说明弧形梁板材制作

弧形梁腹板为圆柱斜曲面,其加工顺序为:将腹板位于圆柱的位置尺寸及圆柱半径进行计算机三维放样,并通过计算机对其进行板料展开,采用数控切割机进行下料;利用四辊滚圆机按照圆柱半径进行滚圆;采用磁力切割机在成型圆柱上依据腹板的位置尺寸进行切割,将圆柱斜曲面腹板切割成型,圆柱内其余板料为损耗材料。

3) 弧形梁工厂内制作焊接

依据施工图纸放出地样线;将弧形梁底板以地样线为基准固定在安装胎架上,如图3-60所示;按照定位点坐标放出隔板的安装定位线,将隔板按定位线安装并点焊;安装弧形梁两侧腹板,并按照施工图理论坐标对其安装位置进行调整;对弧形梁进行焊接;安装焊接弧形梁顶板、点焊顶板嵌补。

图3-60 弧形梁固定在安装胎架上

4) 弧形梁焊接时线形、截面扭转的控制措施

(1) 在组焊胎架上放置出弧形梁的理论线形,用以检测拱肋焊后线形。

(2) 在弧形梁内部增加横向、竖向及十字形连接撑和工艺隔板,保证弧形梁焊接时对截面进行约束。

(3) 焊接前对弧形梁进行预热,预热方法可采用电热板加热或火焰加热。

(4) 采用CO_2气体保护焊配以药芯焊丝施焊,并在对称位置同时焊接,以保证焊接变形趋势一致,严格控制焊接电流、电压、焊接速度及气流速度。

(5) 控制层间温度不小于预热温度。

(6) 焊接过程中采用两次消氢处理,防止应力集中产生焊接裂纹。

(7) 焊接完成后再次测量校核,若局部位置出现偏差,则采用机械调整的方法加以整修,必要时辅以火工校正。

5) 弧形梁制作技术及精度要求

(1) 以箱形弧顶杆4条最外边为定位线,两侧端口为控制点,中间每500 mm增加一控制点。

(2) 施工人员依据施工图对顶、底、腹板进行放样,并展开下料。以控制点坐标放置地样线,作为弧顶杆组装基准。

(3) 弧顶杆底板、腹板坐标原点侧端口加工成型并开坡口,另一侧预留配切量,待拱肋组装成型后根据实际情况进行配切。

(4) 为使弧顶杆与拱肋焊接方便,弧顶杆顶板在端口处预留嵌补段,以两侧端口处短边为基准,向内侧各 400 mm 为嵌补段,顶板按全长理论尺寸下料,在相应位置截断,并将嵌补段点焊固定在相应的顶板上。

(5) 由于弧形梁截面小、板件厚度大、焊接变形大,对总装胎架提出更高的要求,在进行每一步焊接之前都应对相应位置及时做好刚性固定,减小焊接变形造成的不良影响。

(6) 焊接要求。弧顶杆所有焊缝均为 I 级 100％熔透焊。在焊接过程中,按阶段进行无损检测。

(7) 弧顶杆组焊成型后,其外形几何尺寸应符合以下要求:拱度(腹板侧)+10 mm、-5 mm,旁弯(顶、底板侧)±5 mm,扭曲 1 mm/m 且不大于 10 mm,端口控制点坐标±5 mm,隔板位置±1 mm。

(8) 测量。施工过程中随时测量地样线、各控制点坐标(端口控制点为主控项目)、隔板定位线,组焊成型后测量拱度、旁弯及扭曲。

(9) 弧顶杆组焊完成后应做以下标识:在底板下侧做出隔板定位线(采用样冲点做标记),在腹板上按施工图所示做出方向标识及杆件号。

(10) 由于弧顶杆腹板与顶、底板之间存在一定角度,在制作时应保证顶、底板外边与腹板平齐,因此顶、底板下料时在宽度方向应留余量,以便进行二次切割。

(11) 弧顶杆结构主焊缝均要求 100％全熔透焊。

3.4.4 空间斜向变截面钢拱的安装工艺

3.4.4.1 工艺特点和难点

直沽桥空间斜向变截面钢拱肋的安装定位工作施工难度大、技术含量高。直沽桥共三跨,每跨拱由三组独立的拱组成,每个独立的拱又由三条箱形钢拱组成,箱形钢拱为三维曲线造型,箱顶板呈弧形。箱形钢拱之间由几何形状各异的叶状连接片连接。同一跨的三道拱之间用风撑连接以确保拱结构的侧向稳定。

空间斜向变截面拱肋安装的施工难点主要体现在钢拱支架的搭设、钢拱吊装空间姿态调整、拱肋空间定位精度调节、拱拱空中定位测量控制以及钢拱的合龙等方面。钢拱肋采用分节安装方案,为确保正式安装的顺利进行,保证安装精度,减少吊装时间,必须首先在地面上进行预拼装,再用大吨位吊车进行逐段吊装。

3.4.4.2 钢拱支架体系

钢拱支架安装于桥面系上表面,用斜垫块和垫板在桥面板上垫平,由 ϕ600 mm×16 mm 钢管作为支柱,I20♯槽钢作为横向联系支撑,单拼∠140 mm×10 mm 角钢作为剪刀撑,并用 ϕ273 mm×8 mm 钢管将各组拱支架连接,下部 ϕ273 mm×8 mm 钢管作为牛腿斜撑,以增强横向稳定性。支架与桥面连为一体,由桥面将支撑力传至钢管桩上。钢拱支架采用 50 t 和 75 t 吊车吊装。同时现场设置 2 个施工操作平台作为拱支架拼装组对平台。由于拱自身存在挠度,在拱吊装的同时应搭设临时支撑架。钢管上设置间距为 1.5 m 的马鞍座。马鞍座上横向放置 I20♯工字钢、I36♯工字钢作为支撑。利用 I20♯工字钢和 I36♯工字钢作为搭设承重脚手架的基础,从而形成拱肋临时稳定支撑脚手架及风撑、叶片、吊杆的安装施工平台。钢拱支架如图 3-61 所示。

图 3-61　钢拱支架

3.4.4.3　主跨拱肋吊装

主跨拱肋吊装主要采用 LR5000 型 500 t 履带吊进行，吊装工况选用臂杆长度为 63 m(主杆)＋42 m、63 m(副杆)，工作半径为 56 m 至 88 m，河东侧第一排拱肋(共 9 段)采用 300 t 汽车吊吊装就位，如图 3-62、图 3-63 所示。

图 3-62　拱肋吊装

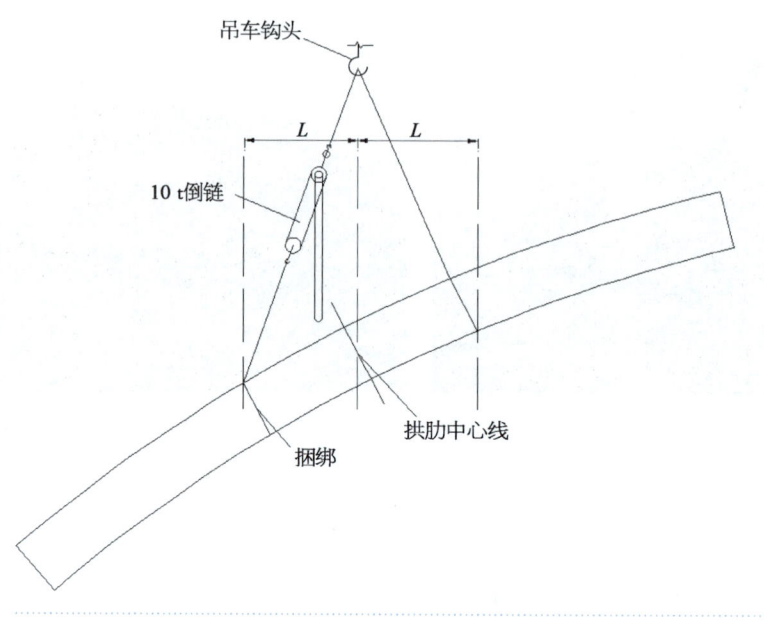

图 3-63 拱肋吊装示意图

说明：1. 吊装拱肋采用捆绑式吊点，在拱肋的下面、侧面用木方塞紧；2. 计算重心，起吊时根据线形用倒链调整长短绳的长度，达到预定线形后吊装到位。

3.4.4.4 合龙段安装

直沽桥拱肋各合龙段的长度及相应的质量见表 3-13。

表 3-13 直沽桥拱肋各合龙段的长度及相应的质量

部 位	长 度 及 质 量		
主跨中拱	4.344 m, 2.02 t	5.007 m, 3.04 t	4.344 m, 2.02 t
主跨边拱	2.575 m, 1.20 t	4.615 m, 3.06 t	5.824 m, 3.40 t
副跨中拱	6.720 m, 1.61 t	5.545 m, 1.96 t	6.720 m, 1.61 t
副跨边拱	2.169 m, 0.52 t	2.169 m, 0.78 t	3.628 m, 0.87 t

直沽桥钢拱合龙段施工难点如下：

（1）合龙段数量多。一般拱桥每跨合龙段为 2~3 个，本桥每跨合龙段为 9 个。

（2）合龙段的焊接难度大。一般拱桥合龙段截面大、钢板薄，钢拱内能进人，可以采用双面焊接，焊接量小，焊接质量容易保证，检验检测方便。而本桥合龙段截面小、钢板厚，钢拱内不能进人，只能采用单面焊接，焊接量大，焊接质量难以保证，检验检测困难。

（3）合龙段不易调整。一般拱桥合龙段截面大、钢板薄，对接时采用工装和千斤顶，很容易使钢板平顺对接。而本桥合龙段截面小、钢板厚，使用这些方法难以达到目的。

（4）合龙段之间的相互影响大。一般拱桥合龙段间的距离为 10 m 以上，拱之间由于内力和位移而产生的影响很小。而本桥独立拱的合龙段间距最大为 5 m、最小为 1 m,拱之间由于内力和位移而产生的影响很大,一个合龙段出现问题可能会影响到整个拱的安全。

桥梁平面测量控制网的建立如图 3-64 所示。

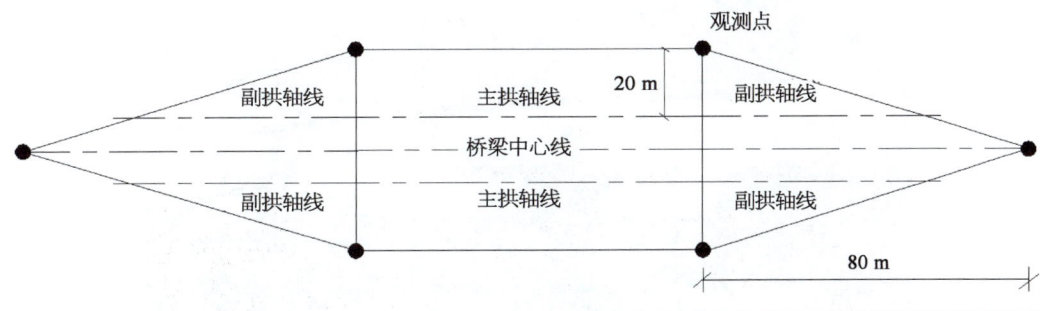

图 3-64 桥梁平面测量控制网的建立

钢拱拱肋测量观测点的确定如图 3-65 所示。

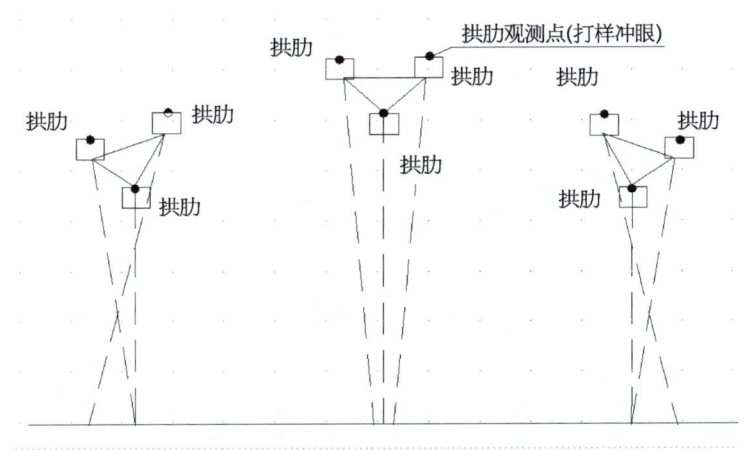

图 3-65 钢拱拱肋观测点的确定

每天观测钢拱拱肋在不同温度下的变形情况,连续观测直至合龙段安装完成,设专职测量员负责,做好跟踪监测工作,并将测量数据编制成册。

钢拱拱肋的合龙段起到调整全桥钢拱拱肋单元体焊接收缩、热膨胀、线形等重要作用,所以合龙段的接口必须根据现场实际测量情况切割,测量时环境温度应与安装测量时的温度保持基本一致,每根拱肋的测点不少于 8 个,划线复测后进行切割。

通过总结现场长时间的变形观测数据,利用空间模型给出的精确空间坐标,使合龙段的测量控制工作得以顺利完成,误差控制在 10 mm 以内,满足设计和规范要求。

根据起吊的质量、高度、回转半径等数据,使用 50 t 汽车吊在桥面上吊装合龙段钢拱拱肋。合龙段钢拱拱肋安装主要利用平台上的拱肋调节器作为支撑点,其两侧拱肋接口限位码板辅助调节,采取顺接的方式对中就位。合龙段吊装如图 3-66 所示。

图 3-66 合龙段吊装

合龙段吊装就位后,利用平台上的拱肋调节器(图 3-67)调节合龙段的位置,使钢拱合龙段对中,并与上、下两个拱肋的接口顺接,调节到位后与两侧拱肋接口限位码板连接、施焊。

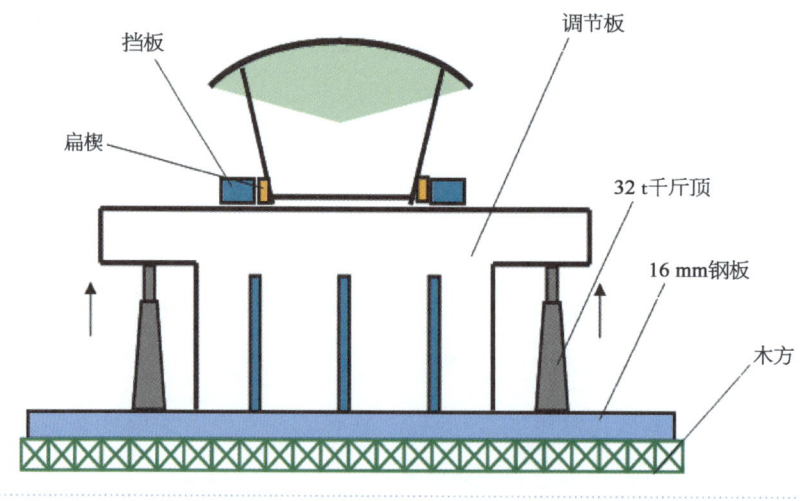

图 3-67 拱肋调节器结构示意图

钢拱合龙段的焊接顺序为先焊接腹板,再焊接底板,最后焊接顶板。同一跨内的所有合龙段同时、同步、对称焊接。针对钢拱拱肋 Q370qD 低合金结构钢厚板焊接要求,采用焊前预热、焊后处理等工艺措施,控制焊接撕裂缺陷。安装合龙段的环境温度控制在设计给定的 20℃。合龙段焊接施工如图 3-68 所示。

本桥采用计算机三维建模、空间三维定点、空间错位调整、反复调放减力、反变形焊接等措施,用 10 天时间顺利完成合龙段施工。即将成桥的直沽桥如图 3-69 所示。

图 3-68 合龙段焊接施工

图 3-69 即将成桥的直沽桥

3.4.5 钢拱桥施工体系转换研究

3.4.5.1 拱肋支架拆除

1) 拆架前结构状态简述(O1 阶段)

对应直沽桥主要施工阶段中的 O1 阶段,即拱肋已架设并焊接完毕;拱与拱之间的叶片、风撑焊接完毕;叶片拉杆已初拧紧(除需施加强迫力的叶片外,其余叶片装饰外壳均安装完毕),叶片拉杆初拧力为每根粗钢筋承受质量 200~250 kg。结构中没有吊杆存在,主要有拱肋,叶片,风撑,主梁,桥面,及拱、梁支架。

2) 拆除拱肋支架前准备工作

在拆除拱肋支架前,需做以下准备工作:测量全桥结构初始位置状态,并完成应力监测设备的布置。

3) 拆除拱肋支架(O2~O4阶段)

对应直沽桥主要施工阶段中的O2~O4阶段,全桥拱肋支架拆除顺序为河西侧拱肋支架—河东侧拱肋支架—中跨拱肋支架;每组拱肋对应支架拆除顺序均为由拱顶依次对称向拱脚拆除。

第一步:拆除河西、河东侧拱肋支架(对应O2阶段),图3-70所示。

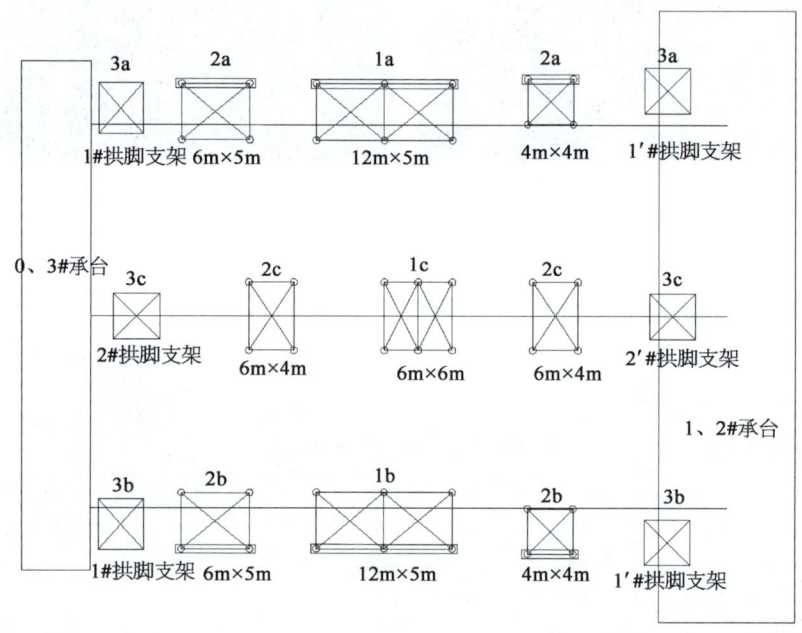

图3-70 副跨拱支架平面布置

副跨(河西、河东侧)拱肋支架拆除顺序如下:

(1) 沿桥纵向。按上图中数字编号顺序依次拆除,即先拆除1#(拱顶)支架,再对称拆除2#支架,最后对称拆除3#(拱脚)支架。

(2) 沿桥横向。三组拱肋支架的拆除没有先后次序要求。

(3) 河西、河东侧支架对称布置,可以采取同样的拆除顺序,先拆除河西侧支架、再拆除河东侧支架,也可同时拆除河西及河东侧拱肋支架。

(4) 在拆除一组拱的支架时,先拆除带有吊杆的拱肋对应的支架,再拆除不带吊杆的拱肋对应的支架,不带吊杆的两个拱肋对应支架的拆除无先后顺序。

综上所述,副跨拱肋支架拆除顺序(对应图中支架编号)为:1a、1b、1c—2a、2a、2b、2b、2c、2c—3a、3a、3b、3b、3c、3c。

确认河西及河东侧两边跨所有拱肋支架拆除完毕、两边跨吊杆初拧后(初拧力值为2 t),应对河西、河东两边跨拱肋的位移和应力进行测量。

第二步:拆除主跨拱肋支架(对应O3~O4阶段),如图3-71所示。

主跨拱肋支架拆除顺序如下:

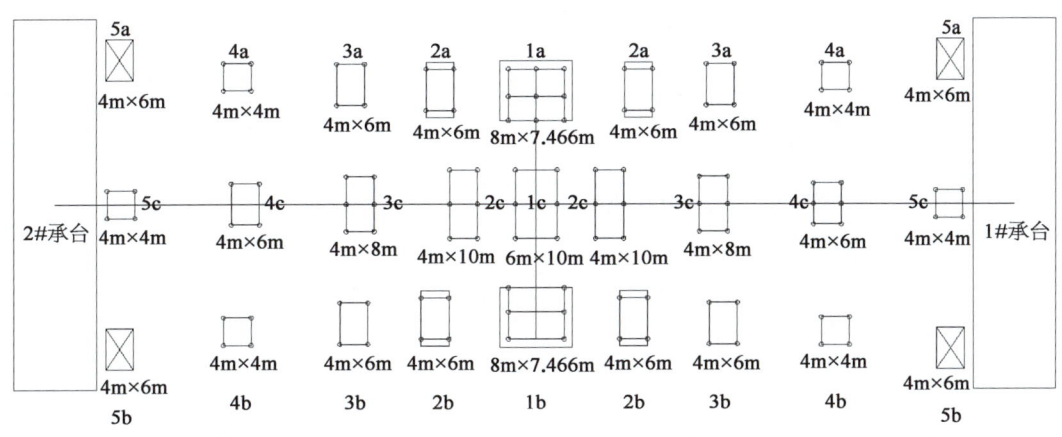

图 3-71 主跨拱支架单元体平面布置

(1) 沿桥纵向。按上图中数字编号顺序依次拆除,即先拆除 1#(拱顶)支架,再对称拆除 2#支架,依次对称拆除 3#、4#、5#支架。

(2) 拆除 1#支架后,应立即按下述 O3 阶段张拉要求对拱顶吊杆预拉,再依次对称拆除其他支架。各拱肋需预拉吊杆如图 3-72 所示。

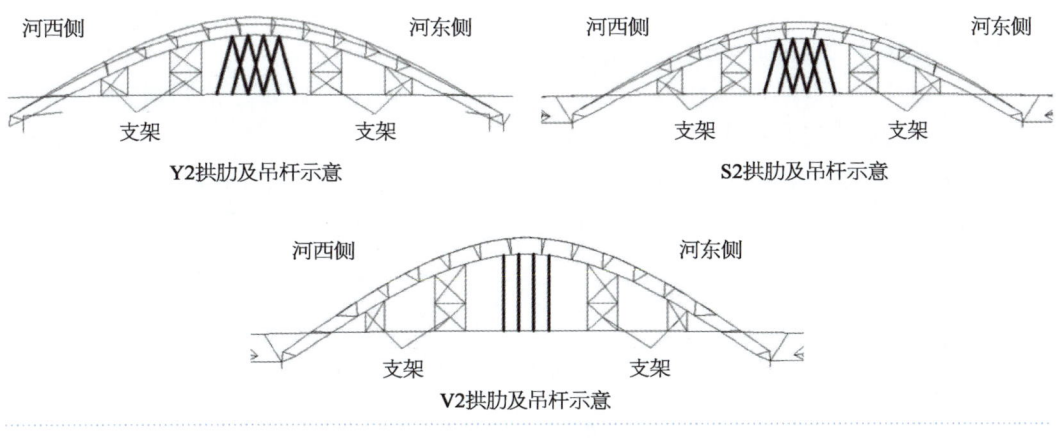

图 3-72 各拱肋预拉吊杆

张拉时先完成 Y2 拱肋对应 8 根吊杆张拉,再完成 S2 拱肋对应 8 根吊杆张拉,最后完成 V2 拱肋对应 8 根吊杆张拉,张拉力值见表 3-14。

表 3-14 中跨拱顶预拉吊杆力值 (kN)

Y2 拱肋		S2 拱肋		V2 拱肋	
吊杆编号	张拉力值	吊杆编号	张拉力值	吊杆编号	张拉力值
D2-32	70	D5-32	70	D4-26	100
D2-34	100	D5-34	100	D4-29	100

(续表)

Y2 拱肋		S2 拱肋		V2 拱肋	
吊杆编号	张拉力值	吊杆编号	张拉力值	吊杆编号	张拉力值
D2-36	100	D5-36	100	D3-26	100
D2-38	70	D5-38	70	D3-29	100
D2-29	70	D5-29	70	D4-27	100
D2-31	100	D5-31	100	D4-28	100
D2-33	100	D5-33	100	D3-27	100
D2-35	70	D5-35	70	D3-28	100

(3) 沿桥横向。三组拱肋支架的拆除没有先后次序要求。

(4) 在拆除一组拱的支架时，先拆除带有吊杆的拱肋对应的支架，再拆除不带吊杆的拱肋对应的支架，不带吊杆的两个拱肋对应支架的拆除无先后顺序。

综上所述，中跨拱肋支架拆除顺序为：1a、1b、1c—按上述O3阶段张拉要求对拱顶吊杆预拉—2a、2a、2b、2b、2c、2c—3a、3a、3b、3b、3c、3c—4a、4a、4b、4b、4c、4c—5a、5a、5b、5b、5c、5c。

确认中跨吊杆张拉完毕、所有拱肋支架拆除完毕后，对桥面清场，清除吊车等临时荷载，并对全桥拱肋的位移和应力进行测量。

3.4.5.2 拆除主梁支架

拱肋支架已拆除，主梁以上结构只有桥面、拱肋、吊杆、叶片和风撑，吊杆已初拧紧（除中跨先期张拉的 24 根吊杆力值为张拉力值外，其余吊杆初拧力值均为 2 t）。此时开始拆除主梁支架，对应主要施工阶段中的O5阶段，拆除顺序如下：

(1) 沿桥纵向。先拆除河西侧主梁支架，再拆除河东侧主梁支架，最后拆除主跨主梁支架。

(2) 沿桥横向。由 L1 主梁向 L2 主梁方向依次对称拆除，如图 3-73 所示。

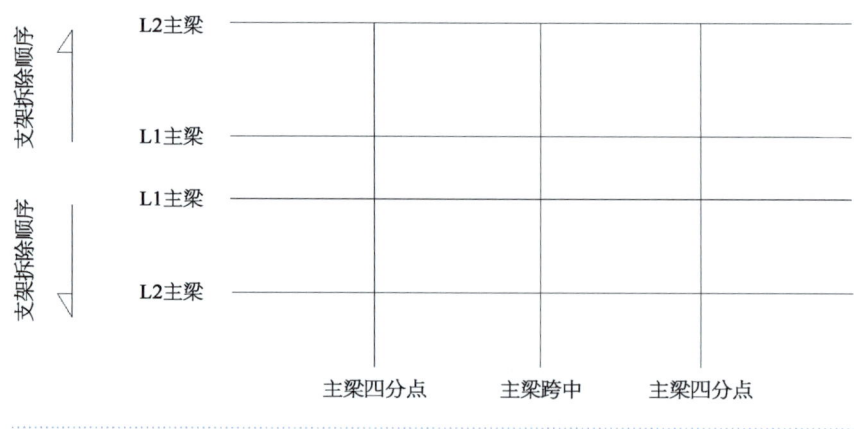

图 3-73 沿桥横向主梁支架拆除顺序示意

对于每跨主梁支架，先拆除对应拱肋四分点的主梁支架，再依次对称向拱顶和拱脚对应主梁支架方向间隔拆除，即拆除顺序为 1—2—3—4—5，如图 3-74 所示。

第 3 章 天津海河直沽桥

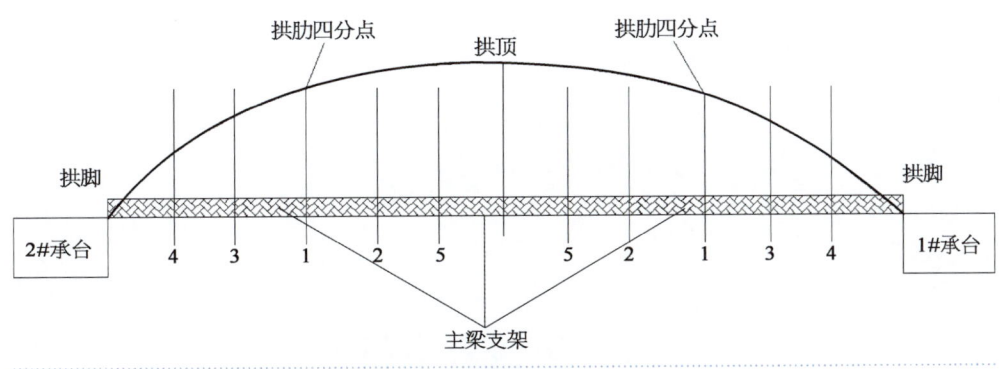

图 3-74 主梁支架拆除顺序示意

即先沿横桥向完成第 1 步主梁支架拆除,再沿纵桥向依次完成第 2、3、4、5 步主梁支架拆除。通过分析和测量,体系转换后,全桥拱肋、主梁、吊杆应力以及拱梁位移均满足设计要求。

第 4 章

天津海河金阜桥

位于天津市区中心地段海河上的金阜桥,线形优美、造型新颖独特、构思精细巧妙,充分体现以人为本的设计理念,其结构受力和构造细节十分复杂,建造工艺要求高。金阜桥于 2007 年建成通车,其实景照片如图 4-1 所示。

4.1 桥梁方案设计

4.1.1 工程建设条件

金阜桥位于天津市区中心地段的海河上,西连河西区的蚌埠道,东接河东区的十三经路,为河东、河西两区之间又一重要的跨河通道。按照天津城市总体发展布局,金阜桥所处的小白楼中央金融商务区为城市 CBD 的核心部分,规划建设商务、办公、信息、金融和展览等现代化经济中心城市的功能设施,为天津市创造吸引国际化企业的良好商务环境。

金阜桥道路等级为城市次干道,设计行车速度为 40 km/h,桥梁与河道基本正交,所跨海河为Ⅵ级航道,正常通航水位为 1.5 m,桥下净空为 4.5 m。因此,梁底标高应大于 6.0 m,主航道净宽为 30 m。金阜桥为机非混行桥,机动车为双向 4 车道。本场地地震基本烈度为Ⅶ度,设计基本地震动峰值加速度值为 0.15 g,勘察深度范围内Ⅶ度烈度下无液化土层存在,工程场地为非液化场地,场地类别为Ⅲ类[①]。

4.1.2 桥梁方案构思

金阜桥位于城市中心,海河沿岸带状公园借助于这座城市历史发展的基础,利用天然的地理位置,成为一个让游人、行人及垂钓者获得轻松愉悦且大众共享的绝妙场地。金阜桥不仅要有效连接两岸的车辆交通,而且要为两岸间行人的各种通行提供便利,更要使桥梁这一庞大的构筑物突破传

---

① 天津城建设计院有限公司的"天津海河金阜桥设计文件(2005)"。

第 4 章　天津海河金阜桥

图 4-1　金阜桥

统单一的结构设计理念,从造型、体量、尺度、色彩、细节等诸多方面有机自然地融于海河周边美景。

基于此,金阜桥设计方案着眼于使桥梁结构成为沿河带状公园的一部分,不仅要实现机动车与非机动车快速过河,还要尽可能提供不同的路径与活动场所,以解决公共行人和游人的交通出行,注重人本,创造更多源于海河美丽自然地理景观的愉悦时光。

根据现状,桥梁需上跨海河西路、河西带状公园、海河、河东带状公园、海河东路。其中海河宽约为 102 m,东西两侧带状公园宽约为 16 m,东西道路净宽为 16 m、21 m,净空为 3.5 m。桥梁于下穿道路与带状公园之间设置撑杆、斜撑,于河中偏向河岸一侧设置V形墩(确保通航及水面视野开阔)等支撑构件,以满足结构受力及各种通行要求。纵、横拱网格结构在横桥向连接主桥和辅桥的同时,于顺桥向布置在海河两岸亲水平台之间。桥面高程的设置,需要在考虑以上各种因素的情况下,考虑行人在带状公园的步行便道、河岸以及闹市区之间的连续行走。河岸步行便道与河岸平行,与散步行人逗留处所直接相连,以使行人尽享在河岸散步游览的愉悦,如图4-2所示。

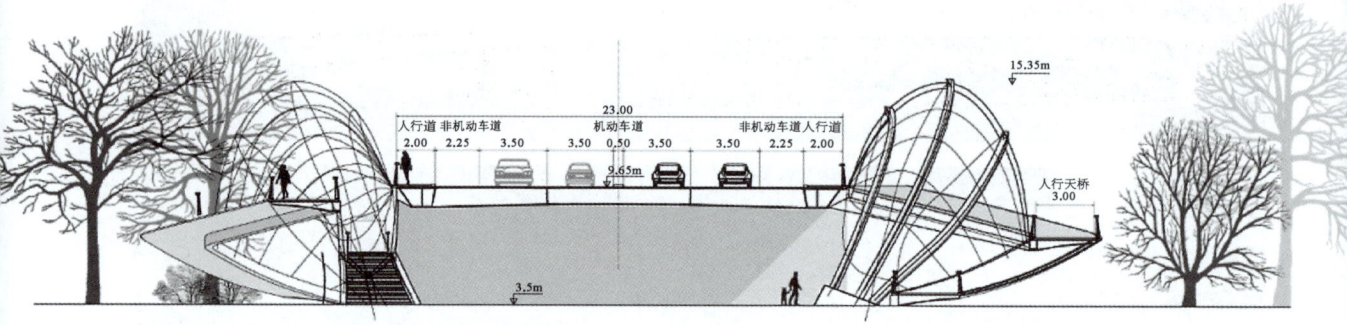

图4-2 金阜桥方案构思过程(m)

根据各种规划交通的不同,桥梁横向共分五大部分:

中央部分为主桥面,专供行驶机动车、非机动车和行人,其中机动车与非机动车上跨海河西路、海河和海河东路后经引路落地,行人则可以通过设置在桥端的悬挂于挡墙侧面的混凝土楼梯直接下桥。考虑到提高通行效率和交通安全,在行人、非机动车与机动车道之间分别设置分离栏杆。

外侧两部分为由主桥人行道渐渐分离开来并单独设置的辅桥。采用较缓变化的纵坡和过渡变化的平面曲线将行人引至对岸的亲水平台和沿河公园,游人可以一边休闲漫步,一边尽享周围美景,不受一丝干扰,十分惬意。辅桥净宽为3.0 m,纵坡为0~12%。

主桥与辅桥中间的两部分为空间纵、横拱网格结构,凹形的纵、横拱区域得到最大限度的利用,一个连接主桥人行道的平台,经数阶后又一个连接辅桥的平台,该梯道呈喇叭孔状延伸至此岸的亲水平台与带状公园,解决主桥和辅桥游人到达不同河岸公园的需求。

轻灵通透的纵、横拱空间曲线网格状结构是本设计方案的最大特点。纵、横拱网格巧妙地布置于河岸间的主桥与辅桥中间,明确将桥体划分为不同的部位,承托着两侧的结构荷载,并传递至相关构件或基础。采用比较纤细的构件,通过富于变换的三维曲线线形构成容积较大的空间纵、横拱网格的几何造型。基于力的分配与传递机理,以及车辆、行人的运动视觉,形成更显轻盈通透、更具视觉冲击的向空中敞开的钢网结构,如图4-3所示。

环抱飘带形辅桥不仅可以引导游人驻足河面上空或行至彼岸亲水,更与纵、横拱网格平面投影线形相映成趣,构成一副和谐柔美的桥梁轮廓线。

金阜桥采用与周边新型建筑协调的全钢结构造型。白天桥梁带给人一种金属质感,纤柔中透着一丝刚毅。夜晚,在柔和灯光的照耀下,在水中倒影的映衬下,水波浮动、光影连连,成为海河上一道亮丽流畅、动感十足的美景。即使是在冬季的冰面,其变幻的灯光也会投影在平静的河面,对游人形成优美而精致的吸引。

图 4-3 空间钢网拱模型

金阜桥的设计方案由天津城建设计院有限公司与法国马克曼朗设计事务所合作完成,该桥的方案构思显示对人本的尊重及对景观环境的日益关注。

4.2 桥梁结构设计及分析

4.2.1 工程概况

天津海河金阜桥采用平面反对称空间梁拱结构,整个结构有钢箱梁、小梁格(辅桥)和空间拱三部分,钢箱梁和小梁格由空间拱相连。在整个桥梁结构中,钢箱梁为双轴对称的正交异性板,但空间拱结构的设置改变整个桥梁结构的对称性。金阜桥的空间拱结构不仅是其景观效果的看点,而且也是整个反对称结构的亮点,桥型布置如图 4-4、图 4-5 所示。

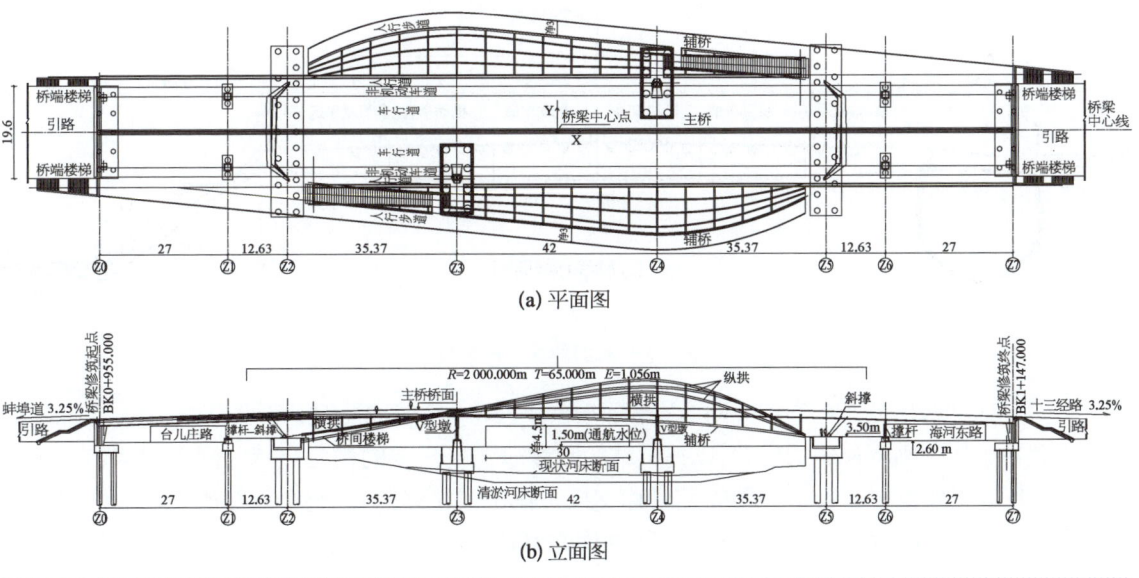

图 4-4 桥型布置平面和立面图(单位:m)

空间拱结构的立面投影是从桥端 2# 承台处以高速斜抛小球划出的轨迹,并不是关于桥梁横向中线对称,使得拱梁整个结构的刚度沿桥梁横向中线不对称;其次,空间拱结构的高度也随着抛物线和钢箱梁高差的变化而变化,使得一侧半幅桥的抗弯刚度也产生相应的变化;再次,空间拱结构的截面大小沿桥梁纵向不断变化,空间拱结构的截面形状随着桥梁纵线而旋转,使得拱自身的抗扭、抗弯刚度不断变化,同时也引起整个桥梁结构一侧刚度的变化;最后,整个桥梁结构的空间拱关于桥梁中线反对称布置,使得整个桥梁结构成为反对称空间梁拱结构。在空间拱的外侧又有悬臂式梁格结构的辅桥,辅桥结构也关于桥梁纵向中线成反对称布置。金阜桥的钢箱梁、空间拱和辅桥梁格共同形成整体的反对称结构,并成为有机的整体以承受各种荷载。

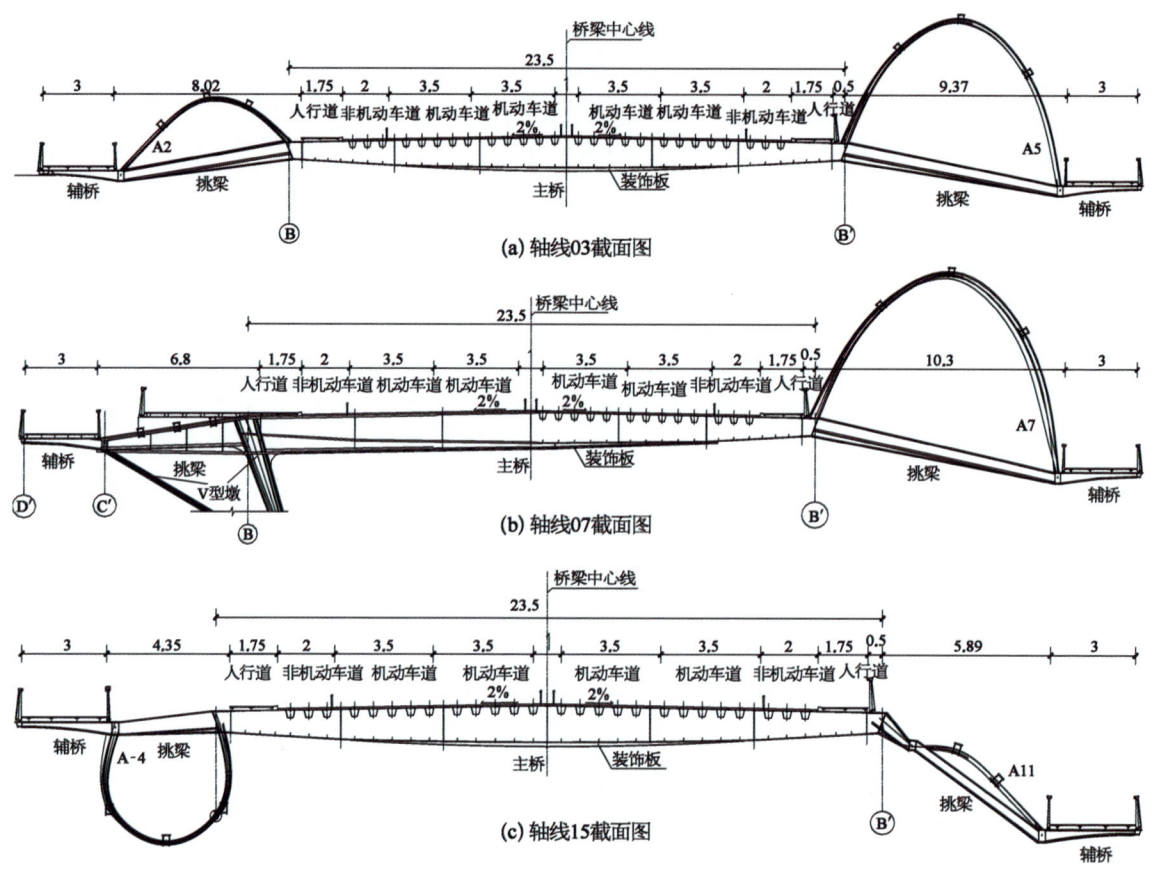

图4-5 桥型断面(单位:m)

针对上部结构呈反对称的桥梁刚度布置,桥梁的支座也布置成反对称形式。3#、4#墩位处的支座布置在半幅桥刚度最弱的位置,以提供结构刚度薄弱处需要的稳定支撑。同理,2#、5#墩位和1#、6#墩位处也布置大小不同的反对称支撑。在桥梁起终点处,整个结构的不对称性程度已经减弱很多,在此布置相同的支座支撑。反对称的整桥结构和反对称的支撑体系,使得整个结构处于合理的受力状态。

金阜桥主桥采用单箱多室钢箱结构,辅桥采用悬臂挑梁结构,主、辅桥间通过三维空间网状结构实现连接并传力承载。网构由若干挑梁、3道纵拱和16道横拱构成。纵拱采用空间扭曲构造,以适应桥梁不同部位受力和构造连接的需求;横拱既为重要承载结构,又将主桥与辅桥有效连接以共同工作;纵、横拱又不简单孤立,其与连接主、辅桥的6m一道的挑梁共同组成三维空间网状结构,共同承担结构负荷。本桥为特殊的梁拱组合结构体系,主体结构全部采用 Q370qD 钢材。

4.2.2 结构设计

4.2.2.1 主桥钢箱

主桥钢箱形式和尺寸的拟定在一定程度上影响桥梁的美观和施工操作的难度,不仅如此,还在很大程度上影响结构的整体刚度、动力性能以及其自身与纵、横拱网格间的内力分配。主桥钢梁采用梁高为 1.35 m、横隔板布置间距为 3 m 的单箱 6 室箱梁,其顶面为双向横坡,底面为鱼腹线形,侧边采用小凸缘形式。钢箱梁在撑杆、斜撑和 V 形杆等相应位置予以加强,顶、底板内腔侧分别设置纵向贯通 U 形肋、T 形肋,如图 4-6 所示。

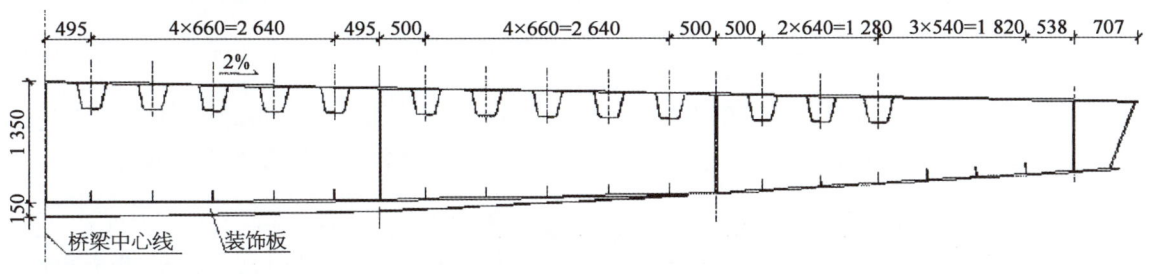

图 4-6　钢箱标准断面图

4.2.2.2 辅桥梁格

考虑自身的承载特点、与对应挑梁和横拱的连接,以及与方案构思的一致性,辅桥采用较为轻薄的纵、横梁格。纵、横梁格由设有翼缘和腹板凸缘的两道纵梁和若干横梁组成,根据结构横向受力特点,靠近和远离主桥一侧的纵梁分别采用较大和较小的断面形式,横梁采用变高的形式。该纵、横梁格在凹形横拱至与 V 形墩连接点附近和伸入 2#、5# 墩位混凝土系梁附近区域进行局部加强,以满足受力和构造要求。

4.2.2.3 挑梁

桥间挑梁一端连接主桥,一端连接辅桥,与纵、横拱构成网格,参与网格构造的受力与传力。其截面形式和尺寸的拟定,不仅在一定程度上影响主桥钢箱与网格构造的内力分布,而且大大影响辅桥的局部刚度和动力性能。综合考虑以上结构受力和人行舒适等方面需求,同时考虑到挑梁外形对主桥、辅桥以及网格内部各构件体量的过渡与协调,采用 T4 的断面形式和外形尺寸,并在凹形横拱 A-5 和凸形横拱 A11 的相应位置加强,以满足局部受力和构造要求。辅桥纵梁(L2、L3)及横梁(T4)断面如图 4-7 所示。

4.2.2.4 纵、横拱网格

纵、横拱构成的空间网格为本桥最大的特色和亮点,其设置不仅要满足必要的受力和传力性能,还要体现富于韵律的曲线线形的过渡变化以及桥梁整体的空灵通透之感。基于此,纵拱线形采用无规则缓慢变化的三维空间曲线,其在立面和平面的投影也由凹至凸缓慢平顺过渡,同时伴随其截面沿拱轴方向协调扭转,扭转角度最大可达 61°(竖直向上为 0°);横拱线形也为平面内无规则曲线,且从此岸的曲率较大的凹形(A-5)渐渐过渡至曲率较小的凹形(A-1),经由本侧水中支

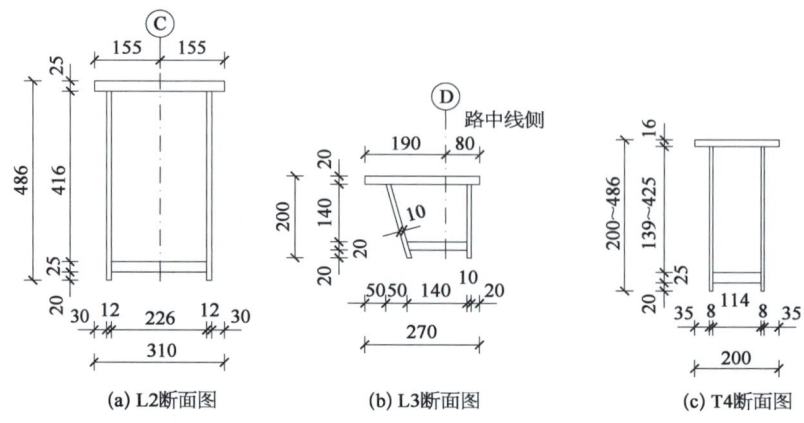

图 4-7 辅桥纵梁(L2、L3)及横梁(T4)断面图

撑部位无横拱(此处为加强横梁)后开始变化到曲率渐渐增加的凸形,至反对称侧水中支撑相应部位较大曲率凸形(A7、A8)后,渐变至彼岸曲率较小的凸形横拱(A10、A11),如图 4-8 所示。

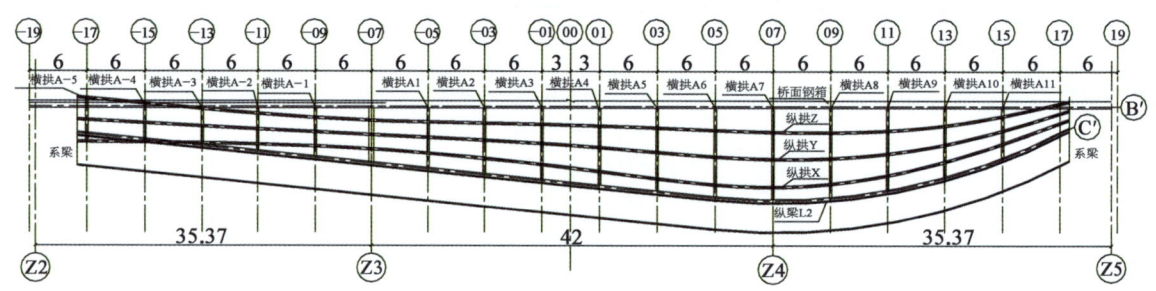

图 4-8 纵、横拱总体布置图(单位:m)

纵、横拱尤其是纵拱和凸形横拱截面外形尺寸不宜过大,其中:纵拱宽约为 0.3 m,高约为 0.4 m,在必要的位置板厚向内腔侧加强或设置内腔钢板以满足局部或节点的受力和构造要求;横拱根据拱格局部受力和构造连接的需求,分段考虑截面形式,分别采用封闭箱形、U 形及两块分离钢板组合型等多种形式,并在局部位置尤其是与纵拱相交节点部位等加高板厚进行加强。凹形横拱尤其是其与主桥连接侧的根部,由于其受力较大且为桥间楼梯所遮挡,故适当放宽截面外形尺寸限制,如图 4-9 所示。

4.2.2.5 桥体支撑

由于结构受力需要,在 1#、6#墩位,2#、5#墩位及 3#、4#墩位分别设置平面反对称布置的撑杆(横桥向两个)、斜撑(横桥向两个,一大一小)和 V 形墩(横桥向一个)。支撑部位的钢箱梁内分别采用横隔板加强或特殊横梁的形式以解决受力及构造需求。

3#、4#墩(图 4-10)均在水中,V 形墩顺桥向位于纵、横拱线形凹凸变化处,横桥向位于主桥边梁 L1 与辅桥内梁 L2 之间的网状结构处。V 形墩支撑的设置,对该桥梁结构形式的成立与否至关重要。由于该处为全桥最为重要的反对称支点,且为纵、横拱凹凸线形过渡变化处,其受力十分复杂。过于薄弱的支撑,将导致桥体过柔,从而主桥和辅桥梁体将产生过大的变形和水平应力;而过于强大

第 4 章 天津海河金阜桥

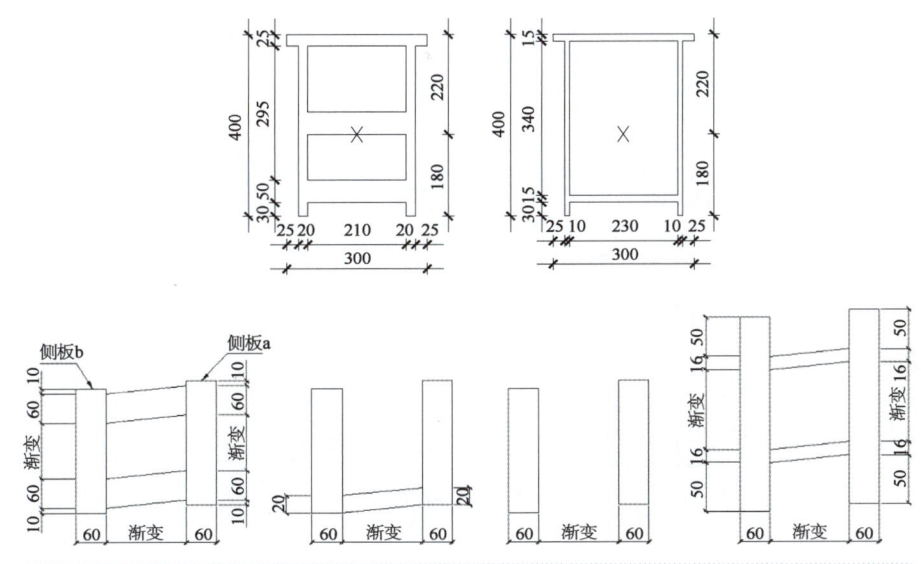

图 4-9 纵、横拱断面形式

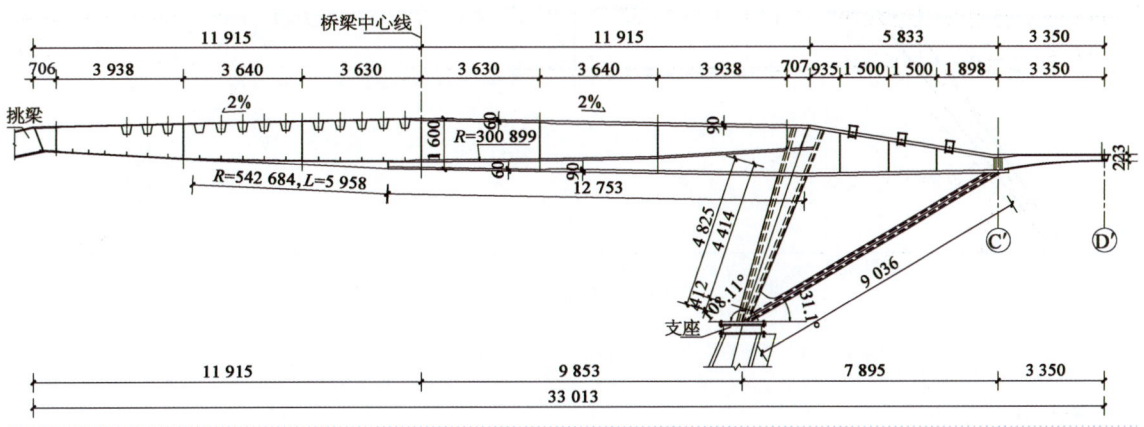

图 4-10 3#、4#墩位 V 形墩构造

的支撑,将导致该处结构产生过多的内力,大大增加构件负担,尤其是其主桥侧杆件及特殊横梁的强弱直接影响内力在该区域的分配,调整其与整体结构及其内部之间合理的刚度分配才能控制其结构组合应力水平在容许范围内。因此,V 形墩内杆(主桥侧)、外杆(辅桥侧)及特殊横梁截面形式和尺寸,以及与计算模式符合的构造处理方式的选取十分关键,既要满足受力需求,又要满足构造连接要求,同时还要满足一定的美学要求。经过多次试算与比较,最终确定 V 形墩内侧杆采用上大下小且带有一定凸缘的钢箱截面,V 形墩外侧杆由于受力特性不十分敏感且主要承受拉力,采用较小的带有凸缘的箱形截面,而 V 形墩横梁采用适当加强的钢箱截面并渐渐过渡至辅桥内梁 L2 处。

1#、6#墩和 2#、5#墩分别位于海河带状公园,桥下下穿道路的边缘及海河堤岸一侧。撑杆与斜撑的配套设置(图 4-11),可以有效地减小桥梁跨径。更为关键的是可以平衡部分纵拱拱脚水平分力且相互平衡一部分竖向分力,从而改善结构的整体和局部受力状况。根据结构受力需求,斜撑为空间倾斜,横桥向一大一小,且平面反对称布置,大小斜撑均采用上大下小的截面形式,下端与相应混凝土系梁铰接连接,以避免产生较大弯矩和扭矩,相应构件外形考虑过渡处理,以免影响美观。

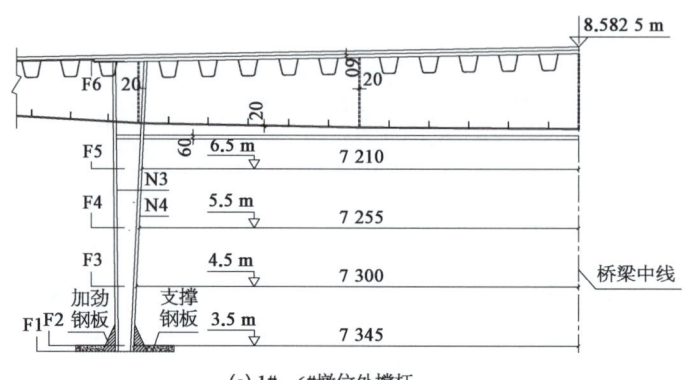

(a) 1#、6#墩位处撑杆

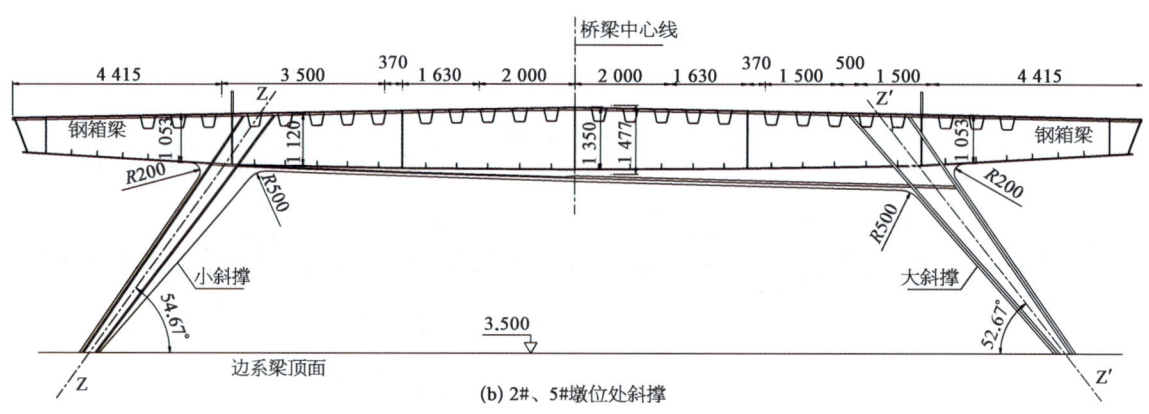

(b) 2#、5#墩位处斜撑

图 4-11　1#、6#墩位处撑杆和 2#、5#墩位处斜撑构造图

4.2.2.6　下部结构

金阜桥结构受力复杂,下部结构的设计不仅要考虑为上部结构提供可靠支撑,并具有一定的安全储备,还要考虑一定的美学效果,包括外形及装饰等,使其与上部结构以及周边环境相协调。挡墙、桥端楼梯与桥台一致,侧面均采用蘑菇石装饰。下部结构基础平面布置如图 4-12 所示[①]。

0#、7#墩(图 4-13)采用钻孔灌注桩基础、矩形承台。考虑到美观要求,采用较薄的一字形桥台且在支座部位局部伸出楔形构造。由于墩位处各有一支座承受较大剪力,因此相应楔形构造外形要考虑抗剪计算中关于构件截面尺寸的最小要求。为协调统一,各楔形构造均采用一致的外形设置。

1#、6#墩(图 4-14)采用单排双根钻孔灌注桩、矩形承台。该墩位为撑杆所在墩位,撑杆上部与主钢箱焊接,下部通过单向滑动支座与基础连接,且主要传递轴向拉压荷载。由于该墩位位于桥下下穿道路与海河堤岸带状公园之间的分界处,因此混凝土墩的设置不仅要考虑上述受力特点,还应考虑景观效果,尽量做到体量小巧。

---

① 天津城建设计院有限公司的"天津海河金阜桥设计文件(2005)"。

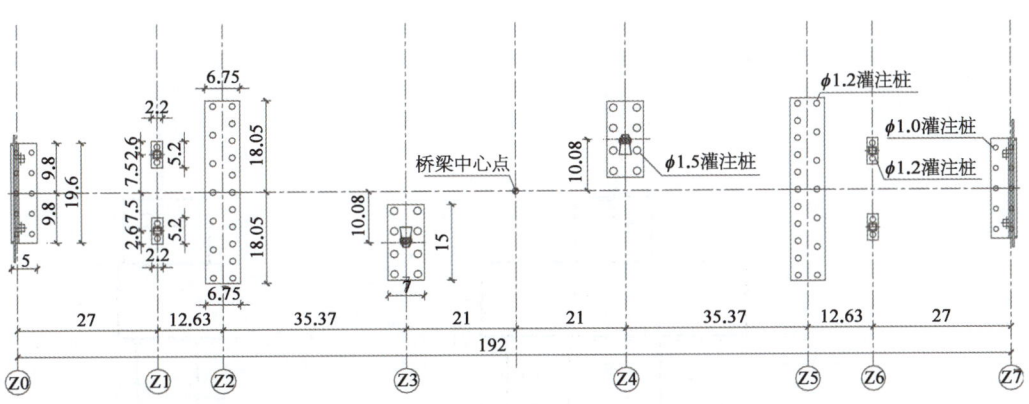

图 4-12 下部结构基础平面布置(单位：m)

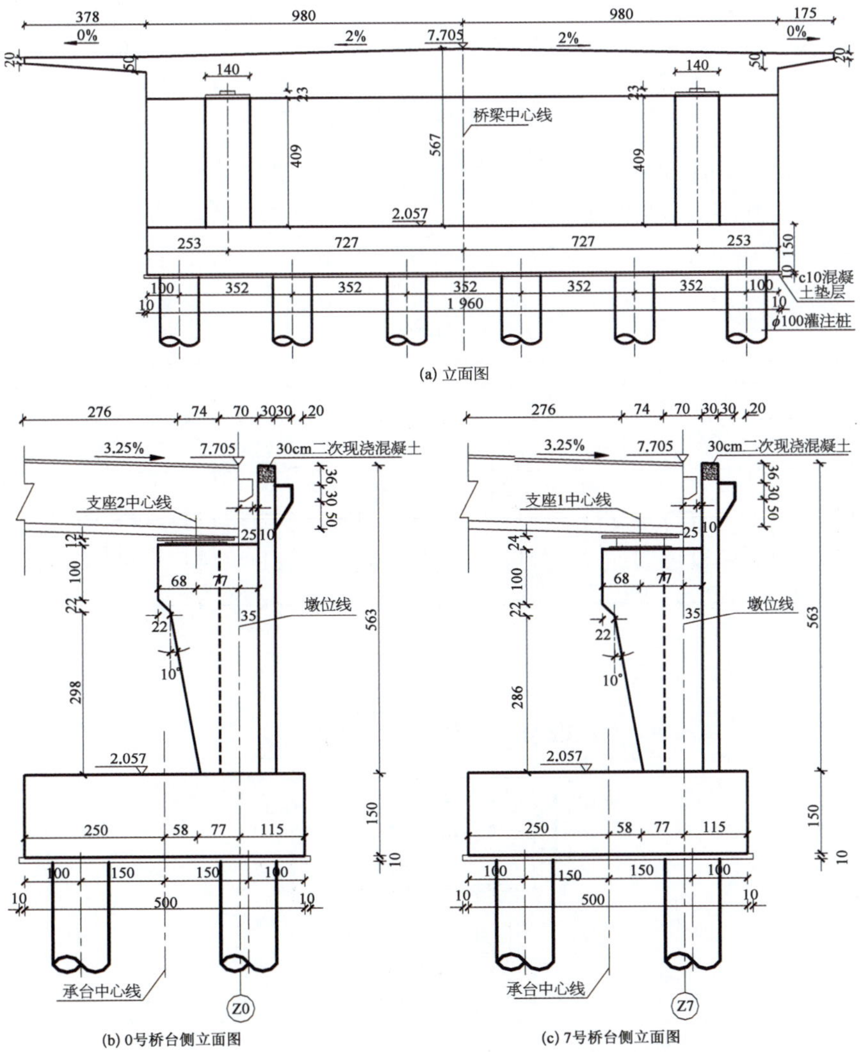

(a) 立面图

(b) 0号桥台侧立面图

(c) 7号桥台侧立面图

图 4-13 0#(7#)墩基础外形(单位：cm)

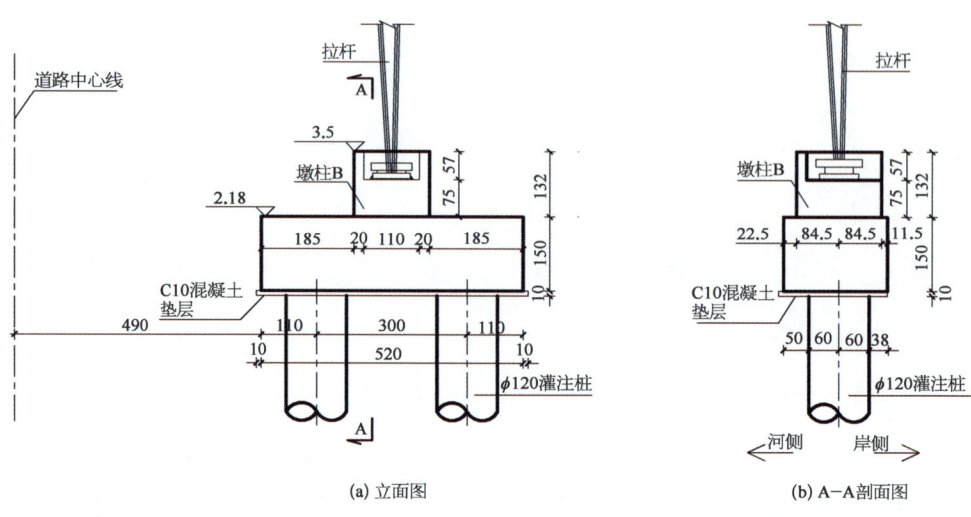

图 4-14　1#(6#)墩基础外形(单位：cm)

2#、5#墩基础(图 4-15)位于海河河岸靠近河流侧,纵拱、辅桥纵梁以及斜撑均在此处深入基础。因此,该墩位基础受力及构造处理十分复杂。根据支座反力的分布特点,该墩位采用双排多根且每排根数不等的钻孔灌注桩、矩形且四周带挑檐的承台。较厚的混凝土系梁可埋入相关构

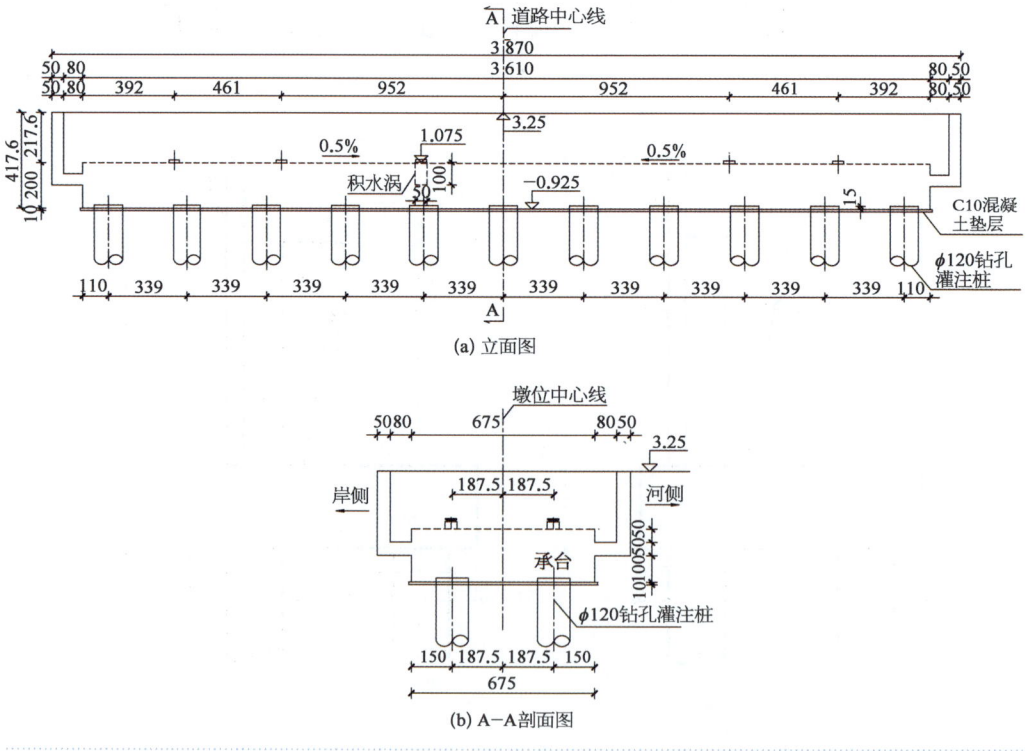

图 4-15　2#(5#)墩基础外形(单位：cm)

件,并兼作堤岸平台。其中斜撑下端通过固定支座、纵拱拱脚及辅桥纵梁采用埋入式柱脚构造与混凝土系梁连接(图4-16)①。

3#、4#墩(图4-17)采用钻孔灌注桩基础、矩形承台。混凝土墩采用较高的楔形构造以避免支座浸泡于河水中(V形墩下端点通过单向滑动支座与混凝土墩柱相接)。由于该墩柱外露于河中,因此其断面形式及尺寸不仅要考虑可靠的受力与传力,还要考虑其对通航净宽的影响,尽量做到体量小巧,使水平向更加开阔。

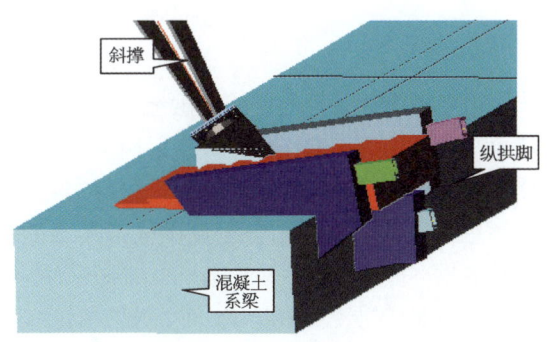

图4-16 混凝土系梁与斜撑及拱脚连接示意

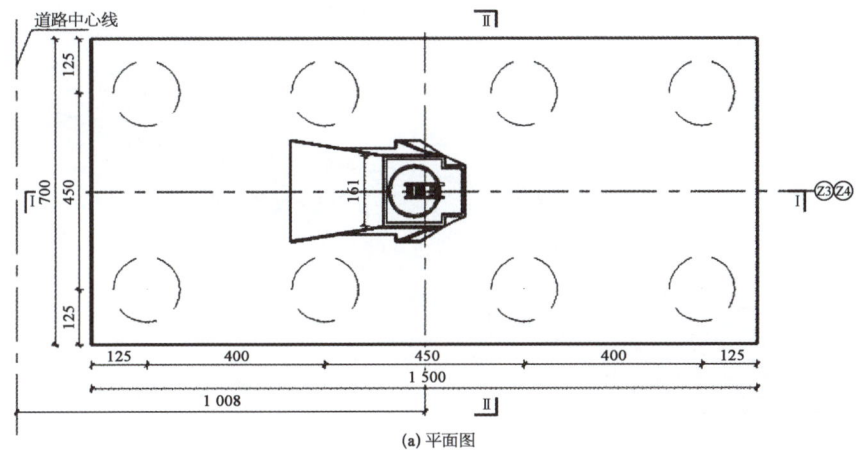

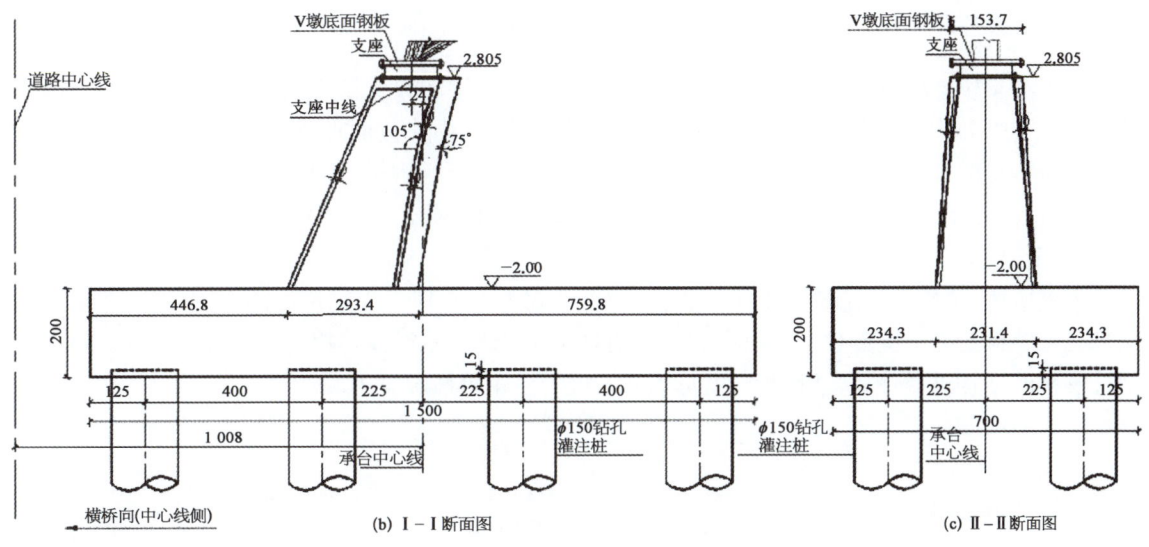

图4-17 3#(4#)墩基础外形(单位:cm)

---

① 天津城建设计院有限公司的"天津海河金阜桥设计文件(2005)"。

4.2.3 结构受力优化分析

金阜桥为非对称的空间梁拱组合结构体系,设计施工难度大。采用 Midas Civil 软件,重点进行桥梁整体结构的三维线性分析。采用梁格法将主桥的正交异性板梁体离散为纵梁和横梁体系。纵、横拱及挑梁网状格构和辅桥梁体采用与实际布置情况一致的梁格进行模拟,尤其是对于纵拱和横拱拱条单元,加密单元划分的密度以模拟其三维空间变化曲线,采用变化的 β 角模拟纵拱不断变化的扭转效果。撑杆、斜撑、V 形墩(钢结构)采用梁单元模拟,同时在斜撑底部与混凝土系梁单元连接,并释放弯曲和扭转自由度,以消除附加弯矩和扭矩对局部受力的不利影响,V 形墩(钢结构)下模拟出 5 m 高的混凝土墩柱,以考虑其对整体结构的影响,V 形墩(钢结构)下端点与 V 形墩(混凝土)上端点采用横桥向与竖直方向的刚性连接。考虑横拱与主桥边梁 L1、辅桥纵梁 L2 及相关纵拱连接点实际构造造成的连接位置的差异影响,并进行必要的刚性连接。空间计算模型如图 4-18 所示。

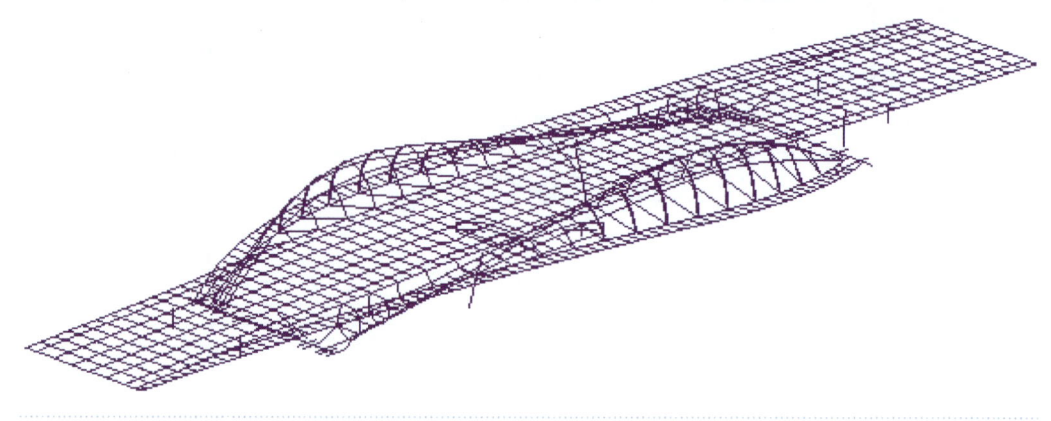

图 4-18 空间计算模型

基于金阜桥结构受力的复杂性,从方案设计阶段至施工图设计阶段均应进行结构设计优化。从结构主要受力构件的布置、结构及构件约束条件的选取,构件截面形式及尺寸的确定乃至结构特殊部位构造的处理,逐步掌握该特殊桥型结构的受力特点与规律,应用比较妥当可靠的构造处理方式,使实际受力情况与理论计算尽量吻合一致,更好地指导后续结构设计与桥梁施工。

4.2.3.1 支撑构件的设置研究

如上所述,金阜桥上部结构由撑杆、斜撑和 V 形墩共同支撑。支撑杆件的设置,对于改善结构局部乃至整体受力情况都是十分重要的。分别对无 V 形墩、无斜撑与撑杆以及有 V 形墩、斜撑和撑杆支撑的结构进行计算,结构相应变形状态及应力分布等情况见表 4-1。

表 4-1 V 形墩、撑杆及斜撑设置效应对比

V 形墩、撑杆及斜撑设置	纵、横梁格下挠最大值(mm)	拱格下挠最大值(mm)	辅桥梁格下挠最大值(mm)	结构应力范围(MPa)
无 V 形墩,有撑杆及斜撑	69	73	75	−678~332
有 V 形墩,无撑杆及斜撑	23	23	29	−530~566
有 V 形墩,撑杆及斜撑	7	9	11	−116~112

由以上计算结果可知,通过设置 V 形墩、斜撑和撑杆等支撑构件,可大大改善桥梁结构的受力状态,这是十分必要的。

4.2.3.2 约束布置优化研究

1) 3#、4#墩位约束优化

针对 3#、4#墩位 V 形墩下端的约束情况进行如下优化比较：① 约束顺桥向和竖直方向(标识为 Dx、Dz);② 约束顺桥向、横桥向和竖直方向(标识为 Dx、Dy、Dz);③ 约束顺桥向、横桥向、竖直方向及三个方向的转动(标识为 Dx、Dy、Dz、Rx、Ry、Rz);④ 约束顺桥向和竖直方向(标识为 Dy、Dz)。

获得各种约束情况下的 V 形墩和结构整体组合应力分布以及支座反力分布情况,并进行比较,得出如下结论:对 V 形墩下端分别采用以上 4 种约束方式进行比较分析,相比于前 3 种,第 4 种约束方式对 V 形墩及其相应横梁乃至整体结构的应力水平均具有一定改善作用,仅恒载作用下 V 形墩及相应横梁的应力即得到很大改善,最大可达 20 MPa,同时使主桥其他部位的应力分布更为均匀(拉压应力水平趋于接近)。另外,在温度荷载作用下,前 3 种约束情况由于 V 形墩下端顺桥向的滑动受到限制,导致其温度应力较大(−24～24 MPa);而在第 4 种约束情况下温度应力只有−9～9 MPa。由于 V 形墩及附近区域是全桥受力的关键部位,采用最优的约束方式对于控制其应力水平效果显著。综合以上分析结果,最终确定在 3#、4#墩位 V 形墩下端采用第 4 种约束方式,即约束横桥向和竖直方向。

2) 斜撑下端铰接优化

斜撑下端点与混凝土系梁采用刚性连接方式,将导致斜撑下端承受很大的弯矩作用,进而使斜撑下端的应力水平非常高。为了减小斜撑下部承受的弯矩,斜撑采用上大下小的截面形式,仅恒载作用下其组合应力已达 300 MPa。通过释放斜撑下端的弯曲和转动自由度(即仅平动方向与混凝土系梁连接),进而减小附加弯矩的影响,对于改善斜撑构件的局部受力效果十分明显。计算结果表明,释放转动约束,恒载作用下斜撑组合应力仅为−76 MPa,同时对其他部位基本没有影响。因此,最终采用盆式固定支座实现斜撑下端与混凝土系梁的连接,以确保实际构造与计算模拟方法吻合一致。优化后的斜撑下端约束布置形式如图 4-19 所示。

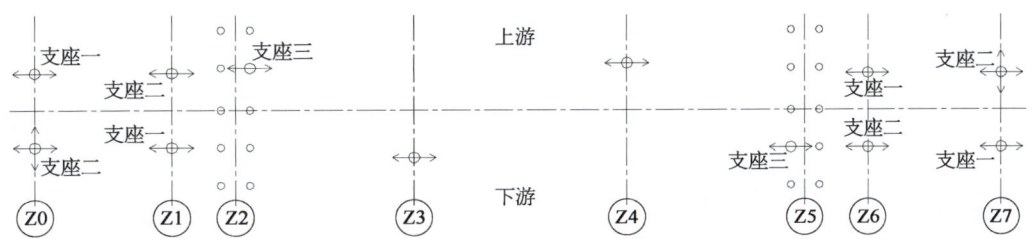

图 4-19 优化后的斜撑下端约束布置形式

4.2.3.3 钢箱与纵、横拱网格刚度匹配研究

金阜桥结构由正交异性板主桥钢箱梁体、纵、横拱及挑梁构成的网格结构和辅桥梁格构成。辅桥梁格可看作是主桥和网状格构的悬臂结构,其受力比较简单。而主桥梁体和网状格构则为全桥的主要承载和传力结构。为了使结构更加轻盈通透,增强景观视觉效果,网状格构构件做得比较纤小,纵拱和横拱截面均应利用材料自身的承载能力,挑梁也应根据受力特点采用高度变化的截面,达到纵、横拱结构与挑梁结构较佳的刚度匹配效果。因此,主桥梁体与由纵、横拱及挑梁共同

组成的网状格构的刚度匹配,对于结构整体的受力显得格外重要。改变梁体的刚度对结构的景观效果影响较小,但是对改善结构的整体受力效果影响较大。图4-20为优化前后的钢箱断面形式。分析计算结果可知,采用优化后的截面形式,结构最大应力约可降低50 MPa。

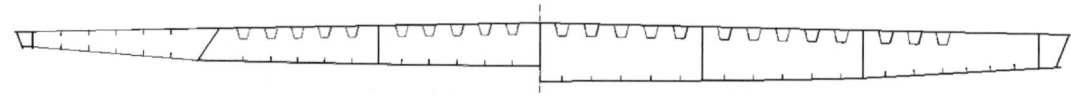

图4-20 优化前后的钢箱断面形式(左半图为优化前,右半图为优化后)

对钢箱断面形式优化前后结构的自振特性(表4-2、表4-3)进行比较分析,结果表明,由于增强主桥梁体的刚度,结构整体刚度显著增强,结构基频较优化前提高约20%,相应模态的振型质量参与系数也有所提高。结构的某些较不利的振动模态推迟或减少出现,对改善结构的动力性能也具有一定好处。

表4-2 梁体优化前结构振动特性

模态	频率(Hz)	Tran-X		Tran-Y		Tran-Z	
		质量(%)	合计(%)	质量(%)	合计(%)	质量(%)	合计(%)
1	1.84	0.00	0.00	0.00	0.00	13.74	13.74
2	2.16	0.04	0.04	27.79	27.79	0.00	13.74
3	2.92	0.00	0.04	0.00	27.79	37.44	51.18
4	3.15	0.04	0.09	35.69	63.47	0.00	51.18
5	3.23	0.01	0.09	5.73	69.20	0.00	51.18

表4-3 梁体优化后结构振动特性

模态	频率(Hz)	Tran-X		Tran-Y		Tran-Z	
		质量(%)	合计(%)	质量(%)	合计(%)	质量(%)	合计(%)
1	2.23	0.00	0.00	0.00	0.00	19.09	19.09
2	2.39	0.04	0.04	32.56	32.56	0.00	19.09
3	3.40	0.10	0.14	43.49	76.05	0.00	19.09
4	3.49	0.00	0.14	0.00	76.05	29.49	48.58
5	4.03	0.01	0.15	0.87	76.91	0.00	48.58

4.2.3.4 纵、横拱断面形式及尺寸优化

纵、横拱为宛若纤细飘带的空间扭曲曲线线形,如何在满足其纤巧截面以及优美线形要求的前提下,对其进行优化,保证结构安全可实施是结构设计的重点。以纵拱X、横拱A-5为例,简要说明纵、横拱截面优化过程,纵拱X优化前断面如图4-21所示。

恒载作用下,最不利处应力为121 MPa,对应力结果进行组成分析可知,轴向应力和主弯曲应力占比较大。不改变截面外轮廓的前提下,调整形心及几何特性,调整下翼缘板为60 mm,腹板为25 mm,调整后,恒载最大组合应力为88 MPa。

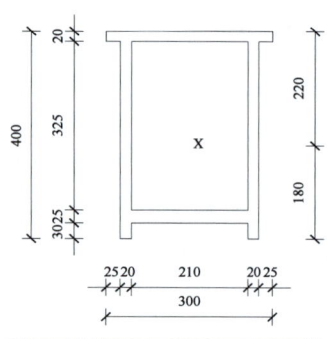

图4-21 纵拱X优化前断面图

相比于纵拱,横拱断面的优化设计更为复杂,横拱 A-5 优化前断面如图 4-22 所示。

恒载作用下最不利处应力结果为 104 MPa,对应力结果进行组成分析可知,应力较大的主要原因为双向弯曲应力较大。因此,在不改变截面外轮廓尺寸的前提下,调整截面形心及相关几何特性,将腹板厚度调整为 16 mm、20 mm 和 60 mm 三种规格。优化调整以后,恒载作用下最大组合应力为 70 MPa。

综合比较纵、横拱优化前后计算结果,在降低纵、横拱应力水平的同时,桥梁其他部位的受力状况也有不同程度的改善。

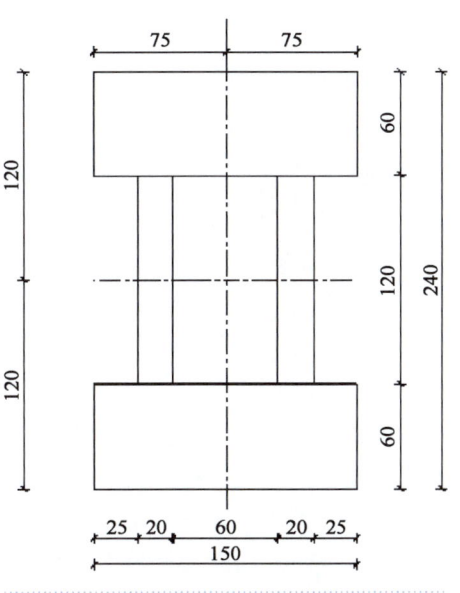

图 4-22 横拱 A-5 优化前断面图

4.2.4 整体计算分析

1) 静力分析

通过对上部结构进行整体计算分析可知,恒载作用下,主桥钢箱梁应力在 −105~72 MPa,纵拱应力在 −116~60 MPa,横拱应力在 −79~97 MPa。组合 Ⅰ 作用下,箱梁应力在 −163~109 MPa,纵拱应力在 −164~106 MPa,横拱应力在 −173~169 MPa,桥梁各部位应力符合规范要求。主桥最大挠跨比为 1/1 400,小于规范限值 $L/800$,结构变形符合规范要求。

上部结构的反力计算结果见表 4-4、表 4-5,表中 F_y 为横向反力、F_z 为竖向反力。

表 4-4 斜撑下端支座最不利反力

支座部位及编号	剪力(kN,双向)	轴力(kN)	支座受力情况
大斜撑下端支座	1 193	13 487	压、剪
小斜撑下端支座	508	6 823	压、剪
	330	−840	拉、剪

表 4-5 0#~7#墩位支座最不利反力

支座部位及编号	F_y(kN)	F_z(kN)	支座受力情况
0#、7#支座一	1 973	3 132	压、剪
0#、7#支座二	/	3 389	压
1#、6#支座一	282	6 134	压、剪
1#、6#支座二	104	3 699	压、剪
	58	−1 580	拉、剪
2#、5#支座一	/	2 620	压

（续表）

支座部位及编号	F_y(kN)	F_z(kN)	支座受力情况
2#、5#支座二	/	7 021	压
2#、5#支座三	4 146	8 838	压、剪
2#、5#支座四	/	3 047	压
2#、5#支座五	/	4 595	压
3#、4#支座	2 825	15 863	压、剪

2）屈曲分析

考虑结构一期、二期恒载以及活荷载（车辆或人群）的等效作用进行结构屈曲分析，其中活荷载考虑全桥满布等 7 种工况，如图 4-23 所示，得到各工况前 6 阶模态临界荷载系数见表 4-6。

由计算结果可知，满布活载为最不利工况，此时结构最小临界荷载屈曲系数为 12.4。满布活载工况桥梁三阶屈曲模态如图 4-24 所示。

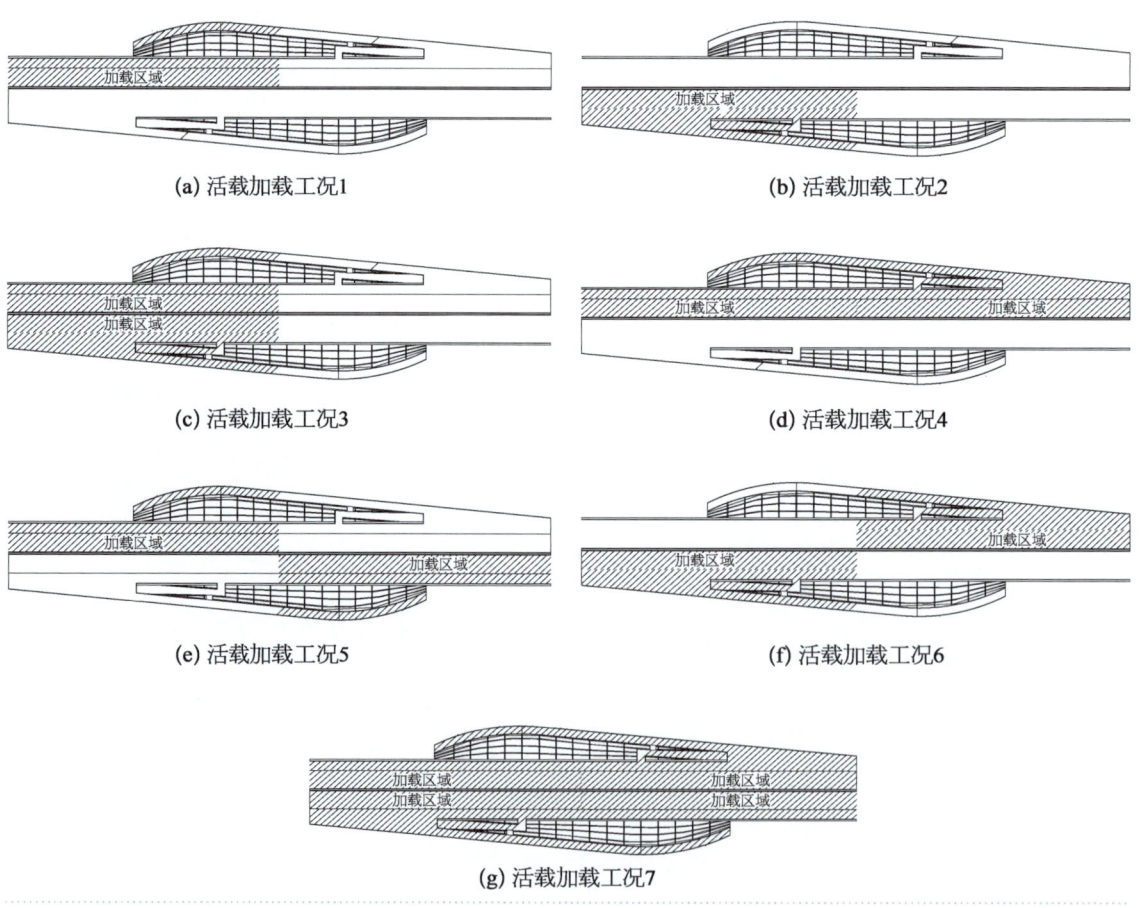

(a) 活载加载工况1　　(b) 活载加载工况2

(c) 活载加载工况3　　(d) 活载加载工况4

(e) 活载加载工况5　　(f) 活载加载工况6

(g) 活载加载工况7

图 4-23　屈曲分析活载加载工况

第 4 章 天津海河金阜桥

表 4-6 各工况前 6 阶模态临界荷载系数

加载工况		情况 1	情况 2	情况 3	情况 4	情况 5	情况 6	情况 7
模态阶数	1	14.0	17.6	13.2	12.5	14.7	17.2	12.4
	2	15.1	25.4	14.2	13.4	15.0	17.3	12.4
	3	18.6	28.3	16.8	17.4	15.8	25.9	13.2
	4	19.1	40.6	17.9	17.5	16.2	26.1	13.2
	5	19.6	43.7	18.4	18.2	19.3	28.1	17.3
	6	21.2	63.9	18.5	18.8	19.6	28.1	17.3

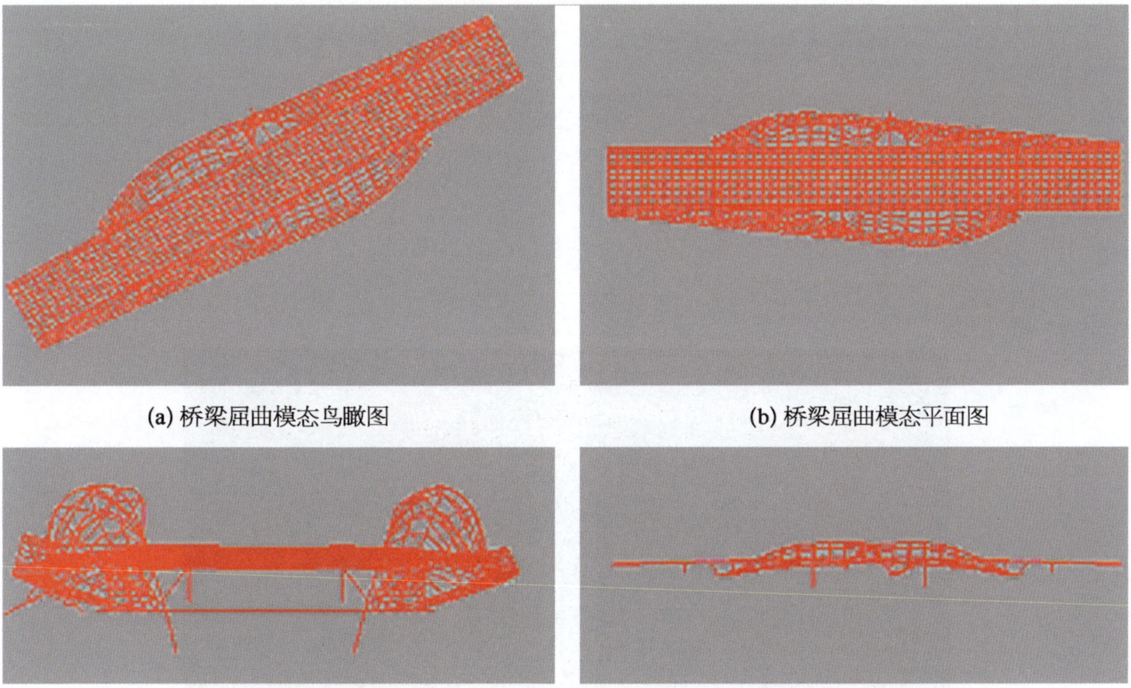

(a) 桥梁屈曲模态鸟瞰图

(b) 桥梁屈曲模态平面图

(c) 桥梁屈曲模态断面图

(d) 桥梁屈曲模态立面图

图 4-24 满布活载工况桥梁第 3 阶屈曲模态

4.3 桥梁构造设计及试验研究

金阜桥较薄的单箱多室钢箱在顺桥向分别由双点(桥台、拉压杆及斜撑)、单点(V 形墩)、单点(V 形墩)、双点(拉压杆及斜撑、桥台)提供支撑。主桥钢箱两翼通过拱状网格,与由纵、横梁格构成的辅桥实现多点支撑连接。拱状网格由三道空间扭曲纵拱与横拱连接,并将网状拱结构所承受的外力通过拱脚传递给下部基础。

该桥主体结构为特殊的三维空间网状构造,整体受力十分复杂,相应各部位受力特性及处理方法也与以往结构有明显不同,需要通过试验进行验证。

4.3.1 大吨位拉压剪支座设计及试验研究

由于特殊结构受力的需要,部分墩位的支座需要在承受很大竖向压力的同时,承受很大的水平荷载,部分墩位的支座需要在承受较大竖向拉力的同时,承受一定的水平荷载。一般情况下,常规桥梁结构支座仅承受竖向力,金阜桥使用的压剪支座、拉压剪支座及其锚固构造的可靠性,关系桥梁上部结构的整体安全,关系下部结构能否为上部结构提供可靠的约束。上述结构的力学性能,均需通过相应试验进行验证。

本桥各墩位均设置有水平抗力支座,其中1♯、6♯墩位支座二的拉力最大,3♯、4♯墩位支座的压力最大,2♯、5♯墩位支座三的剪力最大。各墩位的支座类型又分为单向支座和固定支座,支座及锚固构造设计不仅需要考虑支座承受水平力的大小,还要考虑支座锚固构造尺寸的限制因素等。

根据不同的设计条件,应对每个支座进行特殊设计。与此同时,进行同尺寸支座及锚固构造试验,验证支座设计的安全性,进而保证桥梁整体结构体系的安全性。试验分析内容如下:

(1) 支座及柱脚板件在设计荷载作用下的应力分布及变形特征。
(2) 支座及柱脚板件在极限荷载作用下的应力分布及破坏模态。

支座加载试验如图4-25所示。

图4-25 支座加载试验

试验结论如下:

(1) 设计荷载作用下,支座的压缩变形值满足《公路桥梁盆式橡胶支座》(JT 391—1999)的要求。

(2) 支座在120%设计荷载下,支座及锚固构造未见异常,满足《公路桥梁盆式橡胶支座》的规范要求。

(3) 在设计荷载下,支座盆环径向变形小于规范限值。

综上所述,支座及其锚固构造满足设计要求。

4.3.2 撑杆设计及试验研究

为了平衡 2#、5# 墩位处拱状网格拱脚产生的不平衡水平力,在该墩位靠近桥端方向设置连接混凝土系梁与上部钢箱梁的斜撑构件。为了平衡斜撑对钢箱梁产生的竖向分力,在斜撑与桥端之间的 1#、6# 墩位处设置撑杆构件。撑杆的设置在一定程度上减小钢箱梁的跨径,对于改善结构局部乃至整体的受力状态均比较有效。

在横桥向设置两个撑杆构件,其中一个承受压剪作用,另一个则同时承受较大的拉力作用。为了释放两构件端部的弯矩作用,分别采用特殊的上部及下部节点连接方式。

撑杆构件是改善该桥受力状态的关键构件,其处理方法没有经验可以参考。其在受压并承受一定水平剪力的同时,可能承受较大拉力。通过试验获得其工作状况,对于了解构件及桥体的工作性能、验证撑杆构件及其连接方式的可靠性能是十分必要的。试验目的及内容如下:

(1) 以 1∶2 缩尺模型进行极限承载力破坏试验,验证构件设计的安全性。

(2) 通过观测模型变形及应力分布,研究该撑杆的受力机理。

(3) 通过试验,得到检测数据,对比验证理论分析的结果。

撑杆加载试验如图 4-26 所示,由构件试验和有限元计算可知,拉压杆支撑构件能够满足受力要求,其构造做法是可行的。

图 4-26 撑杆加载试验

4.3.3 铝合金桥面板性能试验研究

金阜桥整体结构受力复杂且对荷载十分敏感,为尽量减少上部结构自重对桥梁整体结构的影响,人行道铺装采用自重轻、受力性能强的铝合金道板构造。铝合金道板用于外露自然环境的工程在国内没有先例,其经受外界环境侵蚀作用下的性能及连接方式等均没有可供参考的经验资料,因此应针对以下性能进行试验,保证其使用性能。

通过一系列试验研究,对铝合金道板构造进行全面的使用状况分析,得出合理的处理方法,保证行人的安全性、舒适性以及结构本身的耐久性等,试验目的如下:

(1) 铝合金道板在人行作用下的结构安全性能(承载性能及变形性能)。

(2) 铝合金道板在人行作用下的舒适性能(振动特性及其对行人舒适性的影响)。

(3) 铝合金道板在外界侵蚀环境下的耐久性能。

(4) 铝合金道板构造连接件的合理、便捷性能。

试验内容包括标准材性试验、静力加载试验、力学性能试验、振动性能试验、冲击荷载试验、疲劳试验、耐磨试验、耐腐蚀性试验等,如图 4-27～图 4-31 所示。

铝合金试件试验研究结果表明,该铝合金道板在强度、刚度、抗冲击与疲劳、耐磨耐腐蚀等方面均具备良好性能,试验结论如下:

(1) 材性试验。桥面板铝合金试样的抗拉强度、屈服强度和延伸率等各项力学性能指标均符合要求。

(2) 静力加载试验。铝合金桥面板完全能够承受设计人群静载,且与理论计算情况基本一致,验证该铝合金桥面板的承载能力。

(3) 振动特性试验。铝合金桥面板最不利跨径布置形式的基频为 57.8 Hz,远远大于人行激振频率及规范规定,桥面板的振动性能满足要求。

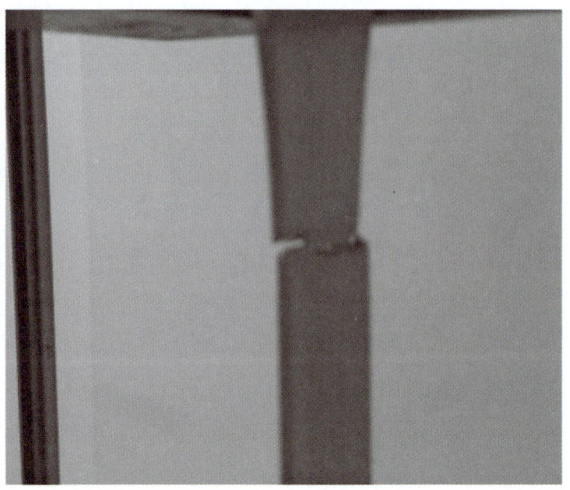

图 4-27　力学性能试验

图 4-28　振动性能试验　　　　　　　　　　图 4-29　疲劳试验

图 4-30　耐磨性能试验

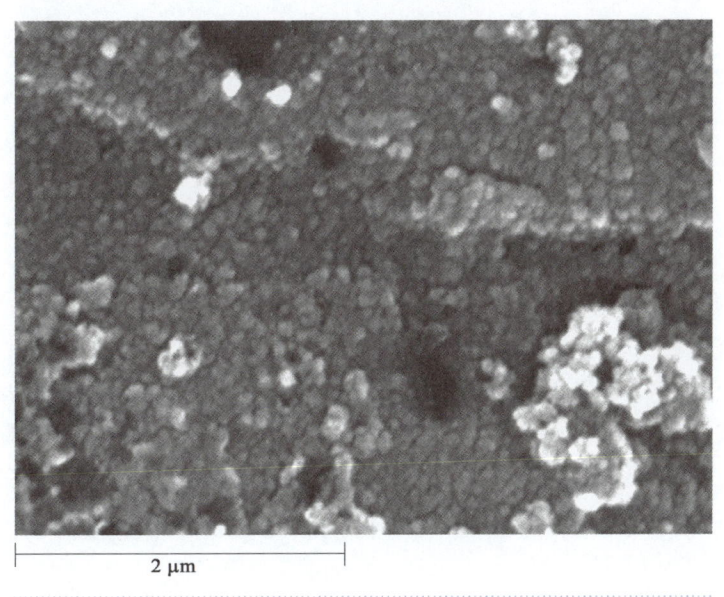

图 4-31　弱酸腐蚀试验(pH 值为 5.88)

(4) 冲击荷载试验。该桥面板具有较好的耐冲击性能。

(5) 疲劳试验。铝合金桥面板抗弯疲劳性能良好,在 $2×10^6$ 次长寿命循环加载后仍未破坏,且疲劳试验后强度仍满足规范要求。

(6) 耐磨试验。铝合金桥面板防滑棱经过 28.8 万次摩擦平均磨损 0.335 mm,经 256.627 万次摩擦后该防滑棱才全部被磨耗掉。考虑多种不利因素后,估算防滑棱耐磨寿命为 15.6 年,铝合金桥面板防滑棱耐磨性能良好。

(7) 耐腐蚀试验。模拟天津地区实际大气成分和酸雨统计情况,pH 值为 4.0~6.0 的酸性环境中,试样表现出较好的抗腐蚀性能。在模拟含有盐分的电解液环境中(pH 值为 4.5)试样的抗腐蚀性能仍表现良好,该铝合金桥面板具有良好的耐腐蚀性能,满足正常使用要求。

4.4 施工关键技术研究

4.4.1 施工整体工序研究

4.4.1.1 施工阶段划分及预抛设置原则

金阜桥为平面反对称的钢拱桥,每侧3道纵拱轴线为空间曲线,并与16道横拱组成空间网格状框架,造型独特,结构复杂。从结构整体计算结果可以看出,该桥的主要特点是截面较小,变形较大,空间扭曲,对于施工控制的科学性、准确性、合理性提出很高的要求。桥梁上部结构施工监控主要分为现场安装阶段和体系转换阶段。现场安装阶段主要依据施工组织设计,完成上部结构各部位构件的现场安装。本节主要介绍施工监测方案,对于体系转换阶段全桥的支架(砂箱)卸除,提出具体的施工顺序以及施工监测方案。上部结构施工监控阶段划分见表4-7。

表4-7 上部结构施工监控阶段划分

施工阶段	本阶段结构及施工描述	本阶段相应监测内容
现场安装阶段O	上部结构各部位构件现场安装	监测主要构件(主桥、辅桥及拱)安装过程,布置应力监测设备
体系转换阶段	拆除主桥箱梁、辅桥以及纵、横拱的砂箱	对主要部位进行应力、位移监测
桥面铺装	完成桥面铺装及附属结构的安装	全桥应力、位移检测

根据位移计算结果及规范要求,金阜桥主桥钢箱梁,人行辅桥以及纵、横拱设置安装预抛。成桥理论坐标叠加预抛值后,得到设置预抛后的线形坐标。在每个横拱与主桥的连接部位,设置的预抛值与主桥箱梁一致,以保证横拱与箱梁连接顺畅。横拱与辅桥的连接部位采用同样方法处理。

4.4.1.2 现场安装及监测方案

金阜桥上部结构安装分为3个主要区域:主桥钢箱梁段、人行辅桥段、挑梁及纵、横拱段。支架安装示意如图4-32所示。

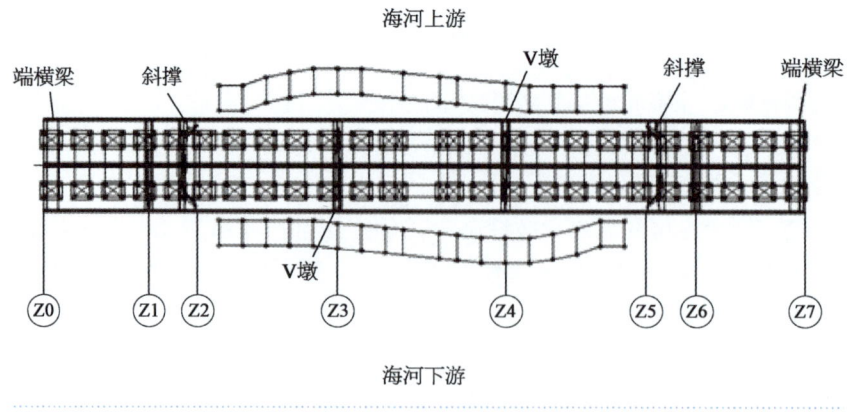

图4-32 支架安装示意图

首先吊装各支墩处钢箱梁,然后向各跨中心推进,人行辅桥的吊装也采用该方法。

设置安装预抛的主桥箱梁顶面为一空间扭曲面,为保证箱梁节段安装后的线形满足设计预抛的要求,对每段钢箱梁节段的安装定位进行监测。参照安装预抛时设置的箱梁横断面控制点 $a \sim g$ 点,分别取节段远端(远离支墩侧)和近端(靠近支墩侧)横隔板位置的 a、d、g 点进行控制。通过钢箱梁底的砂箱,进行标高及位置调整,当满足精度要求时,进行近端端口焊接,如图 4-33 所示。

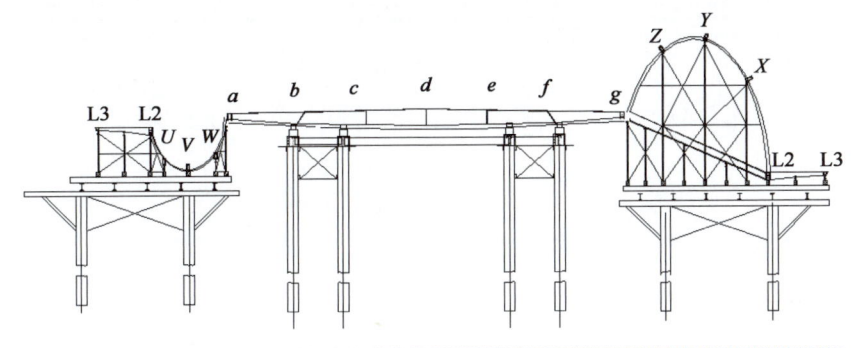

图 4-33 支架及测点横向布置图

人行辅桥段的安装定位也采用该方法,分别以各节段远端及近端的 L2、L3 梁控制点实施安装定位监控。

纵、横拱为金阜桥的重要结构,拱截面尺寸相对较小,其安装定位的精确性将影响整个上部结构的受力状况。现场定位时,对各纵、横拱相接处的控制点进行监控,以利于端口焊接质量,并保证纵、横拱的线形符合设计要求。

4.4.1.3 体系转换及监测方案

1) 体系转换方案

现场安装阶段完成后,进入体系转换阶段。由于自重作用下,主桥钢箱,辅桥钢箱以及纵、横拱段的局部变位相对较大。为确保体系转换过程安全合理,避免钢结构局部应力过大,因此制订"先边跨、后主跨,先辅桥、后主桥"的拆架方案。体系转换各阶段见表 4-8。

表 4-8 体系转换各阶段

施工阶段	施工描述
体系转换阶段 A	拆除端横梁至斜撑之间的主桥箱梁砂箱
体系转换阶段 B1	拆除斜撑至 V 形墩之间的辅桥以及纵、横拱砂箱
体系转换阶段 B2	拆除跨中至 V 形墩之间的辅桥以及纵、横拱砂箱
体系转换阶段 C1	拆除斜撑至 V 形墩之间的主桥箱梁砂箱
体系转换阶段 C2	拆除跨中至 V 形墩之间的主桥箱梁砂箱

图 4-34 表示拆架的范围及顺序方向,其中,位于同一横断面上的砂箱宜同时拆除。由于本桥为中心对称结构,因此对称位置横断面上的砂箱宜保持同步拆除。

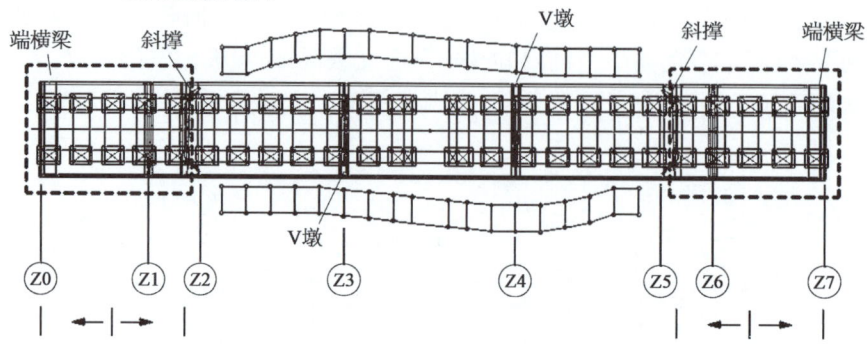

(a) 阶段A 拆除端横梁至斜撑之间的主桥箱梁砂箱

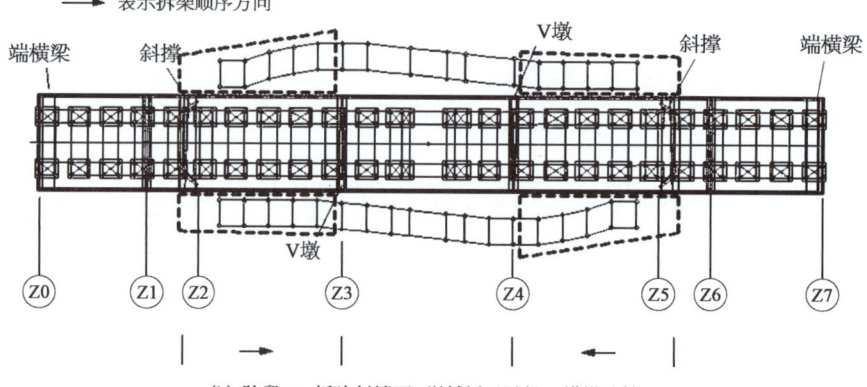

(b) 阶段B1 拆除斜撑至V墩辅桥以及纵、横拱砂箱

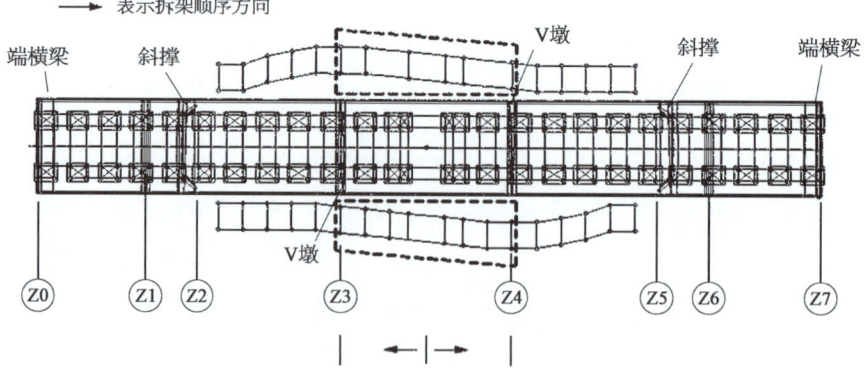

(c) 阶段B2 拆除跨中至V墩辅桥以及纵、横拱砂箱

第 4 章 天津海河金阜桥

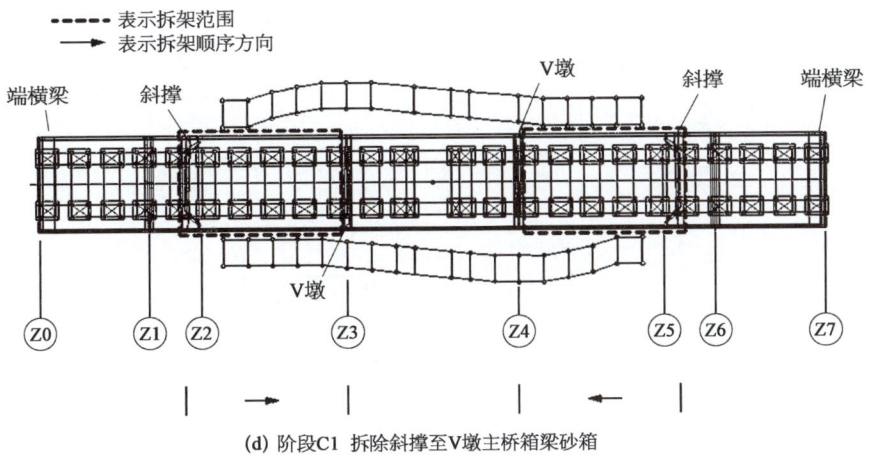

(d) 阶段C1 拆除斜撑至V墩主桥箱梁砂箱

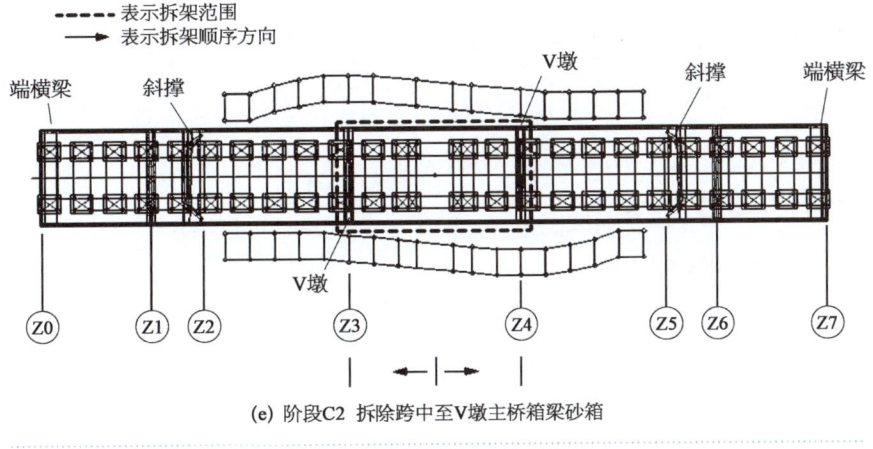

(e) 阶段C2 拆除跨中至V墩主桥箱梁砂箱

图 4-34 体系转换流程

2) 变形监测方案

现场安装以及体系转换过程中的各阶段,对全桥的位移监控点进行监测。主桥位移监控点为边跨(端横梁至拉杆横梁间)、中跨(两V形墩横梁间)、次中跨(V形墩至斜撑横梁间)的跨中、四分点处,横向坐标对应于安装控制点的 a、d、g 三点位置。辅桥位移监控点位于V形墩至辅桥承台间的中点、四分点处横断面的 $L2$、$L3$ 梁上。纵、横拱位移监控点位于各纵、横拱交接处(包括纵拱与V形墩横梁交接处),如图 4-35 所示。

3) 应力监测方案

根据计算结果,金阜桥施工阶段以及成桥状态,主桥的V形墩位置,纵、横拱交接处应力较大,因此在现场安装阶段,在上述位置的钢结构表面安装应力监测设备,对体系转换过程以及成桥状态该位置的应力实施监控。纵、横拱区域应变计的布置示意如图 4-36 所示。

应力测量从体系转换时开始,在体系转换的每个关键阶段均进行测量。体系转换完成后,以及最后成桥阶段,应再次对关键部位的应力进行测量。

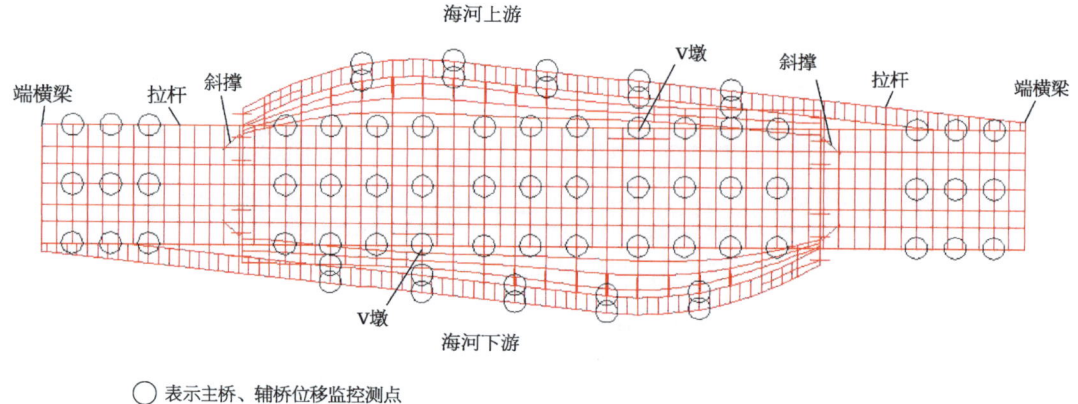

图 4-35　主桥和辅桥位移监控测点的平面布置图

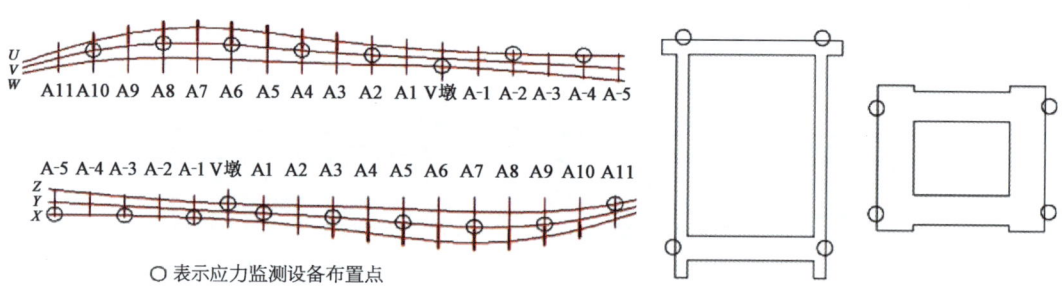

图 4-36　纵、横拱区域应变计的布置示意图

4.4.2　钢箱梁加工及安装

4.4.2.1　钢箱梁加工

考虑到主桥横向长为 23.5 m,沿主桥纵向分成 39 个节段制作,横向为一个整体。1♯、6♯、3♯、4♯、2♯、5♯墩位处及两端 T8 端横梁加强钢箱梁的单位长度质量较大,取 4.2 m 左右为一节段,其他节段长度均为 6.3 m 左右,各节段均在工厂内制作完成,然后运到现场进行拼接。

主桥钢梁的预拼装全部在 192 m 的胎具上完成,根据工程经验,在道路竖曲线的基础上叠加荷载预拱度曲线后搭设胎具。在制作中,某些局部段如撑杆梁、V 形墩、大小斜撑段还应搭设局部加强胎具。胎具横截面示意如图 4-37 所示。

主桥箱梁顶板、底板、隔板均应根据分段进行下料,然后进行部件装配。

(1) 在主桥胎具上拼接下底板,焊缝区域应打磨,清除表面氧化皮、油污等。保证各外表面平整、无扭曲,组装间隙均匀且平整,在下底板划出纵、横隔板的拼接线,如图 4-38 所示。

(2) 下底板拼装完毕后,在制作胎具上拼装上顶板,遵循主桥分段原则,其下料拼接按上顶板的一半来进行,焊接中的注意事项与底板的拼接相同,划出隔板装配线,以保证隔板位置正确,如图 4-39 所示。

第 4 章 天津海河金阜桥

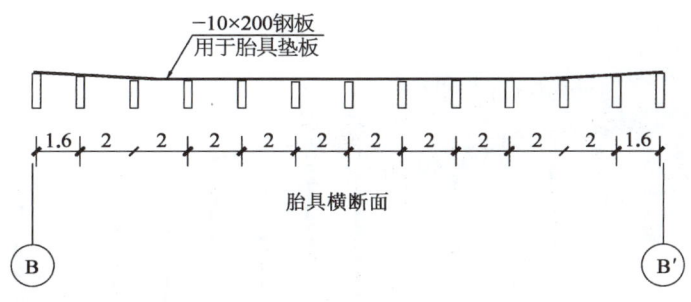

图 4-37 胎具横断面示意图

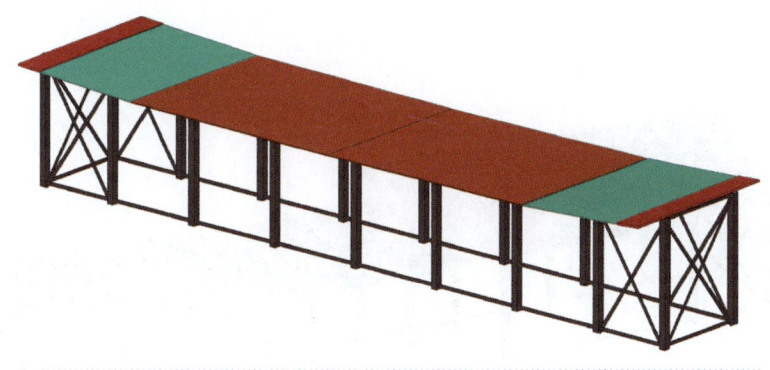

图 4-38 主桥钢箱梁组装 1

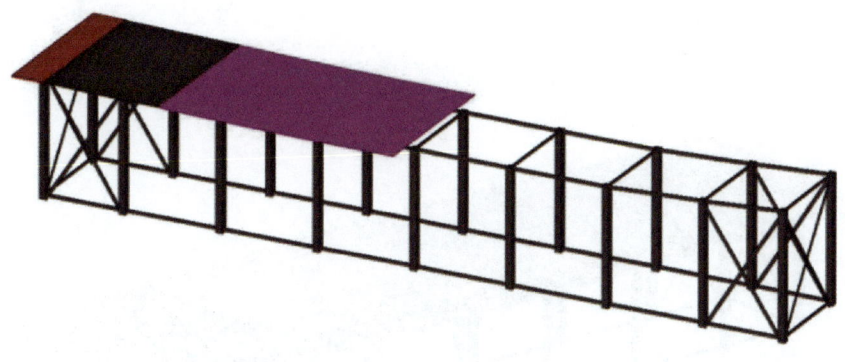

图 4-39 主桥钢箱梁组装 2

(3) 在上顶板上装配 U 形肋以及纵、横隔板,隔板在装配时要求与地面垂直。由于制作胎具时遵循上顶板的曲线搭设,因此如有必要,应对隔板进行点焊固定,再施加临时支撑,在保证隔板与地面垂直的基础上开始正式焊接,如图 4-40 所示。

(4) 制作段完成后,用吊车将其翻转,倒扣于主桥胎具的底板上。在此过程中,应注意隔板与下底板的拼装线齐平,固定并确保拼装精度后,焊接隔板与底板,如图 4-41 所示。

(5) 重复上述(2)(3)(4)步骤,装配主桥钢箱的另半段构件,其操作程序及注意要点同上,然后整体组装桥体。在此过程中,应保证组装精度,防止隔板对接错位,如图 4-42 所示。

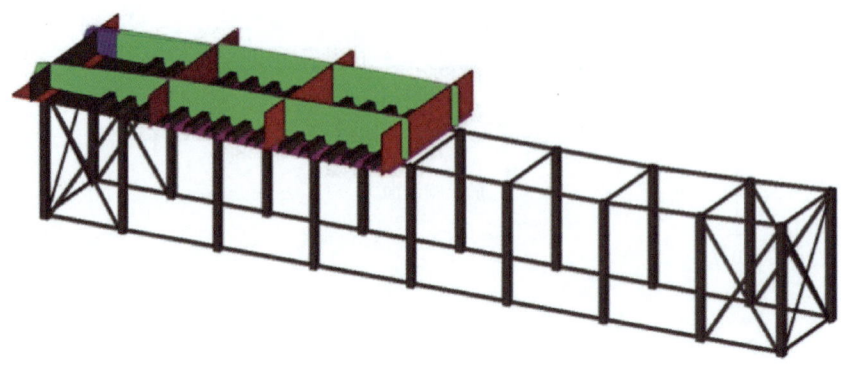

图 4-40　主桥钢箱梁组装 3

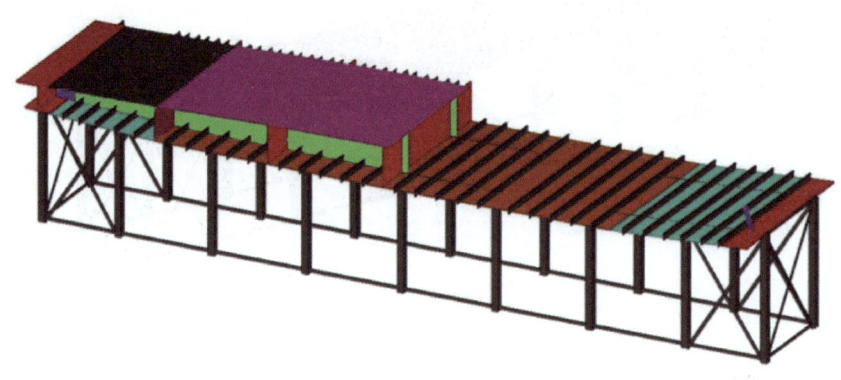

图 4-41　主桥钢箱梁组装 4

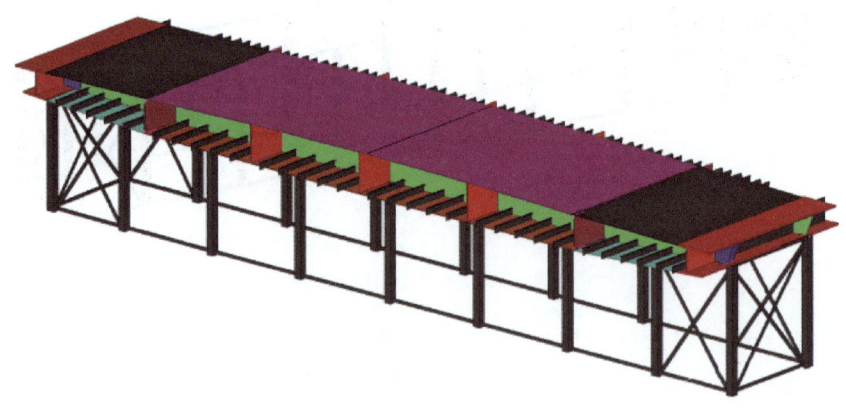

图 4-42　主桥钢箱梁组装 5

（6）主要桥段组装完毕后，最后封堵两侧 L1 隔板。

主桥箱体组装完毕后，应对整个桥段进行检验，防止变形过大影响其与其他桥段的拼接，焊接后的变形，采用油压机进行单件校正，采用火焰进行局部变形校正。

4.4.2.2 钢箱梁现场安装

采用 52.5 m 跨架桥机进行吊装作业,其轨道由军用六四梁直接架立在钢管桩形成,因此河道上必须布置钢管桩来支撑。河岸处则铺设混凝土基础,其上搁置 H 型钢桩,并采用预埋地脚螺栓进行连接。

(1) 河道上布置的钢管桩规格为 $\phi630\ mm\times10\ mm$,每处支撑纵向间隔为 16.6 m,横向间隔为 52 m,支撑处布置 8 个管桩,管桩标高为 4.5 m,河岸上布置 H 型钢柱桩,支撑处布置 4 根。

(2) 河岸上铺设混凝土基础,平面尺寸为 $4\ m\times4\ m$,厚为 0.5 m,上面搁置 H 型钢柱,底部通过预埋地脚螺栓与混凝土基础连接,其布置形式为横向间距 2 m,纵向间距 3 m,每处布置 4 根,桩顶标高 4.5 m。

(3) 由于轨道标高低,中间航道处船舶无法通过,因此在中间桩位处布置轨道提升桩,可将中间航道处轨道提升以方便通航。有船舶通过时升起中间段,没船舶通过时落下中间段。

(4) 河道中布置 $\phi610\ mm\times10\ mm$ 的螺旋钢管桩,其横向间距为 2 m,纵向间距为 1 m,根据计算,每处共布置 8 根桩,合计 96 根桩,顶面围焊 $10\ mm\times3\ 000\ mm\times4\ 000\ mm$ 的钢板。

主桥下部结构安装完毕后,开始主桥钢箱梁吊装,从 Z1 到 Z7 顺次安装,主桥钢箱梁分段多,吊装过程应采用精确的控制措施及步骤。

(1) 在主桥各承台上设置砂箱,砂箱支座作为钢箱梁吊装的依托,其平面和标高需精确定位控制,误差小于等于 2 mm,并有足够的刚度,以保证稳定性和可靠性。

(2) 吊装前,先对主桥各砂箱顶标高进行定位测量,若存在误差必须调整标高和位置,确认无误后方能吊装主桥钢箱梁。

(3) 钢箱梁吊装采用八点吊,其中吊点布置、吊耳尺寸、钢丝绳、卸卡的选用都通过精确计算确定,如图 4-43 所示。

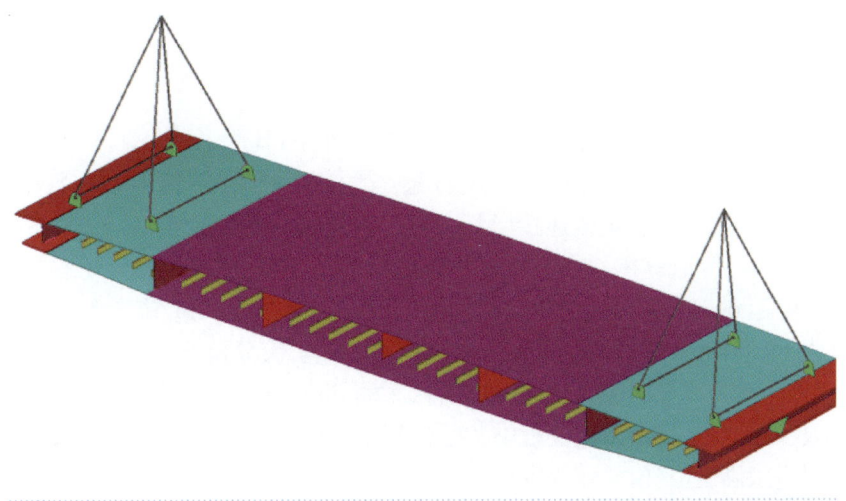

图 4-43 主桥钢箱节段吊装

(4) 吊装前,构件车将钢箱梁运至 52.5 m 跨架桥机下方,用架桥机将其分别吊运到设计位置,支点落在承台的砂箱上,此时需进行第 2 次标高和位置,以及轴线和中心偏移的调整,配备千斤顶,按设计标高调整砂箱高度，达到要求后进行临时就位固定和52.5 m架桥机脱钩。

（5）临时固定钢箱梁后，进行第3次标高和位置，以及轴线的调整，达到设计要求后，与桥梁下部构件（撑杆、斜撑等）或两侧钢箱梁进行焊接。

（6）每焊接完一段钢箱梁后，还必须对钢箱整体外形进行复测并记录，根据结果，必要时对钢箱进行标高和位置补偿，以保证整个桥体的安装精度。

（7）针对特殊的ZQ-8A/B段，由于单重为160 t，超过起吊质量，因此分为2段，共计4段，单重约80 t。吊装时注意先吊装南侧，后吊装北侧。与此同时，应特别注意两段间的焊接问题、测量调整轴线及中心偏移等问题。

（8）39段主桥钢箱梁全部安装焊接完成后，整体复测并记录，适时调整，图4-44为主桥钢箱梁吊装横断面示意。

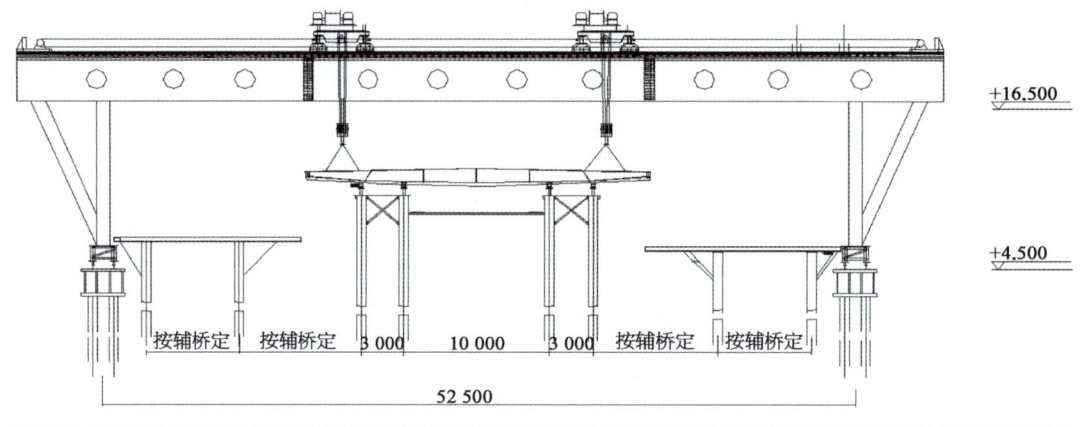

图4-44 主桥钢箱梁吊装横断面示意

4.4.3 空间扭曲纵、横拱加工制造工艺研究

桥梁纵、横拱部分共计约300 t，主桥一侧共有横拱16个，其中A1～A11（正拱侧）共有11个，A-1～A-5（负拱侧）共有5个，每侧纵拱共有3条。主桥另一侧以主桥中心点为对称点布置相同的纵、横拱。横拱的一端与主桥箱体连接，另一端连接在人行步道纵梁L2上，每条横拱都为曲线形状，纵拱贯穿于横拱之间，纵拱除在平面内的曲线形及在立面上的拱度外，还有自身的扭曲。自身扭曲的最大角度达到61°，纵拱为空间扭曲的箱形截面，宽度为0.3 m，高度为0.4 m，水平长度为112 m，竖向高为13.384 m。纵、横拱形成整个空间网壳结构，突显桥梁的整体造型。

根据设计图纸，在计算机中进行纵、横拱放样，采用25 mm厚钢板制造组装工装平台，在工装平台上将横拱放线及组装，平台组装过程中实时使用全站仪控制水平坐标与高程。横拱加工完成后按照设计高程将横拱定位好，并作为纵拱的工装进行纵拱组装。

4.4.3.1 横拱加工

桥梁单侧有横拱A-1～A-5、A1～A11共16条，全桥共32条横拱。横拱的一端与主桥箱体连接，另一端连接在人行步道纵梁L2上，每条横拱均为曲线形状，采用封闭箱形、U形及两块分离钢板组合型等多种截面形式。横拱部分断面如图4-45所示。

第 4 章　天津海河金阜桥

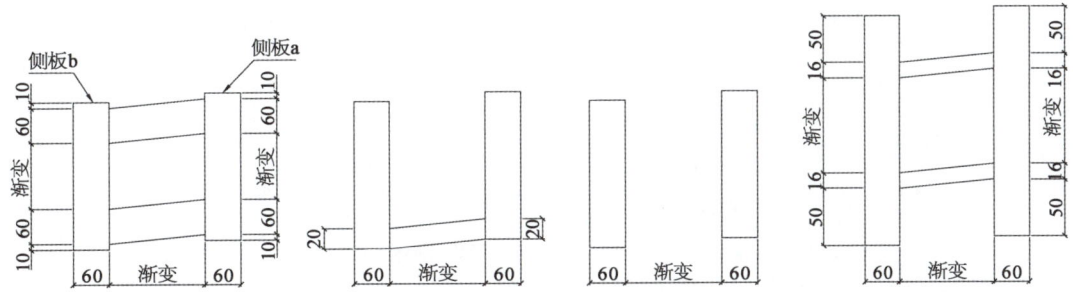

图 4-45　横拱部分断面

1) 板、加劲板的加工

横拱侧板 a、侧板 b 按照施工详图采用数控火焰切割机进行下料，周边预留加工量。火焰切割下料完成后，再进行调平调直处理，如图 4-46 所示。

图 4-46　横拱加工

加劲板厚度由 10 mm 到 60 mm 不等，每块板件尺寸和形状各不相同，均为不规则曲线。其中加劲板不等厚板之间的焊接采用厚板按 1∶8 制作过渡坡的形式。厚度大于 20 mm 的横拱加劲板在组拼前，使用压力机或千斤顶配合火焰加热的方法(加热温度为 600～800℃，以保证钢板的内部组织不发生变化，保证其力学性能)加工出所需的形状，并用坐标数据进行校核。不等厚加劲板焊接成一块板后进行预弯。

2) 横拱的组装

组成横拱的侧板、加劲板下料完成，经检测合格后进行组装，每个横拱均在组装台上进行组装，组装前必须在工装胎架上放样，按照放样尺寸组装，如图 4-47 所示。

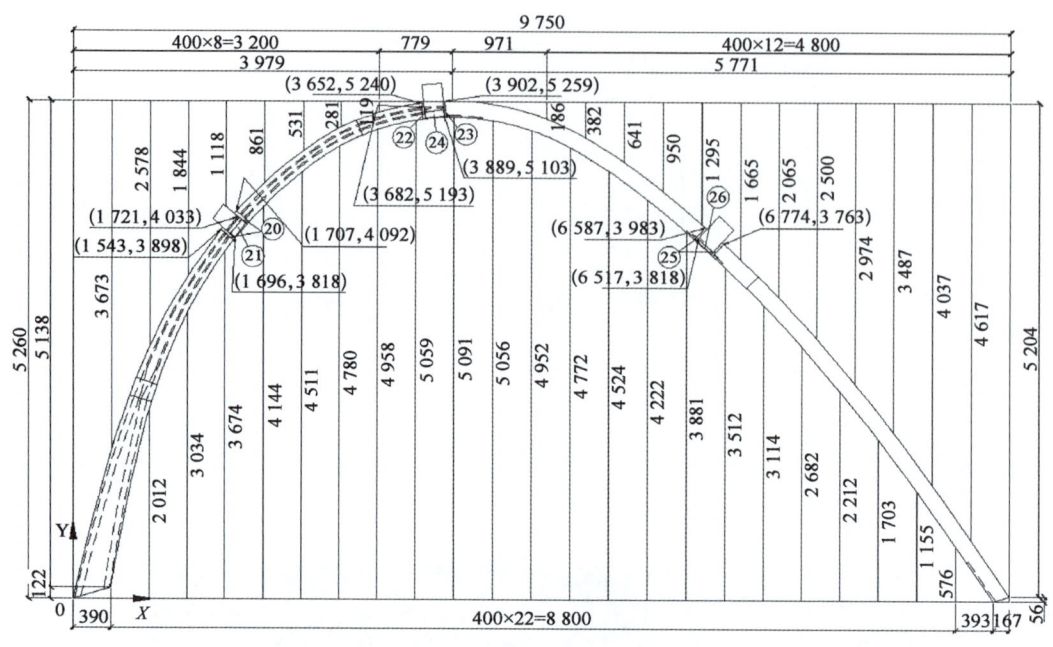

图 4-47 横拱放线(单位:mm)

4.4.3.2 纵拱加工

桥梁单侧有 3 条纵拱,全桥共 6 条纵拱(X、Y、Z、U、V、W),纵拱由 300 mm×400 mm 的箱形截面组成,随横拱的曲线变化而变化,并带有一定的扭曲,纵拱随着受力的不同采用 7 种板厚,如图 4-48 所示。

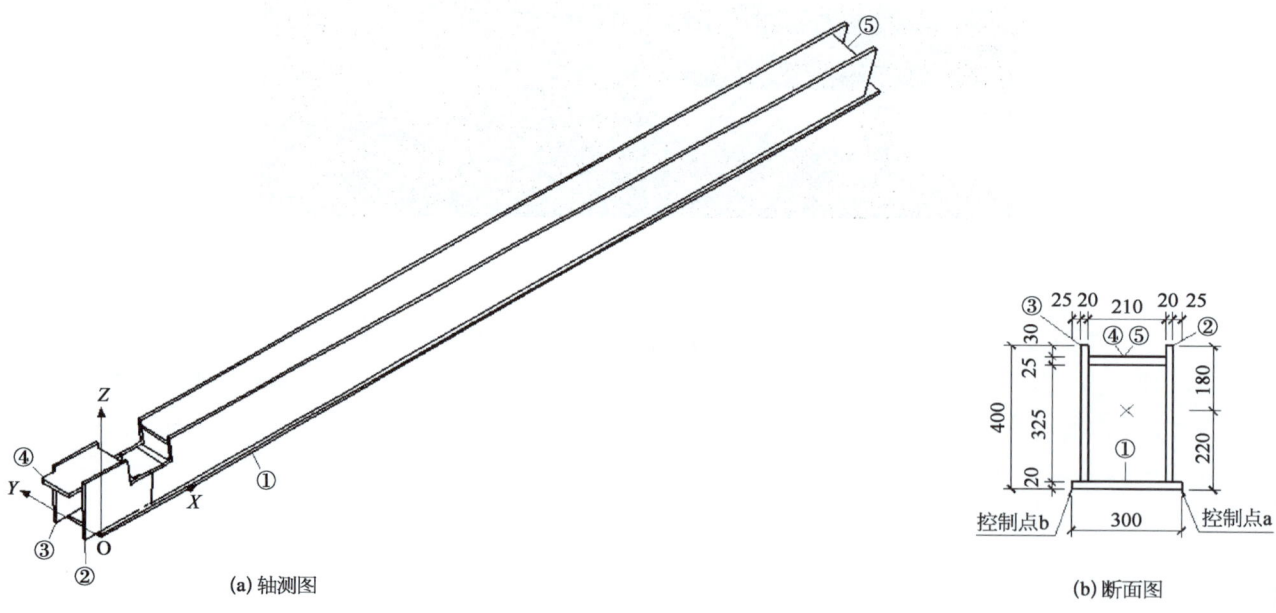

图 4-48 纵拱节段

纵拱为三维空间弯扭箱形结构,箱体较小,板材相对较厚,加工制作难度很大。

1) 顶板、底板、腹板的加工

由于顶板、底板、腹板均为空间异型曲面,应首先按照设计要求的线形在电脑中建立空间三维模型,模拟出每一个三维弯曲扭曲杆件,然后对每一块板进行展开,制作异形板料的展开图。改变传统手工放线制作展开图的工艺,提高精确度和生产效率。

顶板、底板按照展开详图采用数控火焰切割机进行下料,周边预留加工量。腹板的弯曲和扭曲加工采用压力机或千斤顶配合火焰加热的方法加工出所需的形状,并用坐标数据进行校核,如图 4-49 所示。以详图中给出的搭胎数据坐标值为依据制作固定胎,并依据坐标值检测胎具的准确性。用压力机或千斤顶配合火焰加热的方法加工出所需的形状,并用坐标数据进行校核(坐标系采用以腹板长边为地面水平轴的相对坐标系)。

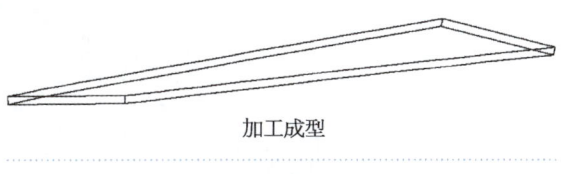

图 4-49 纵拱板面扭转示意

2) 纵拱分段

由于纵拱与横拱连接时,纵拱搭接在横拱之上,因此考虑将纵拱按轴线分段,同时将分段节点与横拱现场焊接一体,其上顶板在与横拱错开 100 mm 处断开,同时纵拱的上顶板、腹板、下底板皆错开 100 mm,分段节点与横拱在工厂焊接,纵拱与节点现场拼接,如图 4-50 所示。

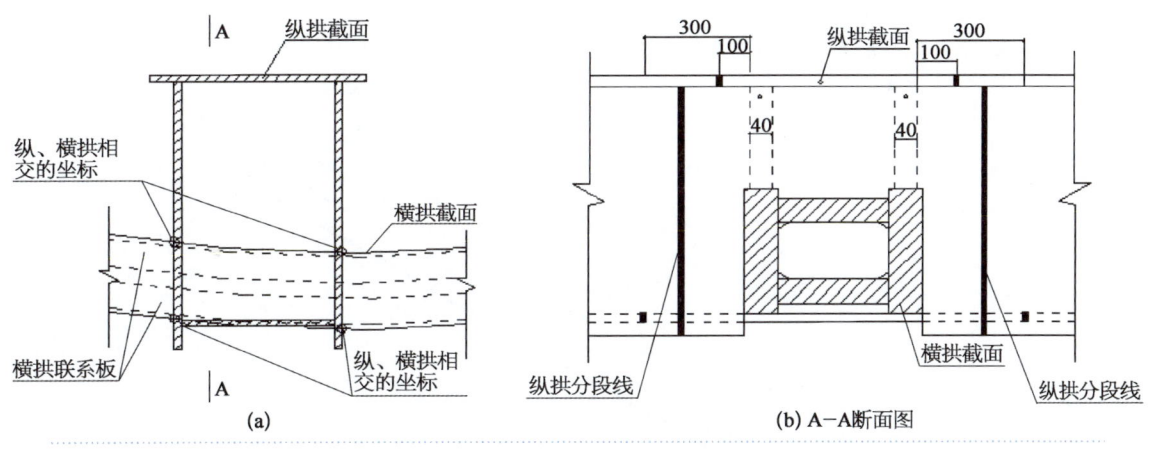

图 4-50 纵、横拱连接(单位:mm)

纵拱构件超长,不利于运输,同时考虑到安装精度,应对其进行分段,在平面根据轴线划分约 6 m 一节段。

3) 纵拱的组装

按照搭胎数据表搭设工装胎具,把加工成型的板经过时效处理后,放在胎具上进行组装。首先把底板放在胎具上,并用千斤顶施压,使此板与胎具的曲线吻合,然后把底板固定在胎具上,如图 4-51 所示。

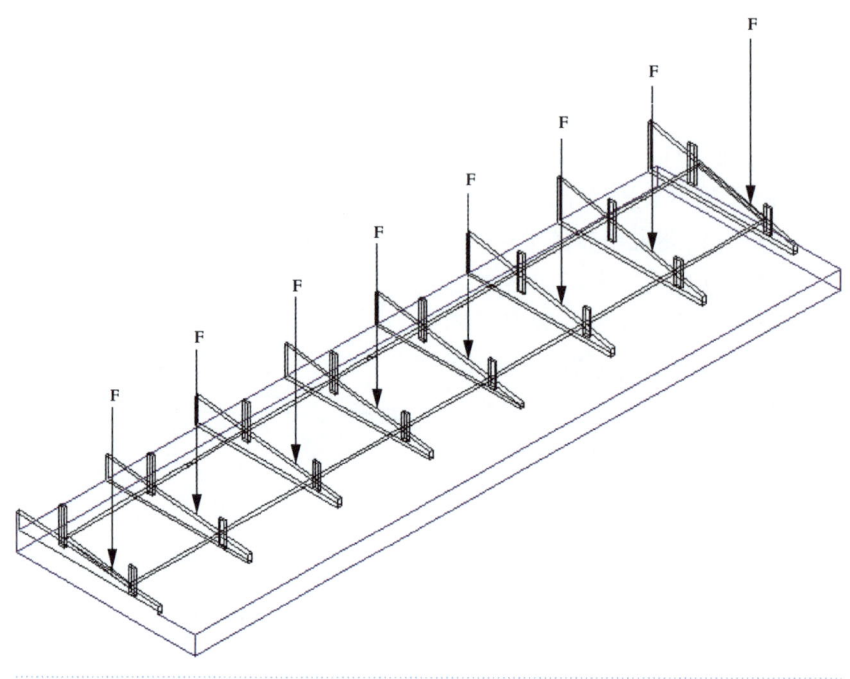

图 4-51 纵拱胎架施工示意 1

为了保证箱体形状及尺寸,在纵拱内部增加隔板,大小与纵拱的内截面相同,板厚为 10 mm,垂直于箱体的轴线点焊在底板上,如图 4-52 所示。

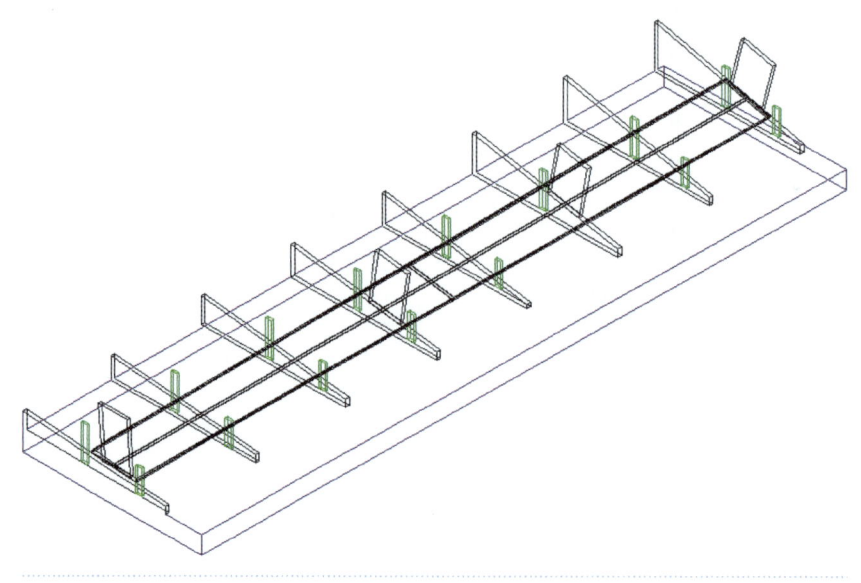

图 4-52 纵拱胎架施工示意 2

在底板上画出两个侧板的定位线,用定位线和上一步骤焊好的矩形板定位,同样用千斤顶对侧板施加外力,使其与矩形板和底板紧密贴合,并与定位线重合,如图 4-53 所示。

第 4 章　天津海河金阜桥

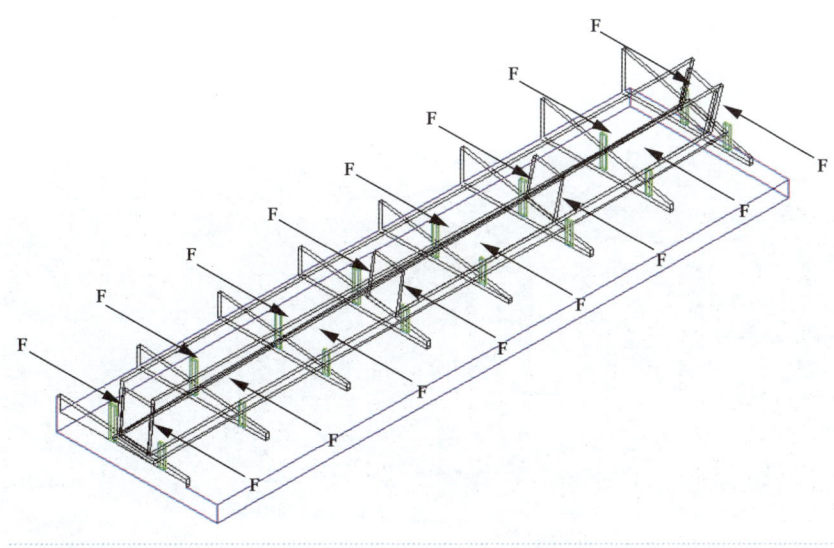

图 4-53　纵拱胎架施工示意 3

采用同样步骤和方法施工另一侧腹板,然后封上顶板。

4.4.3.3　纵、横拱预拼装及现场安装工艺研究

1)纵、横拱预拼装

由于纵、横拱为空间结构,在厂内加工过程中应先进行预拼装,以保证现场安装精度。

设计两个纵、横拱的预拼装胎架,其中一个预拼装胎架较大,设计尺寸长度为 80 m,宽度为 8 m;另一个组装胎架较小,设计尺寸长度为 35 m,宽度为 5 m,如图 4-54 所示。

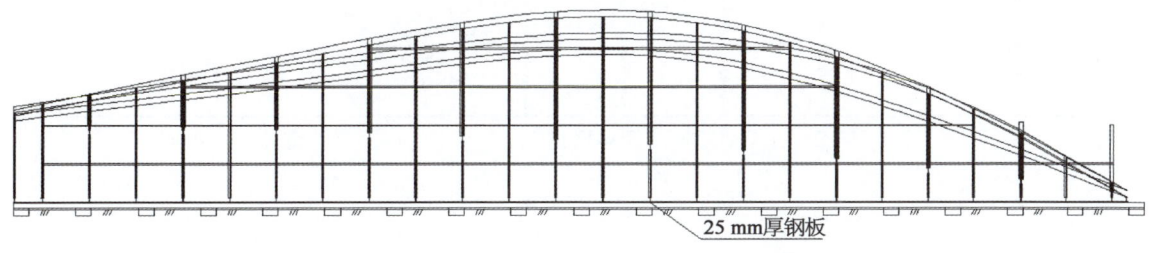

图 4-54　纵、横拱预拼装胎架示意

较大的预拼装胎架按照设计标高和间距放置横拱 A1~A11(正拱侧),每个横拱之间按照设计标高放置三根立杆作为纵、横拱支撑,如图 4-55 所示。

较大的预拼装胎架采用反装法,即横拱 A-1~A-5(负拱侧)安装在工装上,与实际安装方向相反,安装成正拱侧类似的工装进行纵、横拱的拼装,如图 4-56 所示。

通过计算机三维放样,在纵、横拱支撑点处给出纵、横拱空间三维坐标值,按照坐标值进行胎架的搭设,然后将纵、横拱吊装就位在支架上。确定测量监测点,对每一节纵、横拱两端接口的 8 个角点使用全站仪进行测量,通过与理论数据对比,对测量超差的拱肋进行机械调整,必要时辅以火工校正,并对预拼坐标进行记录。

图 4-55 纵、横拱预拼装胎架施工

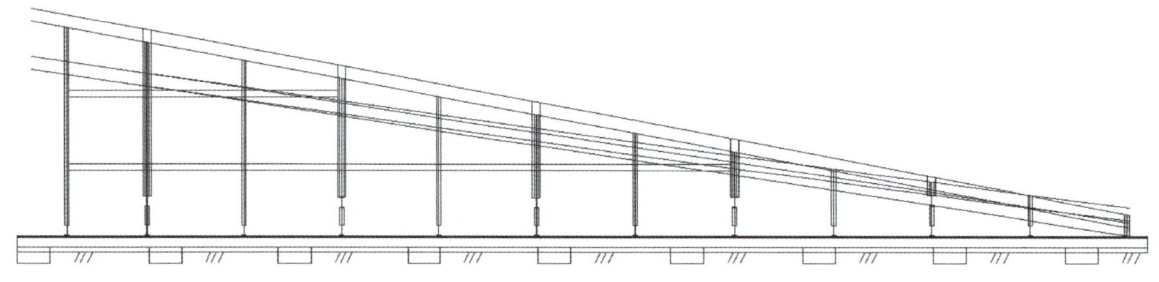

图 4-56 纵、横拱较小预拼装胎架示意

2) 纵、横拱现场安装工艺研究

(1) 支架搭设。

在已搭建的临时平台上搭设脚手架作为纵、横拱安装的临时支架。支架平台以在水中钢管桩上铺设的 350 mm×175 mm 的 H 型钢作为主梁,在其上部根据纵、横拱的投影位置纵桥向铺设 3 道 200 mm×150 mm 的 H 型钢,在每个主梁两侧各设两道 100 mm×100 mm 的 H 型钢,作为脚手架搭设支座。每一道 H 型钢在横桥向应保持水平,便于上部脚手架的顺利搭设,如图 4-57、图 4-58 所示。

(2) 拱脚安装。

纵拱拱脚共计 12 个,为保证拱脚的安装精度,相邻 3 个拱脚同时安装(3 个拱脚在场内加工时通过槽钢杆件将其连接牢固),采用汽车吊吊装,并埋入两侧的承台内。

第 4 章 天津海河金阜桥

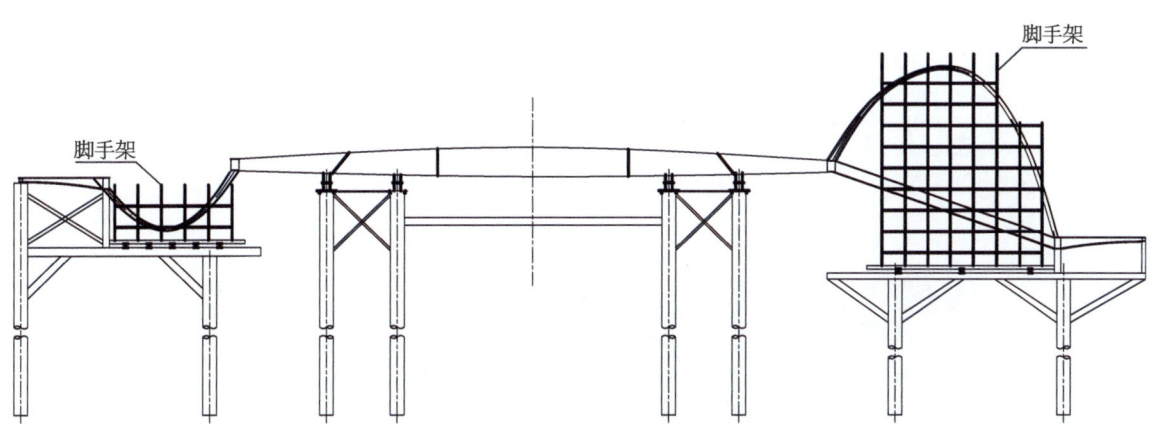

图 4-57 纵、横拱现场安装支架示意图

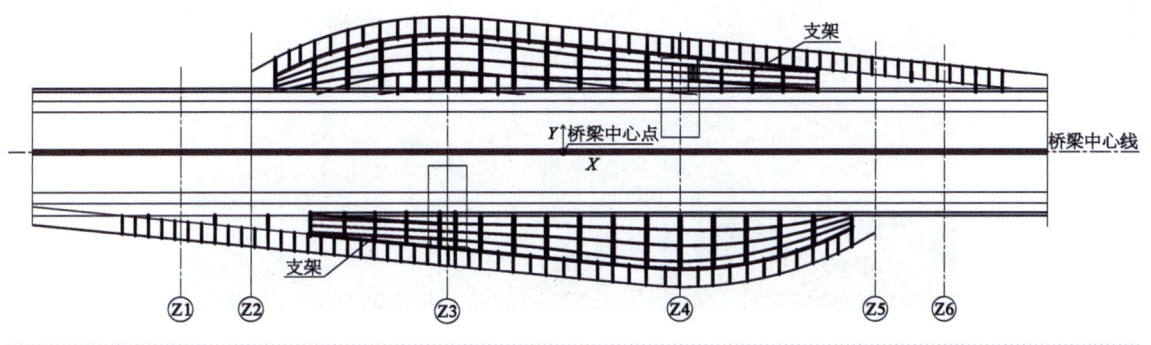

图 4-58 支架平面搭设示意

(3) 纵、横拱安装。

纵、横拱采用龙门式起重机(龙门吊)为主,并配合吊车的方法进行安装。主桥钢梁安装就位,进行人行辅桥,挑梁及纵、横拱的安装。纵、横拱的安装顺序为:由河西往河东侧顺次安装横拱,横拱安装就位后,即可安装横拱间的纵拱。

横拱的安装采用两点吊,起吊就位支撑点落于主桥钢箱梁与人行辅桥接口处。在横拱安装前,应先根据横拱的安装位置,在主桥钢箱梁上测量放线,并测量桥梁和辅桥上横、纵落脚点中心线的标高,如测量标高与理论标高存在误差,应通过调整箱梁或辅桥,将标高调整到位后再进行横拱的就位安装。

横拱安装前应消除横拱加工和运输过程中产生的误差,根据横拱的变形方向,在其反方向上设置手拉导链或千斤顶进行施压,同时应采用火焰进行加热,待其变形调整到允许范围后,同时进行两侧纵、横拱接口的施焊。

横拱就位过程中,在横拱弧形最高点设置相应质量的铅坠,用于实时控制横拱 X 方向的精度。横拱初就位后,在横拱上与纵拱相交处 20 cm 范围内贴反光片,采用全站仪控制贴片位置的三向坐标。当三个实际坐标与理论坐标存在较大误差时,应控制其中间纵拱位置的坐标与理论坐标值偏差在允许范围之内。

纵拱考虑划分为 6 m 一段进行吊装,采用两点吊,纵拱段与段之间的支点落于横拱上,在横拱加工过程中,纵、横拱接口已经焊接在横拱上,并在接口处设置限位板,以便于纵拱的顺利对接。每吊装一段纵拱,均应进行检测,合格后再安装下一段纵拱,如图 4-59 所示。为保证安装精度,每段纵拱临时固定后,对标高、位置、轴线及中心偏移进行测量调整。整体桥梁完工时,仍要对桥梁进行复测及调整。

图 4-59　纵、横拱节段拼装

(4) 合龙段安装。

由于钢箱梁加工时设置 3 个合龙段,同样在箱梁合龙段的相同位置,纵拱加工时也设置合龙段。在纵拱和合龙段加工时长度方向预留 100 mm 的加长量,用于消除钢梁安装误差。纵拱现场焊接分四部分完成,对于 A4 至 A10,从中间段开始焊接,先调整 A7、A8 的横拱位置,测量合格后横拱定位点焊,安装之间的三纵拱,调整接口并保证横拱与纵拱接头处有 2～4 mm 的反变形量,再进行对称焊接。焊接完成后复测横拱的垂直度和纵向收缩量。

为了有效地控制纵、横拱的安装精度,减少焊接变形,将纵、横拱焊接分 3 个区间段进行,中间段合龙焊接。分段焊接区间定为 A-4 至 A5、A-3 至 A3、A4 至 A10。

① 工艺难点。

纵拱合龙段施工是桥梁钢结构施工的最后一道工序,也是保证纵拱线形和消除内应力的关键一步。结合本桥特点分析,其工艺难点包括:

A. 有效的合龙时间短。

B. 合龙段数量多,合龙段达 18 个,要保证其协同受力,必须使合龙的线形与内力同步、合理。

C. 合龙段的调整困难,截面小(300 mm×400 mm)、钢板厚(80 mm),采用常规方法难以达到调整目标。

D. 合龙段焊接难度大,截面小(300 mm×400 mm)、钢板厚(80 mm)。

② 合龙施工的方法。

针对合龙施工的有效合龙时间短、数量多、相互之间影响大的特点,在每一侧纵拱合龙施工前一天早晨温度变化较小的时候,开始测量纵拱在同一时段的变形情况,并且测量每一根纵拱的长度和坐标,同时在工厂内对纵拱按照实际测量情况进行修口,第二天同一时间现场配备 18 名高级焊工、18 台 CO_2 气体保护焊机以及足够的辅助材料,保证同侧 9 道合龙段同时、同步、对称焊接。

根据桥梁纵拱截面小、钢板厚、调整困难的特点,采取特殊的施工方法。

A. 在合龙段吊装前,精确调整纵拱的上、下两个接口,使其空间坐标误差值控制在 3 mm 以内,钢板错边量控制在 1 mm 以内。

B. 改变合龙段的安装思路,由于上、下两个拱肋的接口已精确就位,且合龙段的长度不大,只要接口对中、顺接,就能保证精度要求,因此把合龙段对中,并与上、下两个拱肋的接口顺接作为控制的主要标准,以合龙段坐标作为安装的辅助依据。

C. 采用循环调整的方法,使残存的内应力尽量降低。根据应力和应变的关系,在施工中运用固定、调整、放松三步循环调整法,使自由状态下合龙段接口处的误差不超过 5 mm,再进行固定焊接,有效地减少残存内应力。

合龙段的焊接难度体现在:截面小、钢板厚、焊接量大、发热量多。现场采取以下措施:在设备的选择上,使用热输入量较小的 CO_2 气体保护焊机;在焊接顺序确定上,先焊接腹板,再焊接底板,最后焊接顶板;在焊接形式上,同一跨内的所有合龙段由 18 名具有高级资质的焊工同时、同步、对称焊接。测量和检测人员 24 h 在岗,保证现场的各种需求。合龙施工现场如图 4-60 所示。

图 4-60 合龙施工现场

4.4.4 施工控制成果

4.4.4.1 施工过程控制结果

钢箱梁分段分块拼装焊接成型,钢箱梁焊后标高允许误差值为 10 mm。钢箱梁拼装过程中,焊前标高误差为 8 mm,焊后标高误差为 10 mm。钢箱梁拼装过程中、焊前、焊后的标高基本满足误差要求。对于纵、横拱焊后安装误差,各控制定位点空间坐标值在焊后的误差控制值为纵向(X 方向)3 mm,横向(Y 方向)10 mm,竖向(Z 方向)10 mm。

成桥状态的结构内力及桥梁结构线形基本满足设计及施工监控的预期目标,主要监控成果如下:

(1) 全桥的主要承重结构在施工期的变形及高程变化与施工控制计算预测的结果基本相符。

(2) 全桥主要承重结构的材料应力、应变的实测值均在弹性范围内。钢拱肋应力状态监测结果表明,结构的内力分布符合结构设计及施工控制计算的预期,主要承重结构的组合应力基本满足结构受力要求。

4.4.4.2 成桥试验

为检验桥梁结构设计、施工质量,保证桥梁竣工后结构的正常运营,于 2007 年 9 月由上海同济建设工程质量检测站对该桥进行了静载试验、动载试验及自振特性试验。试验结果表明,主要控制截面的应力、挠度实测值与计算值吻合,该桥满足城 - A 级设计要求。

第 5 章

天津海河赤峰桥

赤峰桥位于天津市海河上游中心段的黄金拐点,桥梁方案因地制宜,突破传统的桥梁结构形式,把斜拉桥与弯桥巧妙地组合在一起,并根据现场地形特点把主塔布置于弯梁的内弧侧,形成单桥侧独斜塔斜拉弯桥的"海河之舟"方案。赤峰桥于 2008 年建成通车,实现与新建李公楼立交在空中的曲线对接,成为天津站前广场的地标,如图 5-1 所示。

5.1 桥梁方案设计

5.1.1 工程建设条件

天津海河赤峰桥连接天津站前广场和李公楼立交,是和平、河东两区间的一条跨海河通道,也是从中心商业区、商务区通往天津市东南部地区及滨海国际机场的重要道路[①]。赤峰桥跨海河段主桥为机动车双向 6 车道,桥下海河通航净宽为 30 m、净空为 4.5 m,海河东路净空为 4.5 m,海河西路净空为 3.5 m。本场地地震基本烈度为Ⅶ度,设计基本地震动峰值加速度值为 0.15 g,场地建筑类别为Ⅲ类。工程场地埋深 20 m 范围内无粉土层分布。1976 年唐山地震时,场地无喷水冒砂现象。场地勘查深度范围内,Ⅶ度抗震设防烈度下无液化土层存在,为非液化场地。

5.1.2 桥梁方案构思

原有老的赤峰桥年久失修,桥面过窄,桥梁两端相连的道路交通组织混乱,道路路况差,交通不便,新建赤峰桥十分必要。原赤峰桥路口与原李公楼桥路口水平相距约 70 m,两桥中心线夹角约 50°。新建赤峰桥的方案设计应因地制宜,充分考虑与新建李公楼立交在空中实现对接,成为天津站前后广场疏散车辆的重要空中通道,同时跨越海河东路和海河西路,因此新建赤峰桥跨海河段主桥适宜设计成弯桥。遵循"实用、经济、美观、先进"的原则,主桥除满足通航功能外,因赤峰桥

---

① 天津城建设计院有限公司的"天津海河赤峰桥设计文件(2005)"。

图5-1 赤峰桥

第 5 章 天津海河赤峰桥

位于海河转弯处,考虑尽量减小对河流的影响,通过分析海河两岸地形及路网特点,结合赤峰桥预测交通量、功能特性等,研究确定主桥一跨过河,并采用弯河、弯桥、斜塔的"海河之舟"方案。

根据赤峰桥结构特点,斜塔宜选择单主塔并布置于弯梁的内弧侧,结合该河段海河的规划,主塔基础布置于海河堤岸线以内。考虑主塔的后背索存在比较大的索力,结合景观环境和"海河之舟"的方案设想,设置塔底船形建筑物对后背索地锚进行压重,既可减少地锚本身的结构质量,又别具一格,在船形建筑物(图5-2)中融入餐饮、娱乐、休闲和观光等多种功能,使桥梁与周边建筑有机结合。

图 5-2 塔底船形建筑物效果图

因桥梁处于天津市的中心位置,海河上游中心段的黄金拐点,该桥的方案构思进行大胆的尝试,在单桥侧独斜塔顶部布置外径 20 m、高 5 m 的椭球形钢结构外包玻璃幕墙的观光构筑物(图 5-3),将观光功能与建筑美学融合于结构的整体性之中。为连接船形建筑物观光层与塔顶观光构筑物,沿着主塔的背面布置一台限载 6 人的斜行电梯。

图 5-3 塔顶观光构造物效果图

结合整体建筑美学要求,为平衡主跨水平力,该桥拉索布置为稀索体系,主跨布置 5 对桥面拉索,拉索间距为 23 m,边跨布置 4 对桥面拉索,主塔布置 4 根后背索。该桥斜塔、弯梁和拉索形成一个稳定的空间结构。通过与周围环境充分结合体现出"海河之舟"的设计构思和景观效果。

5.2 桥梁结构设计及分析

5.2.1 工程概况

赤峰桥跨径布置为 134 m+50 m+41 m,全长为 225 m,跨越海河及海河东路,桥梁横断面全宽为 39~40.72 m,中间为双向六车道,两侧设有人非混行道,其横断面布置为:0.5 m(栏杆)+5 m(人非混行道)+2.5~3.36 m(索区)+0.25 m(路缘带)+10.75 m(机动车道)+0.25 m(路缘带)+0.5 m(中央分隔墩)+0.25 m(路缘带)+10.75 m(机动车道)+0.25 m(路缘带)+2.5~3.36 m(索区)+5 m(人非混行道)+0.5 m(栏杆),桥型布置如图 5-4 所示①。

5.2.2 结构设计

5.2.2.1 体系传力分析

赤峰桥为独塔斜拉弯桥,兼具斜拉桥、弯桥、斜塔的特性,斜拉索将钢主梁部分自重及汽车荷载等传递至主塔,通过后背索、船形压重平衡主塔自重及主梁传递至主塔的力,主塔及后背索锚固于塔底承台。赤峰桥传力体系如图 5-5 所示。

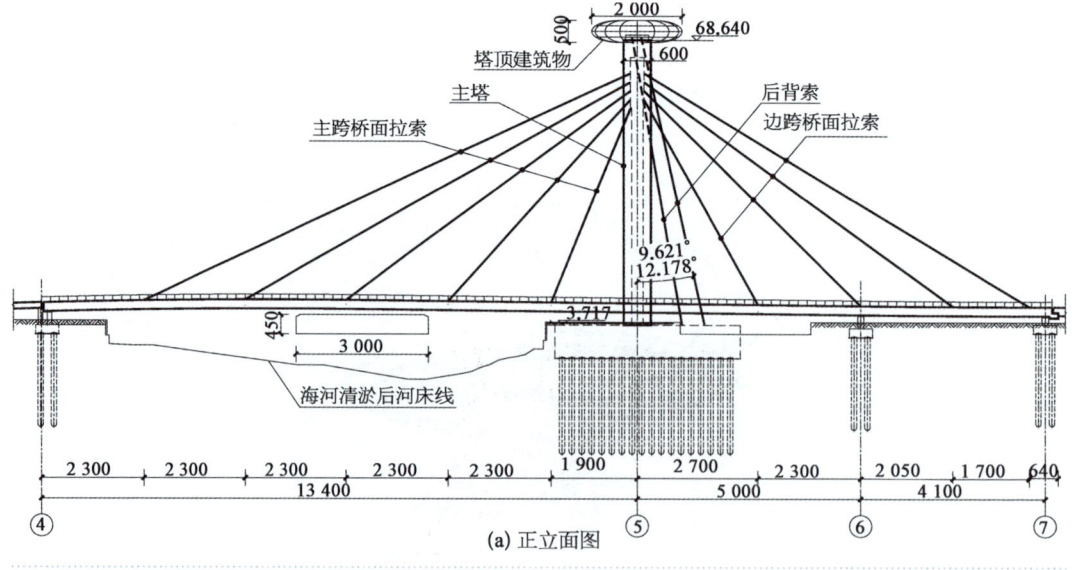

(a) 正立面图

---

① 天津城建设计院有限公司的"天津海河赤峰桥设计文件(2005)"。

第 5 章 天津海河赤峰桥

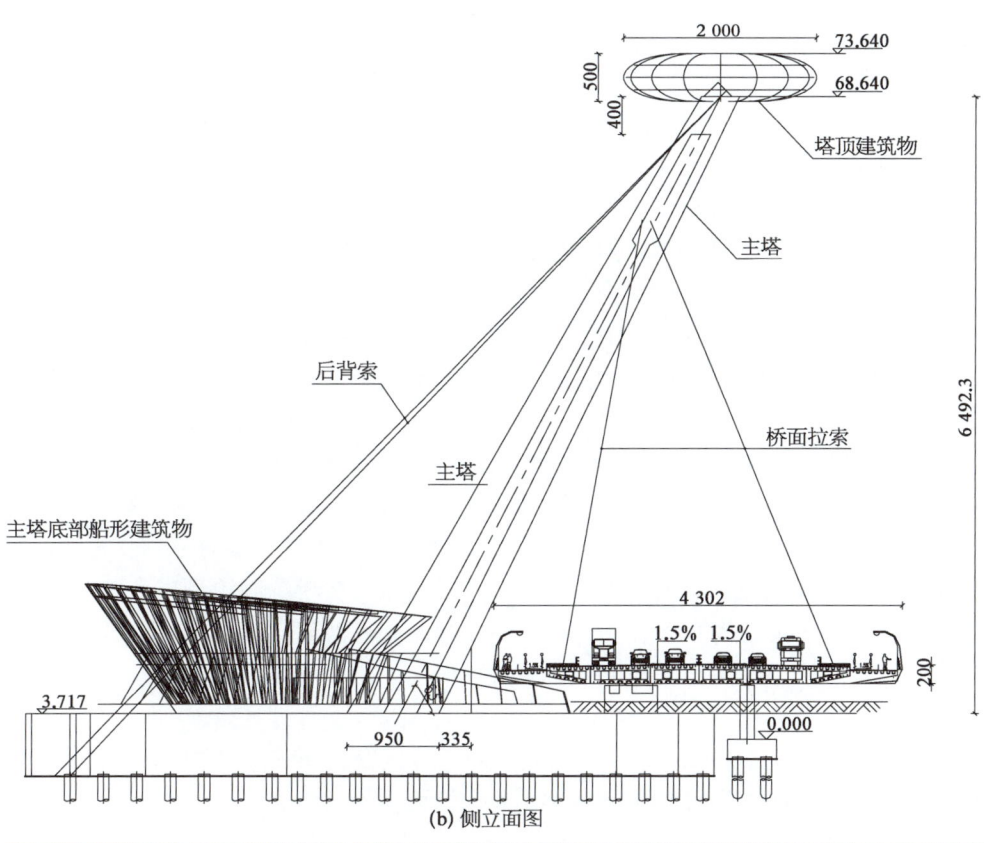

(b) 侧立面图

图 5-4 桥型布置(单位：cm)

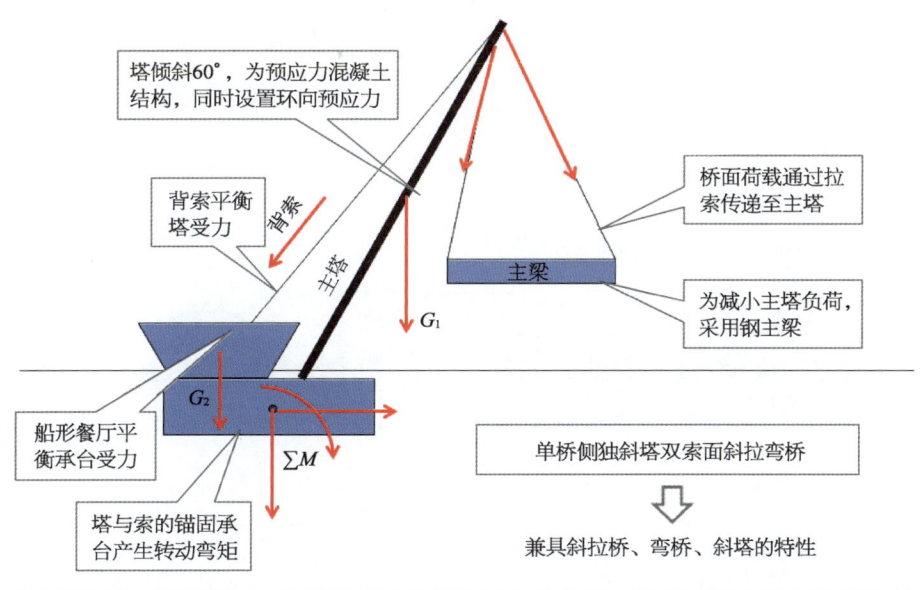

图 5-5 赤峰桥传力体系

5.2.2.2 主塔

从结构受力角度来看：首先，斜塔承担着结构、装饰、斜电梯轨道和塔顶观光构造物自重作用产生的轴力和面内弯矩；其次，因桥梁主跨、边跨不等跨，在主梁恒载和活载共同作用下，斜塔会承受变化的轴力、面内弯矩和面外弯矩；再次，局限于桥区现状转弯处海河堤岸的规划，后背索与主塔在水平面投影线不重合，导致后背索对斜塔产生一定的扭矩作用；最后，斜电梯运行过程中产生的动荷载和塔顶观光构造物上的活载也会对斜塔产生变化的轴力和弯矩作用。因此，赤峰桥主塔的受力非常复杂，是全桥结构设计的重中之重。

斜塔垂直高度为 64.923 m(至承台顶面)，塔身轴线与大地平面垂直交角为 63°。主塔为变截面，塔底尺寸为 9.5 m×6.0 m，塔顶尺寸为 4.0 m×6.0 m，塔顶部设置钢结构圆形构筑物。主塔采用预应力混凝土结构，主塔预应力束配束分为非锚固段(53 m 高程以下)和锚固段(53 m 高程以上)。其中，主塔非锚固段预应力束分为先张束、后张束、侧面束和预留束。先张束在主塔从下往上浇筑时分别对称同步张拉，张拉完成后锚固在混凝土中。后张束锚头弯出到主塔内部，按施工控制指令与桥面拉索、后背索一起张拉。与先张束类似，侧面束在主塔浇筑时分别张拉，张拉完成后锚固在混凝土中。为防止先张束的波纹管堵塞，设置预留束。主塔锚固段预应力束布置于主塔截面的 4 个侧壁，张拉时均应对称同步张拉。主塔后设置两根后背索，以减小主塔底部的面内弯矩，优化主塔断面尺寸，并与主塔底部船形建筑物形成一体。

5.2.2.3 主梁

赤峰桥主梁为曲率半径 156.5 m 的弯梁，横桥向标准宽度为 39 m。主梁顺桥向为多点弹性支承连续梁结构，横桥向为弹性支承简支悬臂梁结构。桥面拉索对主梁既会产生较大的顺桥向水平轴向压力，又会沿弯梁的内弧侧产生较大的水平分力，在双向水平分力的作用下，弯梁的竖向挠度和横桥向位移对索力的变化十分敏感，增加索力调整的难度。

主梁采用正交异性钢箱梁(图 5-6)，桥梁中心线处梁高为 2.0 m，底面水平，顶面向两侧以 1.5% 坡度渐变至梁高约 1.86 m，钢箱梁两侧外伸悬臂结构，斜拉索设置在钢箱梁两侧，在每对拉索两侧横桥向约 9.9 m 范围内设置钢箱梁加强段。钢箱梁在海河东侧边墩 P5、P6 及辅助墩 P3、P4 处设有配重混凝土，用以平衡支座拉力。

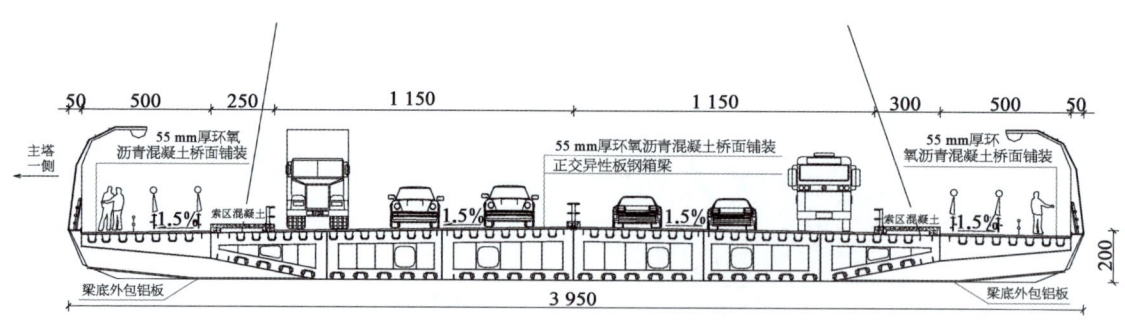

图 5-6 赤峰桥主梁断面(单位：cm)

河东侧主桥南北两侧非机动车道需与原李公楼立交的地道相连接，考虑桥区周围的地形限制，为了方便非机动车骑行上、下桥，主桥南北侧非机动车道在边跨与车行道分离，如图 5-7 所示。

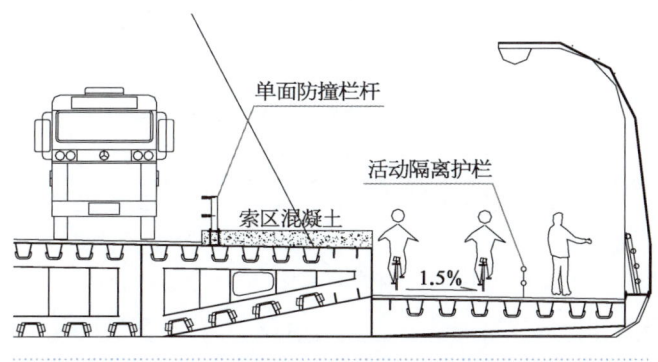

图 5-7　非机动车道与机动车道分离断面

5.2.2.4　拉索

赤峰桥属于稀索体系结构。拉索顺桥向间距为 23 m，横桥向间距为 26～28 m，主塔后布置 4 根后背索。拉索索力尤其是后背索的索力非常大，每根拉索索力最大达到 1 200 多 t，为了方便拉索的张拉和后期更换，桥面拉索和后背索均采用可单根张拉和单根抽换的拉索形式。因主梁为弯梁，为了保证主梁横桥向与竖向位移基本一致，每对拉索的索力采用不等值设计，弯梁外弧侧的索力普遍比内弧侧高。采用由单根钢绞线组成的成品群锚拉索，钢绞线规格为 $1\times7\phi15.2$，标准强度 $R_{by}=1\,860$ MPa。拉索设置三层防腐保护层，从外到内依次为 HDPE（高密度聚乙烯）护套、专用防腐油脂或蜡，每根钢丝设有单独的环氧喷涂防腐涂层。

5.2.2.5　主塔基础

局限于桥区海河的规划，赤峰桥主塔承台只能布置在海河堤岸线以内，导致主塔基础为长方形，主塔承台基础的主轴方向与主塔在水平面的投影线存在一定的夹角。为减小主塔基础的弯矩，将其分为主塔承台和后背索锚碇两个基础，两者之间设置真缝，主塔承台上同时布置弯梁的固定墩，在弯梁的水平力和后背索的水平力作用下，主塔承台和后背索锚碇相互顶推并相互抵消大部分水平力，以减少水平力对桩基础的影响，主塔基础布置如图 5-8 所示。

主塔承台厚为 6.5 m，承台下设置 105 根 $\phi1.2$ m 钻孔灌注桩基础，桩长为 50 m。后背索采用重力式锚碇，主要依靠混凝土重量来抵抗后背索的拉力。

5.2.2.6　支座设置

赤峰桥主梁具有弯桥的特性，支座约束类型及布置方式对主桥受力影响很大。通过有限元分析可知，桥面拉索的作用会对弯梁产生比较大的水平分力，因而各墩位应在内弧侧限制主梁的横桥向位移，并把主塔根部的 P7 墩设计成固定墩，P7 墩与主塔承台共用一个基础。主桥内弧侧边墩 P2、P5 采用单向活动盆式橡胶支座，约束主梁的径向位移，其余支座均采用双向活动支座。为平衡桥梁主跨比边跨大而产生的边墩负反力，在主桥边跨的梁端设计牛腿，使连接的混凝土箱梁对边跨钢箱梁进行压重。主桥基础平面布置如图 5-9 所示。

5.2.3　整体计算分析

5.2.3.1　计算模型

结构计算简化时遵循既简单又能满足工程精度的原则。赤峰桥在设计过程中分别采用单梁模

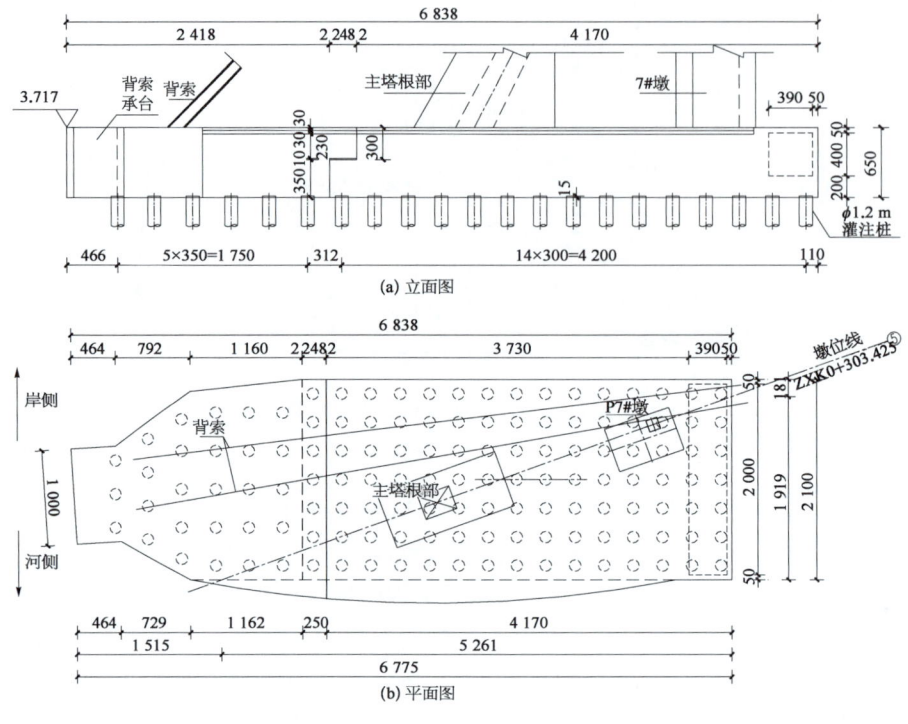

图 5-8 主塔基础布置(单位：cm)

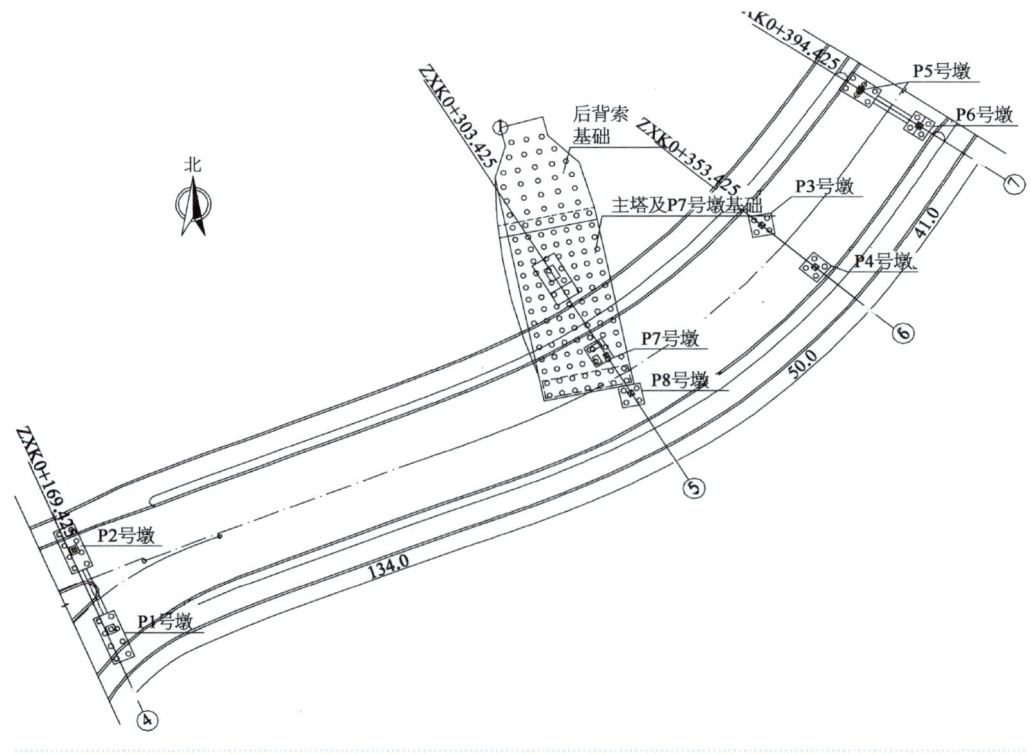

图 5-9 主桥基础平面布置

型、梁格单元模型和板单元模型模拟钢箱梁结构,如图 5-10 所示。各计算模型满足不同阶段桥梁设计的需要。

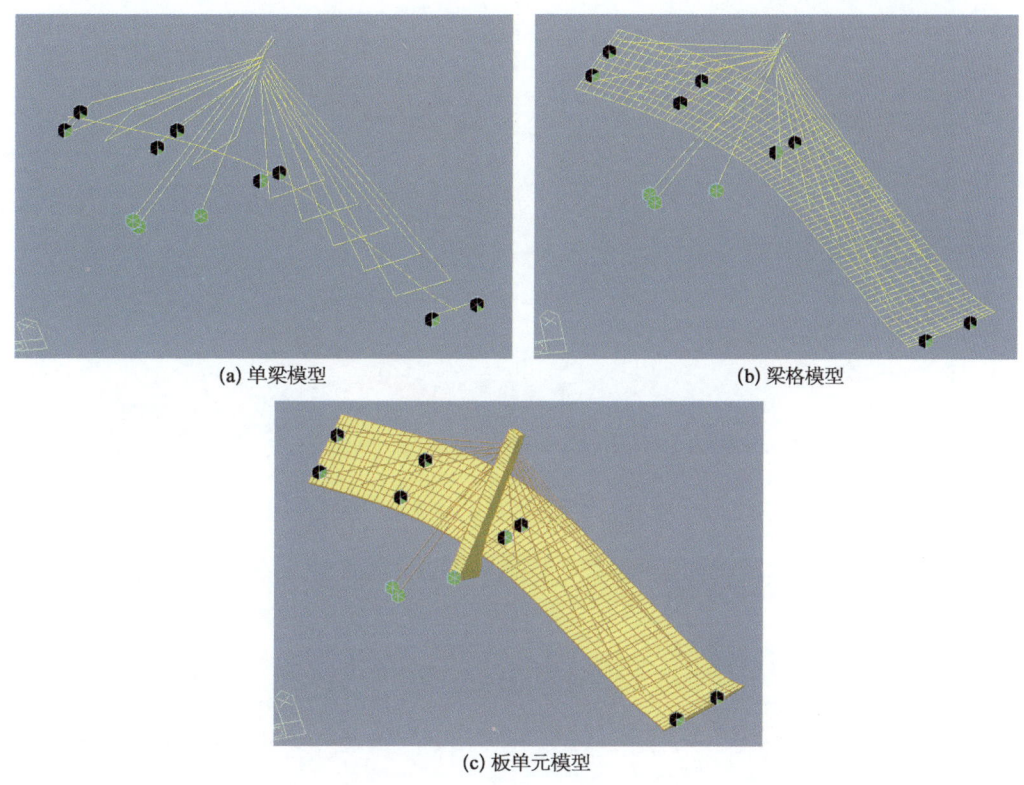

图 5-10 三种计算模型

单梁模型简单,建模快捷,结构单元少,计算快,适用于初步设计。梁格模型能基本模拟钢箱梁的整体受力性能,可方便地定义车道和人行道,可以满足一般桥梁的设计与计算要求。板单元模型可较精确地模拟钢箱梁的受力特性,模型的单元多,建模复杂,车辆车道加载、反应谱等荷载工况计算时间长,计算文件大。但是板单元模型可以把结构的某些关键部位细化,能准确地分析局部关键部位在整体结构中的受力特性,判断结构构造措施所起的作用,更好地把握整个结构及其构造。

5.2.3.2 静力分析

对比赤峰桥单梁模型、梁格模型、板单元模型分析结果可知,三种模型计算得到的主梁挠度、支座反力、塔顶位移、桥塔应力、主梁应力基本一致,满足工程的精度和计算要求,计算结果满足规范要求。

5.2.3.3 屈曲分析

主要考虑结构一期、二期恒载及全桥满布活荷载、主跨满布活荷载等工况,获得前 4 阶屈曲模态及相应的屈曲临界荷载系数(图 5-11、图 5-12,表 5-1),从计算结果可以看出,结构在恒载及主跨满布活载共同作用时,其最小屈曲临界荷载系数为 73,满足规范要求。

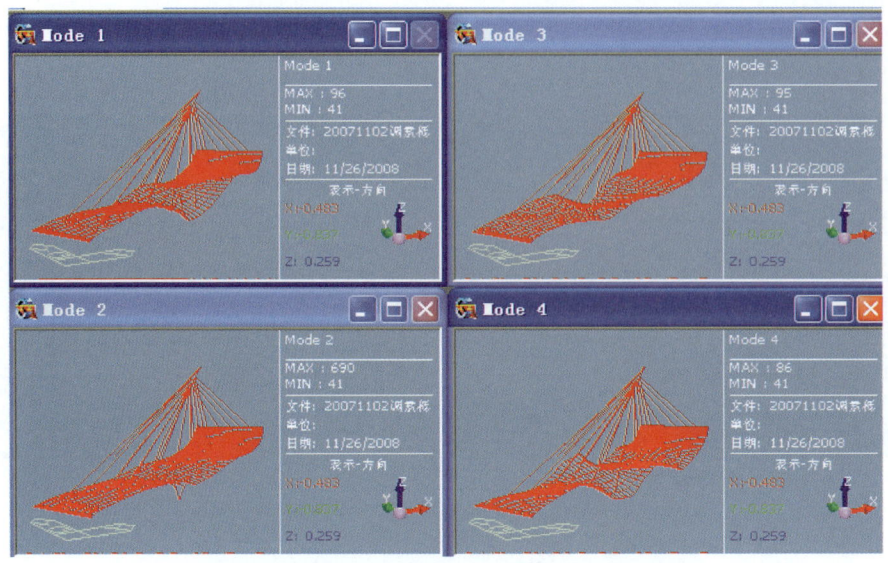

图 5-11　全桥满布活荷载时桥梁屈曲模态

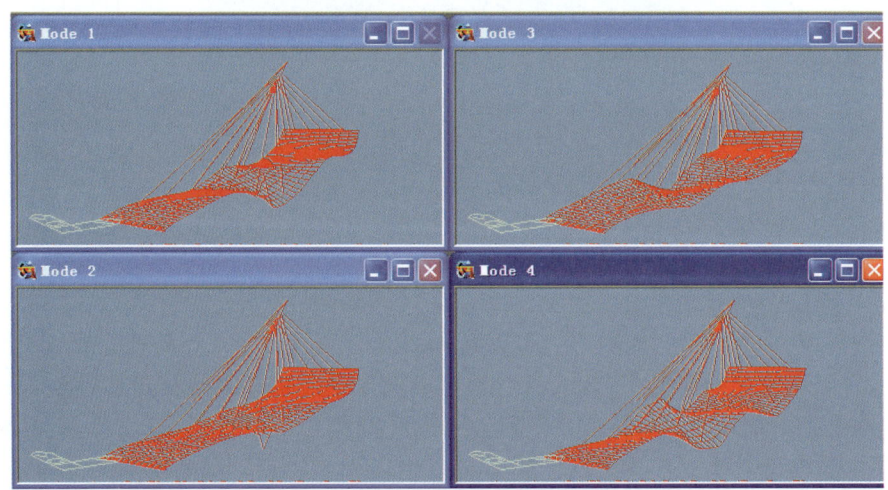

图 5-12　主跨满布活荷载时桥梁屈曲模态

表 5-1　屈曲临界荷载系数

阶　数	屈曲临界荷载系数	
	全桥满布活载	主跨满布活载
1	85	73
2	87	75
3	96	82
4	117	100

5.3 桥梁构造设计及试验研究

5.3.1 主塔总体受力分析与设计

主塔是全桥结构最重要的承重构件,桥塔在桥面拉索作用下是一个双向压弯悬臂构件。成桥后桥塔的受力性能决定着其预应力钢筋的整体布置和预应力量的大小,桥塔施工阶段的划分和桥面拉索张拉批次是预应力钢束分批张拉的依据。预应力钢束的配置和分批张拉是桥塔设计和成桥阶段体系转换的重要内容。

桥塔背索侧为一直线段,而桥面侧为多段折线。经过计算分析可知,在桥面拉索作用下,折线拐点处的截面是桥塔的控制截面。在桥梁设计中采用截面形心线建立主塔模型。经过整体计算分析可得,在基本荷载组合包络工况下,控制截面的内力为:轴力 F_x = 462 000 kN、弯矩 M_y = 540 000 kN·m、弯矩 M_z = 28 000 kN·m。根据计算结果,在梁截面背索侧配置六排预应力钢筋,在边跨侧配置一排预应力钢筋,如图 5-13 所示。

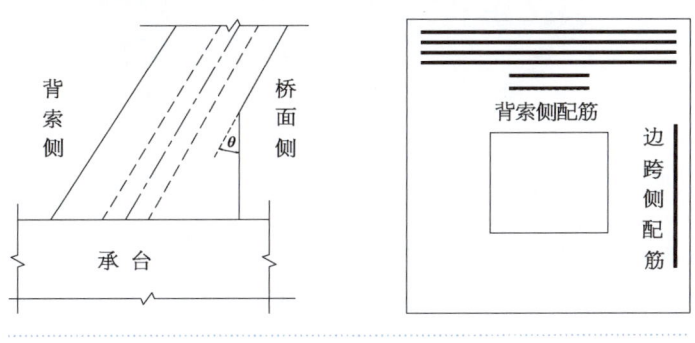

图 5-13 桥塔外形及配筋示意

5.3.2 主塔锚固区设计

赤峰桥索塔锚固段采用混凝土箱形截面,在构造上通常有以下两种处理办法。

(1) 在箱内壁设混凝土支撑牛腿,上置钢梁(钢扁担),两边拉索拉在钢梁上。拉索垂直分力通过支撑牛腿传递给索塔箱梁侧壁,水平分力通过钢梁互相抵消。这样做的缺点有:① 钢梁构造复杂,加工要求高,造价高,养护维修工作量大;② 占用空间大,需要加大索塔体积;③ 对于空间索面,由于两边拉索不在同一平面内,其构造、布置、安装等都十分困难;④ 两边拉索倾角不同,恒载和活载作用下索力的水平分力并不相等,塔壁会承受不平衡水平力,对结构不利。

(2) 将拉索锚固在混凝土塔壁上,在塔壁内施加预应力,用以抵抗顺索方向内壁的拉应力和横索方向内壁的弯曲应力。预应力的施加方式包括直索式、环索式或两种的组合。这样做的缺点是:① 个别斜拉索成桥索力达到上千吨。塔壁在两侧各千余吨的水平力对拉之下,必须另设千吨级的预应力索来平衡,需耗用大量预应力索。② 主塔锚固段塔身尺寸较小,一般为 5 m×6 m,因此该混凝土塔处设置的预应力索皆为短索,锚头较多,对于弯索,索半径较小,预应力损失较大,预应力效率低。③ 塔身为压弯构件,锚区存在多处局部集中应力,如果再承受上千吨水平拉力和预压应力,将使主塔锚区受力状态和钢筋布置十分复杂,增加锚区设计和施工难度。

赤峰桥主塔锚固区采用施加环向预应力的构造方式,在精细化分析的基础上,针对普通钢筋及预应力钢筋进行设计。取主塔锚固区一段 2 m 长塔身进行有限元分析,采用实体单元模拟混凝土塔身结构。主塔锚固区有限元计算模型如图 5-14 所示。

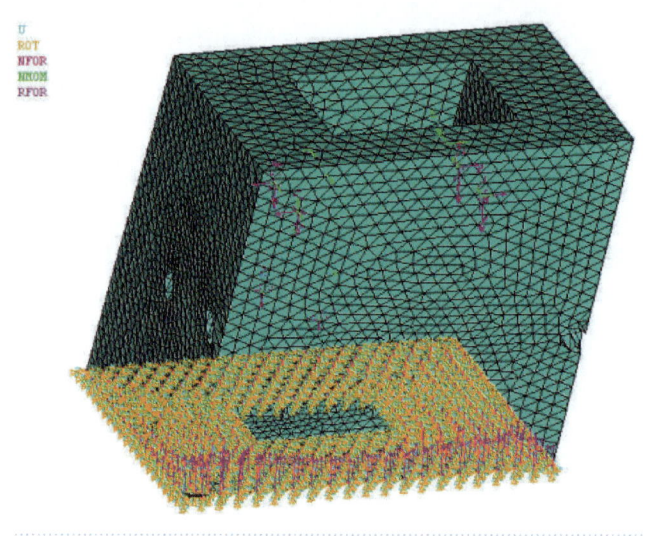

图 5-14 主塔锚固区有限元计算模型

分析结果表明,在桥塔自重、斜拉索拉力等荷载作用下,主塔顺桥向近洞口处拉应力较大,最大拉应力为 10 MPa。主塔横桥向外侧区域拉应力较大,最大拉应力约为 6 MPa,如图 5-15 所示。

图 5-15 主塔截面顺桥向及横桥向应力分布

根据实体模型计算结果设计环向预应力束,如图 5-16 所示。

在环向预应力作用下,主塔应力状态得到极大改善,主塔全截面处于受压状态,压应力为 1.2~6.3 MPa 之间。

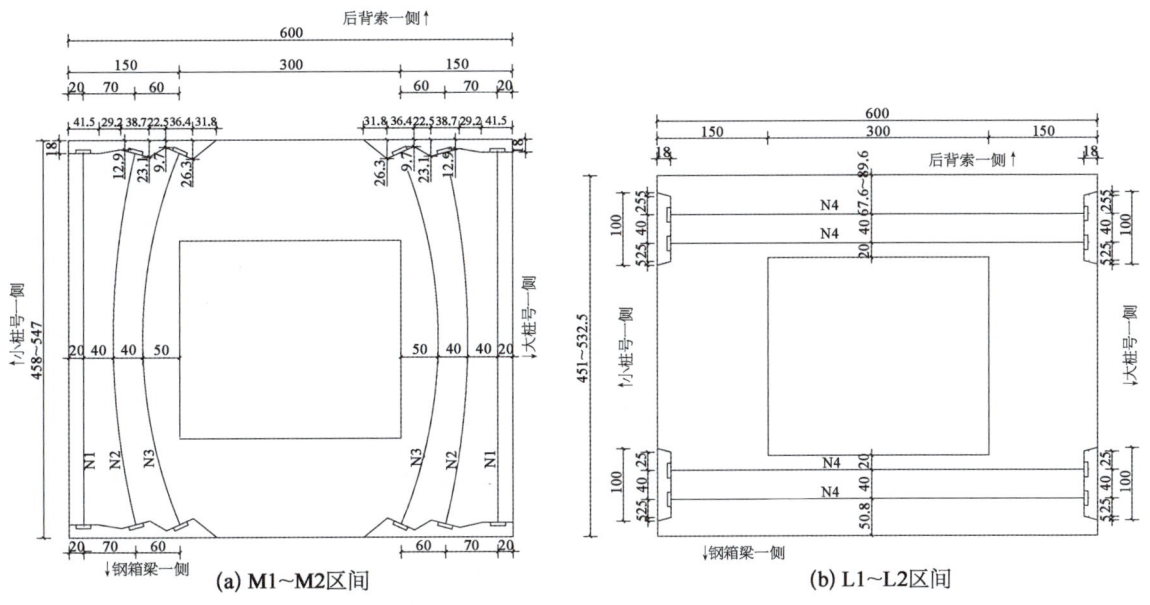

图 5-16 环向预应力束平面布置图(单位:cm)

采取以下构造措施提高主塔锚固区塔身的受力性能:塔内内腔增加三排精轧螺纹钢,增强主塔两侧壁的抗拉能力;塔内内腔四壁增加一排井字形普通钢筋,增强内壁的抗压、抗剪和角部抗拉能力;塔内内腔四个角点处增加 15 cm×15 cm 抹角,增强角点处的抗拉能力。

5.3.3 钢主梁锚固区设计

索梁锚固结构可靠与否,直接关系到桥梁结构的安全性,因此研究索梁锚固结构的传力途径及主要构件的应力分布特点非常重要。大跨度钢箱梁斜拉桥索梁锚固结构有锚箱式连接、耳板式连接、锚管式连接和锚拉板连接 4 种常见形式。由于锚箱式索梁锚固结构传力途径明确、索力传递流畅而被广泛应用于大跨度钢箱梁斜拉桥。赤峰桥斜拉索下吊点通过钢锚箱与钢主梁连接,锚箱结构如图 5-17、图 5-18 所示。

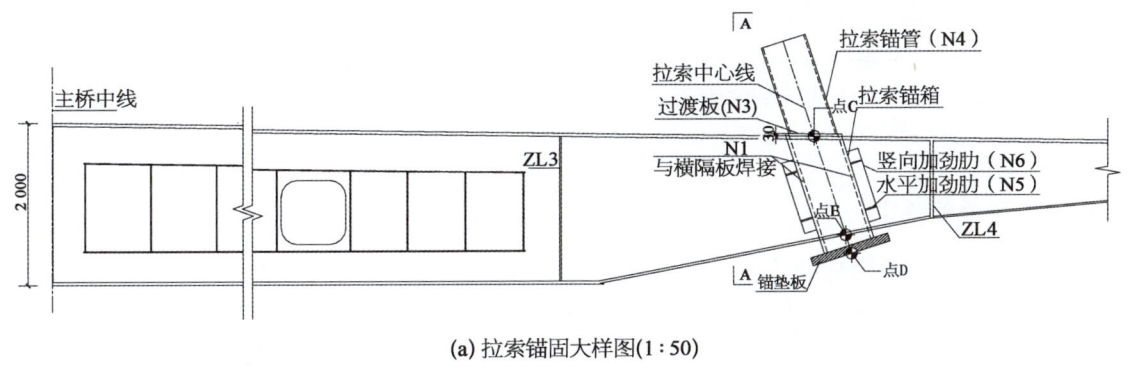

(a) 拉索锚固大样图(1:50)

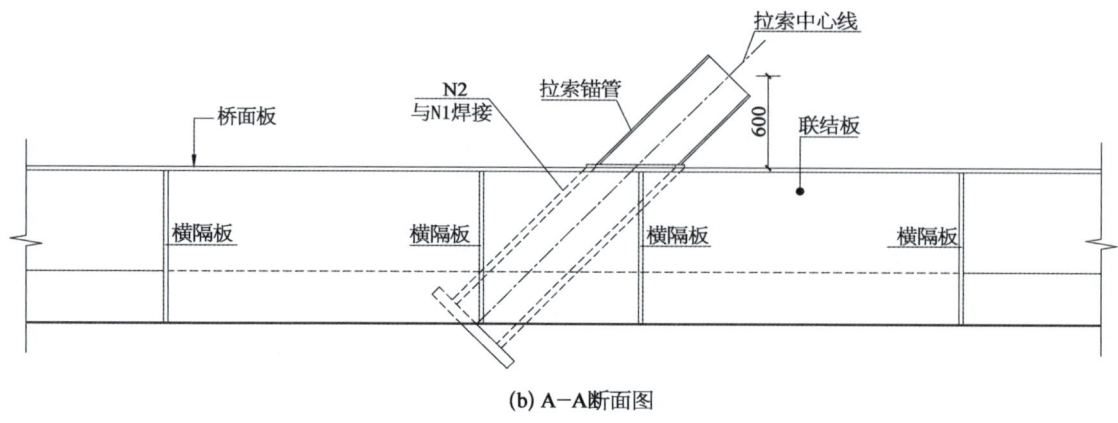

(b) A—A断面图

图 5-17 钢锚箱结构示意图

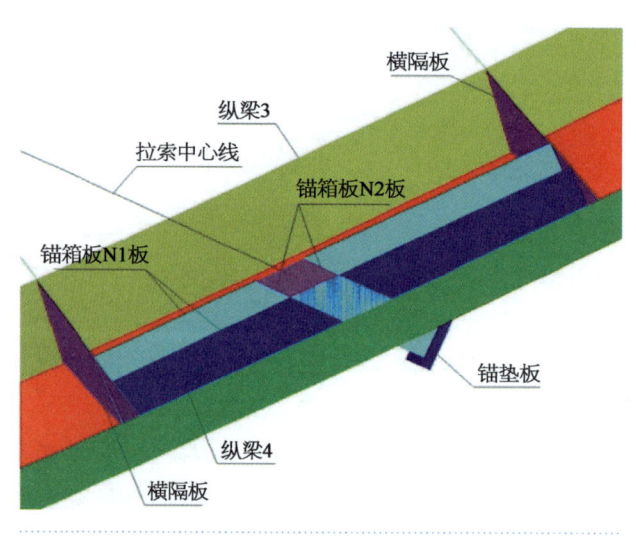

图 5-18 拉索锚固空间示意图

取受力较大的钢锚箱及相邻横梁之间的一段主梁进行分析(图 5-19),假定拉索索力全部传递给锚垫板,建立板单元计算模型研究斜拉索锚固区传力途径以及主要板件的应力分布规律。

由计算结果可知,斜拉索索力由锚垫板传递给锚箱腹板,再由锚箱腹板传递到主梁横隔板及箱梁顶底板,锚垫板承受很大的局部集中压应力,锚箱最大应力为 97 MPa,满足规范要求,如图 5-20 所示。

5.3.4 主塔基础设计

赤峰桥工程场地地貌单元属海积平原,后经人工改造填垫至现地坪,属中软场地土类型。分析主塔基础结构的受力状态,桩基础承受来自桥塔巨大的面内及面外弯矩、背索斜向上的拉力,以及 P7#墩传递的水平力及竖向力。综合其受力特点,桥塔基础设计分为两部分:一部分为桥塔

第 5 章　天津海河赤峰桥

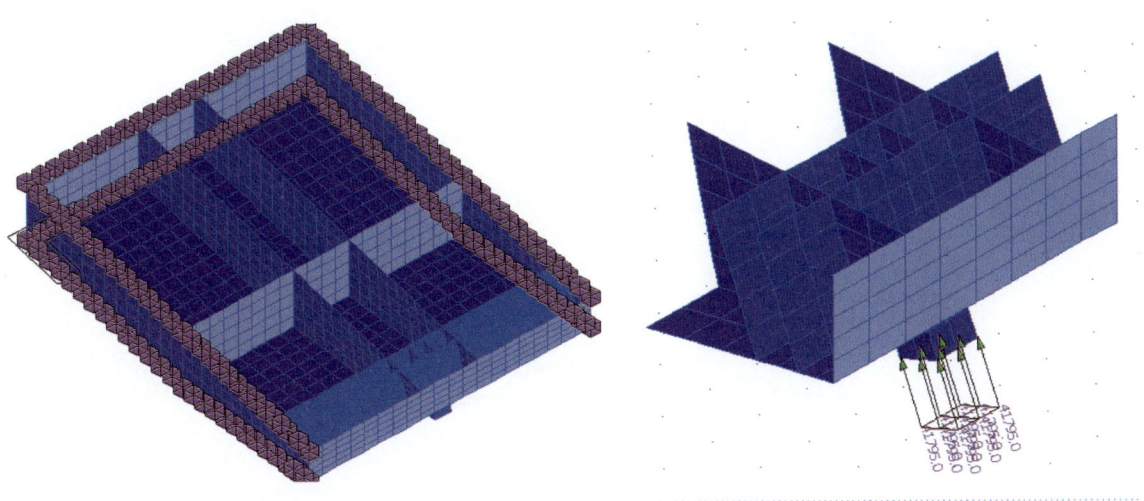

图 5-19　钢锚箱计算模型

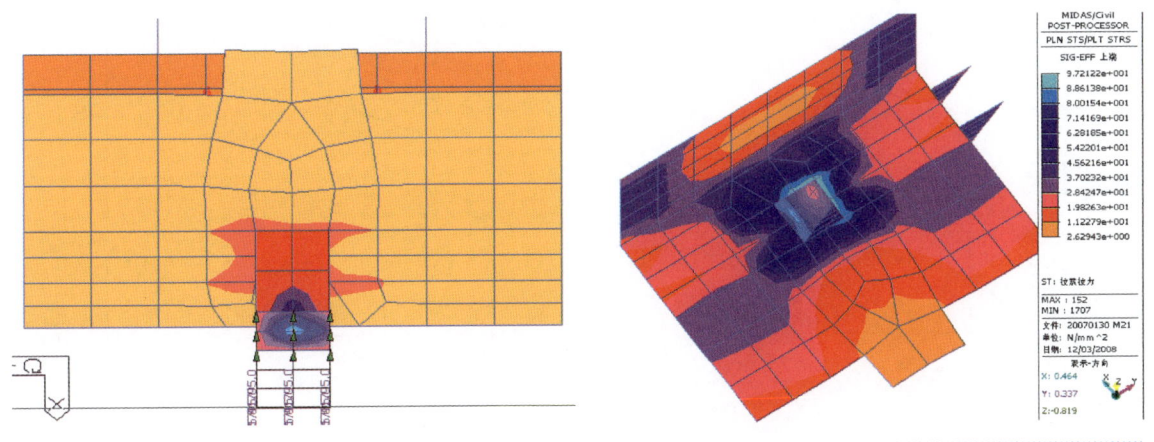

图 5-20　钢锚箱应力

承台基础；一部分为后背索锚碇基础。桥塔承台基础承受来自桥塔的弯矩及 P7♯墩传递的大部分水平力及全部竖向力，后背索锚碇基础主要承受后背索斜向上的拉力。与此同时，承台顶设置的船形餐厅等建筑物的自重也通过承台传到两部分基础。

　　主桥基础的主要承重结构为桥塔下的大体积承台。桥塔下主塔承台基础长为 44.2 m、宽为 21.0 m、厚为 6.5 m，承台近桥侧内设一个 20.0 m×3.9 m×4.0 m 空箱体，以减少承台自重对群桩产生的弯矩。承台下设有 105 根直径 1.2 m、桩长 50 m 的钻孔灌注桩，在承台近桥侧设置横桥向和纵桥向双向限位 P7♯支墩，使其在支承主桥的同时限制主桥在该处的水平位移。主塔基础外形如图 5-21 所示。

　　后背索锚碇采用重力式基础，主要依靠混凝土自重和桩基础抵抗后背索的拉力。桥塔处设置四根后背索，每根拉索拉力约为 1 000 t。后背索的设置，不仅可以减小桥塔底部的面内弯矩，优化桥塔结构的断面尺寸，而且与桥塔底部船形建筑物形成整体，取得良好的景观效果。

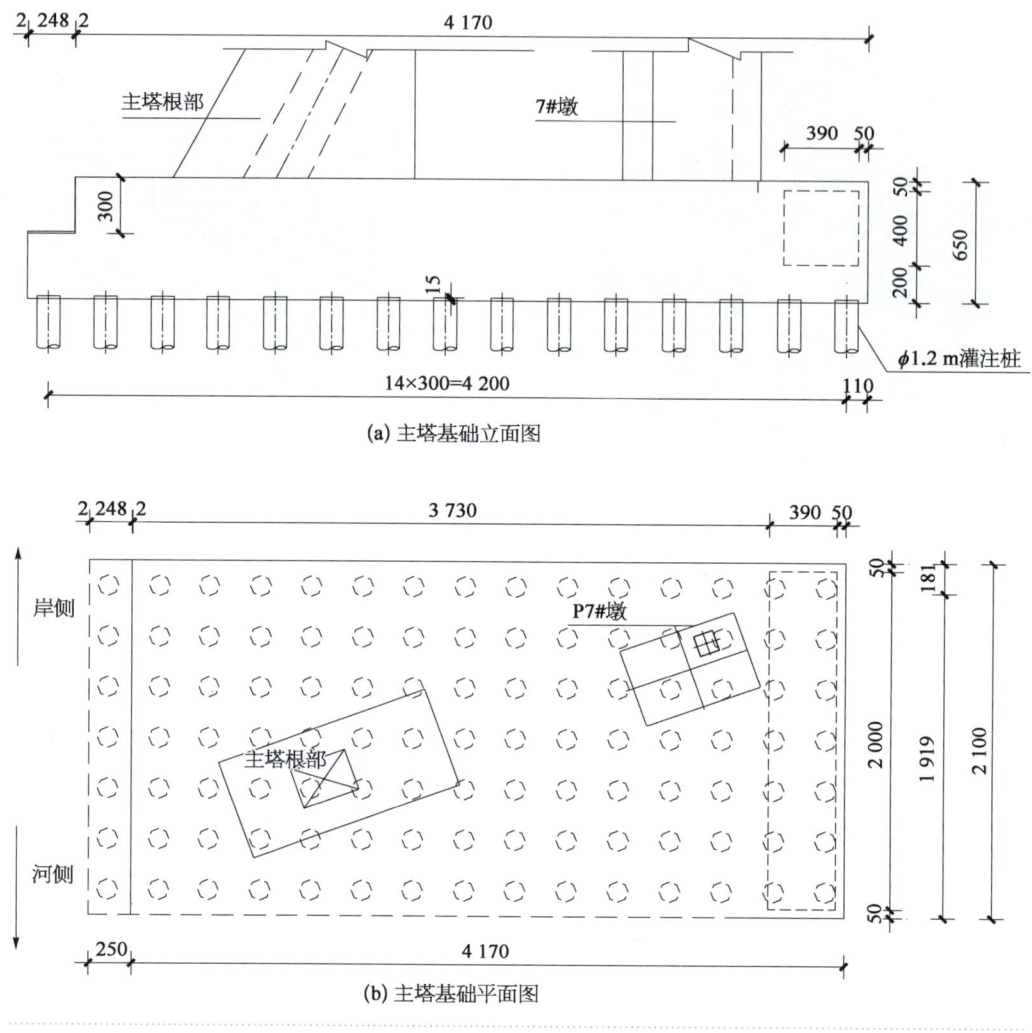

图 5-21 主塔基础外形(单位:cm)

后背索锚碇紧贴桥塔基础,在接触面处嵌有一块抗挤压厚钢板,后背索锚碇基础布置如图 5-22 所示。

基于主塔基础受力的复杂性和特殊性,在主塔承台及背索锚碇处分别进行两组静压试验和静推试验。

1) 单桩竖向抗压静载试验

依据《公路桥涵施工技术规范》(JTJ 041—2000)、《建筑桩基技术规范》(JGJ 94—1994)中有关规定进行静载试验。试验采用油压千斤顶加载,千斤顶的加载反力装置为锚桩横梁反力装置,采用 4 根锚桩,并对称布置。

共进行两根单桩竖向抗压静载试验(锚桩法),试桩采用钻孔灌注桩,桩径为 1.2 m,桩长为 61.5 m。静载试验前,采用低应变反射波法对桩身进行完整性检测。低应变检测结果表明,两根试桩桩身完整,均为 Ⅰ 类桩,桩身完整性合格。Ⅰ 类桩占所检测桩基的比例为 100%。

第 5 章　天津海河赤峰桥

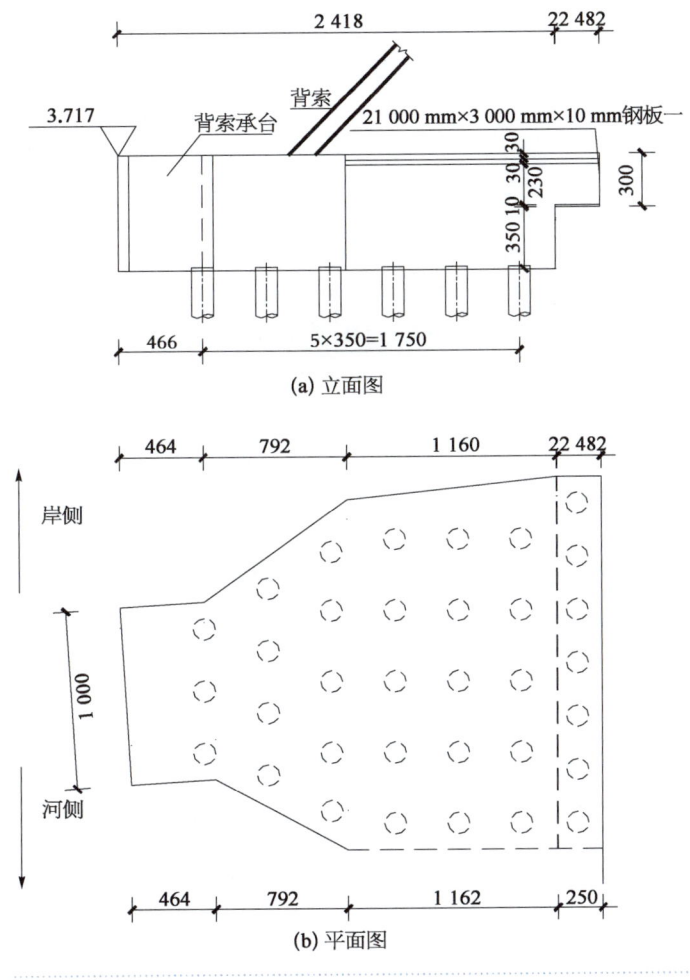

图 5-22　后背索锚碇基础布置(单位：cm)

两根试桩试验最大荷载均为 10 800 kN,当加载至最大荷载时,两根桩的最终沉降量分别为 16.62 mm、16.31 mm,Q-s 曲线均呈缓变型,s-lgt 曲线尾部未出现明显向下弯曲。因此,两根试桩单桩竖向抗压极限承载力实测值均大于等于 10 800 kN。锚桩最终上拔量最大为 2.97 mm,符合规范要求。

2) 单桩静推试验

试验采用单循环加载试验法,静推试验最大荷载为 600 kN,每级荷载为 60 kN,第一级按两倍分级荷载加载。根据实测数据绘制各试桩水平荷载-位移曲线,提供设计荷载下的位移数据。

本工程进行四根试桩(共两组)的单桩静推试验,试桩采用钻孔灌注桩,桩径为 1.2 m,桩长为 50 m,两组桩均为工程桩,第一组静推试验对应施工桩号分别为 15#、16#,第二组静推试验对应施工桩号分别为 9#、14#。静推试验前采用低应变反射波法检测桩身完整性,结果表明:四根试桩桩身完整,均为Ⅰ类桩。

第一组静推试验,水平荷载加至 600 kN 时,15♯桩桩顶水平位移值为 23.40 mm,桩身最大转角为 0.637 1°;16♯桩桩顶水平位移值为 20.15 mm,桩身最大转角为 0.254 4°;第二组静推试验,水平荷载加至 600 kN 时,9♯桩桩顶水平位移值为 21.72 mm,桩身最大转角为 0.325 4°;14♯桩桩顶水平位移值为 21.41 mm,桩身最大转角为 0.318 6°。

5.3.5 限位墩设计

通过有限元分析可知,赤峰桥桥面拉索的作用会对弯梁产生比较大的水平分力,各墩位内弧侧限制主梁的横桥向位移,并把主塔根部的 P7♯墩设计成固定墩,与主塔承台共基础,限制主梁的顺桥向和横桥向水平位移,其余支座均采用双向活动支座。

P7♯墩不仅要承受垂直方向的结构恒载和活载(1 585 t),还要承受横桥向和纵桥向的水平荷载(横桥向 1 920 t,纵桥向 1 591 t),受力极其复杂。在墩柱上设置开槽 1 和开槽 2,分别限制横桥向和纵桥向主梁位移。P7♯墩柱外形如图 5-23 所示。

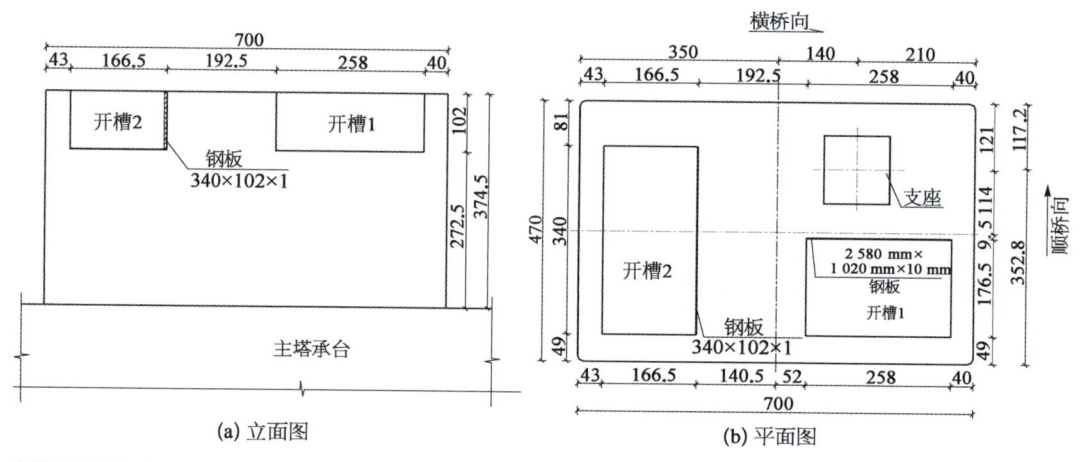

图 5-23　P7♯墩柱外形(单位:cm)

约束水平位移的同时,须释放转角位移,因而不能将钢主梁和 P7♯墩柱固接。钢梁和 P7♯墩结合部如图 5-24 所示。

由于 P7♯墩处的钢箱梁底板不仅要承受支座的竖向力作用、主梁的弯矩和剪力作用,而且要承受横桥向限位和纵桥向限位引起的面外弯矩,应力状态非常复杂,容易发生箱梁顶底板屈曲。因此,除在支座位置处对箱梁进行局部加强外,在开槽 1 和开槽 2 对应位置处也进行局部加强,如图 5-25 所示。

除了对各个主要受力焊缝进行计算外,还应对复杂工况下箱梁应力进行验算。使用有限元分析软件 Midas Civil 板单元模拟箱梁结构,P7♯墩处箱梁局部板单元模型如图 5-26 所示。

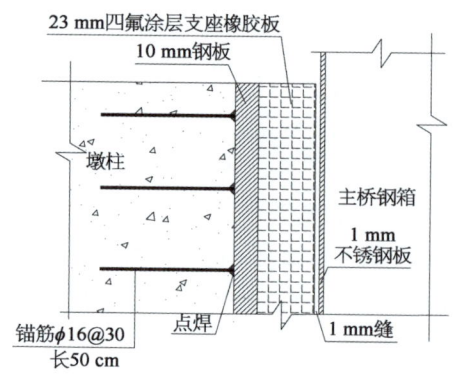

图 5-24　钢梁和 P7♯墩结合部示意图

第 5 章 天津海河赤峰桥

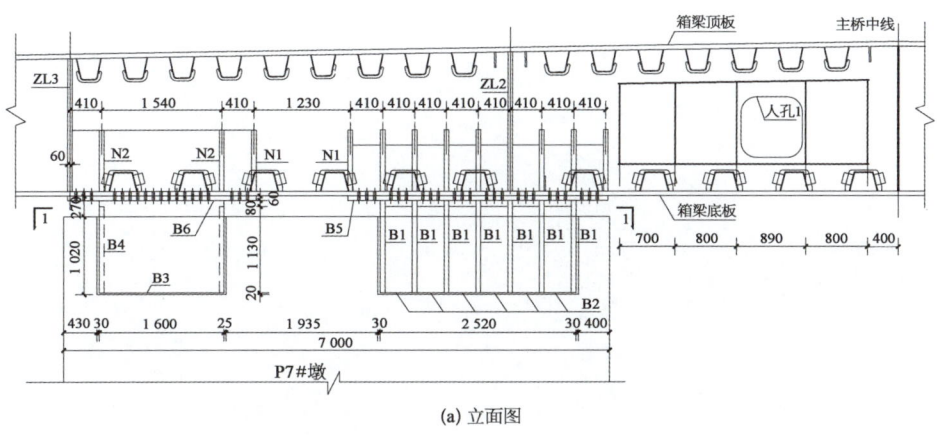

(a) 立面图

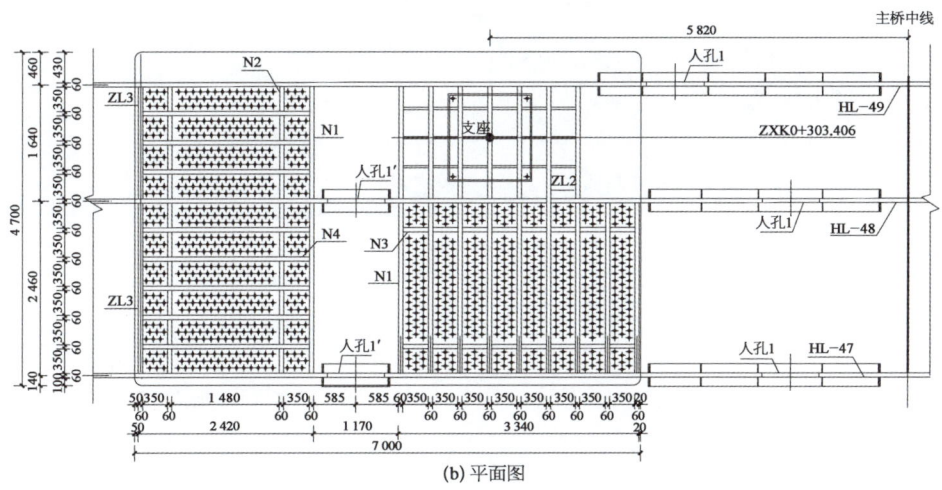

(b) 平面图

图 5-25 P7#墩处箱梁局部构造图

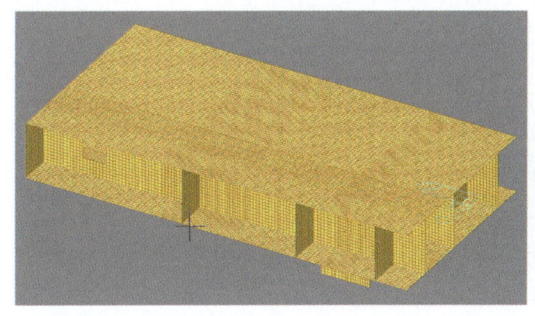
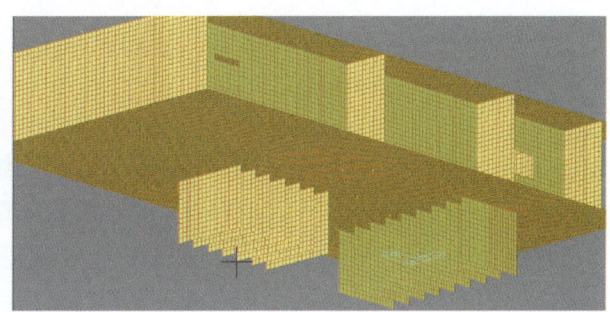

图 5-26 P7#墩处箱梁局部板单元模型

按照桥梁实际受力状态施加横桥向和纵桥向水平力,以及支座反力,偏安全考虑,假设所有内力均由这部分箱梁承受,所有内力均无法传递给周围的箱梁,端纵隔梁和支座局部加强处横隔梁位移为零。图 5-27 为计算得到的 P7#墩处箱梁局部应力云图。

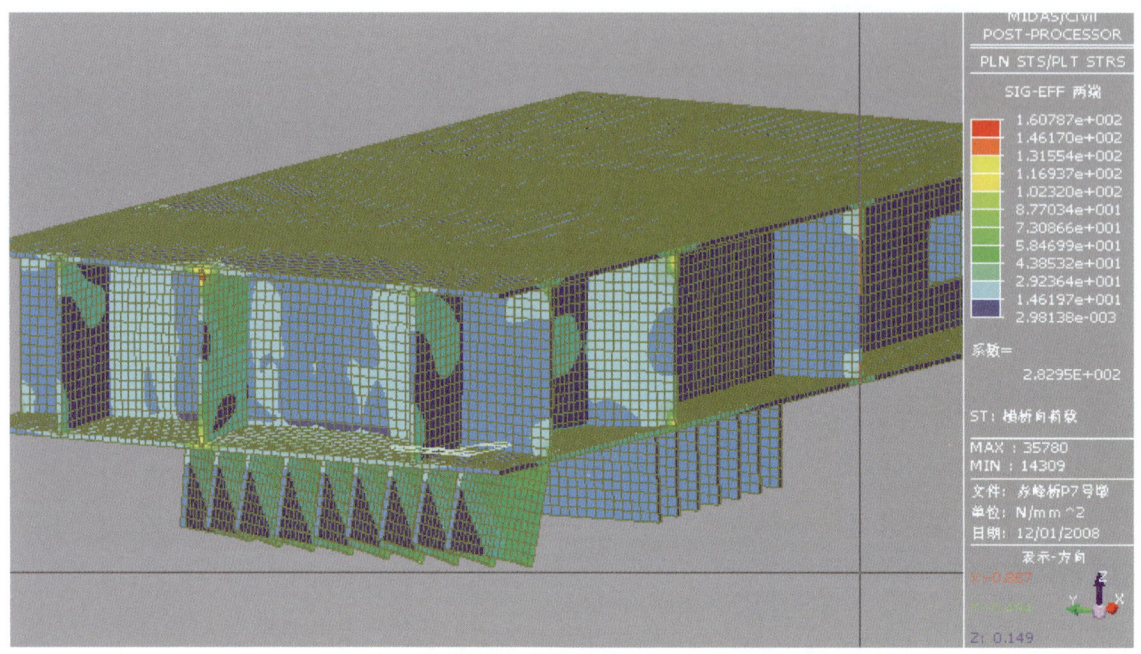

图 5-27　计算得到的 P7#墩处箱梁局部应力云图(单位:MPa)

标准作用组合下,主梁最大应力为 160 MPa,发生在顶板与腹板相接部位。这是由于模型中箱梁顶底板位移在此处受到约束,发生应力集中现象。而主要受力构件如加劲肋等板件应力均在 120 MPa 以下,箱梁局部加强构造满足要求。

5.3.6　拉索合理布置和索力优化

赤峰桥主梁为弯梁,桥面拉索索力对钢箱梁产生竖直面内、顺桥向、横桥向 3 个方向的力,结构传力复杂,因此拉索布置与索力的优化调整研究十分重要。

5.3.6.1　桥面拉索布置

考虑桥梁横桥向宽度及全桥总体景观效果等因素,赤峰桥采用稀索体系结构。拉索顺桥向间距为 23 m,横桥向间距为 26~28 m,主塔后布置四根后背索。为了方便拉索的张拉和后续更换,桥面拉索和后背索均采用可单根张拉和单根抽换的拉索形式。

桥面拉索穿过钢箱梁,通过钢锚箱锚固于箱梁底板下,其固定端设置于主塔顶部锚固段,张拉端设置在钢箱梁底部。四根后背索张拉端设置于主塔顶部,在锚碇承台顶面利用分索装置将一根索分成四根索,穿过承台锚固于其底面。桥面拉索布置如图 5-28 所示。

首先,索力调整是钢箱梁受力性能及其线形控制的关键性因素。在调整索力时,应使同一墩位处的两根索的竖向分力相等,以减小主梁的扭矩;增加主跨跨中位置拉索的拉力和弹性支撑刚度,以加强拉索对梁跨线形的有效控制和支撑;应注意弯梁效应的影响,防止主梁外弧侧明显高于内弧侧,因而增加桥梁调索的难度。

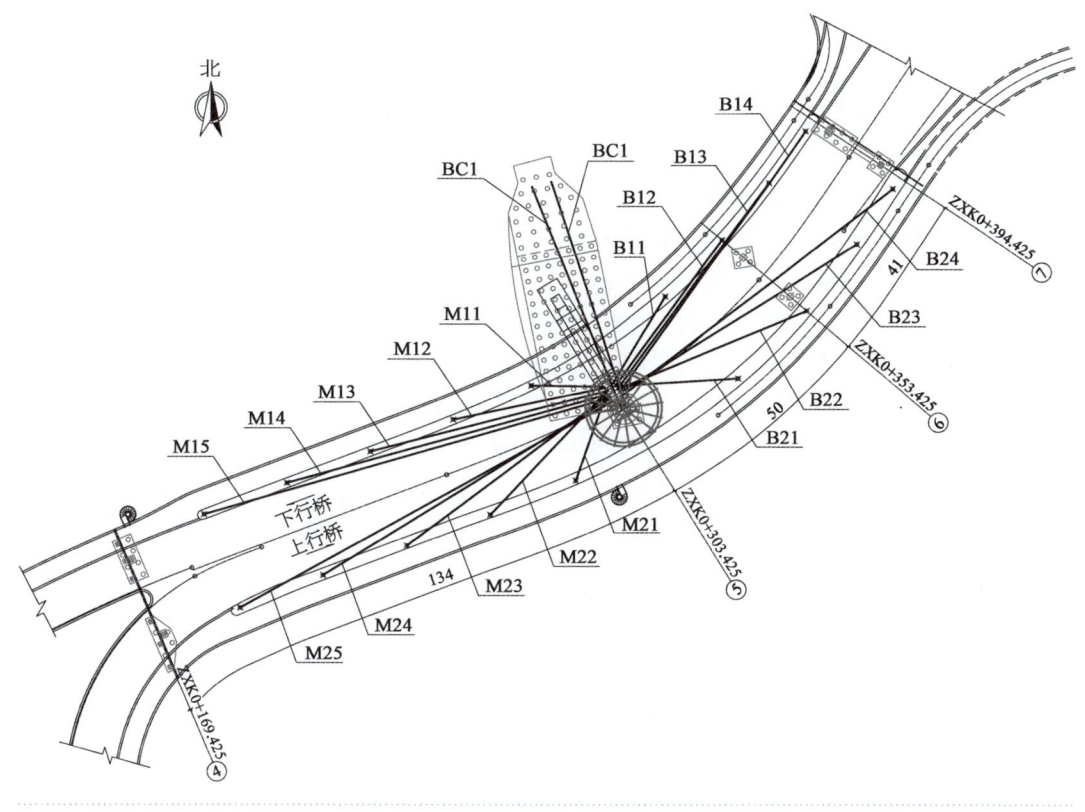

图 5-28 桥面拉索布置

其次,拉索索力的调整和控制决定桥塔的受力性能。桥塔两侧的跨度不同,为了降低桥塔在设计恒载下的面外弯矩,在调整索力时,应适当降低主跨边索的拉力,适当增加边跨边索的拉力,同时在边跨两个墩位处使用压重等手段,使得主跨拉索水平分力合力与边跨水平分力合力一致。调整拉索索力时,使得桥塔在设计恒载和一半车辆荷载作用下左右两侧应力相等。对整个拉索体系,应增加背索拉力以降低桥塔横桥向弯矩,同时在桥塔背索侧配置预应力钢筋,使得在设计恒载和一半车辆荷载作用下前后两侧应力一致。调整拉索拉力时,应注意减小桥塔受扭。总之,在调整和控制拉索拉力时,应使得桥塔在设计荷载和配置的预应力钢筋共同作用下接近轴心受压构件。

5.3.6.2 温度效应分析

温差效应可归纳为年温度变化、日照和降温等 3 个方面。年温差是指常年缓慢变化的年气温,会导致桥梁发生纵向变形,一般可通过桥面伸缩缝、支座和柔性桥墩等结构变形相协调解决,只有在结构的位移受到限制时(如拱桥、刚架结构和某些斜拉桥)才会引起较大的温度应力。日照及寒冷骤然降温则属于局部温度影响。

结合天津地区气候条件,赤峰桥主桥设计合龙温度为 20℃,天津地区极限最高气温为 46℃,极限最低气温为 −21℃。因此,整体升温 46℃ − 20℃ = 26℃,整体降温 20℃ − (−21℃) = 41℃,梁单元上、下翼缘的温差取 ±15℃。

主桥共设置 8 个支承点,分别为④♯墩 P1、P2,⑥♯墩 P3、P4,⑦♯墩 P5、P6,⑤♯墩 P7、P8。

由于桥面结构为弯梁,在索力和温度荷载作用下,结构会产生较大的横桥向位移。通过多次试算模拟,最后确定把全桥的固定点定于主塔附近内弧侧的 P7♯墩,限制主梁横桥向及纵桥向位移。主桥内弧侧边墩 P2、P5 采用单向活动盆式橡胶支座,约束主梁的径向位移。其余位置均采用双向活动盆式橡胶支座。

由于桥面较宽,钢箱梁桥面会在温度梯度作用下产生变形。箱梁结构与外界的热交换和箱梁内部的热传导情况十分复杂。一般来说,梁体内任意一点的温度是三维坐标和时间的函数,是三维热传导问题。箱梁的各个部分,受日照的影响也不同,如箱梁的底部终日不受日照,又处于高空中,通风冷却较好,因此在箱梁中形成沿箱梁高度方向的温度梯度。

温度梯度模式及温度设计值大小是否接近实际情况,是结构温度应力计算是否合理可信的关键。温度梯度模式一般分为线性分布与非线性分布两种情况。国内外大量实测资料与理论研究的分析表明,箱梁沿梁高方向的温度梯度是非线性分布的。温度梯度及温度设计值则取决于各地的地理、气象(日照、风速、温度变化)、结构截面形式、桥面系铺装吸热性能、材料热传导性能等因素。对于温度梯度模式,各国规范都有相应规定。大量计算结果表明,采用不同的温度梯度模式,计算所得的温度效应结果相差很大。

此外,在钢箱梁中设置纵隔板,可以有效地降低钢箱梁横向跨度。同时,由于纵、横隔板的存在,桥面板形成四边支承的各向异性加劲板,大大改善结构的受力性能,有效地降低温度梯度对钢箱梁横向产生的影响。

5.4 施工关键技术研究

5.4.1 主塔施工工艺

赤峰桥桥塔垂直高度为 64.923 m(至承台顶面),塔身轴线与大地平面垂直交角为 63°。桥塔采用"回"形变截面混凝土构件。塔顶水平截面尺寸为 4 m×6 m,与承台相交面的截面尺寸为 9.5 m×6.0 m,在桥塔根部加腋以增大其抗弯刚度,截面尺寸为 11.5 m×6.0 m。从承台上顶面到 49 m 塔高范围内布置纵向预应力,从 49 m 塔高到 60.9 m 塔高范围内为桥面拉索锚固区,布置环向预应力,从 60.9 m 塔高到桥塔顶为钢筋混凝土构件,桥塔顶部设置观光平台。主塔预应力混凝土结构部分的预应力束配束分为非锚固段(53 m 高程以下)和锚固段(53 m 高程以上)。主塔非锚固段预应力束分为先张束、后张束、侧面束和预留束。主塔后设置四根后背索,后背索下设置混凝土锚碇,并与主塔底部船形建筑物形成整体。

倾斜式主塔高度较高,倾斜角度较大,且主塔内部构造复杂,分别从主塔基础的深基坑支护、主塔塔身分节、模板制作工艺研究、模板的定位与安装等方面介绍。

1) 主塔基础的深基坑支护

主塔基础深达 7 m,采用在承台四周加设地下连续墙结构的方案,该方案既增加承台的抗扭特性,又为施工带来方便,在保证基坑稳定的同时,防止海河水及潜层地下水涌入基坑。地下连续墙标准槽段为 6 m 宽,地连墙在河岸侧宽度为 0.6 m,深度为 15 m,顶部现浇 0.8 m×0.8 m 高的钢筋混凝土帽梁。水中地连墙宽为 1 m,深为 22 m,顶部现浇 1.2 m×0.8 m 的钢筋混凝土墙帽。

第 5 章 天津海河赤峰桥

2) 主塔塔身分节

主塔结构浇筑共分 16 层,第四层、第十二层、第十五层分别为 5 m、3 m、5 m,顶层为 3.923 m,其余各层为标准层,层高为 4 m。主塔施工分节情况如图 5-29 所示。

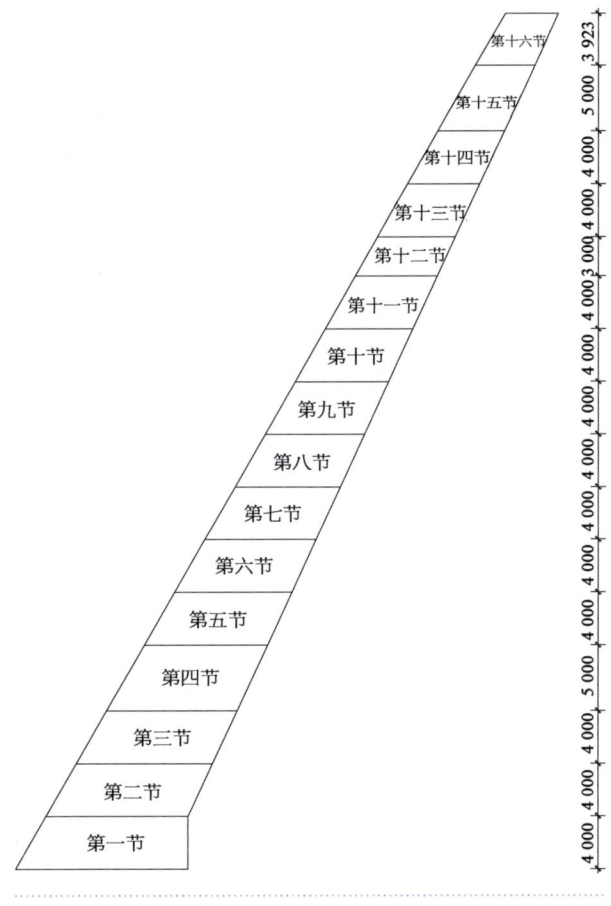

图 5-29　主塔施工分节情况(单位:mm)

3) 模板制作工艺研究

主塔采用支架翻模施工,第一次浇注高度为 4 m,采用大型定型钢模板,分为 1 m、2 m 两种高度型号,1 m 高度的模板制作一组,2 m 高度的模板制作三组。当混凝土浇筑完成,养护 24 h 后,拆除底层第一组 2 m 高模板,再加上一组 2 m 高模板用来支护第二层的块件,当第二层混凝土浇筑完成,养护 24 h 后,拆除第一层第二块模板和第二层第一块模板用来支护第三层块件,4 m 高标准段均采用此方式支模浇筑混凝土。5 m 段采用两组 2 m 高、一组 1 m 高模板,3 m 段采用一组 2 m 高、一组 1 m 高模板,直至最后浇筑完成。

由于塔柱截面为渐变截面,因此每次塔柱翻模前,均应进行模板改装。在模板制作时,应充分考虑模板的可改装性,采用多边缘模板,即将模板每次翻模前需要去掉的部分进行模板边缘处理(槽钢肋改为边缘角钢),并在角钢上提前打好螺栓孔,边缘角钢的间距为每次需要切割掉的间距,在翻模前,只需将多余的部分切除后即成为下一步需要安装的模板。主塔翻模施工顺序如图 5-30 所示。

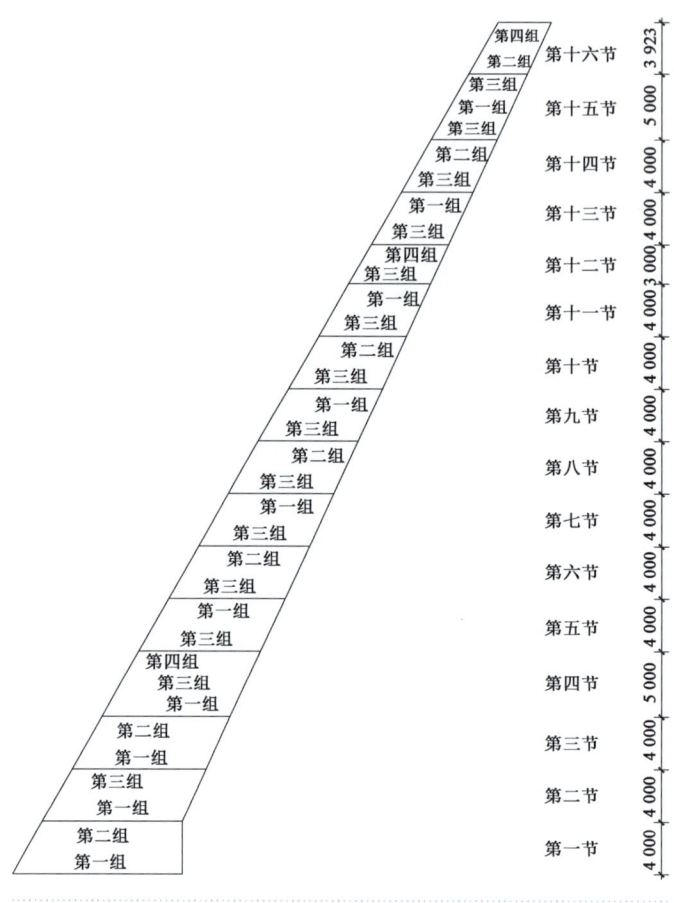

图 5-30 主塔翻模施工顺序

4) 模板的定位与安装

由于倾斜式主塔较高,施工中为了提高外观质量,在模板的安装过程中采用全站仪定位的方法来控制。在以往工程施工中,模板定位只是根据劲性骨架的定位来完成,劲性骨架定位准确后,模板即认为定位准确。但实际上劲性骨架定位完成后,钢筋、模板及施工荷载等因素均可能造成劲性骨架变形,从而导致模板位置不准、混凝土构件外观质量较差等问题。为了避免上述情况发生,采用以下方法进行模板定位。

(1) 采用相对尺寸法,根据空间尺寸将模板与劲性骨架的相对尺寸量出,模板根据劲性骨架来定位,以达到模板的粗定位。

(2) 模板粗定位完成后,使用全站仪将模板的 4 个角点测出,与空间坐标对比,进而调整模板位置。

本桥采用计算机三维建模、空间三维定点、施工应力调整等方法和措施,保证了塔柱施工速度控制在 8 天一节段。

5.4.2 钢箱梁加工及安装

主桥采用正交异性板钢箱梁,桥面整体线形为圆弧曲线,桥宽为变化值,横隔梁和纵梁之间的角度各不相同,顶、底板单元上各种加强结构均应按照设计曲率半径过渡,因此钢箱梁的加工制作及现场安装十分复杂。全桥共有 9 对 18 个钢锚箱,呈空间三维斜向布置,钢锚箱的空间角度直接关系到拉索的角度,因此钢锚箱的制作和安装是桥梁施工的一大难点。此外,钢箱内部隔构复杂,板厚变化较多,梁段运输、现场安装条件等因素影响较大,合理分段方案的确定是施工的关键。

5.4.2.1 主桥面分段方案

根据钢箱梁内部结构、板厚分布、锚点设置及梁段运输、现场安装以及制造能力等综合情况,全桥纵桥向共分为 29 个节段,如图 5-31 所示。

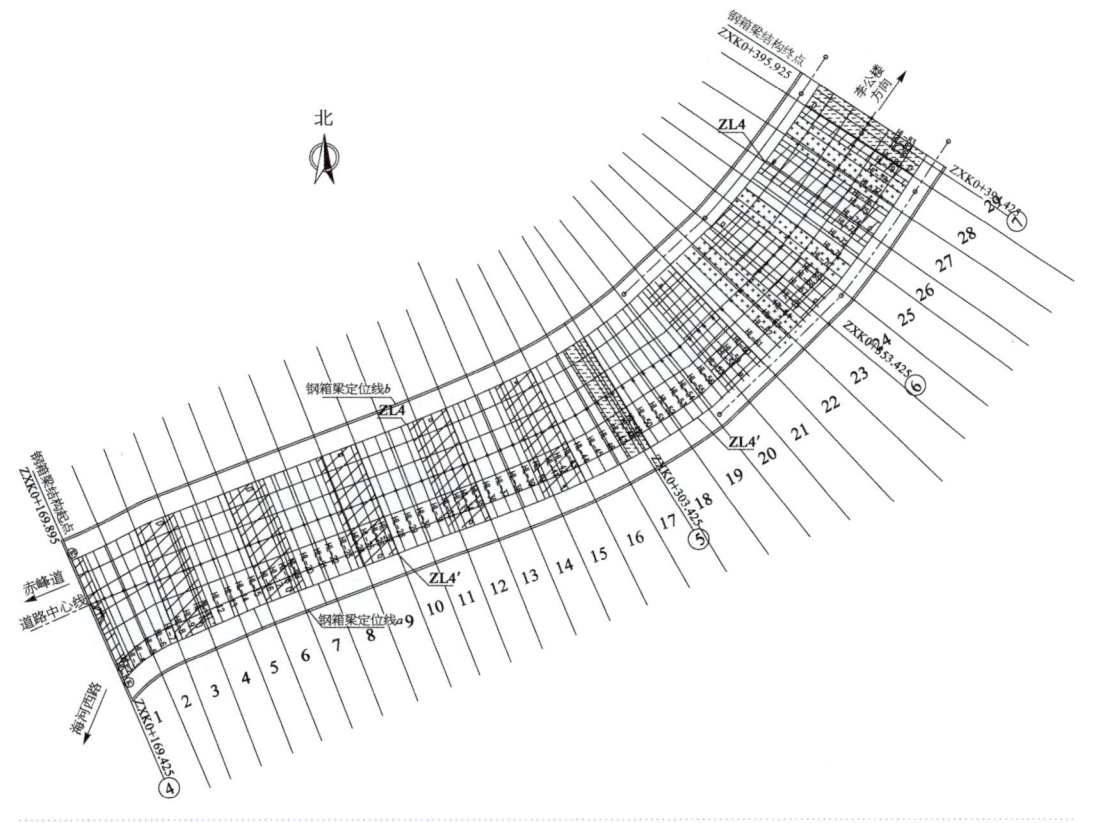

图 5-31 主桥桥面纵向分段示意

桥梁主桥面梁段内部结构主要包括顶板、底板、斜底板、横隔梁、纵梁、锚箱构件以及支墩构件等,在进行全桥的分段过程中,主要考虑下列因素:

(1) 分段位置与其相近的横隔梁间距不小于 200 mm。

(2) 分段位置应保证锚箱构件的完整性,应将横桥向对称的一组锚箱划分在同一梁段内。

(3) 分段位置应保证支墩构件的完整性。桥梁全桥按顶、底板板厚布置可分为以下几种形式:① 顶板 16 mm、底板 12 mm、斜底板 12 mm 组合区域为标准区域;② 顶板 40 mm、底板 30 mm、斜底板 40 mm 组合区域为钢锚箱所处位置,考虑钢箱梁横向传力,此区域为加强段,板厚较厚;③ 顶板 60 mm、底板 60 mm、斜底板 12 mm 组合区域为 P7、P8 墩位处;④ 顶板 30 mm、底板 30 mm、斜底板 12 mm 组合区域为海河东侧边墩 P5、P6 及辅助墩 P3、P4 墩处。以上四种板厚形式相互交叉布置,板厚变化较多,为避免产生过多对接焊缝,在钢箱梁分段时应尽量将分段位置设置在薄厚板对接处。

(4) 桥面拉索设置在钢箱梁两侧,钢锚箱处于钢箱梁悬臂位置处(图5-32)。钢锚箱为正方形箱体,以空间三维角度贯穿钢箱梁底板。为保证钢锚箱整体受力,减少焊接变形,在考虑钢箱梁纵桥向分段时,应保证钢锚箱的完整性。

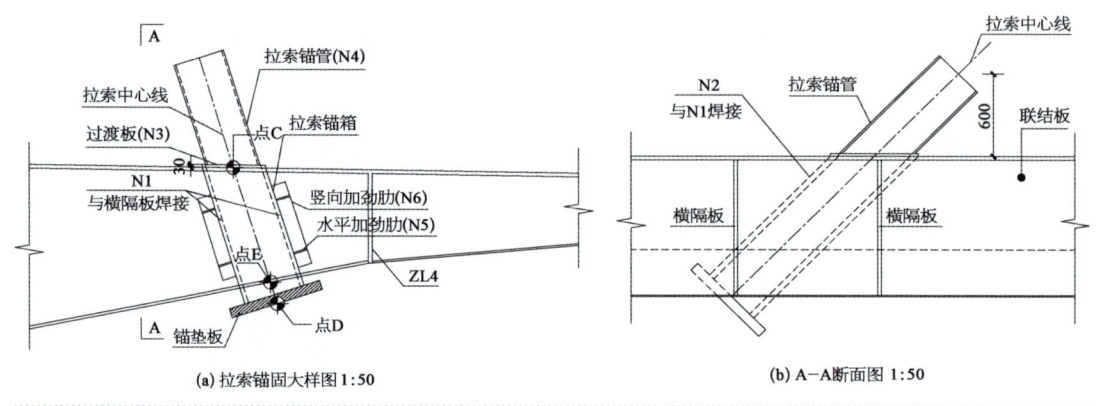

图 5-32 钢锚箱大样

(5) 考虑到梁段的道路运输问题,将梁段顺桥向长度控制在 9.2 m 以内。
(6) 钢箱梁现场安装方案需综合考虑现场钢梁安装顺序、吊车起吊吨位、施工场地等因素。
(7) 为减小现场安装温度及安装偏差影响,将靠近支墩的 3 个梁段(2、22、26 节段)定为合龙段。

5.4.2.2 钢箱梁现场安装工艺

1) 梁段划分

主桥共分为 29 个梁段,每个梁段的线形各不相同,主桥分段示意如图 5-33 所示。其中,支墩处梁段为第 1、17 梁段,含锚箱的梁段为第 3、6、9、12、15、21、27 段,既为支墩梁段又含锚箱的梁段

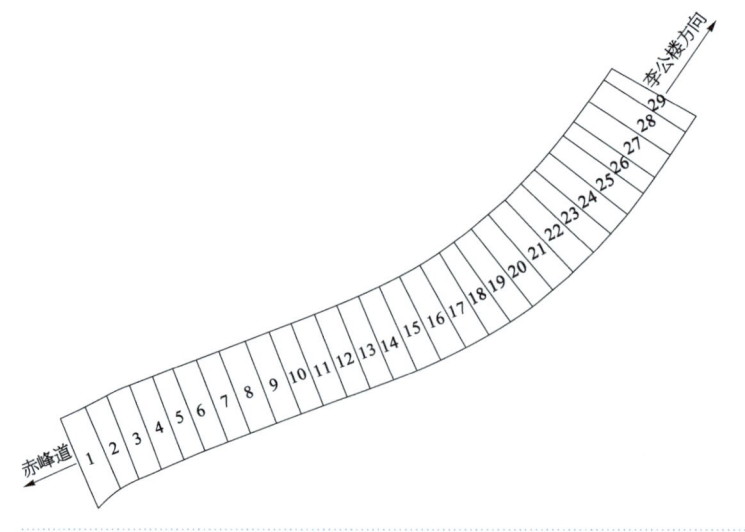

图 5-33 主桥分段示意

为第 24、29 段,其余的为普通梁段。

2) 现场安装

主桥梁段现场安装分为两部分:一是跨海河部分,包含 1~15 梁段,其中 1、2 梁段采用吊装法安装,3~15 梁段采用拖拉法安装;二是河东陆地部分,包含 16~29 梁段,采用吊装法施工。钢箱梁安装施工如图 5-34 所示。

图 5-34 钢箱梁安装施工

5.4.3 拉索张拉及体系转换

主桥的体系转换包括四部分:按顺序张拉斜拉索、按顺序落架、进行桥面铺装以及其他附属设施的安装、部分背索张拉,施工阶段具体见表 5-2。

表 5-2 施工阶段描述

阶 段	本 阶 段 施 工 描 述
O 阶段	主塔浇筑完成,相应预应力束(所有调整后的先张束与 H6 和 H6′)张拉完毕;钢箱梁安装就位、焊接完成并通过验收;索区混凝土、压重铁屑混凝土在指定位置浇筑完成,其他各项准备工作就绪
A1 阶段	张拉塔内预应力后张束 H1、H1′、H2 和 H2′

(续表)

阶　段	本　阶　段　施　工　描　述
A2 阶段	张拉①♯索(M21、M11)
A3 阶段	张拉塔内预应力后张束 H3、H3′、H4、H4′、H5 和 H5′
A4 阶段	同时张拉②、③♯索(B21、B11、M22、M12)
A5 阶段	首次张拉背索
A6 阶段	同时张拉④、⑤♯索(B22、B12、M23、M13)
A7 阶段	第 2 次张拉背索
A8 阶段	同时张拉⑥、⑦♯索(B23、B13、M24、M14)
A9 阶段	第 3 次张拉背索
A10 阶段	同时张拉⑧、⑨♯索(B24、B14、M25、M15)
B 阶段	按顺序落架,遵循"间隔落架"原则
C 阶段	进行桥面铺装
D 阶段	第 4 次张拉背索

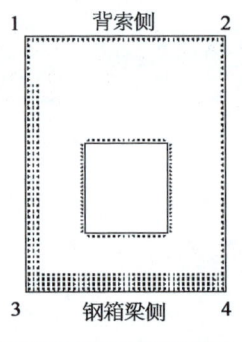

图 5-35　主塔截面的 4 个角点编号

在主塔施工、斜拉索张拉等作用下,控制主塔各角点的应力状态最为关键。主塔截面的 4 个角点编号如图 5-35 所示。

未挂索之前主塔应力如图 5-36 所示。

(1) 张拉塔内预应力后张束 H1、H1′、H2 和 H2′,使主塔近背索侧获得一定的压应力储备,主塔应力 1 如图 5-37 所示。

(2) 主塔近背索侧有一定的压应力储备,同时主塔近边跨侧的侧面束已张拉锚固。张拉①♯索(M21、M11)。M21♯索张拉力 1 966 kN,M11♯索张拉力 1 986 kN。主塔应力 2 如图 5-38 所示。

由上图可见,主塔最大压应力为 7.9 MPa,出现在 2♯角点。主塔非锚固段(编号 41~82)无拉应力出现。

(3) 张拉后张束 H3、H3′、H4、H4′、H5 和 H5′,使主塔近背索侧获得较大压应力,以抵抗下一施工阶段拉索张拉产生的拉应力。主塔应力 3 如图 5-39 所示。

由上图可见,主塔近背索侧压应力增大,压应力最大值为 14.2 MPa,出现在 2♯角点(主塔近背索侧大桩号方向),同时 3、4♯角点压应力大幅减少。主塔非锚固段(编号 41~82)无拉应力出现。

(4) 同时张拉②、③♯索,即 B21、B11、M22、M12。B21♯索张拉力为 4 156 kN,B11♯索张拉力为 3 994 kN,M22♯索张拉力为 5 203 kN,M12♯索张拉力为 5 059 kN。主塔应力 4 如图 5-40 所示。

由上图可见,本阶段斜拉索张拉后,主塔近钢箱梁侧 3♯角点(主塔近钢箱梁侧小桩号方向)混凝土出现较大压应力,最大值为 12.7 MPa。近背索侧局部点出现拉应力,最大值为 1.2 MPa。

(5) 第一次张拉背索。BC11♯索张拉力为 6 500 kN,BC21♯索张拉力为 6 500 kN。主塔应力 5 如图 5-41 所示。

第 5 章　天津海河赤峰桥

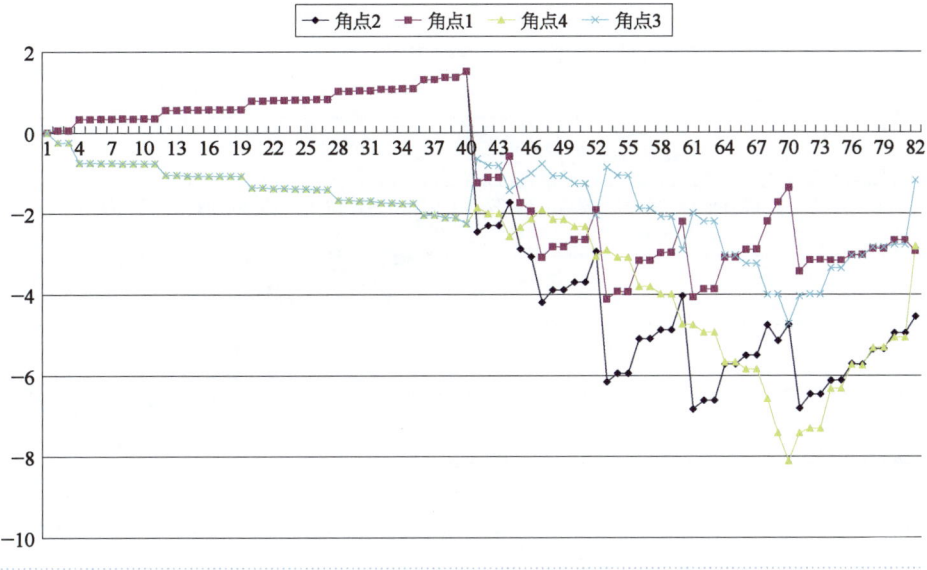

图 5-36　未挂索之前主塔应力(单位：MPa)

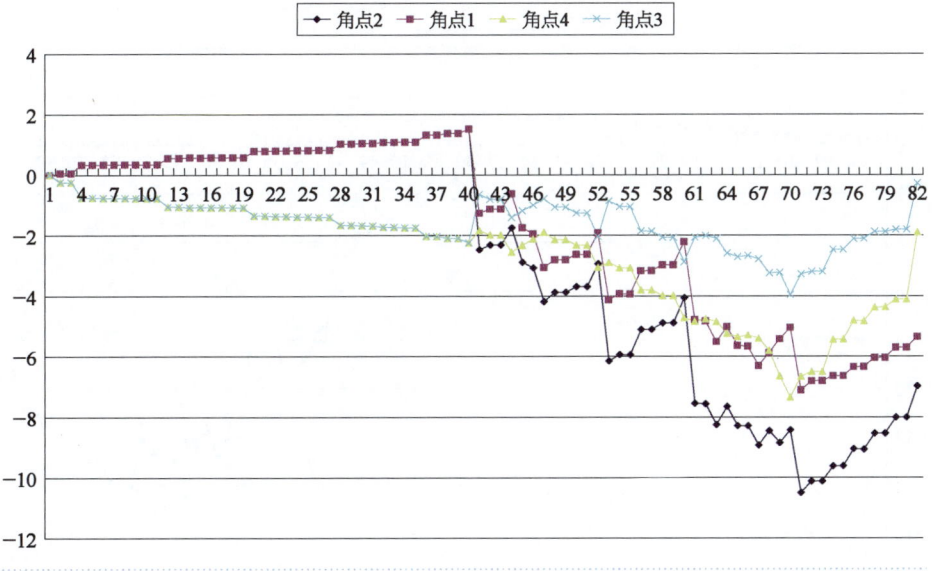

图 5-37　主塔应力 1(单位：MPa)

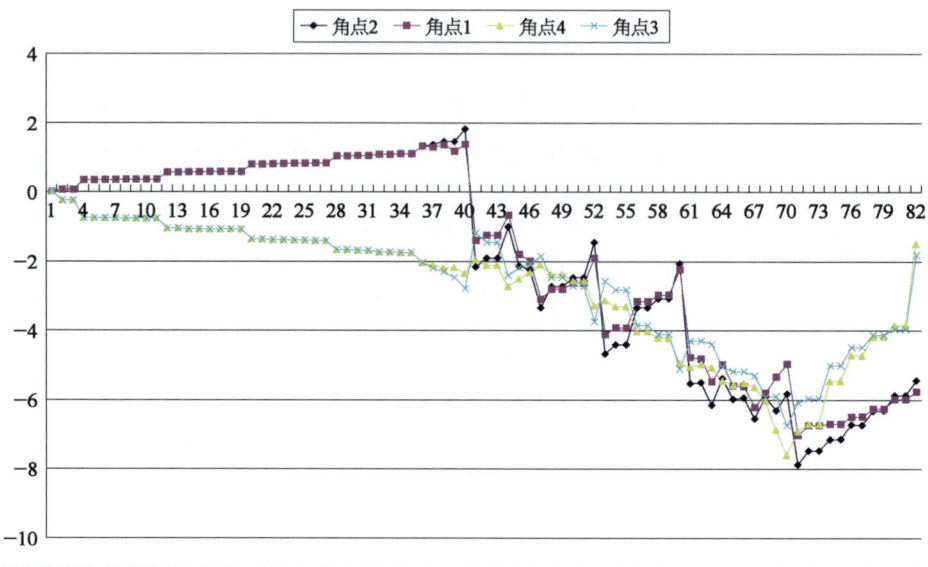

图 5-38 主塔应力 2(单位：MPa)

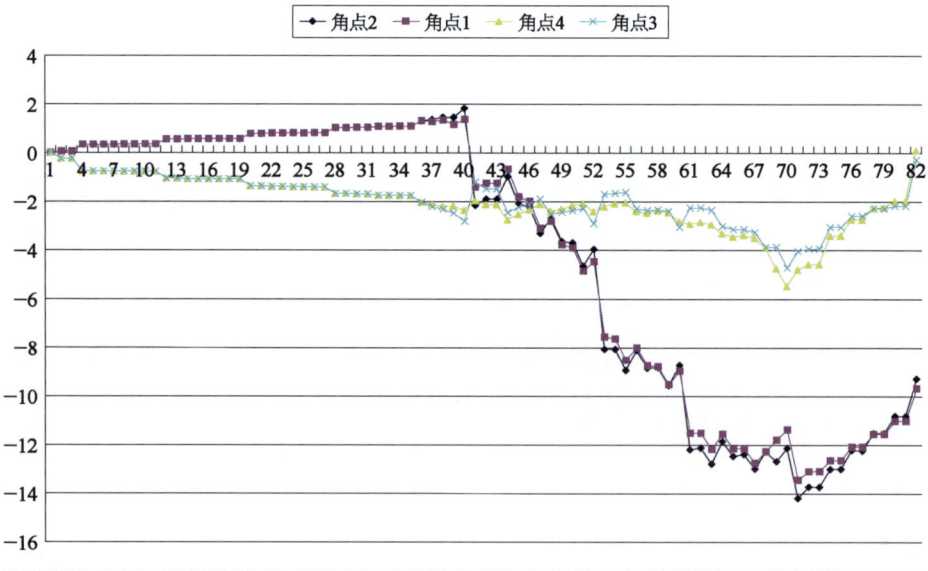

图 5-39 主塔应力 3(单位：MPa)

第 5 章 天津海河赤峰桥

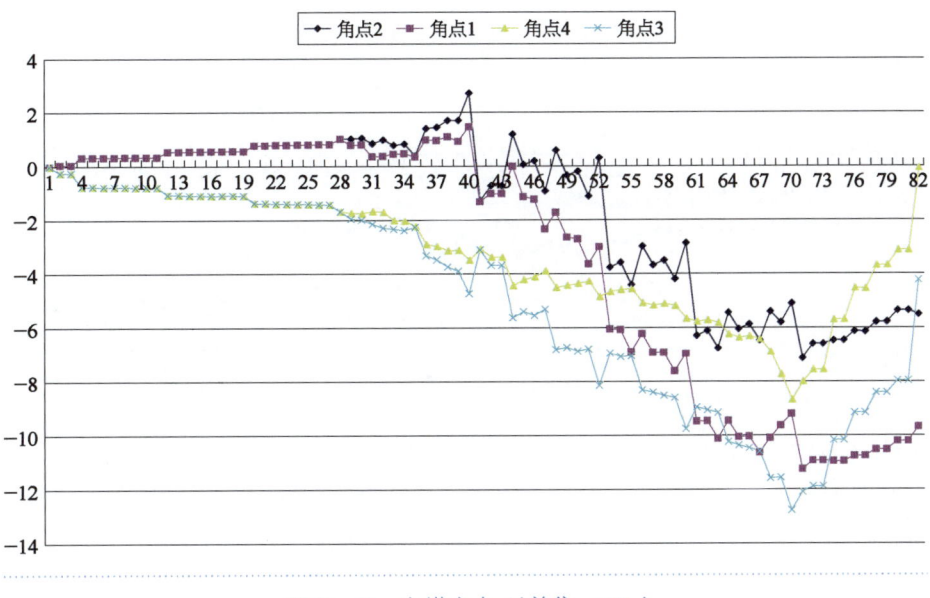

图 5-40 主塔应力 4(单位:MPa)

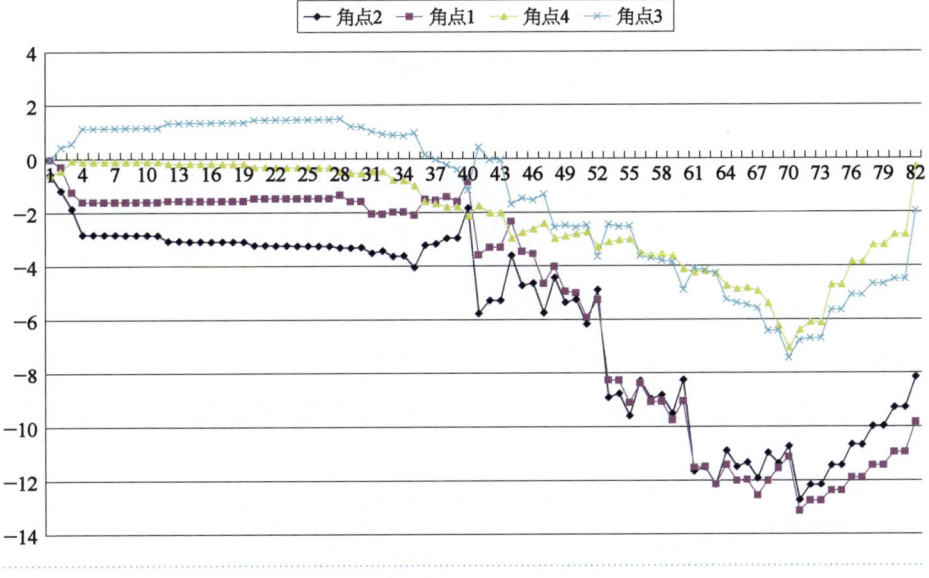

图 5-41 主塔应力 5(单位:MPa)

由上图可见,背索张拉后,主塔锚固段与非锚固段分界处个别点出现拉应力,数值为 0.5 MPa,主塔近背索侧重新获得较大压应力储备。

(6) 同时张拉④、⑤♯索,即 B22、B12、M23、M13。B22♯索张拉力为 7 315 kN,B12♯索张拉力为 7 042 kN,M23♯索张拉力为 6 898 kN,M13♯索张拉力为 7 046 kN。主塔应力 6 如图 5-42 所示。

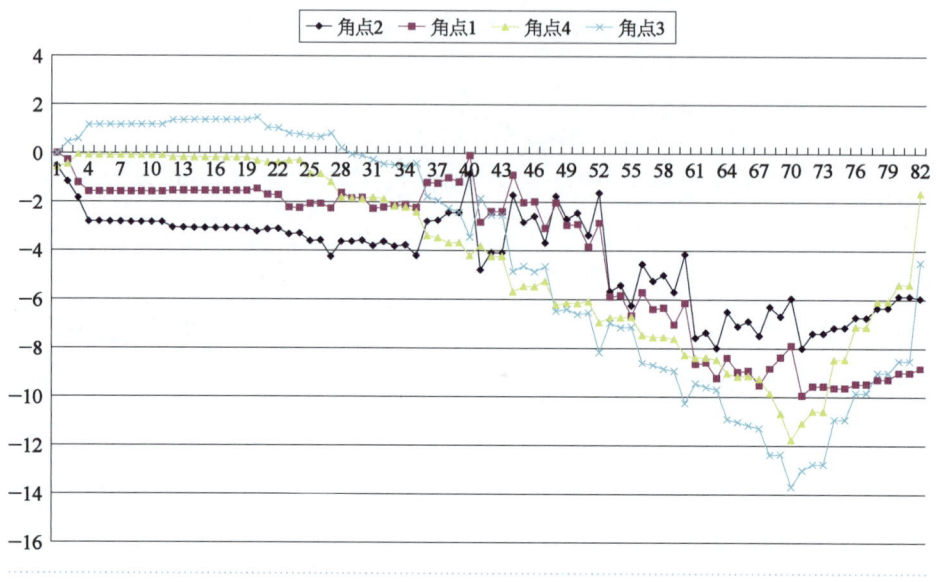

图 5-42 主塔应力 6(单位：MPa)

由上图可见,本阶段斜拉索张拉后,主塔 3# 角点混凝土出现 13.7 MPa 压应力。全塔非锚固段混凝土基本处于受压状态。

(7) 第 2 次张拉背索：由于上一阶段的主塔 3# 角点出现较大的压应力,需要对背索进行重新张拉,以减少 3# 角点的压应力。BC11、BC12 两根索共张拉至 11 000 kN,BC21、BC22 两根索共张拉至 11 000 kN。主塔应力 7 如图 5-43 所示。

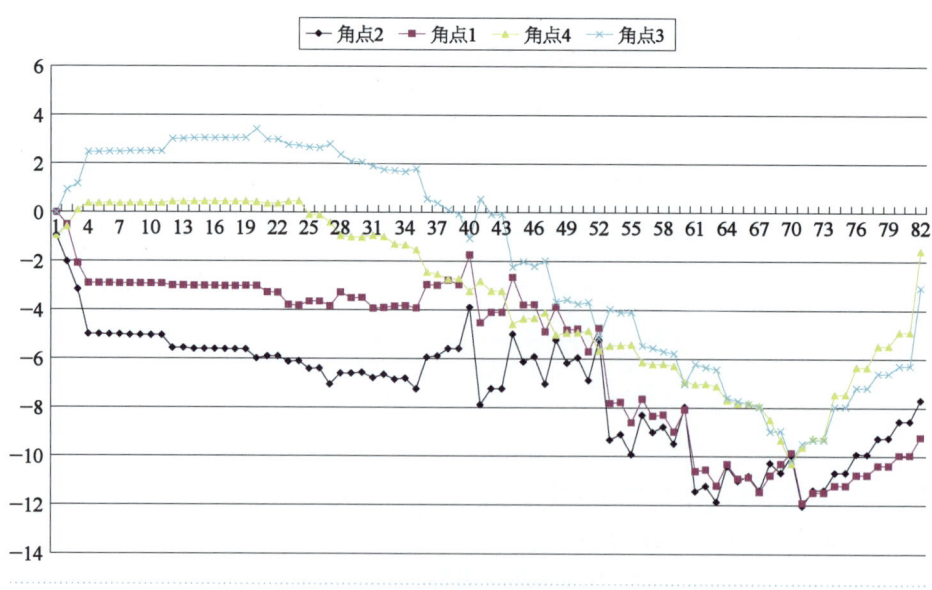

图 5-43 主塔应力 7(单位：MPa)

(8) 同时张拉⑥、⑦#索,即 B23、B13、M24、M14。B23#索张拉力为 5 653 kN,B13#索张拉力为 5 662 kN,M24#索张拉力为 7 619 kN,M14#索张拉力为 7 574 kN。主塔应力 8 如图 5-44 所示。

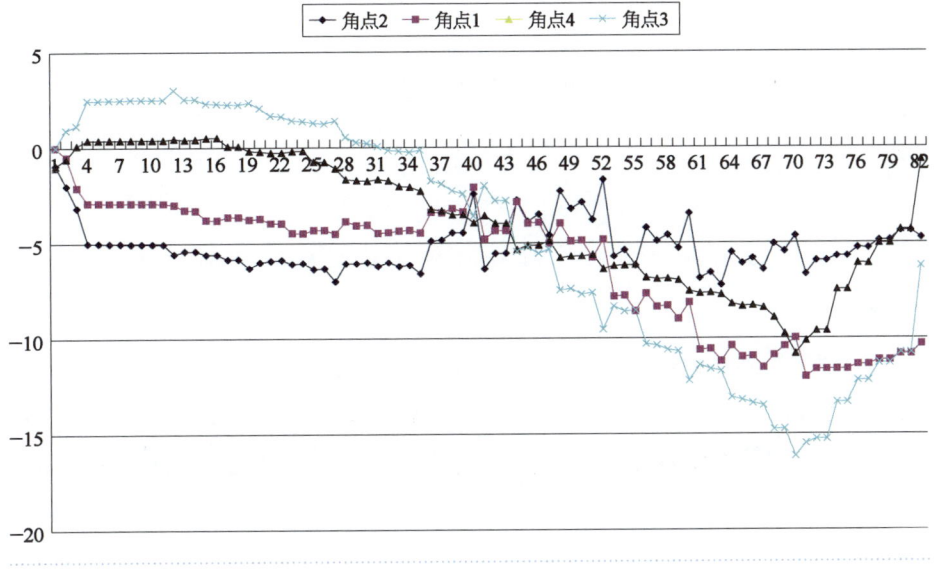

图 5-44 主塔应力 8(单位:MPa)

本阶段斜拉索张拉后,主塔 3#角点混凝土出现 16.2 MPa 压应力。

(9) 第 3 次张拉背索:上一阶段中,3#角点出现很大的压应力,需要对背索进行重新张拉以调整角点的应力状态。BC11、BC12 两根索共张拉至 16 000 kN,BC21、BC22 两根索共张拉至 16 000 kN。主塔应力 9 如图 5-45 所示。

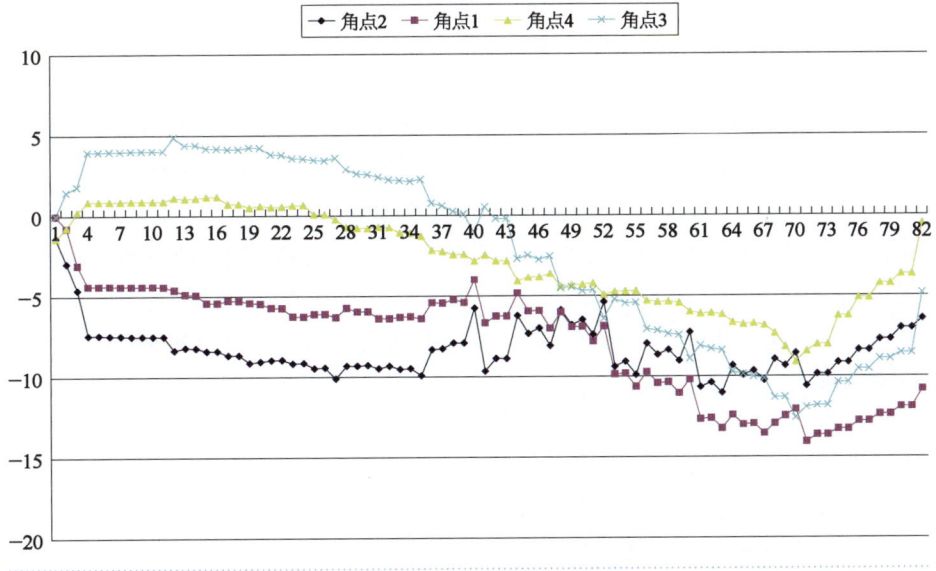

图 5-45 主塔应力 9(单位:MPa)

背索张拉后,主塔各角点应力较为均匀。最大值出现在 1#角点,为 14.1 MPa。

(10) 同时张拉⑧、⑨#索,即 B24、B14、M25、M15。B24#索张拉力为 9 807 kN,B14#索张拉力为 9 102 kN,M25#索张拉力为 7 130 kN,M15#索张拉力为 7 178 kN。主塔应力 10 如图 5-46 所示。

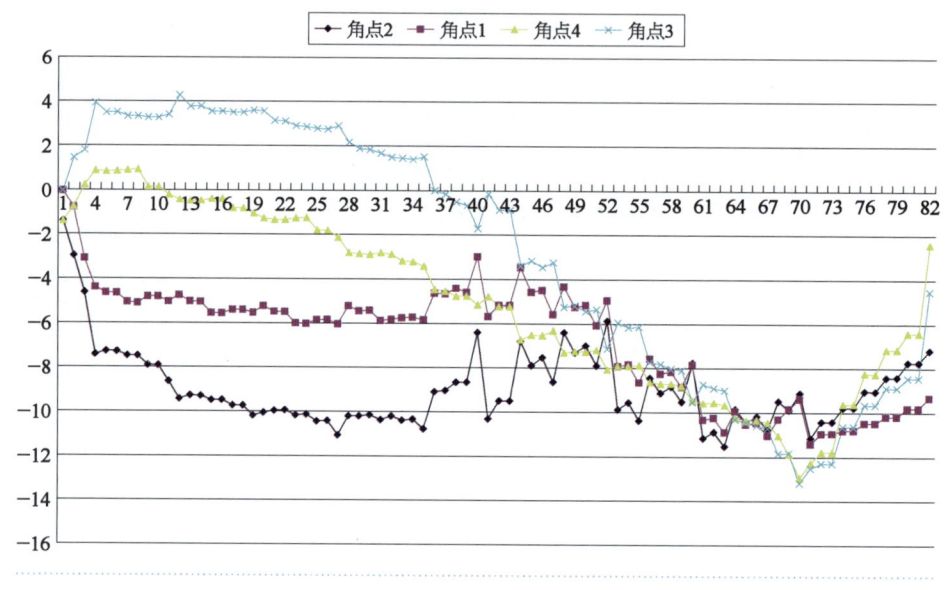

图 5-46　主塔应力 10(单位:MPa)

本阶段斜拉索张拉后,主塔各角点应力比较均匀。3#角点最大压应力为 13.2 MPa。全塔非锚固段混凝土基本处于受压状态。

桥面拉索张拉完毕,主跨跨中钢主梁大部分上拱,并与支架脱离。边跨由于有压重混凝土,支架仍处于受压状态。张拉结束后主梁位移如图 5-47 所示。跨中上拱部分最大值为 0.52 cm,边跨最大下挠值为 0.57 cm。

(11) 落架阶段,体系转换 B 阶段。落架前,主跨大部分支架已脱空,只有桥头支座附近以及边跨的支架仍处于受压状态。遵循"间隔落架"原则,从边跨 P3、P4#墩开始向两侧间隔拆除支架。拆除第一轮后,拆除剩余支架时,仍遵循"间隔落架"原则,直至全部拆除。跨中脱空的支架可在第一轮拆除。主梁落架后主塔应力如图 5-48 所示。落架后,2#角点压应力有所增加,达到 14.3 MPa。3#角点压应力有所减少。

落架完成后,主梁位移如图 5-49 所示,支架全部拆除后,跨中拱起最大处达 22.5 cm,边跨下挠最大值为 3.6 cm。

(12) 桥面铺装。桥面铺装从主跨开始往边跨方向进行,铺装完成后主塔应力如图 5-50 所示。铺装结束后,主塔 1、2#角点压应力有所减少,最大压应力为 10.5 MPa。相应主塔 3、4#角点压应力有所增大,3#角点压应力最大值为 14.7 MPa。

铺装全部完成后,主梁上拱基本消除,如图 5-51 所示。主梁最大位移出现在①#索(M21、M11)和③#索(M22、M12)之间,最大下挠值为 3.7 cm。

第 5 章　天津海河赤峰桥

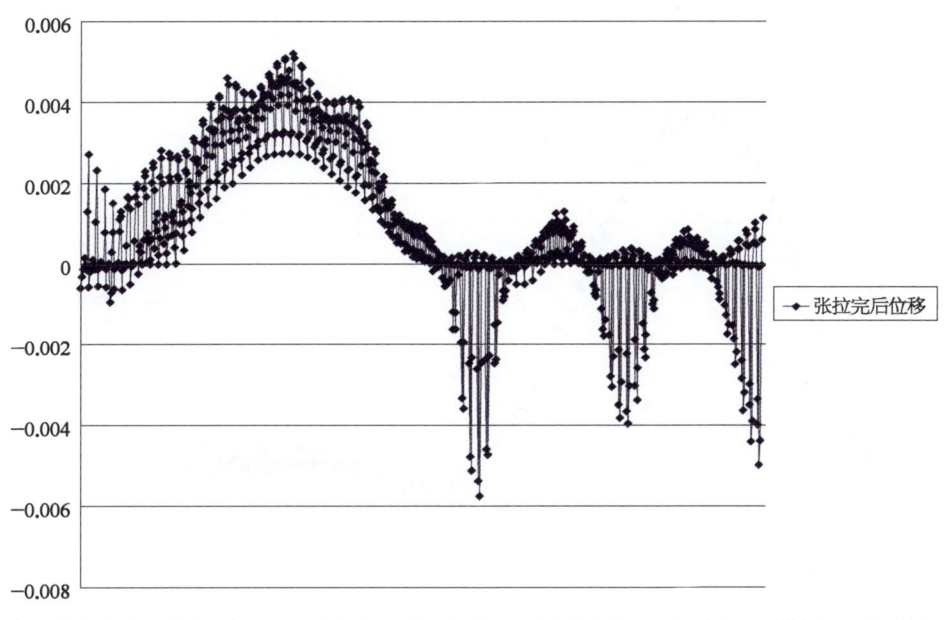

图 5-47　张拉结束后主梁位移(单位:m)

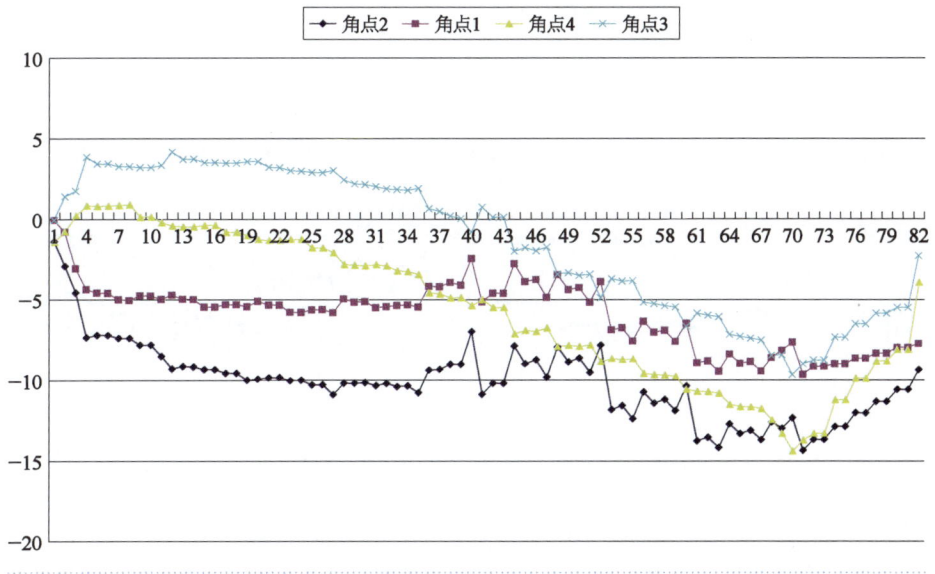

图 5-48　主梁落架后主塔应力(单位:MPa)

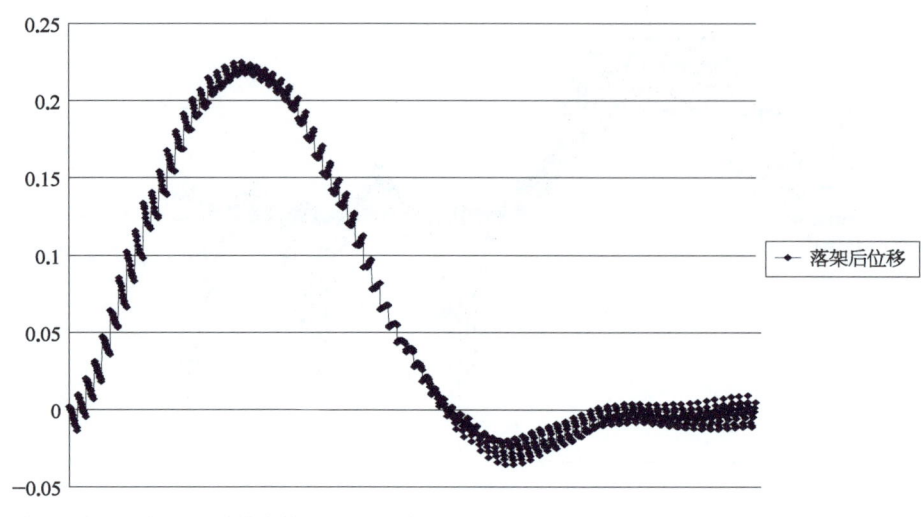

图 5-49　落架结束后主梁位移(单位：m)

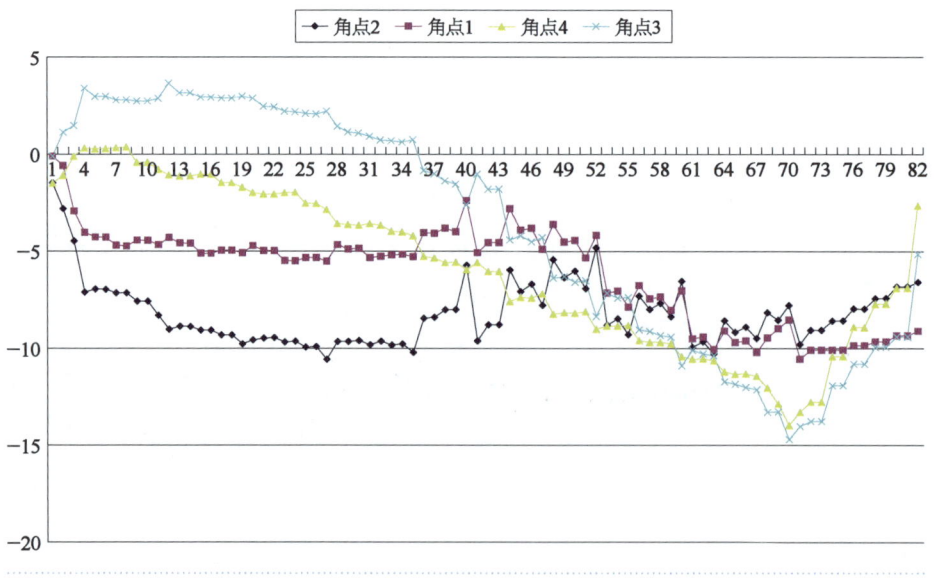

图 5-50　铺装完成后主塔应力(单位：MPa)

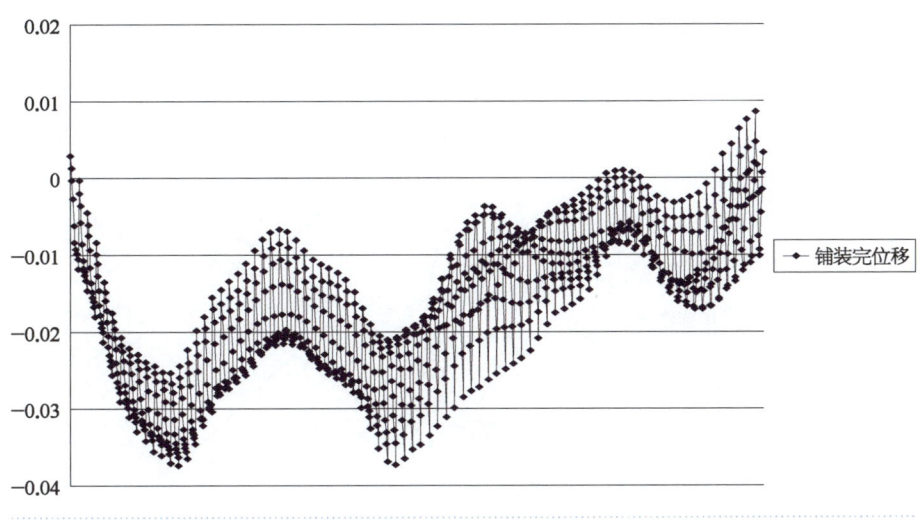

图 5-51 铺装完成后主梁位移(单位:m)

(13) 第四次张拉背索。BC11、BC12 两根索共张拉至 18 389 kN,BC21、BC22 两根索共张拉至 18 542 kN。背索张拉完成后主塔应力如图 5-52 所示。张拉过程全部结束,主塔各角点应力最大值较为平均。

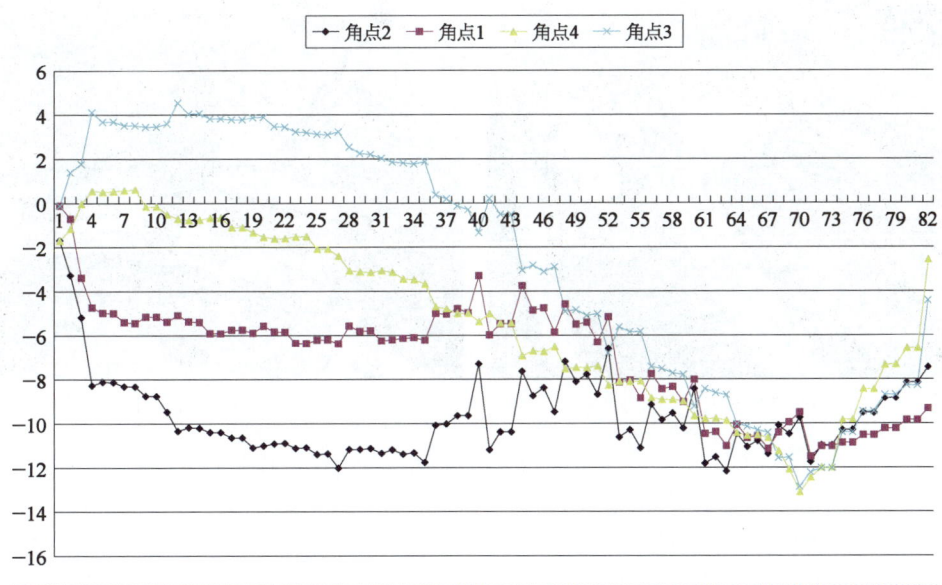

图 5-52 背索张拉完成后主塔应力(单位:MPa)

5.4.3.1 单根拉索张拉

钢绞线均逐根挂索后,用 YLSD160-150 千斤顶进行张拉。为使每根索中各钢绞线索力均匀,采用等张拉值法进行张拉,即每根钢绞线的拉力以控制压力表读数为准,并监测传感器读数,如图 5-53 所示。挂索前,将监测传感器安装在一根不受外界影响的钢绞线上,安装顺序为:支座垫板—传感器—单孔工作锚。张拉时,每根钢绞线的拉力按传感器的显示变化值进行控制。通过上述索力控制方法,索力的均匀性可控制在各股钢绞线的离散误差不大于理论值的±2%。

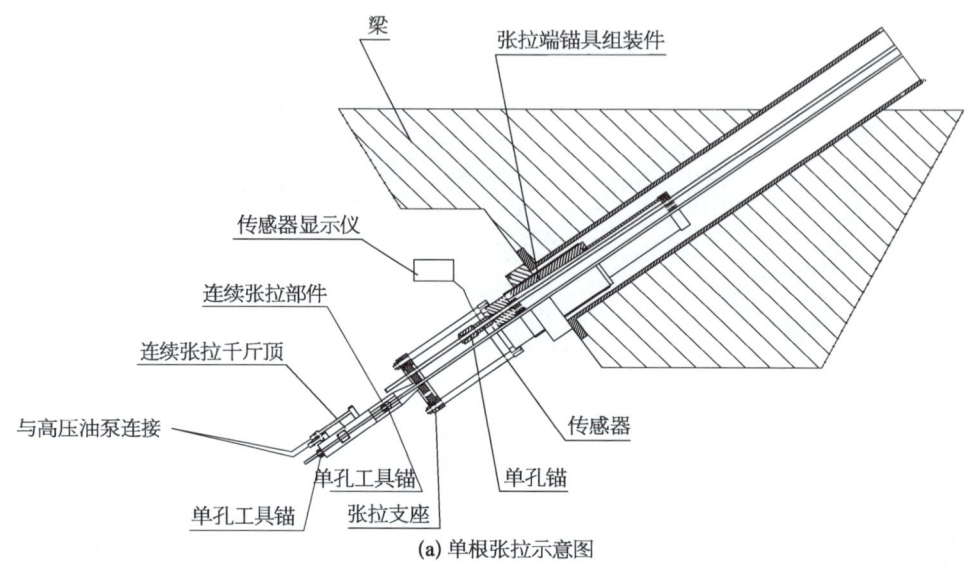

(a) 单根张拉示意图

(b) 传感器

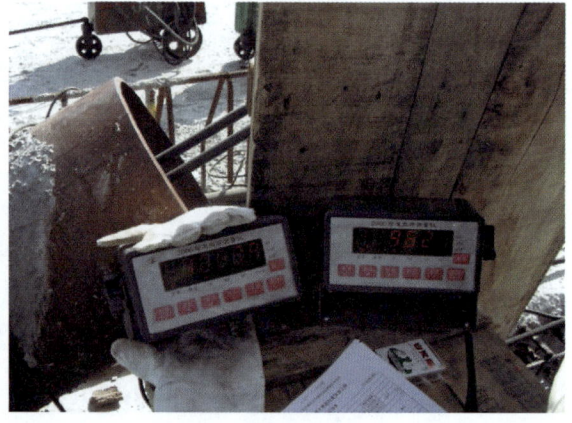

(c) 拉力控制

图 5-53 斜拉索张拉

5.4.3.2 等值张拉法

斜拉索等值张拉原则如下:

第1、2根:由于第1、2根钢绞线承受外套管的自重,为减少套管对单根张拉力造成较大的非线性影响,因此张拉力由该套管的垂度确定。

第3根:根据整束拉索索力,对主梁及索塔的变形量进行修正,使安装完成后单根索力累计值与设计值接近,避免单根挂索后索力发生较大调整;

第 i 根:
$$T_i = T_{i-1} - \Delta I \tag{5-1}$$

Δi ——第 i 根拉索安装时传感器变化值。

第 1、2 根补拉时按上式的方法确定。

单根张拉力(第 1 根张拉力)的计算方法如下：

$$F_1 = (1.1 \sim 1.2) F / n \tag{5-2}$$

F ——设计索力。

5.4.3.3 低应力锚固技术措施

当单根挂索索力较小时，钢绞线在低应力状态下工作，其夹持质量和夹持效果对施工过程中主体工程的安全尤为关键。因此，应加强拉索低应力下的锚固措施，具体如下：

(1) 提高拉索初始控制应力，宜达到 $0.15R_m$ 以上。

(2) 拉索应在连续张拉装置内张拉完成，工作夹片不宜出现多次高应力锚固的情况。

(3) 单根钢绞线顶压。使用拉索配套的张拉顶压设备，采用专用顶压器对钢绞线进行逐根顶压，总应力不超过钢绞线破断力的 0.45 倍，一次性顶压锚固，使夹片锚固后产生相当于 $0.45R_m$ 应力状态下的夹持效果，以适应在低应力状态下的锚固。

(4) 防松装置。安装夹片防松装置，使用专用扳手将各空心螺栓旋紧，随时保持对夹片的压紧力。

第 6 章

天津海河富民桥

天津海河富民桥工程(图6-1)位于天津市中心城区规划智慧城范围内。作为一座独塔空间缆索自锚式悬索桥,造型新颖独特,缆索空间特性明显,受力复杂,结构构造处理难度大,存在许多设计、制作及安装的难点。

6.1 桥梁方案设计

6.1.1 工程建设条件

富民桥为河东、河西两区跨海河通道,对分流快速环线海河大桥上的跨河交通,完善天津市主干道路网具有重要意义。富民桥道路等级为城市主干道,双向8车道,设计行车速度40 km/h。海河为Ⅵ级航道,正常通航水位为1.5 m,主航道净宽为30 m、净高为4.5 m,海河东侧民安路净空为3.5 m,海河西侧台儿庄南路净空为3.5 m。

工程场地土为中软土,Ⅲ类场地。场地埋深20 m以上无成层饱和亚砂土和砂土分布。该场地埋深20 m以上土层属非液化土层,即非液化场地。场地地震基本烈度为Ⅶ度,设计基本地震动峰值加速度值为0.15 g[①]。

6.1.2 桥梁方案构思

天津具有丰厚的文化底蕴和历史渊源,海河便是串起文化和历史的河流,富民桥的建造是天津海河文化的延续和继承。海河是历代漕运的纽带,追溯历史,定格于古代繁华的天津卫,海河上千帆意发,万船涌动,"船舶"是海河上最活跃的音符。富民桥的设计采用"船形"的结构造型,采用独塔自锚式悬索桥方案,寓意"沽水船影",似一艘起锚的帆船。

桥梁方案采用人性化无障碍设计思路,充分考虑周边环境以及海河两岸开发建设的需要,机

---

① 天津城建设计院有限公司的"天津海河富民桥设计文件(2005)"。

第 6 章　天津海河富民桥

动车、非机动车与行人处于不同空间,将人行道设置在主梁中间的下方,既利用双主梁之间的透光特点,又减小桥面宽度,避免行人与车之间的相互干扰,富民桥的人行道没有烦琐的上下桥台阶,舒适、便捷、安全,不仅满足一般行人,而且照顾到老人和残疾人过河及观光的要求,也是海河上又一个休闲的公众空间。

图 6-1　富民桥

6.2 桥梁结构设计及分析

6.2.1 工程概况

富民桥采用一跨过河的单塔空间索面自锚式悬索桥方案,主桥与海河河道斜交,跨径布置为 86.4 m+157.081 m,桥面标准宽度为 38.6 m,横向布置为:0.8 m(吊杆锚固区)+0.5 m(防撞护栏)+3.75 m(非机动车道)+10.75 m(机动车道)+0.5 m(路缘带)+0.5 m(防撞护栏)+5.0 m(主塔区)+0.5 m(防撞护栏)+0.5 m(路缘带)+10.75 m(机动车道)+3.75 m(非机动车道)+0.5 m(防撞护栏)+0.8 m(吊杆锚固区),主桥主跨钢箱梁下挂 5.0 m 宽人行通道,连接海河两岸的亲水平台,既是观景驻足空间,也是跨河人行通道。桥型布置如图 6-2 所示。富民桥桥塔为钢筋混凝土结构,桥面采用钢箱梁,主、边跨均为分离式双钢箱加劲梁,钢箱梁之间用钢箱横撑连接,钢箱梁顶面坡度与道路横、纵坡一致,底面水平,采用 5.5 cm 厚环氧沥青铺装。

6.2.2 结构设计

富民桥采用将主缆直接锚固在加劲梁上的形式,形成自锚式悬索桥体系。为跨越民安路及海河,将边、主跨分别设置成 86.4 m、157.081 m,从而形成不对称的独塔自锚式悬索桥体系。主跨主缆采用三维空间线形,在竖向及横向皆为抛物线,弧线优美,斜吊杆富有韵律感。边跨主缆采用一根独缆不加竖向吊杆的形式,通透简洁,富有现代感。

6.2.2.1 锚固系统

为克服主桥边跨主缆产生的上拔力,设置预应力钢筋混凝土重力式锚碇,并将主缆和主梁均锚固于重力锚之上,通过钢-混凝土过渡段与主桥钢箱梁连接,将主缆产生的竖直上拔力、主缆水平力与自锚主梁轴力的差传给重力锚进行锚固。

重力式锚碇高为 15 m,分为前锚块和后锚块两部分,均采用 C50 混凝土,后锚块主要用于压重和封闭锚固预应力锚具。前锚室采用箱形截面,长约为 10 m,宽为 6.4 m,锚室基础、侧墙和顶板均采用 C50 混凝土。承台平面尺寸为 14.3 m×18.2 m,高 2 m,采用 C30 混凝土。锚碇基础下设钢筋混凝土钻孔灌注桩,一个锚碇下设置 20 根 ϕ1.5 m 钢筋混凝土灌注桩,桩长 60 m,采用 C25 混凝土,边跨锚碇一般构造如图 6-3 所示。

主跨为自锚端,锚碇长 16 m,高 4.6 m,分为锚室和锚块两部分,锚室采用变截面形式,如图 6-4 所示。锚室宽度为 1.2~2.2 m,锚室、锚块、侧墙和顶板均采用 C50 混凝土,每个锚碇处采用单排 4 根 ϕ1.5 m 的圆形柱式钢筋混凝土钻孔灌注桩,桩长 45 m,采用 C25 混凝土。于 IP 点下方设置支承墩,支承墩处采用钢筋混凝土承台,平面尺寸为 10.5 m×6.5 m,厚 2.0 m,采用 C30 混凝土。每个承台下设置 6 根 ϕ1.5 m 钢筋混凝土灌注桩,桩长 50 m,采用 C25 混凝土。

边跨锚固端锚固系统由索股锚固拉杆和预应力锚固钢束构成,每根索股对应 2 根直径 75 mm 的拉杆和 1 根 16ϕ^s15.2 规格的钢束,拉杆与锚固预应力采用与索股相同的安全系数,取 2.5,锚固预应力张拉应力取 70%的公称破断力,即 1 302 MPa,保证在各种使用荷载作用下,锚固预应力锚板与锚块之间始终处于受压状态。由于空间受限,主跨锚固端锚固系统采用 127 丝 ϕ5 mm 平行钢

第 6 章　天津海河富民桥

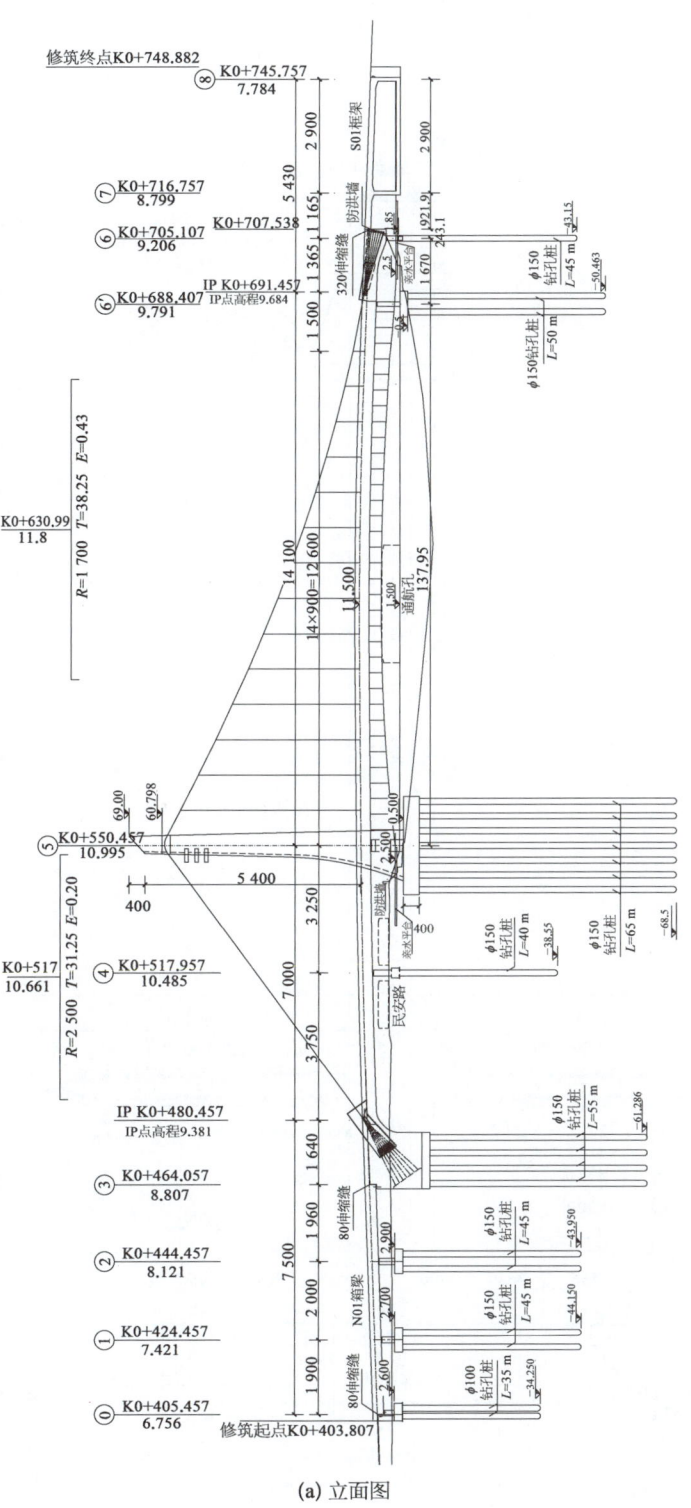

(a) 立面图

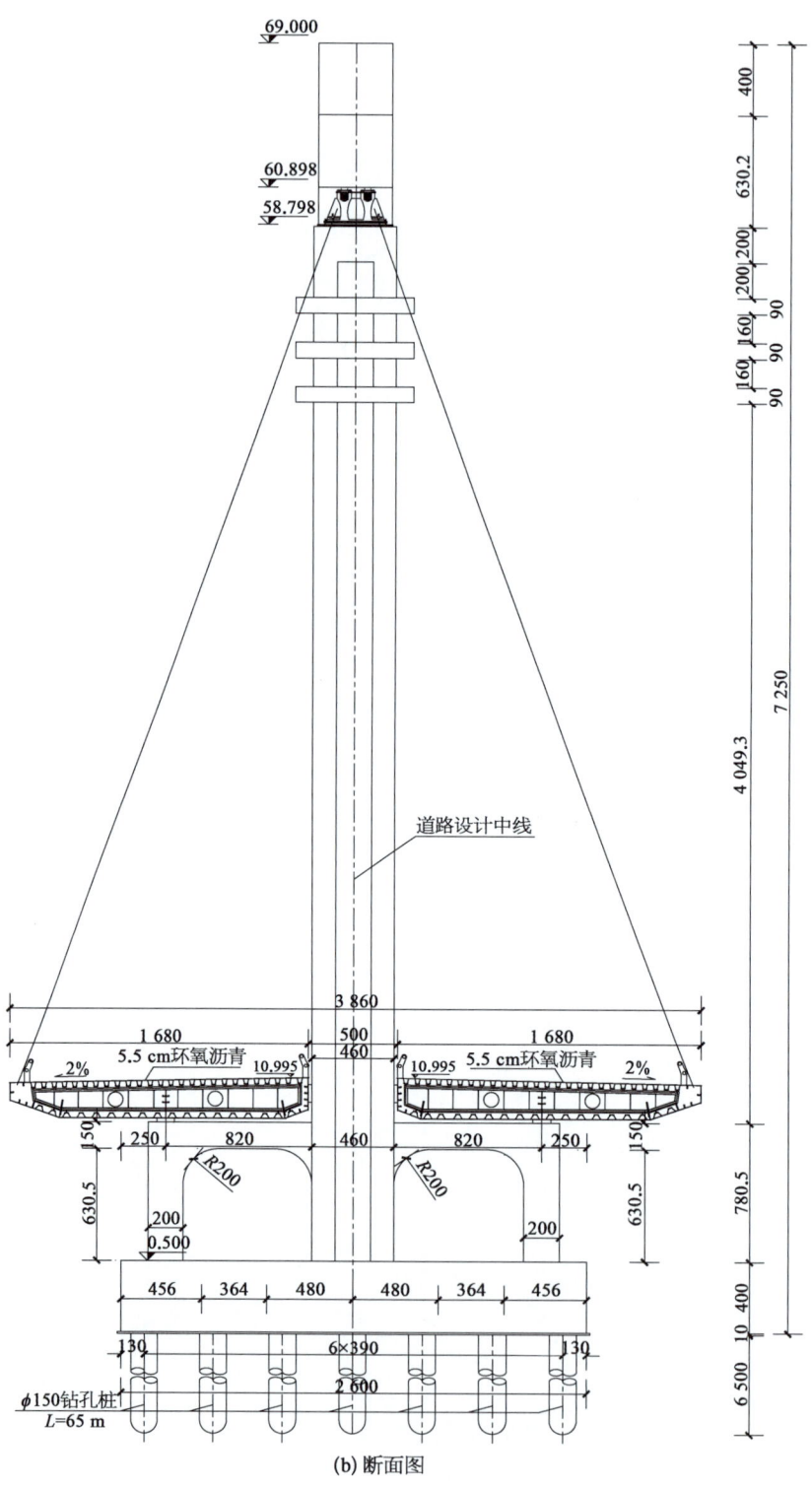

图 6-2 桥型布置(单位: cm)

丝冷铸锚形式进行索股锚固,每个锚碇用37套冷铸锚具,全桥共用74套。管道采用 $\phi 245$ 的不锈钢管灌油对索股平行钢丝进行防护,并定期检查,更换油脂,锚块前后均预留检查空间。

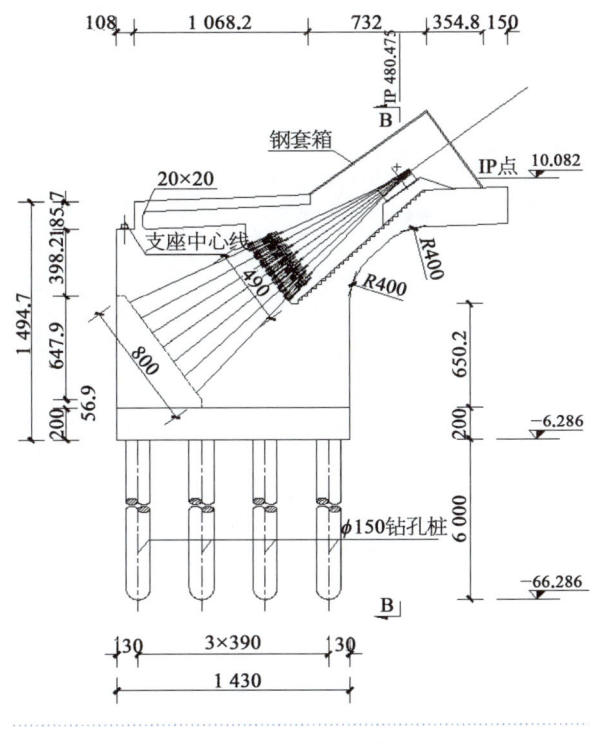

图6-3 边跨锚碇一般构造(单位:cm)

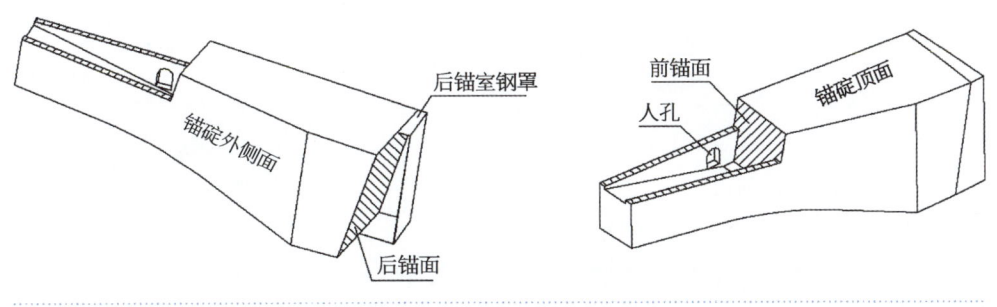

图6-4 主跨锚碇立体示意

锚室均设置自动控制抽湿机,长期对锚室进行除湿,保持室内相对湿度在40%以下。前后锚室钢罩均采用不锈钢板材,并对锚体C50混凝土进行防护处理,全面喷涂增强型混凝土防水剂,防止索股钢丝锈蚀。

6.2.2.2 索塔

1)索塔塔身

主塔采用钢筋混凝土结构、矩形截面,桥面以上塔高为56 m,塔横桥向宽为4.6 m,顺桥向塔底宽为13.0 m,塔顶宽为4.5 m。在主塔底部两侧设置门形墩,墩尺寸为2.0 m×2.0 m,横梁宽为2.0 m、高为1.5 m。墩上设置GPZ(Ⅱ)15SX盆式支座支撑钢箱梁,在钢箱梁侧向设置横向限位支座GPZ(Ⅱ)8SX,对钢箱梁进行侧向限位约束。塔身外形如图6-5所示。

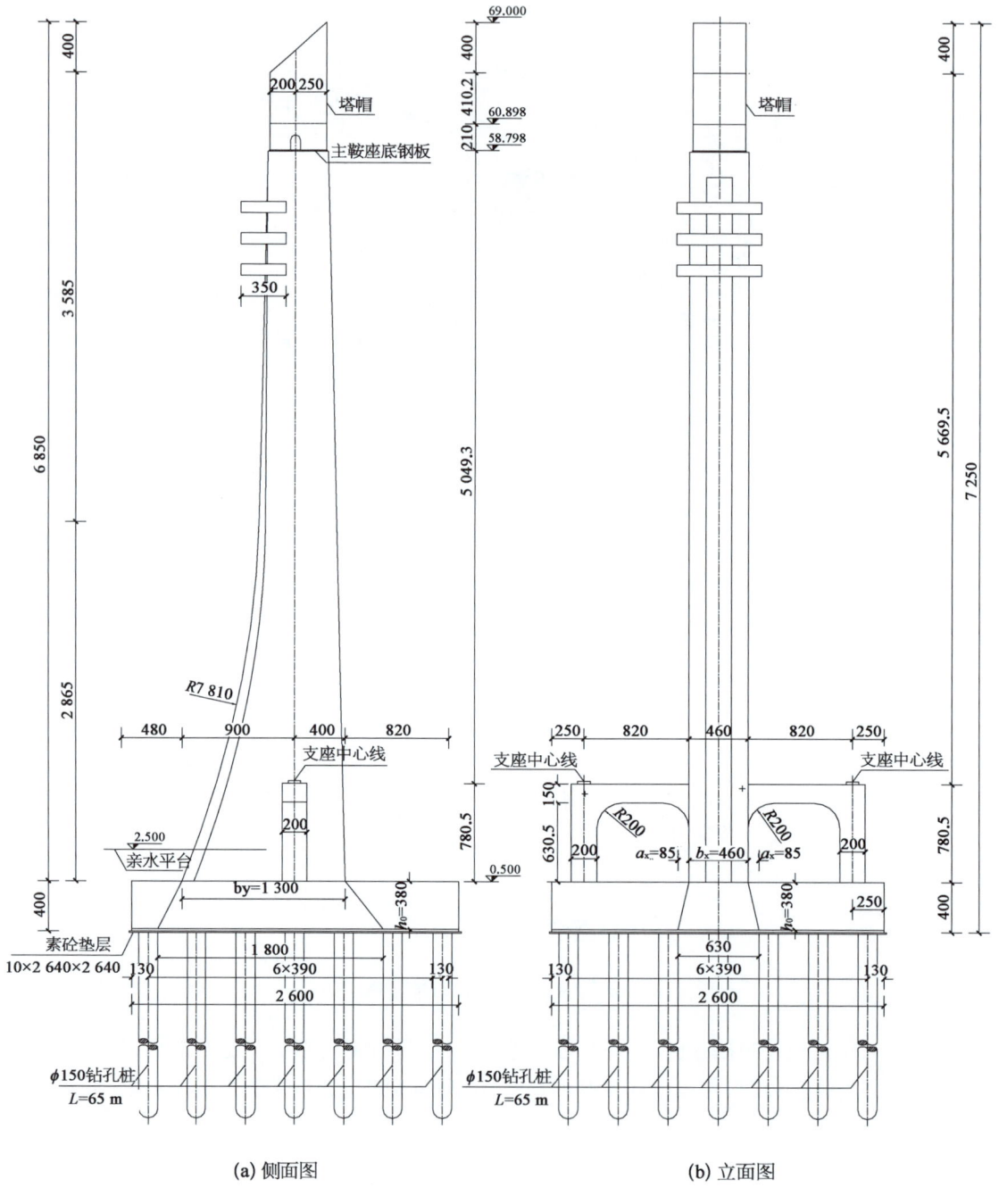

图6-5 索塔外形(单位:cm)

2) 索塔基础

主塔处采用钢筋混凝土承台,平面尺寸为 26 m×26 m,厚为 4 m,采用 C30 混凝土。承台下设置 49 根 φ1.5 m 钢筋混凝土灌注桩,桩长为 65 m,采用 C25 混凝土,索塔基础外形如图 6-6 所示。

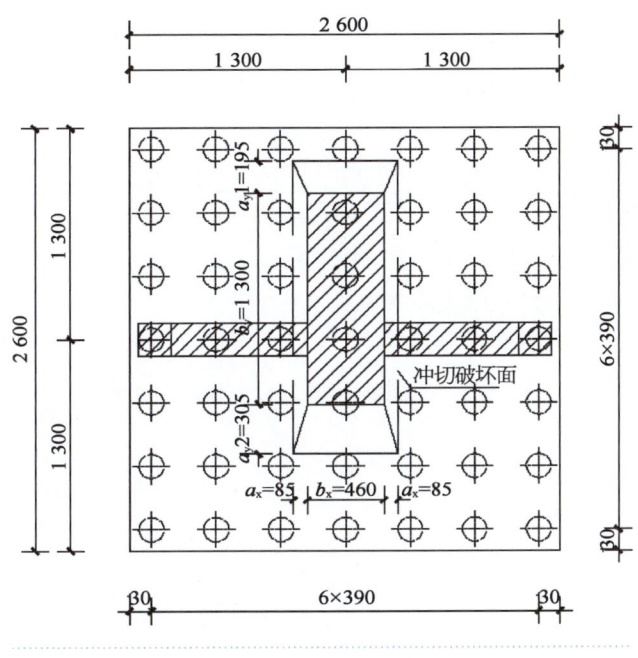

图 6-6 索塔基础外形(单位:cm)

6.2.2.3 缆索系统

1) 主缆

主缆由两跨组成,跨径组成为 86.4 m+157.081 m。主跨主缆理论跨径为 141 m,在设计成桥状态下,理论垂度为 52.46 m,垂跨比约为 1∶5.376,主缆锚固于主跨桥面系两端。边跨直接锚固于 3# 重力式地锚。单根主缆的设计拉力为 4 000 t,成桥状态下主缆立面如图 6-7 所示。

主缆采用预制平行钢丝索股逐根架设的施工方法(PPWS)。主缆共 2 根,每根主缆含 37 股预制平行钢丝索股,每股含 127 丝 φ5 mm 的镀锌高强钢丝,每根主缆共 4 699 丝,竖向排列成尖顶的近似正六边形。紧缆后,主缆为圆形,其直径为 393.6 mm(索夹间)和 388.9 mm(索夹处)。边跨地锚端索股锚头采用套筒式热铸锚,在铸钢制成的锚杯内,浇铸锌铜合金。主跨自锚端索股锚头采用冷铸锚,在锚杯内浇铸冷铸材料。主缆断面如图 6-8 所示。

2) 吊杆和索夹

富民桥采用平行钢丝成品吊杆,吊杆基本水平间距为 9 m,每个吊点共 2 根吊杆为一组,全桥设置吊杆 28 组,吊杆采用预制平行钢丝束股(PWS),外包双层 PE 防护(外层 PE 厚度应大于 4 mm),PE 材质需具有良好的高应力抗老化性能。钢丝采用直径为 5 mm 的镀锌高强度钢丝,钢

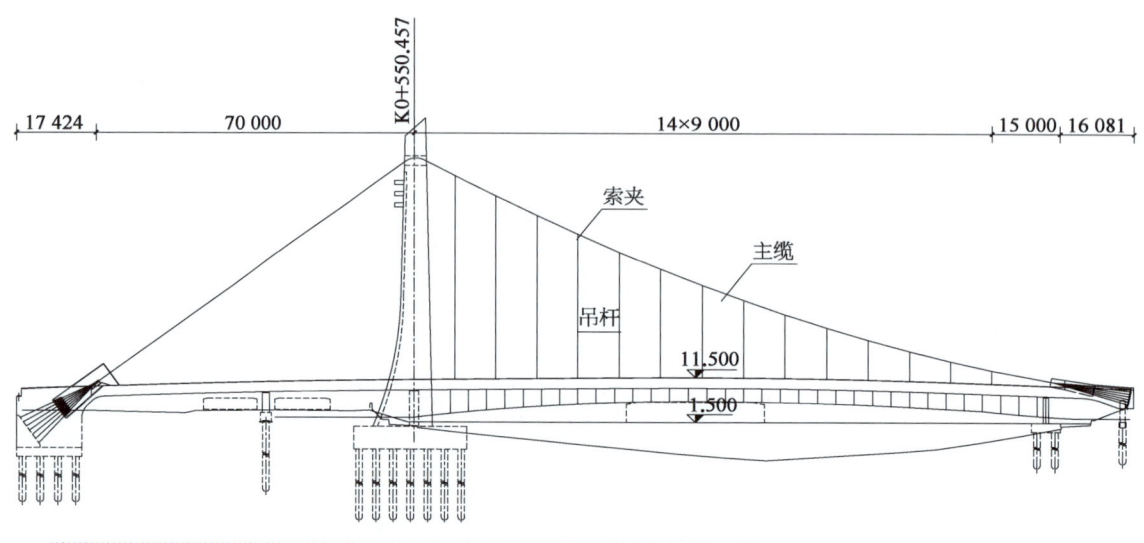

图 6-7 成桥状态下主缆立面（单位：mm）

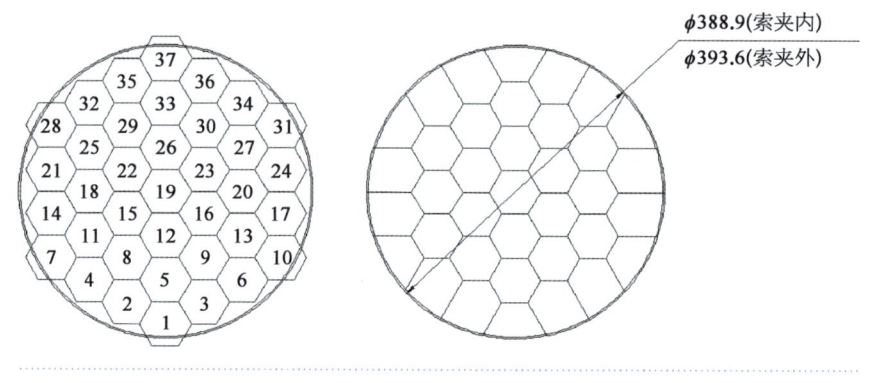

图 6-8 主缆断面

丝强度大于 1 670 MPa，每根吊杆含 91 根钢丝。吊杆上、下锚头均采用叉耳式热铸锚，锚头由锚杯与叉形耳板构成，锚杯内浇铸锌铜合金，叉形耳板与锚杯用螺纹联接，吊杆锚头锚杯采用 ZG35SiMn 铸钢铸造。吊杆一般构造如图 6-9 所示。

索夹壁厚均为 35 mm，包括中跨安装吊杆的索夹、夹紧边跨主缆的索夹和安装缆套的索夹三类。由于主缆倾角不同，所需夹紧力不同，索夹长度和螺杆数量均不相同，为节省模具，将相近长度的索夹并为 6 组。索夹均采用上、下分开的形式。上、下两半索夹用螺杆相连夹紧，接缝处嵌填橡胶防水条。索夹采用 ZG35SiMn 铸钢铸造，螺杆用 40CrNiMoA 合金钢。索夹一般构造如图 6-10 所示。

3) 主鞍

塔顶采用全铸整体式索鞍，为肋传力结构。鞍座主缆槽口曲面的纵向圆弧半径 $R=3.9$ m。主索鞍长为 4.6 m、宽为 4.2 m、高为 2.4 m，索鞍重约为 74 t。鞍座下设置聚四氟乙烯板，便于主鞍在施工过程中通过塔顶预埋反力架进行顶推，调整施工中恒载产生的塔顶不平衡水平力。成桥后，再将索鞍的地脚螺帽固定,并将鞍座与底钢板焊接。主鞍一般构造如图6-11所示。

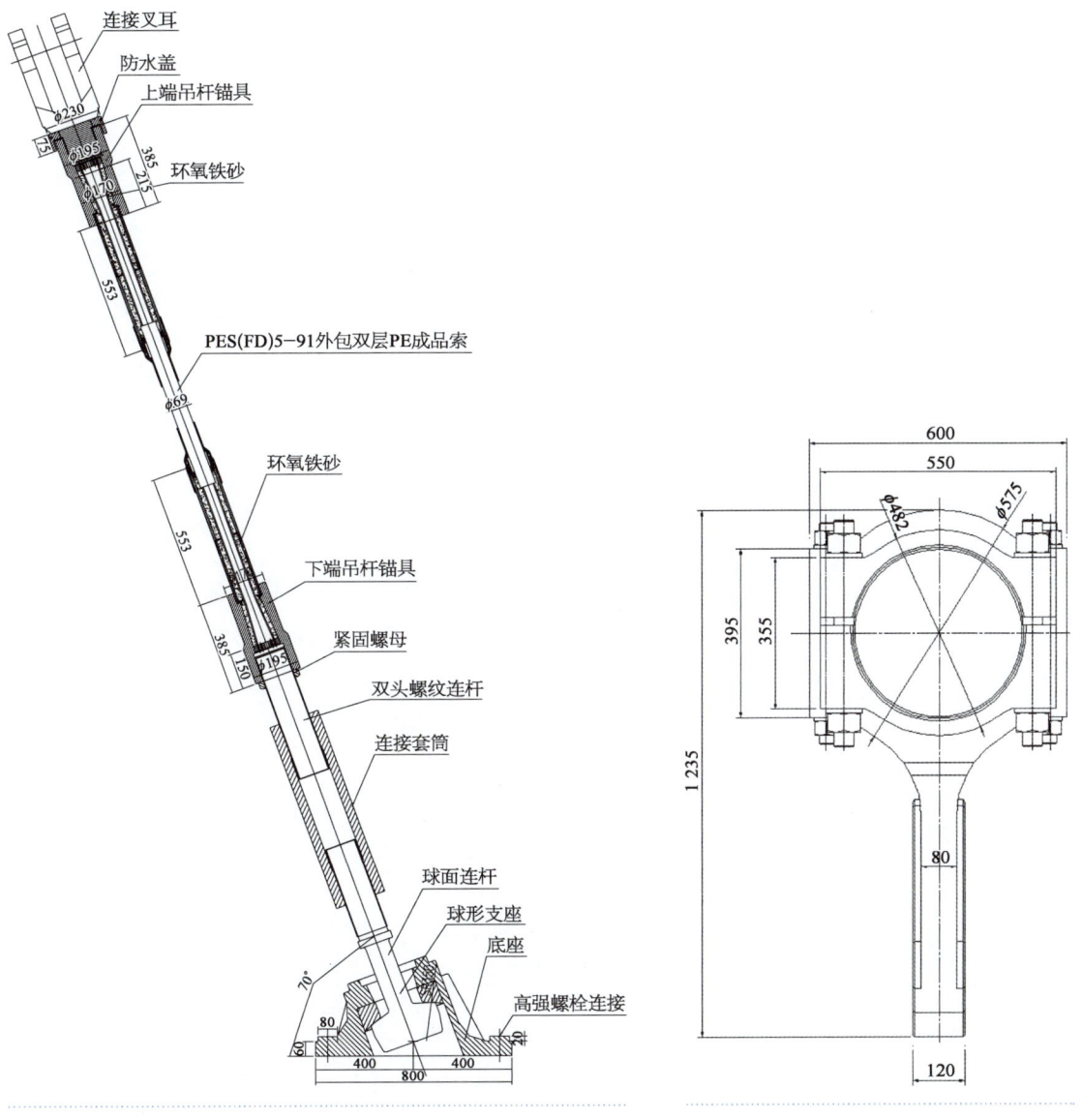

图6-9 吊杆一般构造　　　　图6-10 索夹一般构造

4) 缆索封闭装置

为了加强主缆在靠近主鞍区域的防护,采取设置缆索封闭装置的模式以满足主缆与空气隔绝,并允许自由转动的要求,该封闭装置包括主鞍连接套筒、封闭索夹连接板、封闭索夹等构件。主鞍封闭索夹一般构造如图6-12所示。

5) 散索套

采用散索套构造将主缆索股分散锚固于锚体。主跨散索套采用全铸的肋传力结构,散索套纵向圆弧半径$R=5$ m,两个散索套重约为8.7 t。主跨散索套一般构造如图6-13所示。

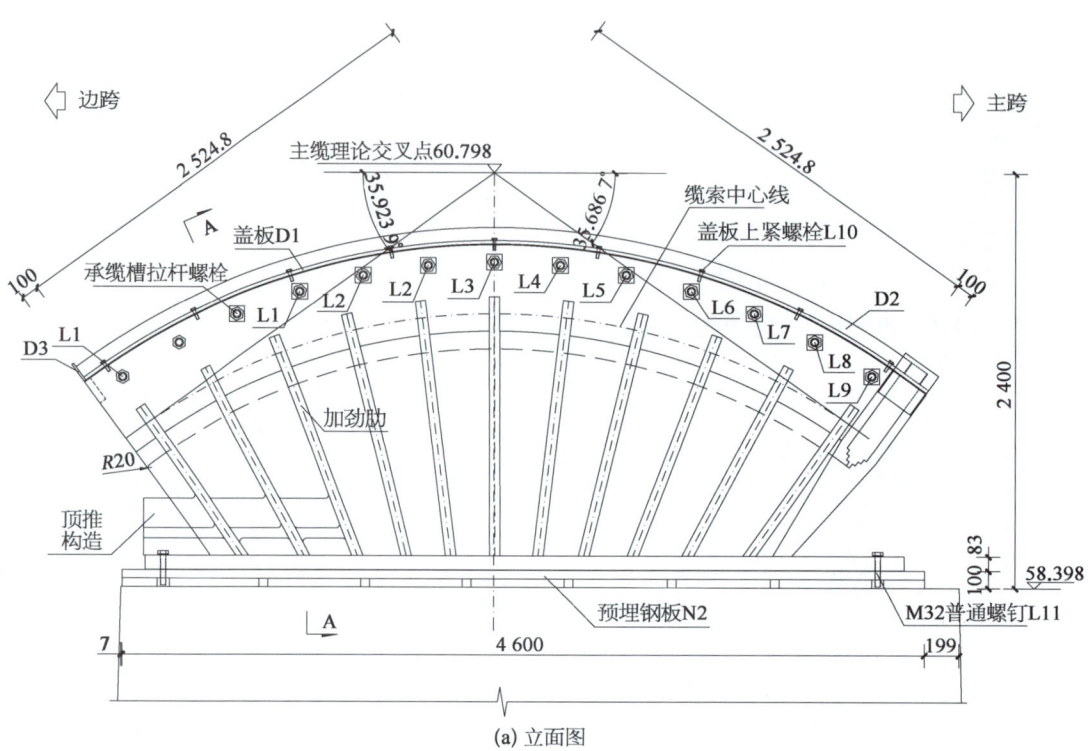

(a) 立面图

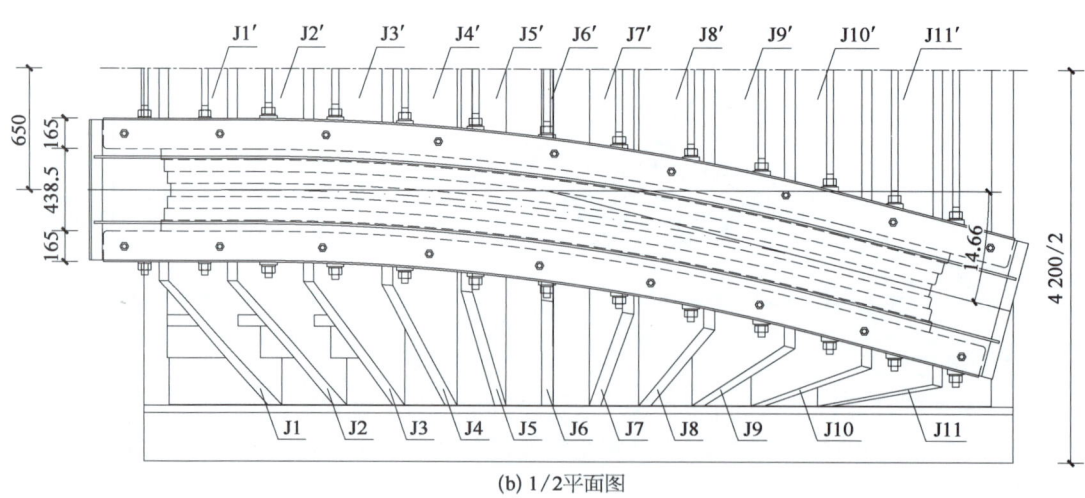

(b) 1/2平面图

第 6 章 天津海河富民桥

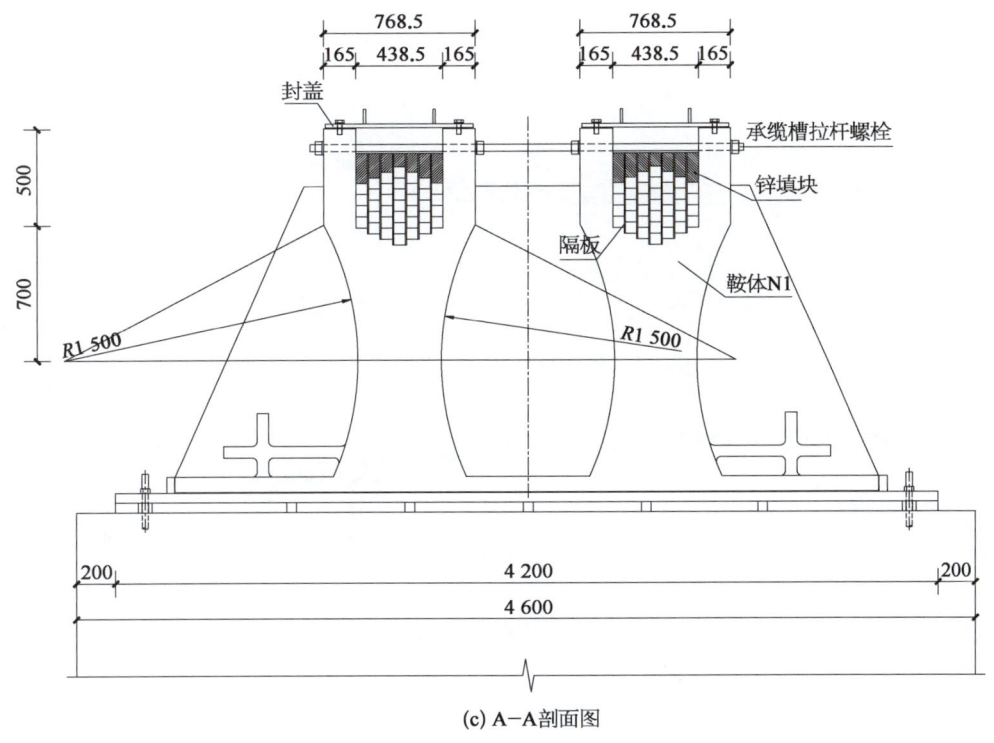

(c) A—A 剖面图

图 6-11 主鞍一般构造

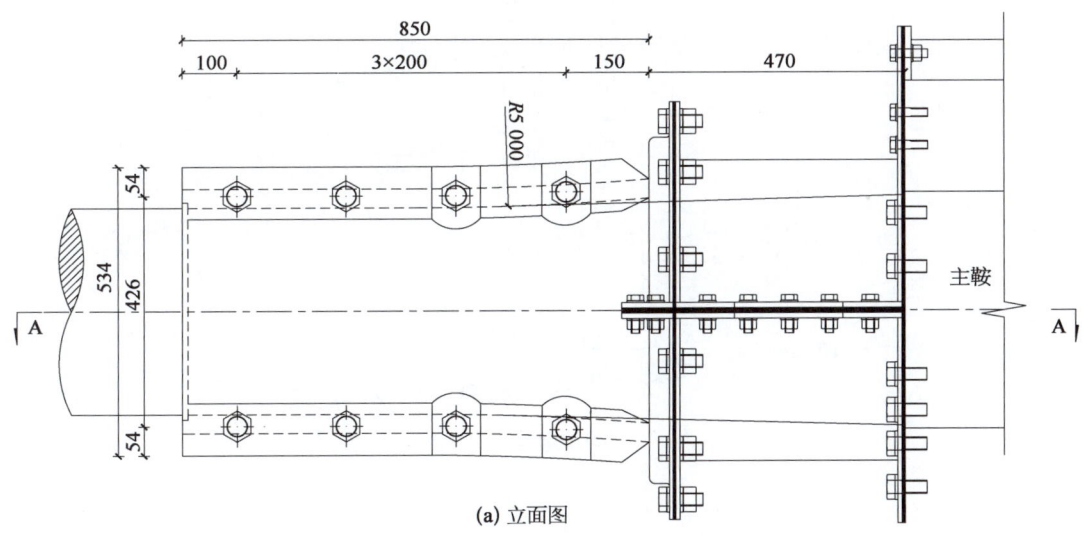

(a) 立面图

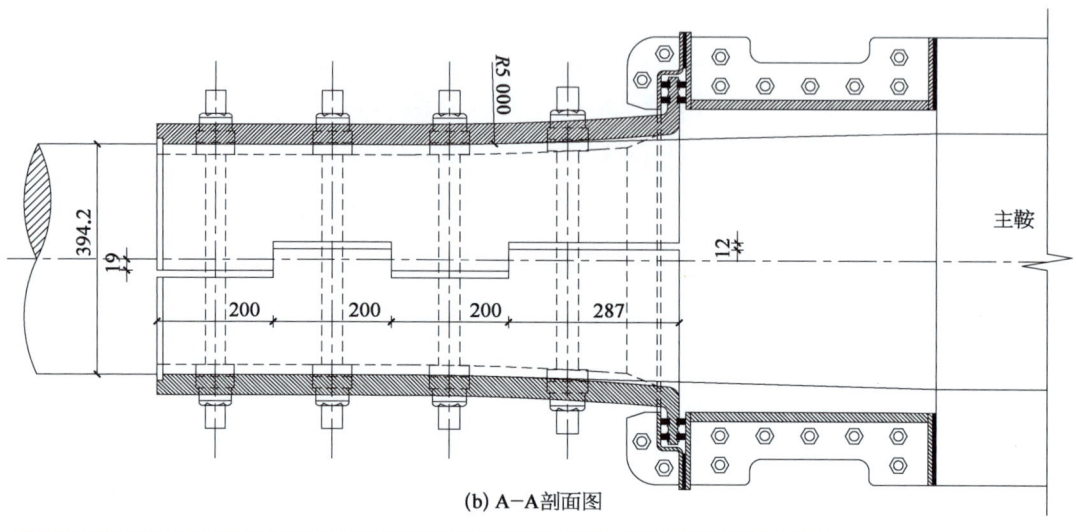

(b) A—A剖面图

图6-12 主鞍封闭索夹一般构造

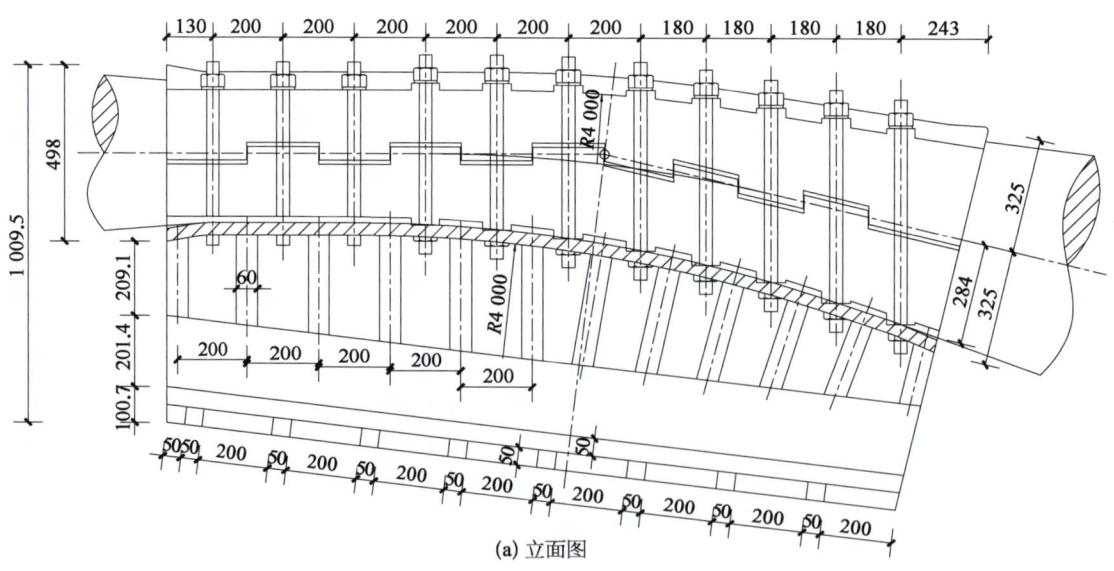

(a) 立面图

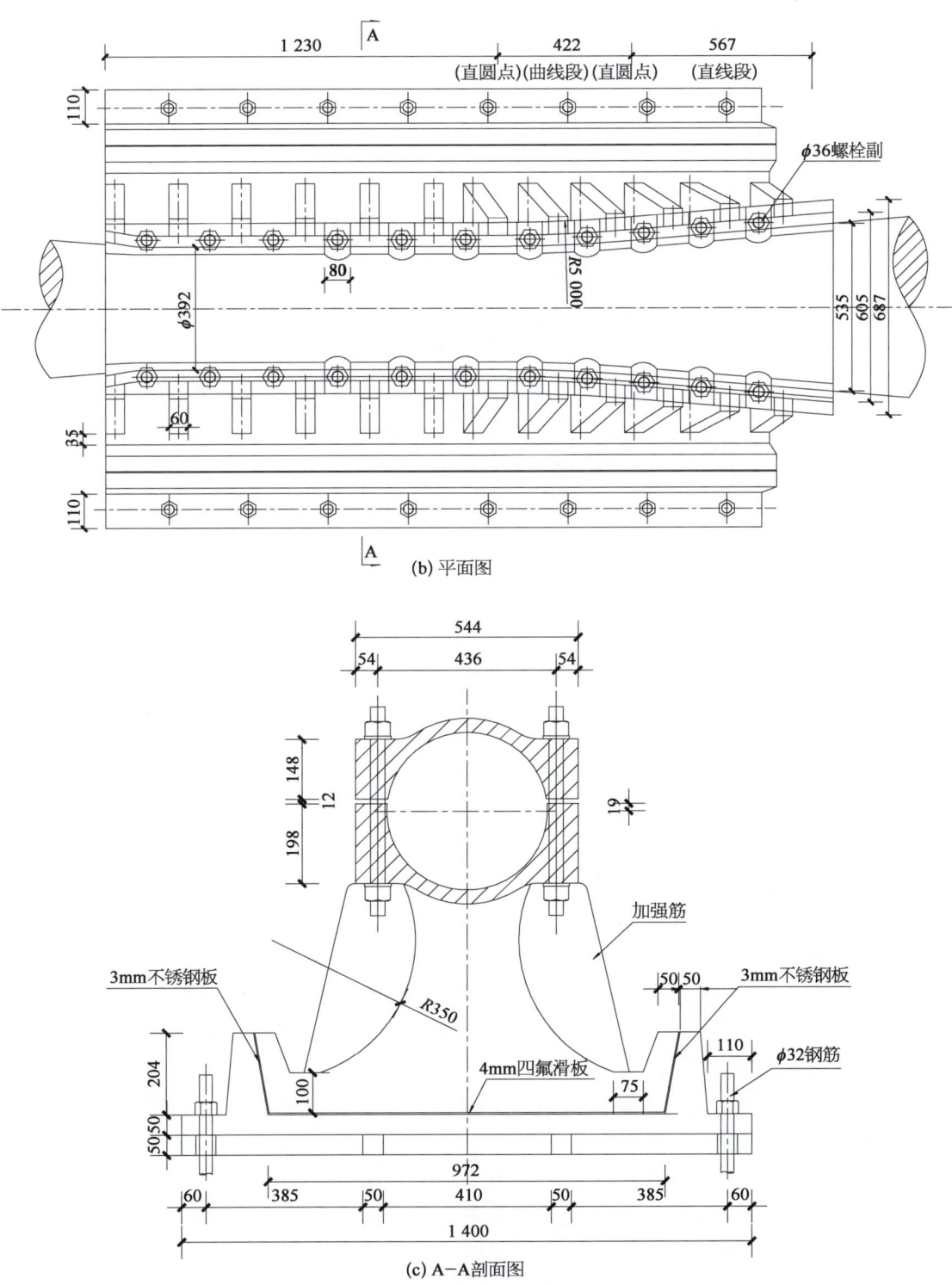

图 6-13 主跨散索套一般构造

边跨主缆自中间向两边散索，偏角较大，散索套采用两个分离式全铸的肋传力结构分别散索，再用铸钢件加劲板将两个散索套横向连接，克服主缆散索产生的横向分力。散索纵向圆弧半径 $R=7$ m，散索鞍长为 2.3 m，宽为 2.67 m，高为 1.11～1.27 m，两个散索套重约为 16.6 t。边跨散索套空间示意如图 6-14 所示。

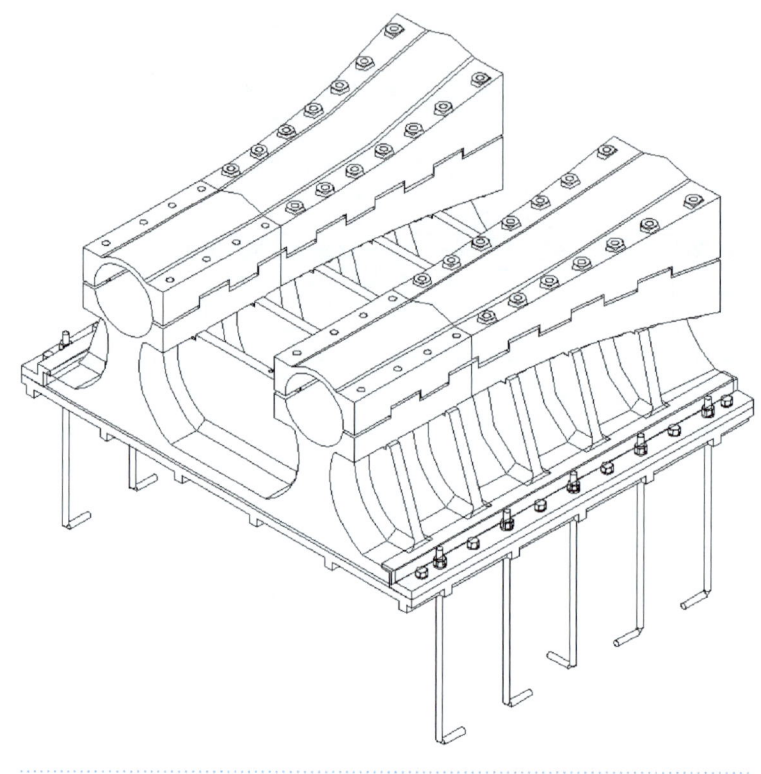

图 6-14 边跨散索套空间示意

6.2.2.4 钢箱梁

主跨单个加劲钢箱梁总宽为 16.8 m，梁高为 1.94～2.3 m，纵向设置三道腹板，板厚为 16 mm，采用正交异性钢桥面板，桥面板厚为 16 mm，钢板下设置厚度为 8 mm 的纵向 U 形加劲肋，箱梁底板与斜腹板纵向分别设置 U 形和扁钢加劲肋。在主跨顺桥向每 3 m 设置一道横隔板，每 6 m 设置一道钢箱横撑，横撑宽度为 3 m。

边跨变宽加劲钢箱梁宽度由 37 m 变化至 34.4 m，单个加劲钢箱梁宽为 16.8 m，桥梁宽度变化由钢箱横撑长度变化实现。双主梁最小处梁高仍采用 1.94 m，纵向设置三道腹板，与主跨两加劲梁腹板顺连，板厚为 16 mm，采用正交异性钢桥面，桥面钢板厚为 16 mm，钢板下设置厚度 8 mm 的纵向 U 形加劲肋，箱梁底板与斜腹板纵向也分别设置 U 形和扁钢加劲肋，每隔 3 m 设一道横隔板，横隔板厚度分别为 12 mm（吊杆处）和 20 mm（支座处）。纵梁梁段之间采用全断面焊接结合的连接方式，钢箱加劲梁各构件钢板均采用 Q345qD 钢材。钢桥面铺装采用环氧沥青混凝土，厚度为 5.5 cm。主跨钢箱加劲梁横断面如图 6-15 所示。

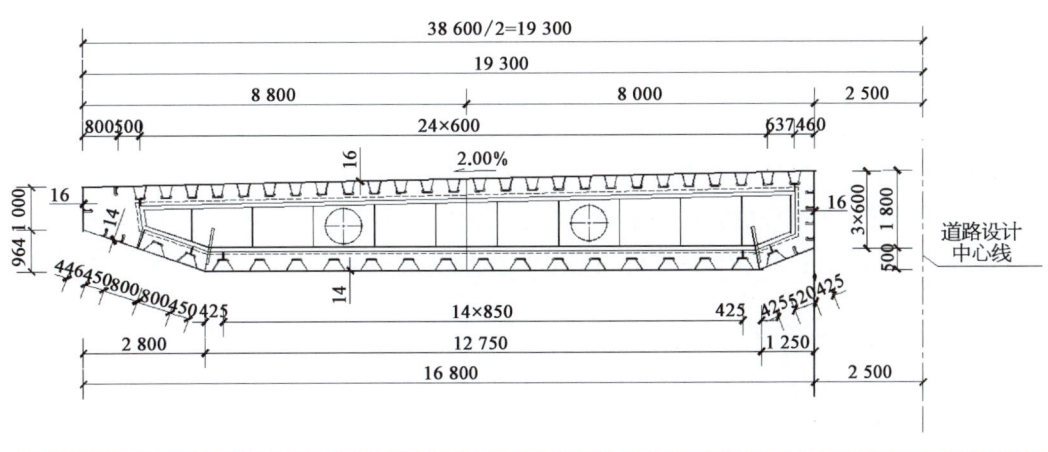

图 6-15 主跨钢箱加劲梁横断面图

6.2.2.5 人行道

主桥桥面不设置人行道，在主跨钢梁下方设置专门的人行通道，如图 6-16 所示。人行通道通过两排吊杆吊在主梁下方，吊杆间距为 4.0 m，吊杆下为顺桥向间距 4.0 m 的工字型钢横梁，横梁间通过纵向加劲板连接，横梁、纵板上焊接桥面板，桥面板上铺设 2 cm 灰蓝色塑胶铺装。人行通道共设置竖吊杆 34 对，均采用销接式 13ϕ5 带双层 PE 护套的平行钢丝成品吊杆，配 LZM5-13 锚具，每根索的设计截面积为 7.26 cm^2。

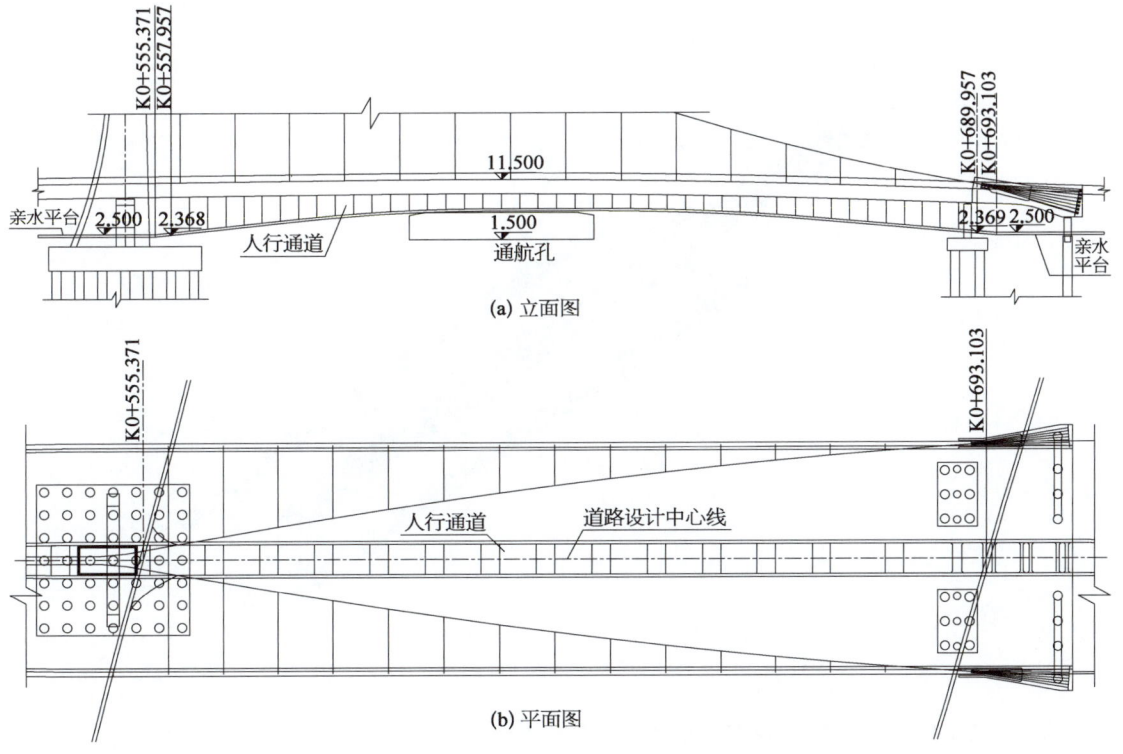

图 6-16 人行道布置

6.2.3 整体计算分析

富民桥为自锚式悬索桥,锚固形式独特:主跨自锚,边跨地锚。缆索体系独特:主塔位于道路中线,边跨缆索过主塔直接锚固于地锚,主跨缆索过主塔分别向外自锚在另一端主梁两侧,吊杆自主梁外侧与缆索相连,在吊杆拉力作用下,形成空间缆索。由于富民桥采用空间缆索体系和主跨自锚边跨地锚的桥梁结构形式,使得主桥结构的主缆合理初始索力、全桥静力特性和地震响应均具有其自身的特点。

6.2.3.1 主要规范及标准

(1)《公路桥涵钢结构及木结构设计规范》(JTJ 025—1986)。
(2)《城市桥梁设计准则》(CJJ 11—1993)。
(3)《城市桥梁设计荷载标准》(CJJ 77—1998)。
(4)《公路桥涵设计通用规范》(JTG D60—2004)。
(5)《公路钢筋混凝土及预应力混凝土桥涵设计规范》(JTG D62—2004)。
(6)《公路桥涵地基与基础设计规范》(JTJ 024—1985)。
(7)《公路工程抗震设计规范》(JTJ 004—1989)。

6.2.3.2 主缆初张力的确定

采用有限元分析软件建立富民桥计算模型,其中,缆索和吊杆采用索单元模拟,主梁和塔采用梁单元模拟。全桥共 625 个节点,944 个单元。空间计算模型如图 6-17 所示。

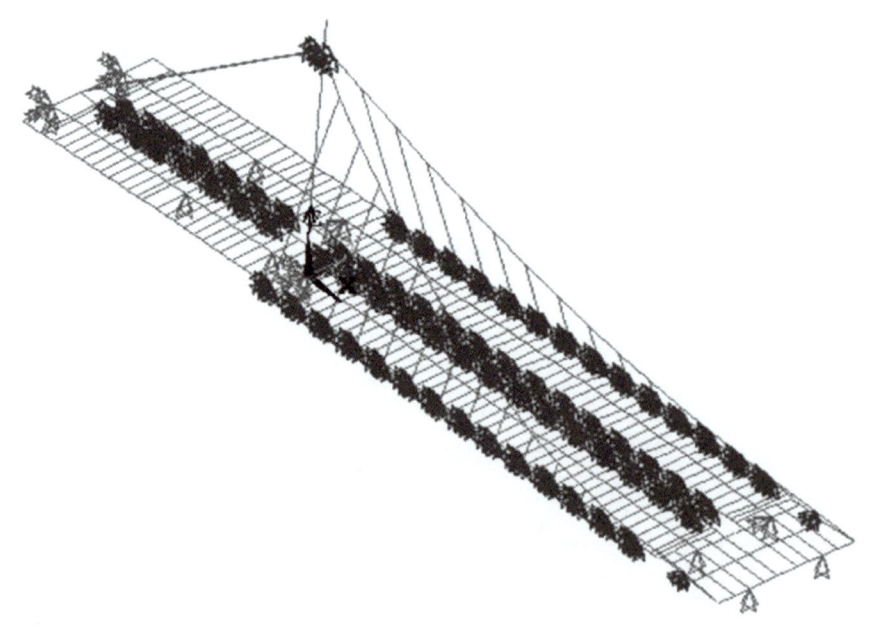

图 6-17 空间计算模型

主缆在施工初期的空缆状态为一悬链线。缆索初张力的选择要综合考虑缆索的抗拉强度、锚碇和散索套的应力集中、整体结构刚度的分配、钢加劲梁的受力和成桥缆索转换的施工难度等多

第 6 章 天津海河富民桥

种因素,找到一个最优的平衡状态。空间缆索在成桥的过程中,在不同的初张力作用下,竖、横、纵三向变位不同,对吊杆索力、主鞍位置、成桥状态的受力性能也有影响。

1) 全桥整体结构安全

主缆初张力的大小对成桥状态的受力性能有一定影响,但差异不大。主缆初张力较小时,成桥状态对活荷载的承受性能相对好一些。

2) 主鞍、锚碇、散索套等构件

主缆初张力的大小对成桥状态主缆在主鞍位置的入角有较明显的影响,对主塔在施工初期的偏位也有一定影响,但主塔偏位可以通过后续的施工方法予以消除。主缆初张力小,成桥后缆索的拉力小,利于主鞍、锚碇和散索套等构件的设计。

3) 吊杆

主缆初张力的大小对成桥时吊杆力的大小及分布没有明显影响,只要通过合理的调索方法,最终成桥时的吊杆力大小及分布基本一致。

根据初步计算分析,选择 3 个主缆空缆状态的初张力,其中包括主缆空缆初张力 1 710 kN(可以实现主缆牵引入散索套)、主缆空缆初张力 17 130 kN(空载线形基本达到稳定状态)、主缆空缆初张力 30 300 kN(成桥时主缆应力达到安全极限)进行计算分析。主缆自空缆至成桥状态的线形变化、塔顶位移、主梁应力和挠度等数据是对各部位构件控制的重要参数,作为主要对比指标。考虑到在施工中主缆处于空缆状态时,主缆初张拉越小,在主鞍及散索套出口位置的转角作用越小,更方便施工,且对于锚碇、索鞍、散索套和缆索等构件更容易实现,最终确定采用 1 710 kN 的初张力。主缆空缆初张力为 1 710 kN 时,主缆由空缆状态到成桥状态坐标及位移值列于表 6-1。

表 6-1 主缆空缆初张力为 1 710 kN 时,主缆空缆至成桥线形坐标 (m)

空缆坐标			成桥主缆坐标			主缆位移		
X	Y	Z	X	Y	Z	ΔX	ΔY	ΔZ
8.996	1.810	55.078	9.026	2.499	55.015	0.030	0.689	−0.063
18.002	2.979	49.585	17.869	4.475	49.458	−0.133	1.496	−0.127
26.995	4.147	44.474	26.721	6.325	44.273	−0.274	2.178	−0.201
36.006	5.317	39.718	35.611	8.061	39.432	−0.395	2.744	−0.286
45.003	6.485	35.331	44.506	9.676	34.947	−0.497	3.191	−0.384
53.995	7.653	31.301	53.425	11.165	30.829	−0.570	3.512	−0.472
62.996	8.822	27.616	62.385	12.525	27.077	−0.611	3.703	−0.539
71.994	9.990	24.279	71.374	13.754	23.700	−0.620	3.764	−0.579
81.001	11.157	21.279	80.400	14.851	20.694	−0.601	3.694	−0.585
90.007	12.329	18.617	89.458	15.806	18.079	−0.549	3.477	−0.538
98.999	13.496	16.293	98.527	16.618	15.858	−0.472	3.122	−0.435
107.991	14.664	14.300	107.615	19.292	14.025	−0.376	4.628	−0.275
116.996	15.883	12.632	116.721	17.845	12.539	−0.275	1.962	−0.093
126.004	17.003	11.291	125.831	18.290	11.387	−0.173	1.287	0.096

注: 坐标自主塔向主跨顺桥向为 X 向,横桥向为 Y 向,竖直向为 Z 向。

主缆空缆初张力为 1 710 kN 时,吊杆及主缆成桥内力列于表 6-2。

表 6-2 吊杆及主缆成桥内力　　(kN)

吊杆		主缆	
吊杆号	吊杆力	主缆段	张力
/	/	边跨	22 390
/	/	主鞍_ds1	26 600
ds1	692	ds1～ds2	26 170
ds2	907	ds2～ds3	25 640
ds3	874	ds3～ds4	25 150
ds4	862	ds4～ds5	24 680
ds5	913	ds5～ds6	24 220
ds6	934	ds6～ds7	23 770
ds7	933	ds7～ds8	23 360
ds8	929	ds8～ds9	22 970
ds9	974	ds9～ds10	22 600
ds10	954	ds10～ds11	22 280
ds11	939	ds11～ds12	21 990
ds12	826	ds12～ds13	21 770
ds13	772	ds13～ds14	21 600
ds14	359	ds14	21 530

主缆空缆初张力为 1 710 kN 时,主缆由空缆状态到成桥状态变形立面、平面、断面如图 6-18～6-20 所示。

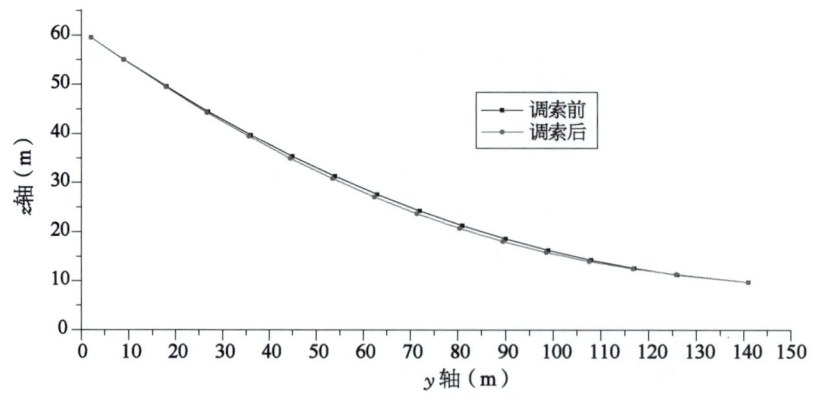

图 6-18 空缆至成桥状态主缆变形立面投影

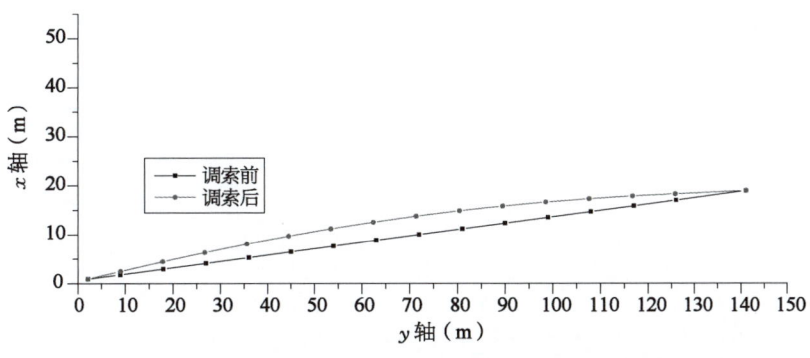

图 6-19　空缆至成桥状态主缆变形平面投影

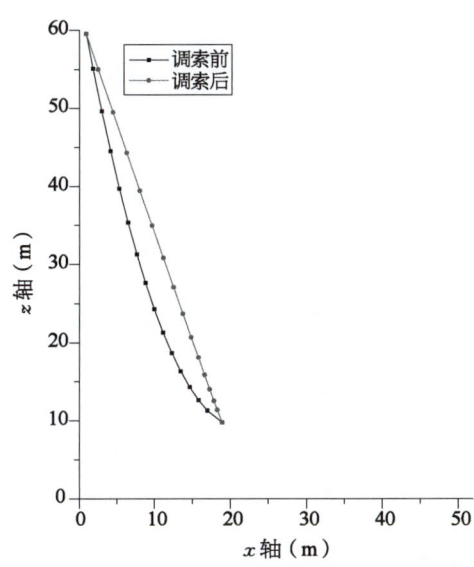

图 6-20　空缆至成桥状态主缆变形断面投影

调索后,主梁钢结构底板的应力与挠度列于表 6-3。

表 6-3　主梁结构底板的应力与挠度

距边跨钢结构 起点距离(m)	梁底挠度 (mm)	梁底应力 (MPa)	距边跨钢结构 起点距离(m)	梁底挠度 (mm)	梁底应力 (MPa)
0	-1	-14	17	-9	-27
3	-2	-49	20	-9	-27
5	-4	-41	23	-8	-29
8	-6	-35	26	-7	-34
11	-8	-31	29	-5	-39
14	-9	-28	32	-3	-38

（续表）

距边跨钢结构起点距离(m)	梁底挠度(mm)	梁底应力(MPa)	距边跨钢结构起点距离(m)	梁底挠度(mm)	梁底应力(MPa)
35.2	−3	−38	120.2	−32	−25
38	−5	−40	123.2	−32	−24
41	−6	−35	126.2	−33	−25
44	−7	−31	129.2	−33	−25
47	−8	−29	134.4	−33	−25
50	−8	−29	135.2	−33	−26
53	−7	−30	138.2	−33	−26
56	−6	−33	143.4	−32	−26
59	−5	−37	145.7	−32	−27
64.4	−2	−46	148.7	−32	−26
66.1	−2	−48	152.4	−31	−26
69.1	−4	−46	154.7	−31	−27
73.6	−7	−41	157.7	−31	−26
76.6	−9	−37	161.4	−30	−26
80.3	−12	−33	163.7	−30	−27
82.6	−14	−31	166.7	−29	−25
85.6	−17	−28	170.4	−28	−25
89.3	−19	−26	174.2	−27	−26
91.6	−21	−26	177.2	−26	−25
94.6	−23	−24	180.2	−25	−26
98.3	−25	−23	183.2	−24	−27
100.7	−27	−23	186.2	−22	−28
105.2	−28	−22	189.2	−21	−29
108.2	−30	−23	192.2	−19	−31
111.2	−30	−23	195.2	−17	−34
114.2	−31	−24	197.4	−15	−36
117.2	−31	−25	201.2	−12	−10

设计主缆梁端初张力为1 710 kN，在调索进行体系转换后，梁端主缆张力达到21 530 kN，塔端主缆张力为26 600 kN，边跨主缆张力为22 390 kN；吊杆索力均值为85 kN；索吊点梁的挠度为0.033 m；塔顶向主跨位移为0.097 m；梁底钢结构顺桥向应力为6～−75 MPa。

桥梁在运营阶段主要承受城-A级荷载，主缆初张力为1 710 kN时，在城-A级荷载作用下，结构体系产生的挠度值、应力值分别见表6-4。

第 6 章　天津海河富民桥

表 6-4　主缆初张力 1 710 kN 结构在城-A 级荷载作用下的挠度与应力

距梁端 (m)	梁体挠度 (mm)	梁底应力 (MPa)	距梁端 (m)	梁体挠度 (mm)	梁底应力 (MPa)	距梁端 (m)	梁体挠度 (mm)	梁底应力 (MPa)
0.0	0.1	−2.2	66.1	−2.3	−23.6	135.2	−102.1	19.3
3.5	0.0	−2.7	72.1	−11.9	−18.0	141.9	−96.9	16.4
6.5	−0.1	−2.2	75.1	−17.6	−14.8	144.2	−94.4	15.1
9.5	−0.2	−1.7	78.8	−25.0	−11.0	147.2	−90.6	13.7
12.5	−0.3	−1.2	81.1	−29.8	−8.5	150.9	−85.3	11.7
15.5	−0.4	−0.8	84.1	−36.3	−5.7	153.2	−81.7	10.1
18.5	−0.4	−0.3	87.8	−44.3	−2.4	156.2	−76.6	8.4
21.5	−0.3	0.1	90.1	−49.4	−0.4	159.2	−69.8	6.0
24.5	−0.2	0.6	93.1	−55.9	2.1	162.2	−65.4	4.2
27.5	−0.1	1.0	96.8	−63.7	4.9	165.2	−59.4	2.2
30.5	0.1	0.8	99.1	−68.4	6.6	168.9	−51.9	−0.6
33.7	0.7	−0.1	103.7	−77.0	9.9	172.7	−44.1	−3.8
36.5	1.8	−2.1	106.7	−82.3	11.8	175.7	−38.0	−6.5
39.5	2.8	−4.2	109.7	−87.1	13.4	178.7	−32.1	−9.3
42.5	3.7	−7.0	112.7	−91.4	15.2	181.7	−26.3	−11.9
45.5	4.5	−9.8	115.7	−95.2	16.7	184.7	−20.9	−15.1
48.5	4.9	−12.1	118.7	−98.4	18.2	187.7	−15.8	−18.3
51.5	5.0	−14.9	121.7	−100.9	19.7	190.7	−11.2	−21.2
54.5	4.8	−17.8	124.7	−102.7	20.6	193.7	−7.2	−24.0
57.5	4.0	−20.2	127.7	−103.9	21.4	195.9	−4.6	−26.1
61.1	2.4	−23.1	130.7	−103.6	20.8	198.2	−2.6	−21.5

由上表可知,主缆空缆初张力为 1 710 kN 时,在城-A 活载作用下,结构最大挠度为 104 mm,主跨最大应力为 21 MPa。

6.2.3.3　静力分析

1) 荷载及荷载组合

永久作用包括结构一期和二期重力、混凝土收缩及徐变作用、预应力作用、基础沉降等。可变作用主要是城-A 荷载,由于车辆作用布置的不确定性,对结构各部位均有不同的最不利荷载布置。因此,应按多种布置进行计算并取包络结果。具体布置包括上行桥满布、下行桥满布、全桥满布、主跨满布、边跨满布汽车车道荷载。

在设计中考虑如下几种荷载组合:

组合 1:永久作用。

组合 2:永久作用+上行桥满布等效汽车静载。

组合 3:永久作用+下行桥满布等效汽车静载。

组合 4：永久作用+全桥满布等效汽车静载。
组合 5：永久作用+主跨满布等效汽车静载。
组合 6：永久作用+边跨满布等效汽车静载。

2) 静力计算结果

组合 1：永久作用

静力分析得到的结果包括主缆位移、主缆轴力、吊杆拉力，如图 6-21 所示。

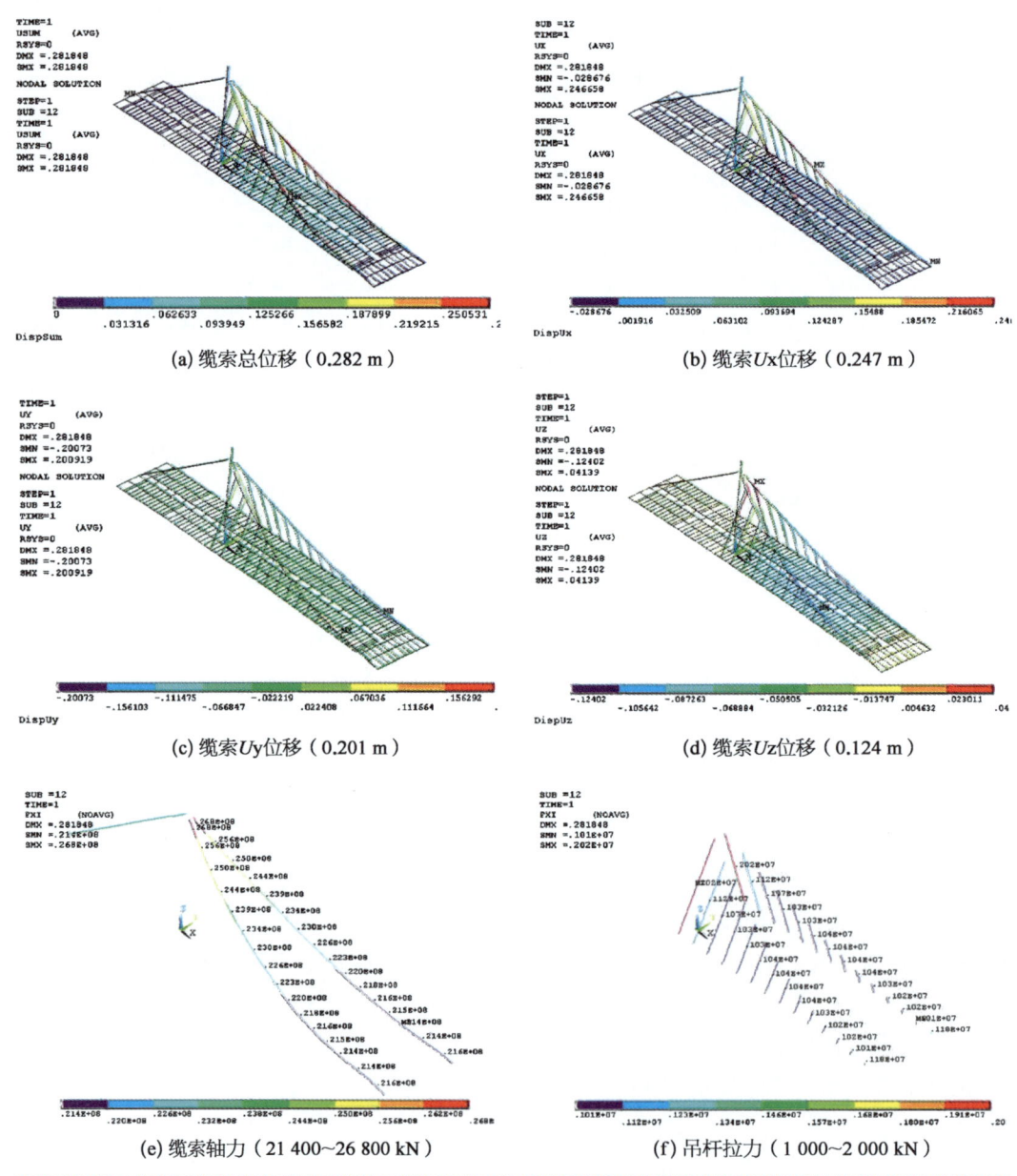

图 6-21　组合 1 作用下缆索系统位移及内力

主缆在施工过程的位移已经完成,上图中,在二期恒载作用下产生,最大位移值为 0.282 m,顺桥向位移为 0.247 m,横桥向位移为 0.201 m,竖直向位移为 0.124 m。主缆轴力最大值为 26 800 kN,吊杆轴力最大值为 2 000 kN。

组合 2:永久作用+上行桥满布等效汽车静载

在组合 2 作用下,主缆位移、主缆轴力、吊杆拉力如下。

在荷载组合 2 作用下,主缆最大位移值为 0.310 m,顺桥向位移为 0.246 m,横桥向位移为 0.201 m,竖直向位移为 0.215 m。主缆轴力最大值为 27 100 kN,吊杆轴力最大值为 2 100 kN。

组合 3:永久作用+下行桥满布等效汽车静载

在组合 3 作用下,主缆位移、主缆轴力、吊杆拉力如下。

在荷载组合 3 作用下,主缆最大位移值为 0.310 m,顺桥向位移为 0.246 m,横桥向位移为 0.201 m,竖直向位移为 0.215 m。主缆轴力最大值为 27 100 kN,吊杆轴力最大值为 2 100 kN。

组合 4:永久作用+全桥满布等效汽车静载

在组合 4 作用下,主缆位移、主缆轴力、吊杆拉力如下。

在荷载组合 4 作用下,主缆最大位移值为 0.304 m,顺桥向位移为 0.218 m,横桥向位移为 0.198 m,竖直向位移为 0.201 m。主缆轴力最大值为 27 000 kN,吊杆轴力最大值为 2 080 kN。

组合 5:永久作用+主跨满布等效汽车静载

在组合 5 作用下,主缆位移、主缆轴力、吊杆拉力如下。

在荷载组合 5 作用下,主缆最大位移值为 0.313 m,顺桥向位移为 0.211 m,横桥向位移为 0.197 m,竖直向位移为 0.221 m。主缆轴力最大值为 27 000 kN,吊杆轴力最大值为 2 080 kN。

组合 6:永久作用+边跨满布等效汽车静载。

在组合 6 作用下,主缆位移、主缆轴力、吊杆拉力如下。

在荷载组合 6 作用下,主缆最大位移值为 0.247 m,顺桥向位移为 0.247 m,横桥向位移为 0.201 m,竖直向位移为 0.201 m。主缆轴力最大值为 26 800 kN,吊杆轴力最大值为 2 020 kN。

结合各作用组合结果可知,城-A 车道作用的不同布置对主缆的位移、内力及吊杆力影响差异不大,结构均处在安全范围内。

6.2.3.4 抗震性能分析

1) 主桥动力特性分析

振动模态是弹性结构的固有特性,本桥前 10 阶自振频率见表 6-5。

表 6-5 本桥前 10 阶自振频率

模 态	自振频率	模 态	自振频率
1	0.830	6	2.266
2	0.936	7	2.409
3	1.160	8	3.152
4	1.541	9	3.458
5	1.971	10	3.477

结构前 5 阶振动模态如图 6‑22 所示。

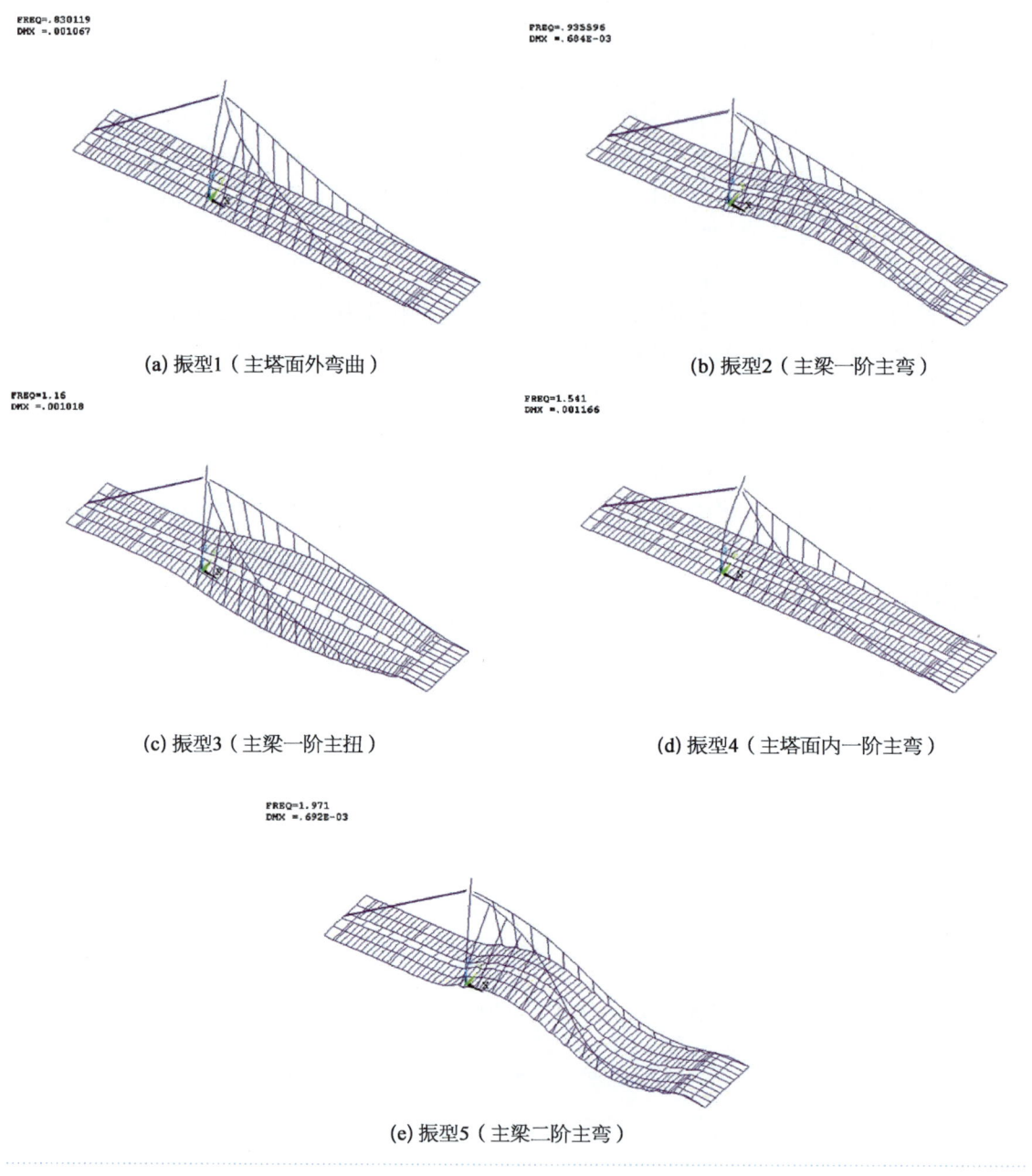

图 6‑22　结构前 5 阶振动模态

2) 时程分析结果

时程分析采用天津波,持续时间为 12 s,时间间隔为 0.02 s,峰值加速度为 1.458 m/s^2。时程计算部分结果如图 6‑23~图 6‑25 所示。

第 6 章 天津海河富民桥

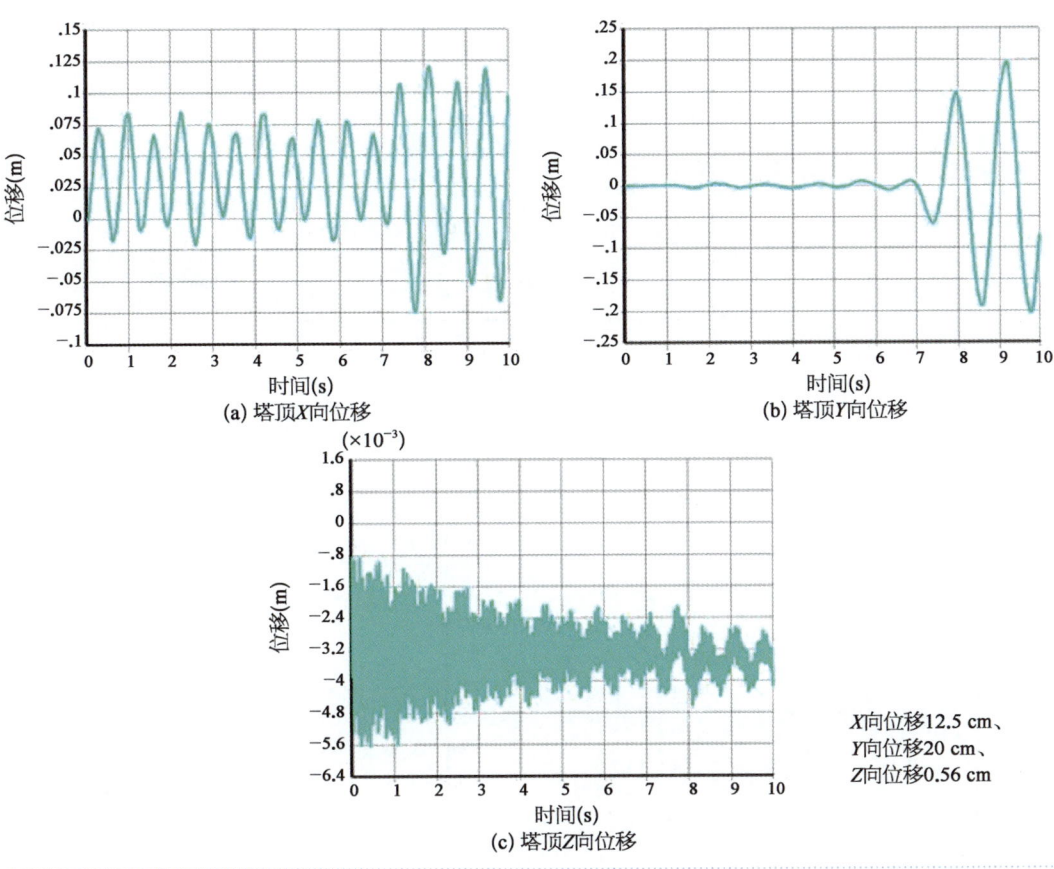

图 6-23 地震作用下塔顶位移

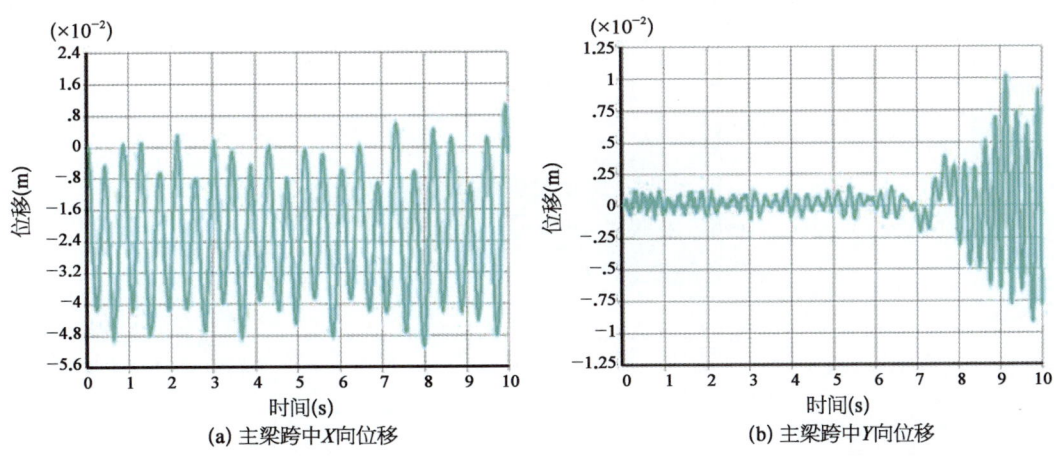

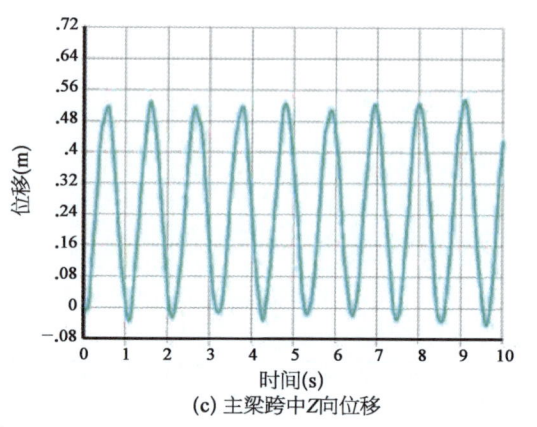

X向位移5.0 cm、
Y向位移1.0 cm、
Z向位移56 cm

(c) 主梁跨中Z向位移

图 6-24 地震作用下主梁跨中位移

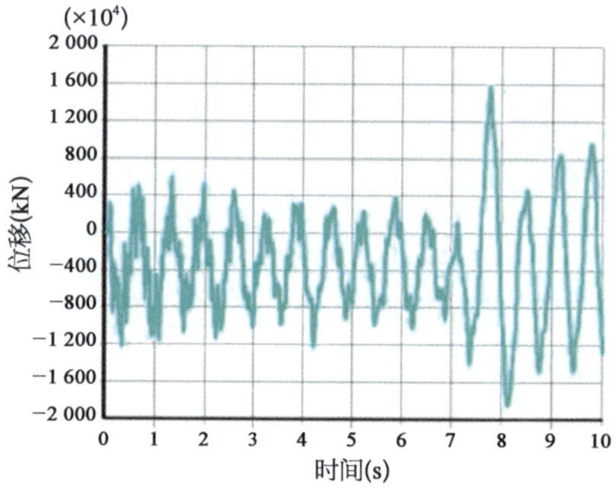

(a) 塔底X向反力

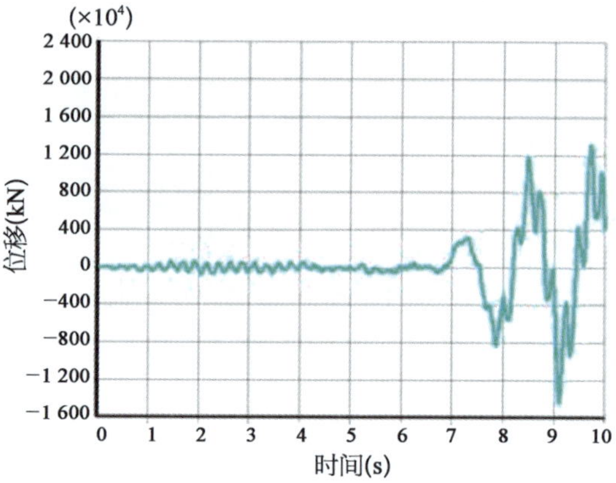

(b) 塔底Y向反力

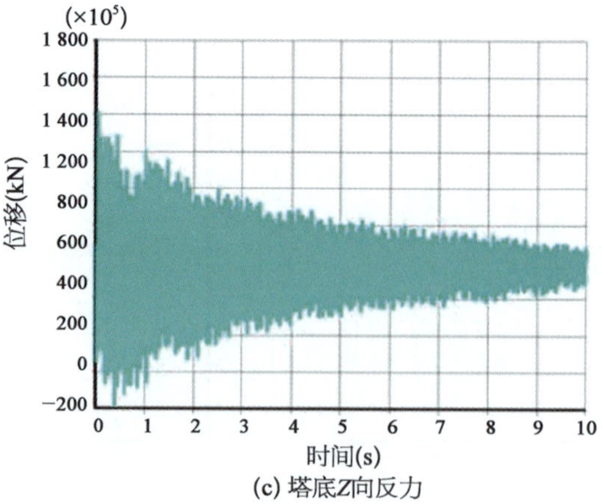

X向反力18 000 kN、
Y向反力14 000 kN、
Z向反力140 000 kN

(c) 塔底Z向反力

图 6-25 地震作用下塔底反力

地震作用下主塔、主梁最大位移及内力如下：塔顶 X 向(顺桥向)位移为 12.5 cm，塔顶 Y 向(横桥向)位移为 20 cm，塔顶 Z 向(竖向)位移为 0.56 cm。主梁跨中 X 向位移为 5.0 cm，主梁跨中 Y 向位移为 1.0 cm，主梁跨中 Z 向位移为 56 cm。塔底 X 向反力为 18 000 kN，塔底 Y 向反力为 14 000 kN，塔底 Z 向反力为 140 000 kN。依据桥梁抗震分析计算结果，进行下部结构的抗震性能验算。结果表明，主桥结构抗震性能满足规范要求。

6.3 桥梁构造设计及试验研究

6.3.1 主鞍设计和试验研究

6.3.1.1 主鞍受力特点

与平面缆索主鞍相比，空间缆索主鞍(图 6-26)的受力有如下特点：
(1) 主鞍在承受面内竖向力的同时，还要承受缆索面外的横向分力。
(2) 主鞍需设计双向组合转向构造以满足缆索的安装。

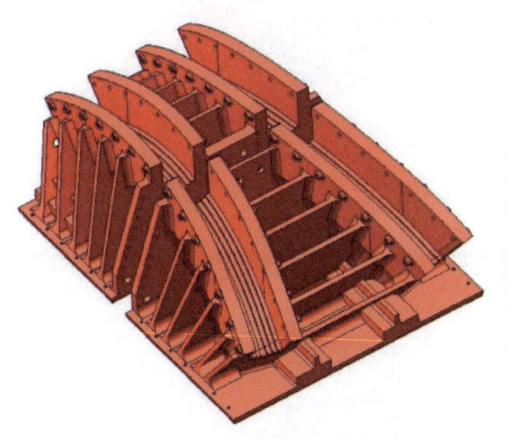

图 6-26 空间缆索主鞍

6.3.1.2 主鞍有限元分析

采用有限元软件建立索鞍结构的计算分析模型。由于主鞍结构及其受力特性具有对称性，只取主鞍的一半进行受力分析，在对称面上施加对称约束。

由于主鞍除了具有竖曲线外，还具有平曲线，使得常规的流体单元施加侧压的方式已不再适用，因此主鞍槽壁压应力的模拟方法成为荷载施加的难点。通过分析与比较，采取平行于主缆轴线的杆单元承受轴向力，再通过实体单元传递侧向及竖向应力的原则来模拟主缆传递给主鞍的作用力。计算结果表明，依据上述原则模拟主缆传力的方法，效果比较理想。

主缆力作用下，主鞍变形计算结果如图 6-27 所示。

主缆力作用下，主鞍主应力如图 6-28 所示，主鞍结构等效应力云图如图 6-29 所示。

通过对主鞍结构进行有限元分析，可以得到以下结论：

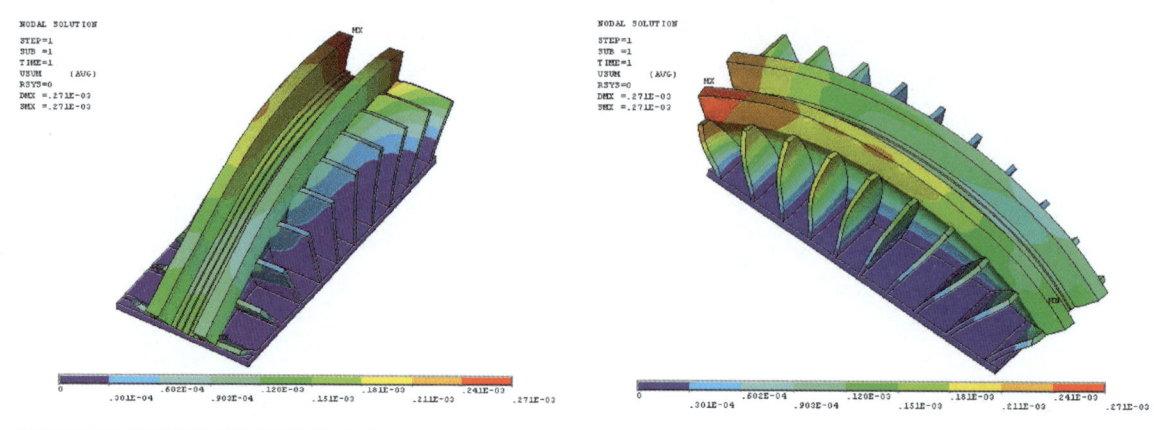

图6-27　主鞍变形计算结果(0.3 mm)

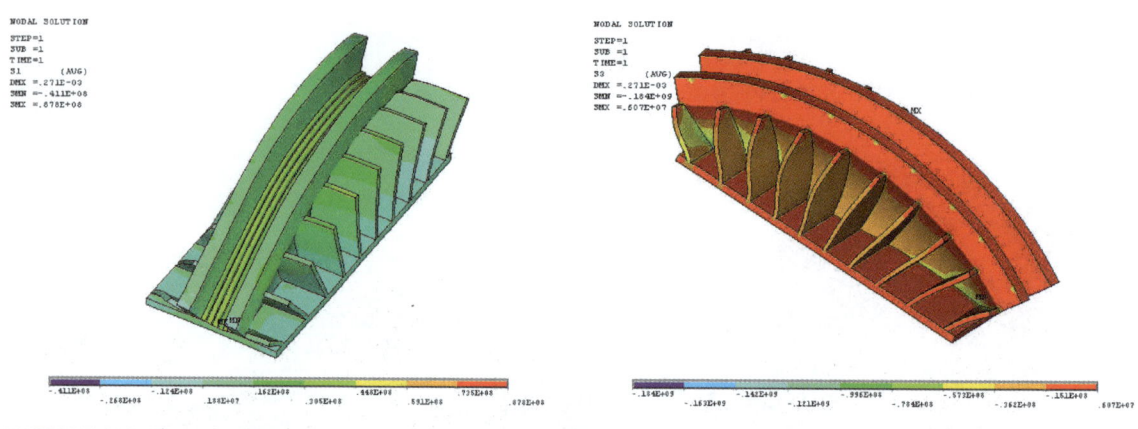

图6-28　主鞍主应力 S_1(87.8 MPa)、S_3(−184 MPa)

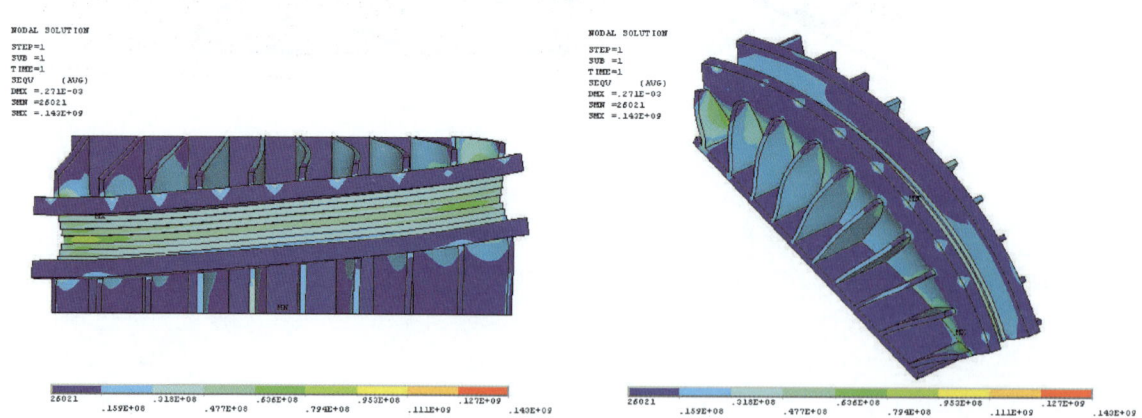

图6-29　主鞍结构等效应力云图(143 MPa)

(1) 由等效应力云图可得,等效应力值最大为143 MPa,发生在边跨端部外侧横向加劲肋与主鞍纵肋相交处,其值小于图6-28第三主应力的最大值184 MPa(负值)。应力较为集中的部位发生在端部横向加劲肋与纵肋相交处。总体上,外侧横向加劲肋表现为整体受压,而中间横向加劲肋表现为顶部受拉,尤其对于中间中部的横向加劲肋更为明显。对于外侧横向加劲肋,由于其受压显著,因此应特别注意其局部稳定性。

(2) 主鞍的平曲线段整体侧倾,与曲线受力情况基本吻合,竖向压应力整体分布较为均匀,与手算结果比较接近。

(3) 从主鞍结构的变形、应力及其拉杆轴力等情况可知,主鞍结构的总体受力比较合理。由于主鞍纵肋存在平曲线,使得其受力较复杂,通过分析得到,在合理选取主鞍尺寸及适当设置横向加劲肋的情况下,主鞍的受力可以达到比较理想的状态。

(4) 由于主鞍纵肋端部与底板的相交处角度较小,应力集中现象比较明显,在容许情况下,可以考虑减缓交角来缓和该处的应力集中现象。

6.3.2 索夹设计和试验研究

6.3.2.1 索夹受力特点

空间缆索结构的自锚式悬索桥在体系转换中(即由空缆状态到成桥状态的施工过程),由于主缆在纵、横、竖三个方向都要发生位移,因此索夹在纵、横、竖三个方向也要发生位移,同时,从空缆状态到成桥状态,索夹会发生转动。常规悬索桥上使用的索夹不能转动,满足不了空间缆索结构的悬索桥对索夹能够转动的要求,需研发能适合空间缆索结构悬索桥在施工过程中对索夹转动性能要求的新型索夹。

6.3.2.2 索夹试验

1) 试验内容

主缆紧缆试验:通过试验得到主缆的直径和空隙率,为索夹的优化设计和施工提供依据。一般位置空隙率为20%±2%,索夹位置空隙率为18%±2%,通过对高强螺柱副张拉紧固的实际操作试验,掌握张拉高强螺柱副的特性。

索夹体机械性能试验:通过试验检验高强螺柱副施加设定的紧固力 $P=850$ kN 时,索夹体机械性能是否满足使用要求,索夹体危险截面处应变是否在塑性范围。通过试验检测索夹体的安装尺寸,检验索夹体安装是否顺利,索夹体安装紧固后其圆柱体外径尺寸是否可以安装索夹转动体,且转动体能否转动。

索夹体抗滑试验:通过对索夹体施加轴向力,测定索夹高强螺柱副的紧固力和主缆与索夹间摩擦力的关系。测定索夹体每个螺柱副加载 850 kN 的紧固力后,索夹体与主缆之间的摩擦力是否达到最小抗滑力 4 980 kN 要求。

索夹转动体的机械性能试验:通过试验检测索夹转动体内径为 475 mm、索夹体圆外径为 472 mm 时安装是否顺利。模拟索夹转动体与索夹体配合安装后,给索夹转动体加载 3 倍吊杆拉力(6 114 kN)时,索夹转动体是否发生塑性变形和破坏。索夹现场试验如图 6-30 所示。

2) 试验结果

(1) 通过主缆紧缆试验确认,索夹体的主缆孔直径为 392 mm 时,可达到主缆设计空隙率要求(即主缆一般位置的空隙率 $V_c=21.7\%$,在 20%±2% 范围内;主缆在索夹处的空隙率 $V_c=17\%$,在 18%±2% 范围内)。

图 6-30 索夹现场试验

（2）索夹体机械性能试验表明，高强螺柱副在施加设定的紧固力 $P=850$ kN 时，索夹体机械性能满足使用要求，索夹体危险截面处未出现塑性变形。索夹体安装顺利，索夹体安装紧固后其圆柱体外径尺寸可以确保索夹转动体安装，且索夹转动体可转动。

（3）索夹体抗滑试验表明，索夹高强螺柱副加载 850 kN 的紧固力后，主缆与索夹的摩擦力为 5 952 kN，大于该索夹要求的最小抗滑力 4 980 kN，主缆与索夹之间的摩擦系数为 0.179，大于设计时的取值 0.15，满足要求。

（4）索夹转动体的机械性能试验表明，索夹转动体内径为 475 mm、索夹体圆柱外径为 472 mm 时安装顺利。索夹转动体与索夹体配合安装后，给索夹转动体加载 3 倍最大吊杆拉力时，索夹转动体没有发生塑性变形和破坏。

6.3.3 空间缆索下吊点设计和试验研究

常规悬索桥的传统吊杆一般结构如图 6-31 所示，其下端锚固装置包括下端锚具、纠偏装置，吊杆下端锚固装置穿过箱梁内的预埋管并被锚固在箱梁底端。由于在施工过程中，该吊杆下端锚固装置只能通过调整球形压板、球形垫板作微小角度的转动，而且受到箱梁内预埋管尺寸的限制，吊杆位置是固定的。

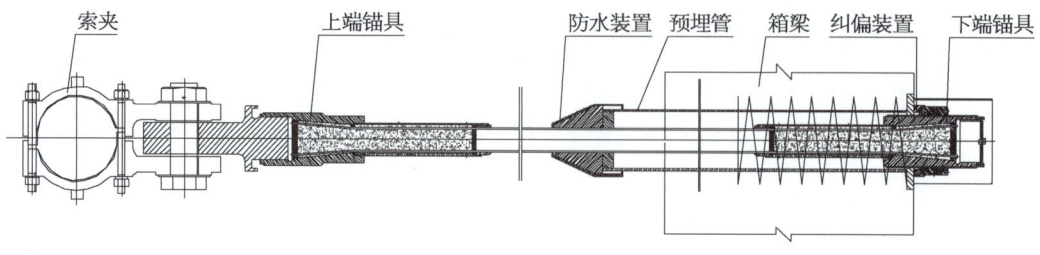

图 6-31 常规悬索桥的传统吊杆结构

第 6 章　天津海河富民桥

对于富民桥这种新型的空间缆索结构悬索桥而言,由空缆状态到成桥状态的施工过程中要求悬索桥的吊杆能够移动、伸缩调整及转动较大的角度,因而传统的悬索桥所采用的吊杆形式已无法满足,有必要研制一种新型吊杆结构——底座式空间缆索结构吊杆(以下简称"底座式吊杆")。

由于空间缆索结构悬索桥要求吊杆能够按照施工需要进行转动和伸缩。因此,在吊杆下端部采用球面连杆和球面支座组合的结构形式,以增大吊杆的可转动角度。此外,增加连接套筒结构,使吊杆能够按施工要求进行有限度的长度调整。

项目组研发的双吊杆结构的底座式空间缆索结构吊杆包括上端锚具、吊杆索体以及下端锚固装置,上端锚具与销接在可转动索夹上的叉耳通过螺纹连接,空间吊杆下端锚固装置包括下端锚具、连杆、底座以及位于连杆与底座之间的转动副。图中所示的连杆是带圆柱头的长螺纹杆,分为螺纹连杆和球面连杆两部分。螺纹连杆为两端均带有外螺纹的连杆,一端为带有外螺纹的球面连杆,另一端为球面圆柱头的连杆。新型底座式吊杆如图 6-32 所示。

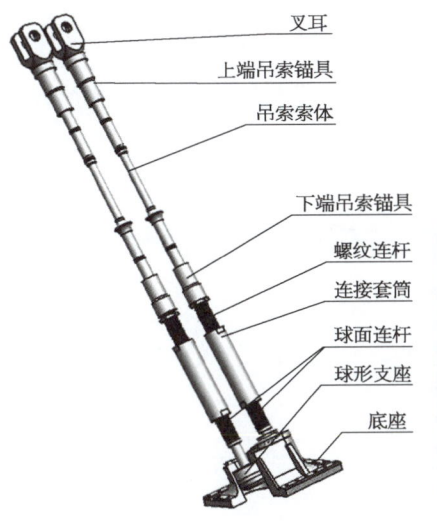

图 6-32　新型底座式吊杆

螺纹连杆和球面连杆通过带有内螺纹通孔的连接套筒连接。底座为带有台阶孔,上端小、底端大的塔状体,且其底端端面为倾斜面,底座上端面设有防水罩,以防雨水渗透。球面连杆的螺纹杆端穿过底座的台阶孔与下端锚具的内螺纹孔连接,球面圆柱头端卡在底座台阶孔内的转动副端面上;底座的底端端面与箱梁活动或固定连接。转动副由环形球面支座的内球面和球面连杆的圆柱头上端面的外球面组成。吊杆上、下端锚具均采用冷铸锚形式,吊杆索体采用 $\phi5-91$ 丝镀锌平行钢丝索股,吊杆的强度按照相关国标进行设计。

采用有限元软件建立底座的空间分析模型,查看在设计荷载下底座结构的应力,如图 6-33 所示。由分析结果可知,新型底座式吊杆结构的底座应力满足规范要求。

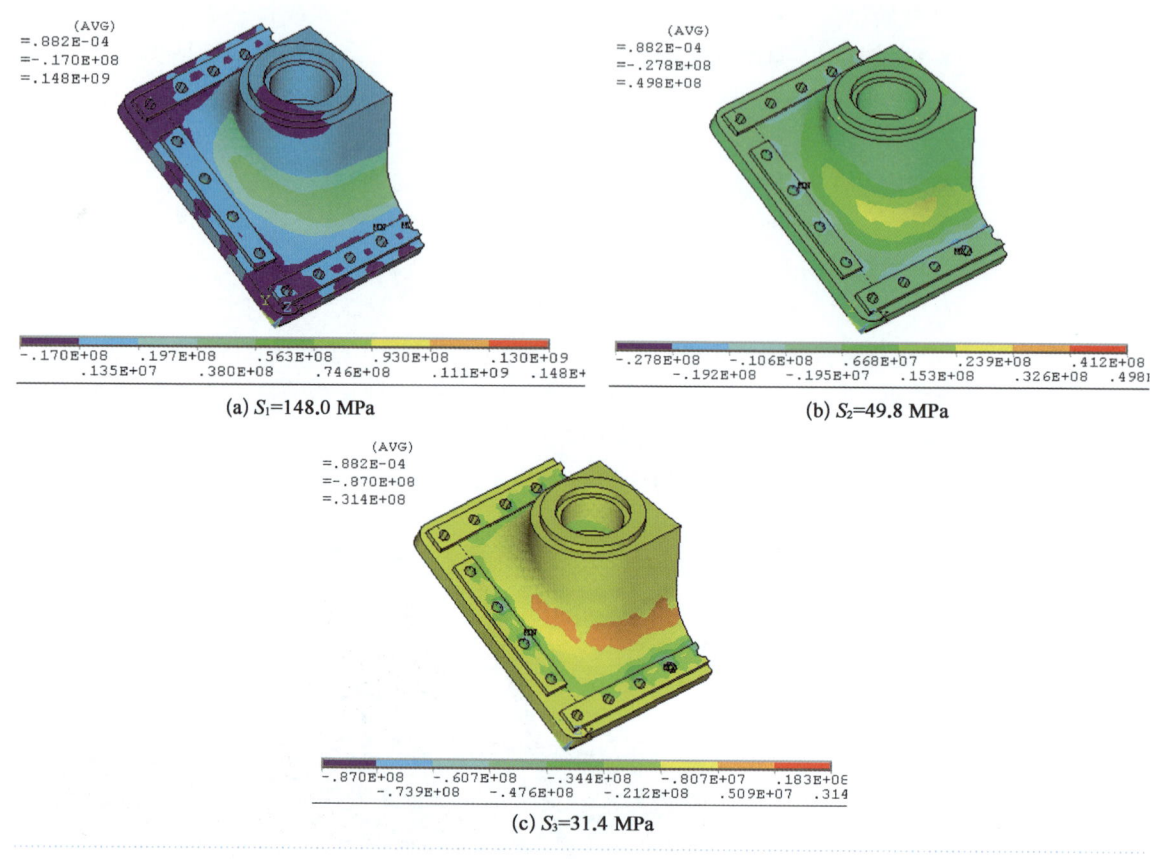

图 6-33 底座主应力 S_1、S_2、S_3

6.4 施工关键技术研究

6.4.1 空间缆索悬索桥施工技术综述

富民桥主桥总体施工顺序如下：基础施工完毕，主塔施工至桥面以上，开始拖拉安装钢箱梁，并在满堂支架上各分两次完成边跨、主跨锚碇段的混凝土（包括钢混过渡段混凝土）浇筑，然后钢箱梁在主、边跨分别合龙，再转入空间主缆体系空缆索股安装，通过多次张拉调整吊杆完成体系转换，拆除水中平台。

6.4.2 猫道设计和架设

6.4.2.1 猫道设计

猫道是缆索架设必不可少的临时设施，猫道的设计应符合下列要求：猫道面的线形应平行于主缆钢丝束在自由悬挂状态下的线形；应尽量减轻自重，减少挡风面积；既防火又能满足机械作业所需的工作面和操作净空要求；安装和拆除方便；架设时应严格关于桥轴线对称；考虑猫道承重索受载后非弹性伸长值,应根据主缆设计空缆线形进行承重垂度调整,因此要求设置有调节装置;主缆由平面索向空间索转换的过程中,猫道会与吊杆相碰,同时猫道会向横桥向的内侧倾斜,猫道的设计应能调节这种倾斜,满足保护吊杆及安全施工的需要。

6.4.2.2 猫道架设

猫道架设的主要施工流程为:安装索道的连接装置(包括调节装置)→安装导向索→架设承重索→铺设猫道面层→调整猫道标高,如图6-34所示。

图6-34 猫道架设

安装连接装置(调节装置):由于该桥为独塔悬索桥,猫道一端设置于塔身,另一端设置于桥面。猫道承重索的连接横梁通过精轧螺纹钢筋分别与塔、梁的预埋件联结。

为使猫道适应施工过程中主缆线形的变化,保证人员和机械设备正常操作,可利用葫芦对承重索进行调节。考虑到施工便利等因素,其调节装置可设在桥面的连接装置上,调节器一端与桥面预埋的锚固支架相连,另一端与承重索相连。在调整猫道线形时,在桥面用手拉葫芦预紧后通过调整承重索的长度来实现。

导向索安装:先将承重索的导向索($\phi 12.5 \text{ mm}$)从桥面牵引至塔顶,并形成牵引循环索,利用循环索将猫道承重索牵引至塔顶。

架设承重索:在主塔附近设置放索盘,前端由夹索器夹持引向索塔,与塔顶的连接装置相连。利用已架好的循环索,牵引猫道的承重索,按上、下游对称的方法进行架设。

根据计算值架设一根索,调整垂度,并注意观测塔顶的偏移情况。待承重索全部架设完成后,根据计算值,利用两侧桥面端的调节装置对各承重索再进行调整,使每条猫道的承重索达到设计垂度。

富民桥主缆是空间三维线形,主缆在通过主索鞍时,竖直面上发生较小变化,水平面主缆角度变化大,在吊杆调节前后,主缆所处的平面发生变化,猫道也应相应发生变位。当主缆由平面索向空间索转换时,猫道将与吊杆发生碰撞且向横桥向的内侧倾斜。由于主缆在平面上呈抛物线形,体系转换完成后,进行主缆防护、螺栓复拧等工序。通过调节猫道钢丝绳吊杆长度修正猫道的倾斜。为防止钢丝绳绕索夹转动,钢丝绳在索夹上绕3圈以上,且借助索夹上的吊装孔安装一个止动块。

6.4.3 主缆架设准备措施和主缆架设

针对空间主缆架设的特殊性,采取三维坐标测量定位、先张拉主跨段后张拉边跨段的顺序调整索股垂度,保证主缆线形符合设计要求。

6.4.3.1 主缆架设准备措施

富民桥是我国首座单塔空间缆索悬索结构,由于其结构的特殊性,在国内尚无可供参考的相关资料。因此,根据监控计算并经过研究,在主缆架设前采取一些准备措施。

(1) 主缆安装前,主跨散索套、边跨散索套下盖已安装到位,并临时锁定。

(2) 主缆架设前,主索鞍预偏 36 cm 到位,并临时锁定。主缆基准索股牵引到位后与主鞍对接缝锁定,再分别调整主跨与边跨线形。同理,其他索股牵引到位后先将主缆 0 点位置临时锁定,再分别定位主跨和边跨的线形。

(3) 主缆安装主要是克服三向变位,宜先按照空缆线形安装到位,然后再安装吊杆并逐根分级张拉吊杆力,使主缆达到成桥线形。

(4) 主缆架设以线形控制为主,并用传感器监测索力。空间曲线主缆在架设阶段,主跨散索套与主索鞍间以空间直线(垂度除外)处理。转入体系转换阶段,用吊杆调整到设计线形。

(5) 空间缆索结构主缆在主索鞍及散索套出、入口的角度在体系转换前、后不同而产生横向力,致使索股相互挤压,出、入口处的索股很难安装。为此,采取调整索股安装顺序的方法,并在主、边跨散索套入口处各增加一个临时支架,采用辅助工具将索股定位,阻止主缆初始形状的改变,使主缆在散索套中排列较规则,从而使散索套的上盖容易安装,如图 6-35 所示。

图 6-35 索鞍处临时措施及缆索转角处临时支撑

(6) 索股采用绝对和相对两种垂度调整方式。调整温度的稳定条件为长度方向索股的温差 $\Delta T \leqslant 2℃$,断面方向索股的温差 $\Delta T \leqslant 1℃$。

6.4.3.2 主缆架设

主缆架设分为主缆基准索股的架设、标准索股的架设、紧缆三大项,包括索股牵引、索股整形、索股横移、索股入鞍、索股垂度调整及锚跨张力调整等几个工序。紧缆作业大致可分成准备工作、预紧缆和正式紧缆。

1) 空间缆索基准索股的牵引和调形

根据现场情况,在另一侧锚碇上表面的预埋件上固定两台 2 t 卷扬机,其中一台用来展索,另一台用来牵引索股锚头进锚管。将主缆展索架放在一侧锚碇附近,与锚碇顶面预埋件焊接固定。

索股前端锚头从放线架上抽出后应与牵引系统连接牢固,严防松脱。启动前端 5 t 卷扬机缓慢放索,沿中、边跨猫道将索放开,放索过程中应有专人跟踪牵引系统和索股前进,同时要保证索股六面紧密、平整、笔直。如发现索股扭曲、散带、鼓丝现象,应立即设法理顺,必要时,可将索股抬高,并用木锤或橡皮锤敲打索股,即可使钢丝重新分布整形。牵引过程中如发现有绑扎带断裂(散带),应及时停车用新绑扎带(自粘胶带)重新临时绑扎,以避免因索股散丝或在牵引过程中钢丝挂住滚轮被拉断。在牵引过程中,密切监视索股中着色丝位置变化情况,派人用专用夹具随时修正,防止索股牵引过程中发生扭转。

为便于主缆安装过程中确定测量位置及在安装吊杆索夹时定位,应在车间对基准索股进行无应力标记,标记点以主鞍对接缝位置为零点,分别向主跨和边跨作标记。在基准索股安装前,先将主鞍与主塔的预偏后位置进行锁定,索股利用门架拽拉法配合悬索天车横移、入鞍,将主缆基准索股与主鞍对接缝进行锁定后,再分别调整主跨与边跨线形。

在主、边跨锚锭处对主缆索股进行张拉,调整索股位置。索股张拉以线形控制为主,张拉力控制为辅。基准索股标记点下缘的控制坐标见表 6-6,主、边跨梁端的主缆张拉控制力分别为 2 000 kN 和 2 304 kN。

表 6-6 基准索股标记点下缘的控制坐标 (m)

标记点	边跨			吊杆号	主跨			吊杆号			
	X 横桥向	Y 顺桥向	Z 竖向		X 横桥向	Y 顺桥向	Z 竖向		X 横桥向	Y 顺桥向	Z 竖向
ip 点	0.650	69.899	9.915	0 点	0.752	0.360	60.175	Ds8	10.252	−72.534	24.788
1	0.650	59.951	15.916	Ds1	2.106	−8.744	55.069	Ds9	11.402	−81.530	21.851
2	0.650	49.983	22.366	Ds2	3.281	−17.947	49.642	Ds10	12.546	−90.494	19.244
3	0.650	39.993	29.277	Ds3	4.453	−27.124	44.596	Ds11	13.689	−99.440	16.954
4	0.650	29.980	36.664	Ds4	5.620	−36.270	39.923	Ds12	14.830	−108.371	14.974
5	0.650	19.943	44.541	Ds5	6.786	−45.388	35.610	Ds13	15.967	−117.283	13.307
6	0.650	9.880	52.924	Ds6	7.944	−54.459	31.663	Ds14	17.104	−126.178	11.942
/	/	/	/	Ds7	9.101	−63.520	28.052	散索套	18.868	−139.981	10.423
/	/	/	/	/	/	/	/	ip 点	18.901	−141.015	10.338

垂度调整过程中,主跨以主缆基准索股 8#索吊点正中下缘 Z 坐标作为观测控制点位置,边跨以基准索股 3#索股下缘正中 Z 坐标作为观测控制点位置。在完成主跨和边跨基准索股线形定位后,在后半夜至日出前完成主跨 1~14#索吊点的三维坐标、边跨 1~6#标记点的三维坐标及主塔塔顶的索鞍顺桥向位移的测量工作。测量结果表明,标记点 Z 点坐标实测值与监控值的差值在规范允许的误差范围内(±0.010 m)。

基准索股张拉采用先张拉主跨段后张拉边跨段的顺序进行。主跨选塔顶索股为固定端,将索股位置标志与主鞍中心标志重合并固定,张拉索股直至索股的移动量符合垂度调整量。张拉索股时,为消除索股间的摩擦,可用塑料小锤敲打,但注意不能破坏索股整形。在塔顶主鞍内将调整完的索股作出标记,然后在各塔顶主鞍部位临时固定索股,待主跨垂度调整完成后,进行形状计测,计算边跨垂度调整量,边跨内索股垂度调整以长度、垂度及张拉力为控制要素。在边跨内张拉索股,索力的调整以设计提供数据为依据,其调整量可根据调整装置中千斤顶的油压表读数和锚头移动量双控确定。

基准索股调整完成后,为得到主缆更加准确的数据,以指导后续施工工作,选择一天的晚上 8 点至次日日出前对基准索股的 8#索吊点进行 10 kN 加载试验。要求加载前、加载 15 min 后测量主跨 3、8、13#索吊点三维坐标,结果见表 6-7,试验数据与监控数据基本吻合。

表 6-7 基准索股加载试验资料

加载工况	索吊点	上 游			下 游		
		X	Y	Z	X	Y	Z
测量坐标初始值	3	−4.459	−27.144	44.629	4.407	−27.15	44.631
	8	−10.322	−72.558	24.764	10.255	−72.545	24.803
	13	−16.046	−117.3	13.349	16.002	−117.28	13.358
加载 15 min 后测量坐标值	3	−4.48	−27.351	44.977	4.416	−27.331	44.935
	8	−10.284	−72.326	24.063	10.19	−72.325	24.119
	13	−16.044	−117.338	13.679	16.003	−117.303	13.6
加载前后坐标变化值	3	−0.021	−0.207	0.348	0.009	−0.181	0.304
	8	0.038	0.232	−0.701	−0.065	0.22	−0.684
	13	0.002	−0.038	0.33	0.001	−0.023	0.242

2) 空间缆索安装

主缆基准索股调整到位,精度满足要求后进行 2#至 37#索股安装。每根主缆索股采取相对垂度调整方法,安装前先将主缆 0 点位置临时锁定,然后分别定位主跨和边跨线形。线形调整时,每根索股相对于基准索股的垂度调整按若即若离的原则进行,调整好的索股不得在鞍槽内滑移。相对垂度调整在夜间温度稳定时进行。相对垂度调整时,索股送出量不宜过大,对已调整好的索股应在索鞍处作好标记,以便于随时检查其是否出现滑移。

3) 空间缆索紧缆施工

初紧缆就是将主缆截面整形成圆形,同时将外层索股的缠包带拆除,特别是索夹安装处的缠包带,以免影响索夹处夹持的空隙率。初紧缆要求在晚上温度基本保持平衡时,由各跨中央向索鞍和散索套方向进行。初紧缆所用的工具为手动葫芦,其空隙率要求达到 26%~28%。满足要求后,在其前后分别打上一道钢带。每次紧缆的间距为 1~1.5 m。

白天用紧缆机由下而上开始正式紧缆,标准断面空隙率为 20%±2%,索夹位置断面为 18%±2%,每间隔 1.5 m 打上一道钢带。空隙率达到要求后,在靠近紧缆机的地方打上两道钢带,钢带间的距离为 10 cm 左右。松开紧缆机,移到下一个紧缆点,每一个紧缆点间的距离约为 4 cm。复测上一个紧缆点的周长,并记录所在位置及周长。

6.4.4 体系转换和现场监控

6.4.4.1 体系转换过程

(1) 主缆架设完成后,主、边跨索夹一次安装完成。

(2) 主梁上临时荷载全部清除。

(3) 吊杆安装前,主跨散索套、边跨散索套上盖已安装到位;主跨临时散索套工装、边跨临时散索套工装全部拆除,如图6-36所示。

图6-36 主跨散索套与边跨散索套

(4) 解除主索鞍临时锁定,主鞍槽内铅块已按要求填充,如图6-37所示。

(5) 索夹安装后,完成索吊点的线形测量,作为体系转换的初始值。

(6) 顺序逐根安装张拉吊杆,每根吊杆第一轮张拉完成。

(7) 分别在主跨1#、19#、37#索股上布设传感器和测试仪,如图6-38所示。

图6-37 主鞍槽内填充铅块　　　　图6-38 索股传感器

(8) 主缆在横桥向最大位移为 3.382 m,同步调整猫道的线形与主缆的线形。

6.4.4.2 体系转换监控内容

主缆:主缆制作长度,安装初始线形、初始张拉力,体系转换过程中每张拉一根吊杆产生的索吊点坐标变化、主缆张拉力变化,体系转换完成时索吊点坐标、主缆力值,二期恒载作用下索吊点坐标、主缆力值。

吊杆:吊杆制作长度,体系转换完成时吊杆的索力值,二期恒载作用下吊杆索力值。

主鞍:初始安装时的预偏,体系转换过程中每张拉一根吊杆产生的位移,成桥时的最终位移。

主梁:焊接时的预抛高,体系转换时的抬高量,二期恒载作用下的下挠量。

6.4.4.3 索夹和吊杆安装

富民桥主跨采用由内索夹与外索夹组成的新型可转动式索夹,内外索夹可以自由转动,从而避免吊杆对主缆产生的扭矩作用。新型可转动式索夹由索夹体、转动件、耳板及配套高强螺栓组成,索夹体的中部是一外圆,转动件可以在其上转动,如图 6-39 所示。边跨无吊杆,采用传统索夹。

图 6-39 索夹安装现场

在夜间温差较小时,采用三角高程测量法标出索夹安装位置点。主跨索夹安装时,先安装内索夹,用人工将螺栓拧紧,再用液压扭矩扳手按设计值拧紧;然后在内索夹与外索夹的接触面上抹硅润滑脂,以减小内索夹与外索夹的摩擦力,避免调索过程中对主缆产生扭矩;安装外索夹,最后在吊杆调索前用液压扭矩扳手按设计值拧紧。待体系转换完成后内、外索夹螺栓须按设计力值复拧。

底座安装时,预先将球面支座与球头连杆安装于底座内腔中,球面支座与球头连杆采用球面的连接方式。底座通过高强螺栓直接锚固于钢箱梁上表面,为了使底座与钢箱梁安装顺利,采用现场配钻螺栓孔的方法安装底座。在体系转换前,先将吊杆从连接套筒到叉耳段安装好,利用索道天车与吊杆上端锚头连接吊起至索夹处,通过叉耳与索夹耳板用拴销连接。在体系转换时,通过千斤顶张拉一根吊杆到一定位置后连接另一根吊杆的连接套筒与球头连杆,待螺栓旋合至一定程度后,卸掉原张拉吊杆,再通过手动葫芦连接原张拉的吊杆。安装时,要仔细检查连接套筒与球头连杆的螺牙,以免造成返工或产品零件报废。为放大施加的扭矩,提高施工效率,在连接套筒上制作一个工具卡环辅助张拉作业。

第 6 章　天津海河富民桥

第二次及以后张拉(或调整)吊杆的循环过程均以吊杆的索力控制为主,主缆索吊点的坐标控制为辅。临时支架拆除前后进行第一次索力调整,二期恒载施工完成后进行第二次索力调整。

6.4.4.4　第一轮吊杆张拉和测控

吊杆张拉与调整的每一个循环均从1#索开始,依次进行,直至14#吊杆张拉完毕。第一次张拉吊杆的循环过程以主缆索吊点的坐标控制为主,索力控制为辅。第一轮张拉吊杆按设计理论值的竖向 Z 坐标调整,要求上、下游两侧的吊杆张拉同步进行,以减轻吊杆索力产生的横向水平分力对塔柱产生的弯矩;同时,从水平变位小的塔端向锚碇端进行,每次均只能张拉一个索号,使水平位移随吊杆的张拉分次逐步完成,主缆各索吊点逐步张拉到指定位置。调整时间为后半夜至日出前,张拉力值仅供参考。

张拉完一根吊杆后,必须测量全部已张拉过的吊杆索夹位置上、下端点坐标及索力大小,再分析计算得出下一根吊杆的索夹坐标及吊杆索力大小,以避免由于施工误差而带来的影响。同时,一轮张拉完成后,也要对塔顶位移、主梁线形、各截面应力等数据进行测量和分析。经分析,第一轮张拉吊杆张拉控制指标基本满足要求。

6.4.4.5　第二轮吊杆张拉和测控

吊杆第二轮张拉仍然从1#吊杆到14#吊杆依次进行。上、下游每次均只能各调一个索号,调整的目的是使同一索号的两个吊杆索力一致,上游或下游一个索号两个吊杆的索力和值保持不变。

6.4.4.6　第三轮吊杆张拉及最终结果

第二轮吊杆张拉数据显示,大部分吊杆已基本达到均匀分布和控制值的要求,但个别吊杆误差较大,需要对个别吊杆进行第三轮微调。经第三轮调整后,整桥结构各部位的测控结果见表6-8。

表 6-8　整桥结构各部位的测控结果　　　　　　　　　　　　　　　　(kN)

索号	第一轮张拉后		第二轮张拉后		第三轮张拉后		支架拆除后		二期恒载施工后	
	上游	下游	上游	下游	上游	下游	上游	下游	上游	下游
C1	638	556	585	549	797	787	858	832	901	898
C2	690	839	714	908	765	839	849	927	935	1 034
C3	704	725	746	754	796	768	878	843	985	965
C4	932	936	855	877	778	879	833	968	948	1 125
C5	546	684	797	853	982	853	1 014	958	1 143	1 090
C6	993	1 006	972	830	923	830	1 001	893	1 103	1 018
C7	780	1 073	765	984	765	984	847	1 035	940	1 144
C8	684	906	820	901	820	901	900	920	972	1 003
C9	875	533	824	742	824	742	908	791	1 002	846
C10	802	562	637	683	637	683	678	710	715	757
C11	772	621	758	794	758	794	799	818	847	881
C12	673	683	634	638	634	638	698	918	761	765
C13	/	/	/	/	796	796	796	796	899	899
C14	/	/	/	/	781	781	781	781	878	878

(1) 主缆在吊杆的安装与张拉过程中,8#索吊点横桥向向线路外侧偏位达 3.3 m,顺桥向向主塔方向偏位达 1 m。

(2) 全部吊杆安装与张拉完成后,主缆 14 个索吊点处的实测三维坐标与监控控制值的三维坐标误差最大值不超过 0.1 m,达到较好的精度,即主缆的实测线形与监控控制线形一致。

(3) 吊杆安装并张拉完成后,上游侧吊杆索力实测平均值为 790 kN,下游侧吊杆索力实测平均值为 805 kN,上、下游监控控制平均值为 801 kN,平均值误差小于 2%,达到均匀分布和控制值精度要求。

(4) 主鞍初始预偏 36 cm,吊杆张拉完成后,主鞍实测的偏移仅剩 6.2 cm,主鞍相对主塔顶已滑动近 30 cm,实测滑动量达到监控计算滑动量的 97.4%,主鞍的实际滑动状态与监控控制结果一致,见表 6-9。

表 6-9 主鞍偏移 (m)

偏移方向	吊杆安装前		吊杆安装并张拉完成后	
	监控控制值	实测值	监控控制值	实测值
向边跨侧偏移	0.360	0.360	0.054	0.062

(5) 主梁在成桥前后的横桥向基本没有变化,纵桥向则由于主缆力的作用使主梁向边跨方向压缩,压缩量 7~8 cm,竖向则由于二期恒载的作用使主跨跨中向下挠曲 20 cm。

从上述施工控制结果可以看出,主缆线形、吊杆索力、主鞍滑移、主梁线形等在缆索系统安装各阶段的实测值与监控控制值十分接近,施工过程进展顺利,并得到良好的控制。

第 7 章

天津海河吉兆桥

吉兆桥跨越海河,为三跨变截面连续钢-混凝土组合桁架梁桥,该桥采用部分组合技术、双重组合技术、混合耗能减隔震技术等多项新技术,解决桥梁开裂及抗震难题。桥梁设计将建筑美学融合于结构的整体之中,着力表现真实纯朴的结构美。吉兆桥已于 2013 年建成通车,并已成为海河上的标志性建筑(图 7-1),为天津独具特色的海河桥梁文化增添浓墨重彩的一笔。

图 7-1 吉兆桥

7.1 桥梁方案设计

7.1.1 工程建设条件

吉兆桥工程位于天津市中心城区中环线与外环线之间,是海河综合开发市区段的最后一座桥梁,连接海河以北智慧城地区的雪莲南路与海河以南柳林风景区的吉兆路。智慧城是未来概念建筑的展示区，旨在推广国际最新、最先进的建筑技术、建筑材料，使天津成为服务全国的现代建筑产业基地。柳林风景区是中心城区内海河沿岸最大的公共绿地，也是天津市中心城区的9个楔形绿地之一，承担着为居民提供休闲、娱乐、享受自然环境的城市功能。吉兆桥是中心城区东部雪莲南路-吉兆路通道的重要节点，对中心城区东部区域南北向交通有着重要意义①。

吉兆桥为城市快速路，主桥机动车道为双向六车道，跨越的海河为Ⅵ级航道，具有防洪、排沥、通航、景观四大功能。桥址处海河通航的主航道宽为30 m，通航净高为4.5 m。现状河道中心线为主航道中心线，最低通航水位为0.0 m(大沽高程)，通航水位为1.5 m。根据岩土工程勘察报告，勘察最大孔深为90.0 m，揭示表层人工填土、第四系全新统(Q41-3)、上更新统(Q3e～a)的河流相、滨海潮汐相及河流相交互沉积的一套砂土、粉土与黏性土的沉积地层。

根据《建筑抗震设计规范》(GB 50011—2010)，本场地地震基本烈度为Ⅶ度，设计基本地震动峰值加速度值为0.15 g，所属的设计地震分组为第二组。建筑场地类别为Ⅲ类，为中软场地土，属于可进行建设的一般地段。

7.1.2　桥梁方案构思

吉兆桥首先应满足功能要求，综合城市规划、交通运输、航道净空、地质条件以及桥梁造型等因素进行结构总体设计构思，延续海河已建成桥梁"一桥一景"的基本原则，吉兆桥的设计应别具一格，不但要技术独特，而且应美观悦目，并与周边建筑物风格有机地结合在一起，与天津市作为金融中心和国际化大都市的定位相适应。与此同时，该桥能使市民及游客驻足观赏，成为新地标。

吉兆桥的主导设计思想是结合周边建筑风格和整体规划，以简洁的欧式风格突出该地域浓郁的欧式气息，桥梁整体造型主要考虑在桥面以上不做耸立的结构物，保证区域内天际线不被破坏。从这两点出发，初步定义桥梁方案为欧式、平桥。桥梁方案的构思和构件尺寸的拟定应符合桥梁美学的4个基本点，即统一和谐、稳定均衡、比例协调和韵律优美。基于此，最终形成三跨变截面钢-混凝土组合桁架梁桥的设计方案。与钢箱组合梁桥相比，三跨变截面钢-混凝土组合桁架梁桥具有节省钢材及工程造价等优点。

桥梁结构主体颜色为象牙白，体现桥梁结构的柔和、轻盈，给人以舒缓的感受。通过栏杆、悬挑下装饰构件、檐口、桥梁中墩处钢桁架侧面以及斜腹杆线条的处理，赋予其典型但又不繁复的欧式风格，从点、线、面各个角度的细节入手，形成独特的桥梁整体景观效果。

7.2　桥梁结构设计及分析

7.2.1　工程概况

吉兆桥是一座三跨变截面钢-混凝土组合桁架梁桥，跨越海河，全长为200 m，跨径布置为55 m+90 m+55 m。桥宽为40 m，双向六车道，横向布置为3.0 m(人行道)+4.5 m(非机动车道)+12.25 m

---

①　天津城建设计院有限公司"天津海河吉兆桥设计文件(2013)"。

(机动车道)+0.5 m(防撞栏杆)+12.25 m(机动车道)+4.5 m(非机动车道)+3.0 m(人行道)。吉兆桥立面布置如图 7-2 所示。

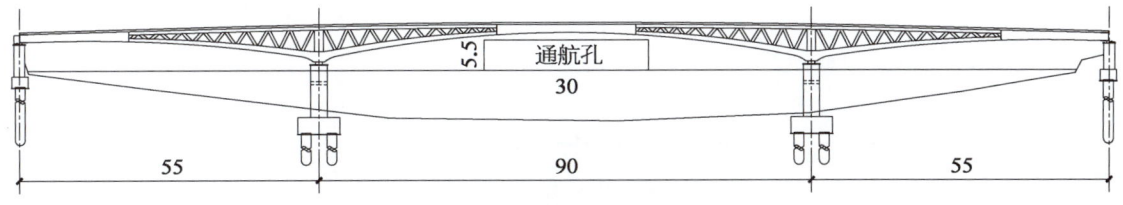

图 7-2 吉兆桥立面布置(单位:m)

吉兆桥横向共由 9 榀桁架组成,桁架横向中心间距为 4.6 m(图 7-3)。两榀桁架之间采用横向构件连接。混凝土桥面板厚为 28 cm,局部加腋厚为 35 cm。

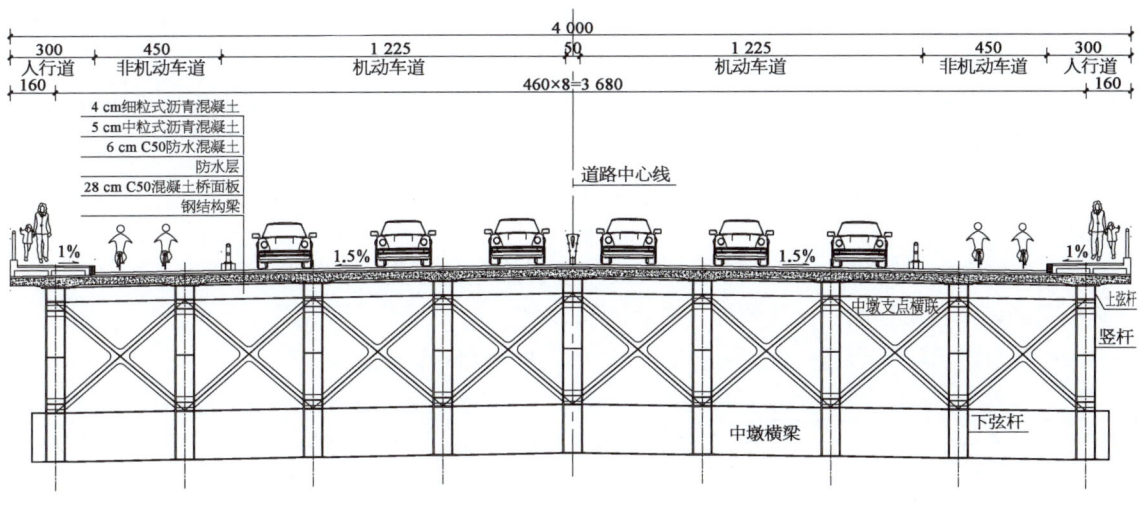

图 7-3 主桥横断面(单位:cm)

混凝土桥面板与钢桁架结构采用剪力钉或 T 形板连接件连接,桥面板内设预应力钢束。相邻两段桥面板混凝土之间设后浇带,浇注微膨胀混凝土。主桥边、中墩均为桩接承台接墩柱的形式,采用抗震支座,并且设置软钢阻挡装置,起到耗能减震、防落梁作用。

吉兆桥采用双重组合新技术,具体做法为:① 负弯矩区的混凝土板和上弦杆钢梁不组合,钢梁与混凝土之间设置较稀疏的纵向可滑动的钢-混凝土抗掀起连接件——新型抗拔不抗剪 T 形连接件(图 7-4),以防止桥面板翘起。这样混凝土板和上弦杆能自由变形,从而有效地释放混凝土板中因收缩徐变、温度效应以及汽车荷载等引起的拉应力,并提高负弯矩区桥面板纵向预应力的施加效率,改善桥面系的抗裂性能、长期性能以及耐久性能。② 负弯矩区下弦杆内灌注混凝土,形成钢管混凝土截面,充分发挥混凝土材料抗压性能好的优点,显著改善下弦杆钢梁受压稳定性能,比较经济合理地实现增大负弯矩区截面刚度和承载力的目的。这样,在连续梁桥的负弯矩区形成一个倒置的组合截面,这样的组合桁梁桥称为"双重组合作用的连续组合桁梁桥"。

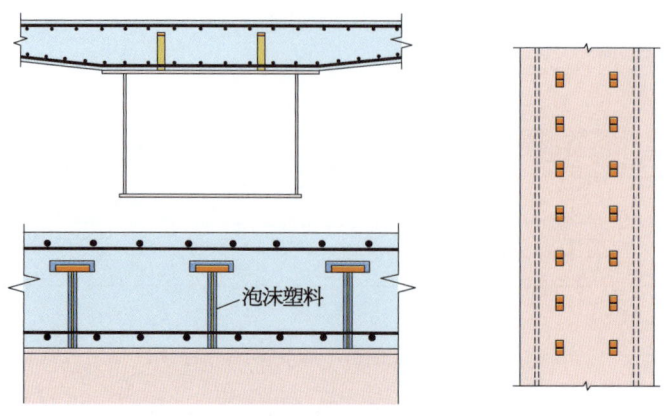

图 7-4 新型抗拔不抗剪 T 形连接件

采用双重组合作用新技术后,桥梁的综合效益突出,相比于传统的钢-混凝土组合桁梁桥方案,具有如下优势:

(1) 混凝土桥面板与钢梁之间纵向能自由滑动,有效地释放负弯矩区混凝土板中的拉应力,纵向预应力的效率显著提高。

(2) 有效地降低混凝土收缩徐变以及温度效应等引起的混凝土桥面板中的拉应力,改善桥面板的长期受力性能,提高桥面板的耐久性。

(3) 新型连接件保留传统栓钉连接件抗混凝土板掀起的作用,能有效抵抗混凝土桥面板因整体纵向弯曲以及局部横向弯曲导致的竖向分离和掀起。

(4) 新型抗掀起 T 形连接件,构造简单,施工快速,经济性能较优。

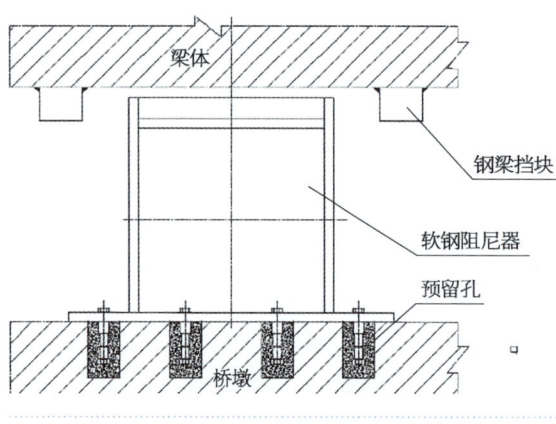

图 7-5 高性能软钢阻挡防落梁装置

(5) 负弯矩区下弦杆灌注混凝土后,有效地改善下弦杆的稳定性能,降低下弦杆的钢材应力,提高负弯矩区截面的刚度和承载力。

同时,吉兆桥在国内首次采用高性能软钢阻挡防落梁装置,该装置与铅芯橡胶隔震支座形成混合耗能减隔震系统,增加结构的阻尼性能。在以往桥梁设计中,多数采用混凝土挡块进行防落梁硬性阻挡,地震下混凝土挡块一旦遭到破坏,则容易发生上部结构的落梁震害。本桥采用高性能软钢阻挡防落梁装置(图 7-5),对上部结构的大位移变形采取柔性阻挡,并且耗散地震冲击力,达到地震作用下的防落梁功能。

7.2.2 结构体系

7.2.2.1 上部结构设计

吉兆桥主体结构由横向 9 榀桁架组成,桁架横向中心间距为 4.6 m,每榀桁架由上弦杆、下弦杆和斜杆组成,标准节间间距为 4 m,在边跨边以及中跨跨中段上、下弦杆合并为钢箱。上弦杆为等高箱形截面,下弦杆为变高箱形截面,腹杆为工字型。其中,下弦杆在主桥中墩两侧各 12.5 m 范围浇筑微膨胀混凝土,如图 7-6 所示。

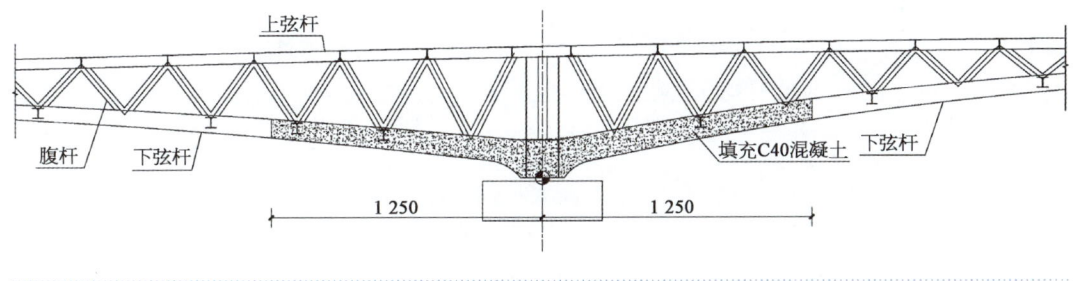

图 7-6　主桥桁架结构总体布置图(单位:mm)

上弦杆之间采用等截面工字型钢横撑连接,标准间距为 4 m,上横撑构造如图 7-7 所示。

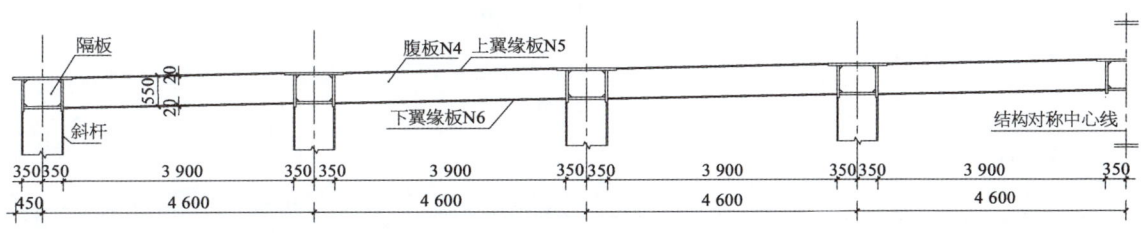

图 7-7　上横撑构造(单位:mm)

下弦杆之间除部分部位采用变截面工字型钢横撑水平方向连接以外,在部分桁架区间内设置工字型截面斜杆横联连接相邻两榀桁架。下横撑构造如图 7-8 所示。

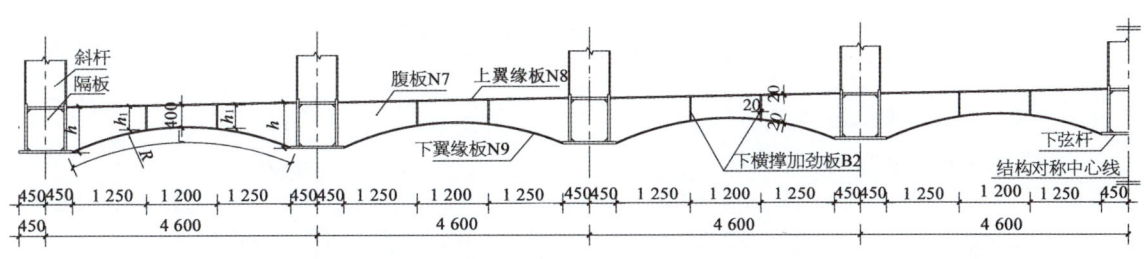

图 7-8　下横撑构造(单位:mm)

中墩位置下弦杆设中墩横梁,竖直方向设竖杆以及中墩支点横联。边墩位置设边墩横梁。钢箱横梁构造如图 7-9 所示。

混凝土桥面板厚为 28 cm,局部加腋厚为 35 cm,混凝土桥面板与钢桁架结构采用剪力钉或 T 形连接件连接,如图 7-10～图 7-12 所示。

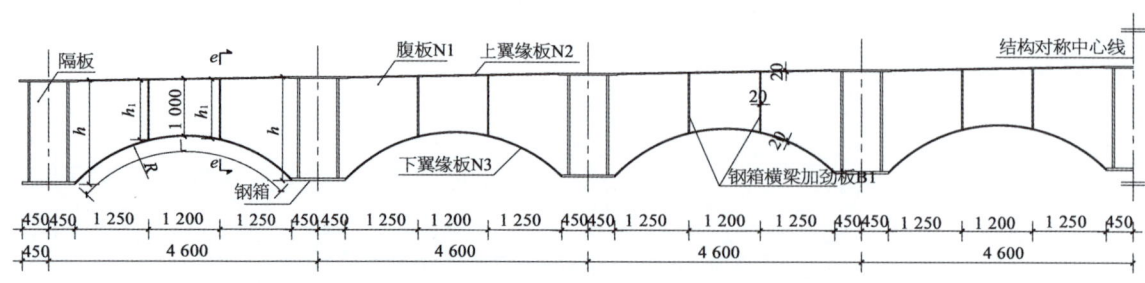

图7-9 钢箱横梁构造(单位:mm)

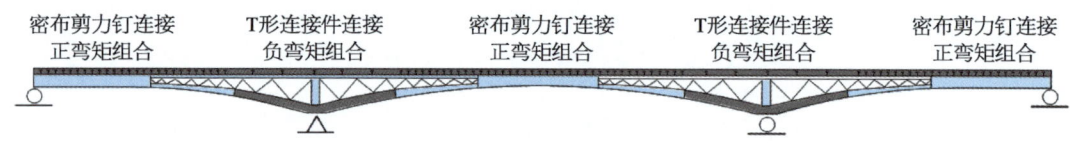

图7-10 混凝土桥面板与钢桁梁连接方式

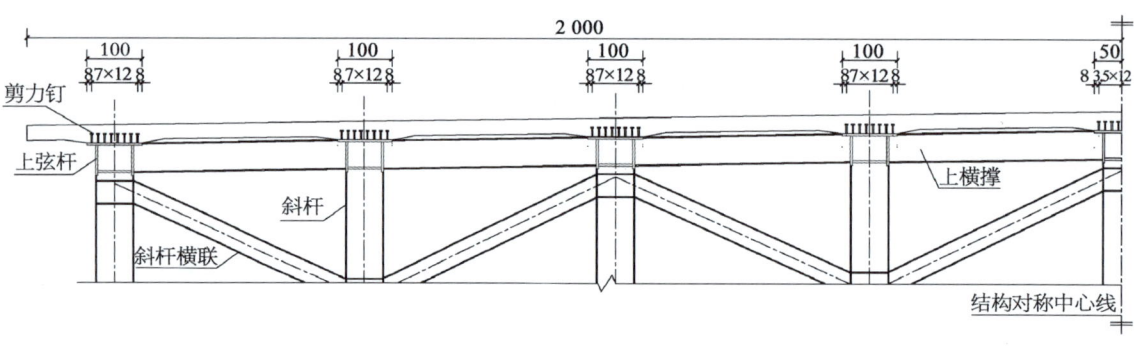

图7-11 桥面板剪力钉布置断面图(单位:cm)

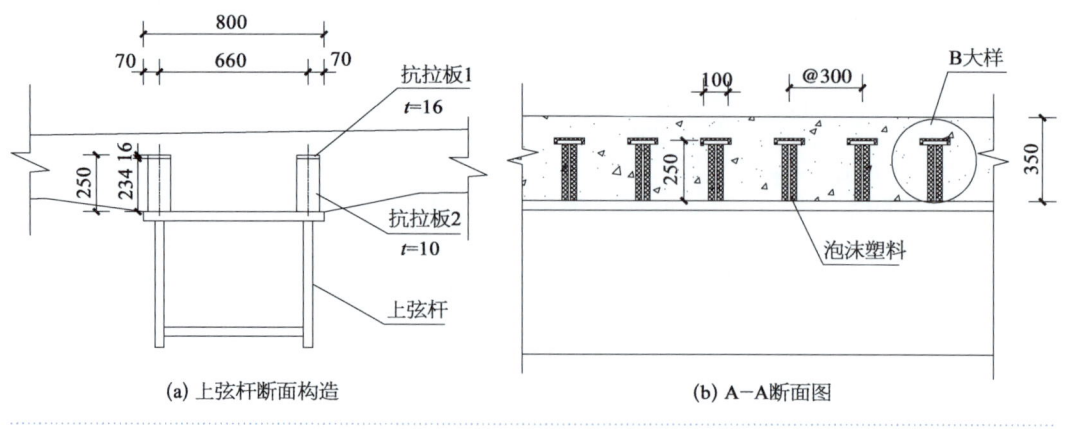

(a) 上弦杆断面构造　　　　　　(b) A—A断面图

第 7 章　天津海河吉兆桥

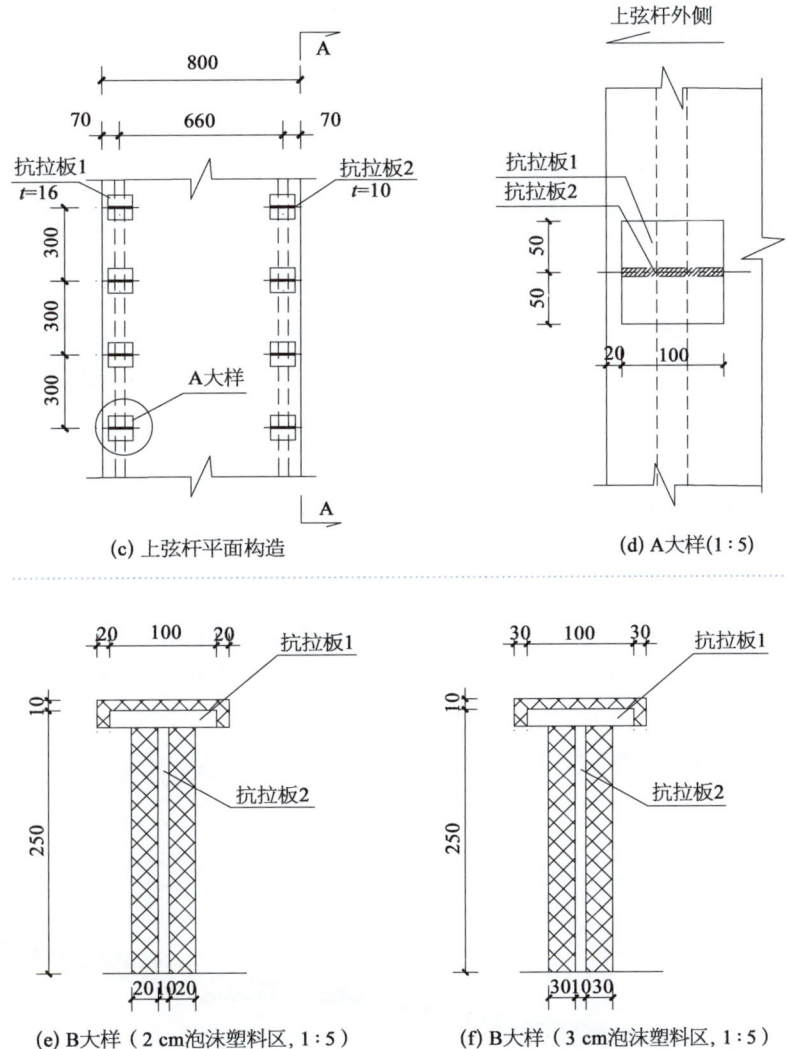

图 7-12　桥面板 T 形连接件布置图(单位：mm)

混凝土桥面板内设预应力钢束(图 7-13)，混凝土桥面板分段浇筑，并分批张拉预应力钢束。相邻两段桥面板混凝土之间设后浇带，后浇带为 C50 微膨胀混凝土。桥面混凝土板与上弦杆顶面之间涂脱模剂。

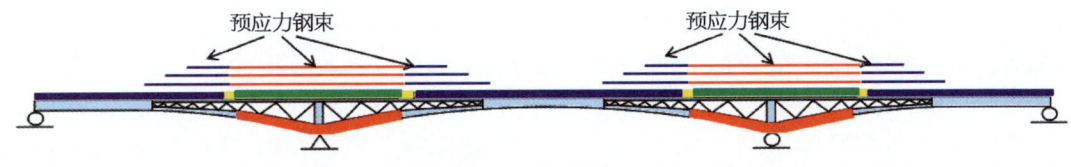

图 7-13　桥面板预应力束布置(单位：cm)

7.2.2.2 下部及基础结构设计

主桥边墩采用桩接承台接墩柱的结构形式。墩柱宽为 2 m，承台尺寸为 40.6 m×3 m×2 m，每个墩位设置 9 根直径为 1.8 m 的钻孔灌注桩，全桥共 18 根，桩长为 55 m。

主桥中墩采用桩接承台接墩柱的结构形式。墩柱宽为 3 m，承台尺寸为 41.1 m×7.7 m×3 m，每个墩位设置 18 根直径为 1.8 m 的钻孔灌注桩，全桥共 36 根，桩长为 75 m。在主桥中墩处设置铅芯隔震橡胶支座，且设置软钢耗能阻挡装置。

7.2.3 整体计算分析

吉兆桥工程采用部分组合技术、双重组合技术以及优化施工工序三项措施，有效地改善大跨径连续组合桁梁桥的受力性能，全桥施工全过程计算分析进一步验证上述技术措施的合理性和有效性。

7.2.3.1 计算模型

采用有限元软件 Midas Civil 建立桥梁结构的空间计算模型，进而得到横向分布系数。计算分析的研究重点由全桥分析转化为单梁分析。选取中间一榀组合桁架梁，进行全杆系模型分析。组合桁梁桥的负弯矩区采用新型抗拔不抗剪连接件取代栓钉，实现负弯矩区桥面板与上弦钢梁部分不组合的受力特性，模型中采用释放纵向约束的弹性连接单元进行模拟；正弯矩区栓钉的布置遵循完全剪力连接的设计原则，同时支点负弯矩区部分下弦钢梁内灌注自流平混凝土，以实现双重组合的设计思想，模型中采用双单元共节点的方式进行模拟。此外，桁梁段与钢梁段通过刚臂连接，桥面板内的纵向预应力束通过定义钢束预应力荷载的方式实现，建立的组合桁梁桥全杆系模型如图 7-14 所示。

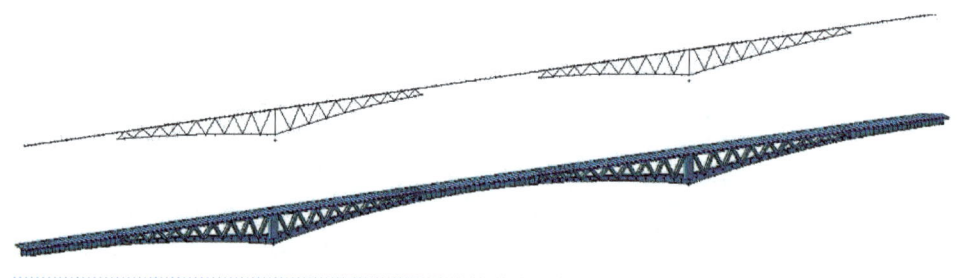

图 7-14 组合桁梁桥全杆系模型

7.2.3.2 施工阶段定义

为了更有效地改善连续组合桁梁桥负弯矩区的受力性能，该桥综合采用部分组合技术、双重组合技术以及优化施工工序三项措施。所谓部分组合技术，即仅在正弯矩区布置常规的栓钉连接件，而在负弯矩区布置一种新型的连接件。这种连接件纵向抗剪刚度很弱，使混凝土板与上弦杆可沿纵向自由滑动，从而有效地释放混凝土板中的拉应力，同时这种连接件可以抵抗因车辆偏载引起的桥面板掀起作用。所谓双重组合技术，即在负弯矩区附近下弦杆内灌注混凝土，形成钢管混凝土截面，充分发挥混凝土材料抗压性能好的优点，显著改善下弦杆钢板受压稳定性能，较为经济地实现增大负弯矩区结构刚度和承载力的目的。通过上述方法，在连续桁梁桥的负弯矩区形成一个倒置的组合截面。图 7-15 为采用部分组合技术和双重组合技术的连续组合桁梁桥示意。

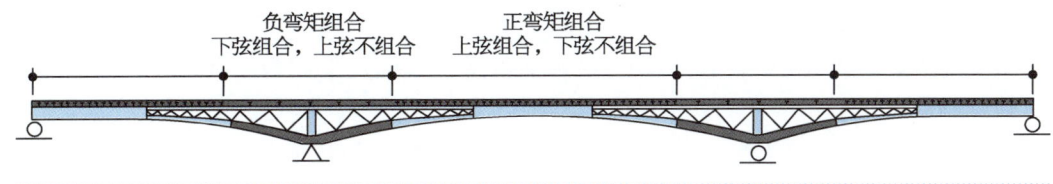

图7-15 桥梁部分组合技术和双重组合技术的连续组合桁梁桥示意

在合理优化施工工序的基础上,连续组合桁梁桥采用部分组合和双重组合技术,充分发挥其综合效益,从而有效地改善结构的受力状态,简化施工工艺,提高材料利用效率,降低结构施工成本和周期等。图7-16所示为吉兆桥采用的优化施工工序,共6个关键步骤。

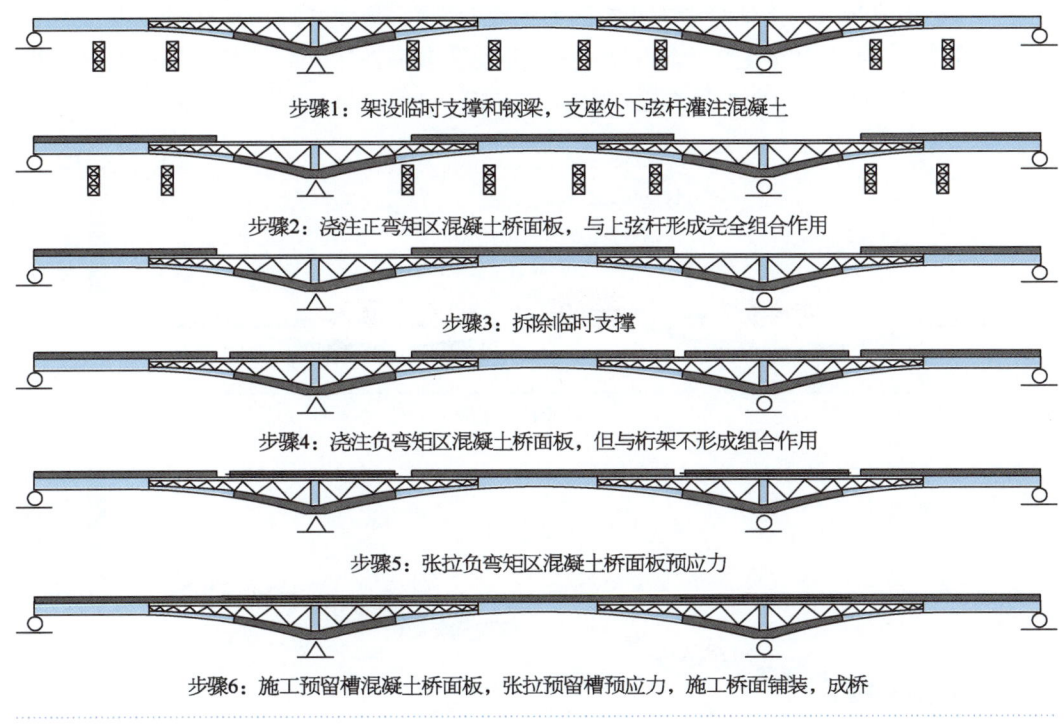

图7-16 吉兆桥采用的优化施工工序

根据桥梁实际采用的优化施工工序,模型计算中定义的施工阶段情况见表7-1。

表7-1 模型计算中定义的施工阶段情况

序号	施工阶段描述	序号	施工阶段描述
1	钢结构拼装,现场焊接合龙	6	张拉已浇注混凝土的预应力
2	下弦杆内灌注混凝土	7	浇注预留槽混凝土
3	浇注除中墩负弯矩区以外的混凝土	8	张拉预留槽混凝土预应力
4	拆除所有临时支撑	9	施工桥面铺装,成桥
5	浇注支点负弯矩区混凝土	10	成桥10年

7.2.3.3 施工阶段分析

分析得到桥梁各个施工阶段的计算结果,所有的荷载效应及组合均按照《公路桥涵设计通用规范》(JTG D60—2004)选取。

(1) 钢梁拼装合龙。钢梁在支架上拼装合龙后,应力水平较低,腹杆及弦杆应力在±15 MPa 以内。

(2) 灌注下弦杆混凝土。本阶段支架尚未拆除,因而钢梁应力仍然维持在较低水平,腹杆及弦杆应力在±15 MPa 以内。

(3) 浇筑跨中混凝土桥面板。本阶段支架尚未拆除,因而钢梁应力仍然维持在很低的水平,跨中混凝土桥面板应力都非常小。

(4) 拆除临时支撑。为了使跨中正弯矩区形成组合截面,从而共同承担拆除支撑后对结构瞬间施加的荷载,在浇注跨中混凝土后再拆除支架。拆除支架后跨中箱梁的最大应力为 96 MPa,腹杆的最大应力为 59 MPa。桥面板最大压应力为 5.4 MPa,计算结果如图 7-17、图 7-18 所示。

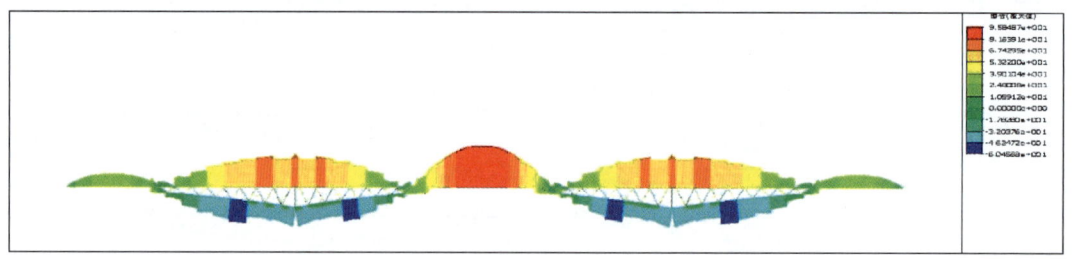

(a) 弦杆和箱梁

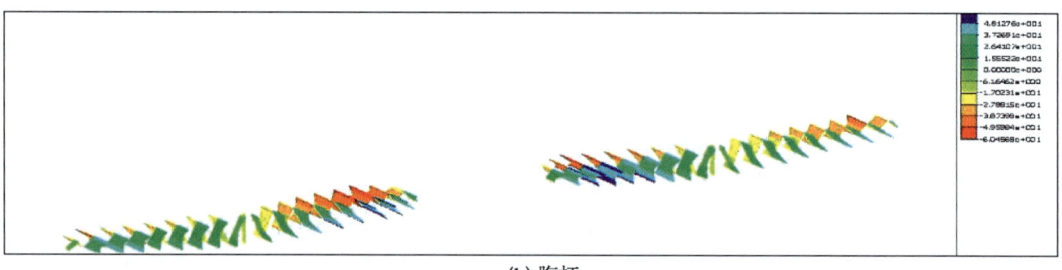

(b) 腹杆

图 7-17 拆除临时支撑后钢梁应力分布(单位:MPa)

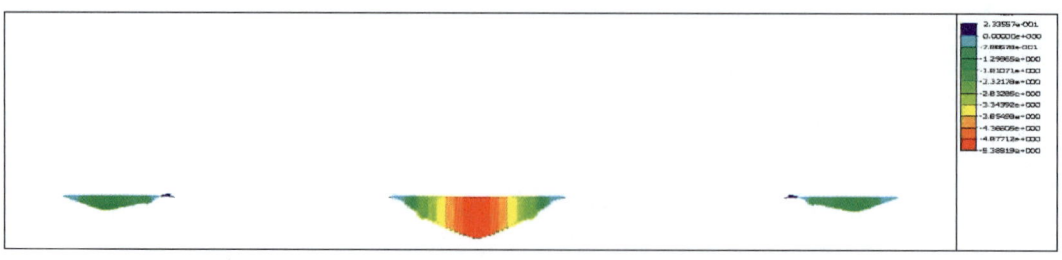

图 7-18 拆除临时支撑后桥面板应力分布(单位:MPa)

(5) 浇筑支点混凝土。浇注支点混凝土后,跨中钢梁的最大应力为 98 MPa,腹杆的最大应力为 62 MPa。混凝土桥面板最大压应力约为 5 MPa,而支点负弯矩区混凝土处应力 0 状态,计算结果如图 7-19、图 7-20 所示。

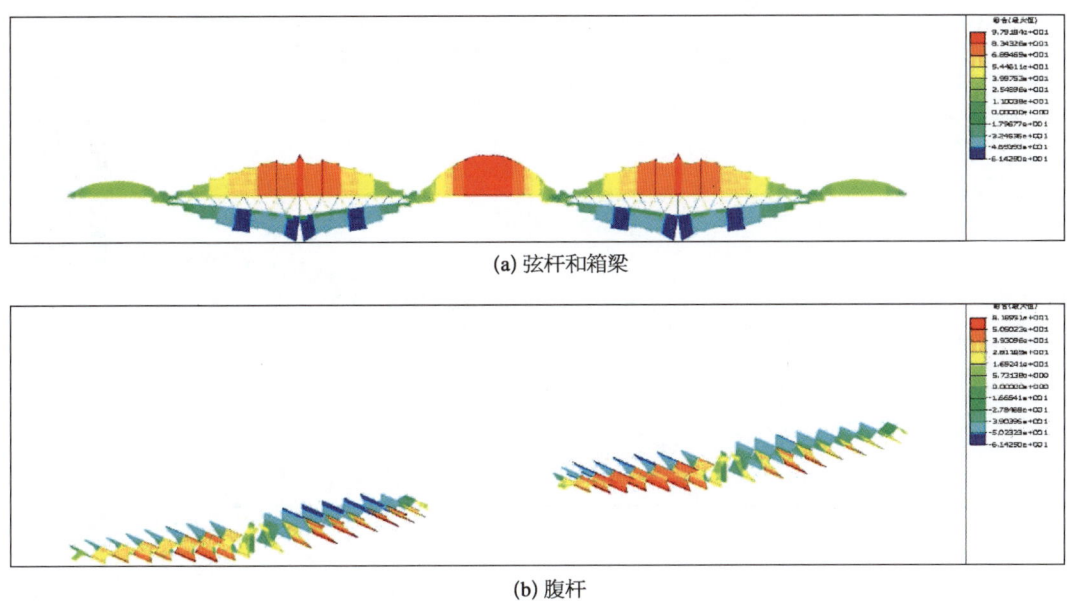

(a) 弦杆和箱梁

(b) 腹杆

图 7-19 浇注支点混凝土后钢梁应力分布(单位:MPa)

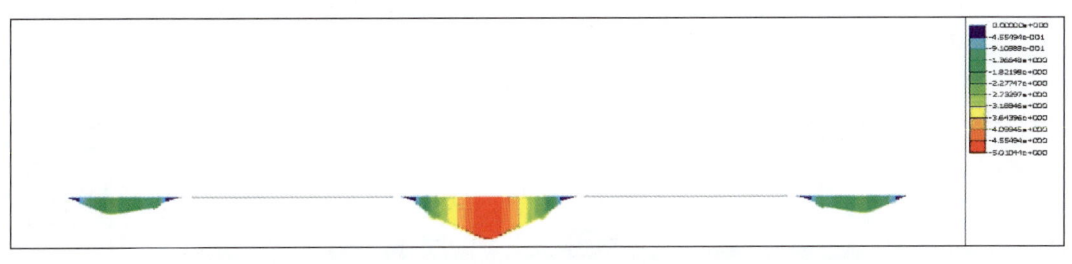

图 7-20 浇注支点混凝土后桥面板应力分布(单位:MPa)

(6) 张拉已浇筑混凝土预应力。为了提高负弯矩区混凝土桥面板的压应力储备,采取分段张拉预应力的方法。张拉混凝土桥面板内的预应力后,跨中箱梁最大拉应力为 99 MPa,支点负弯矩区下弦杆最大压应力为 66 MPa,上弦杆最大拉应力为 99 MPa,混凝土桥面板最大压应力约为 6 MPa,计算结果如图 7-21、图 7-22 所示。

(7) 浇筑预留槽混凝土。图 7-23 所示为浇注预留槽混凝土后钢梁应力分布。预留槽后浇段将正、负弯矩区混凝土桥面板连成整体,此阶段上弦杆和跨中箱梁的最大拉应力为 86 MPa,下弦杆最大压应力为 79 MPa,腹杆最大应力为 70 MPa。

(8) 张拉预留槽预应力。张拉预留槽预应力后钢梁上弦杆最大拉应力为 80 MPa,下弦杆最大压应力为 90 MPa,跨中箱梁最大拉应力为 62 MPa,腹杆最大应力为 71 MPa,混凝土桥面板最大压

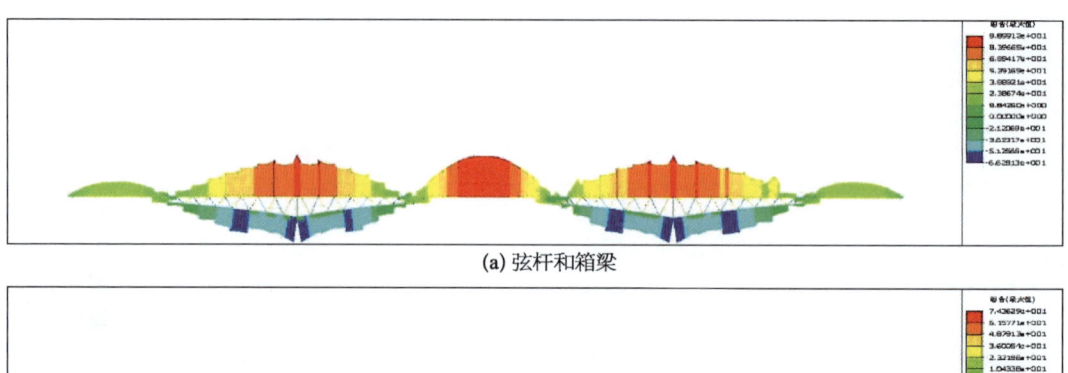
(a) 弦杆和箱梁

(b) 腹杆

图 7-21　张拉预应力后钢梁应力分布(单位：MPa)

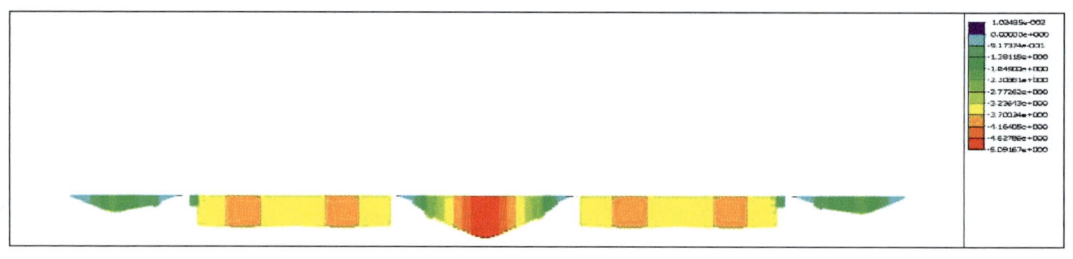

图 7-22　张拉预应力后桥面板应力分布(单位：MPa)

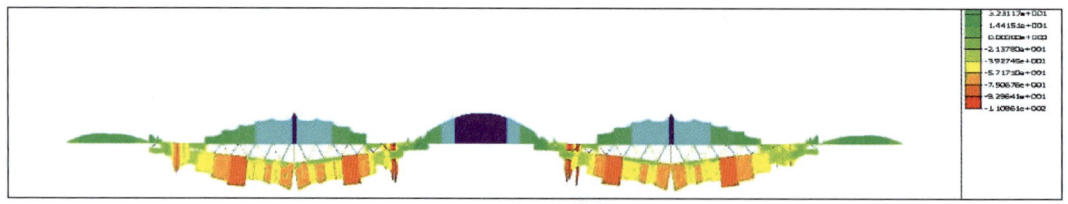
(a) 弦杆和箱梁

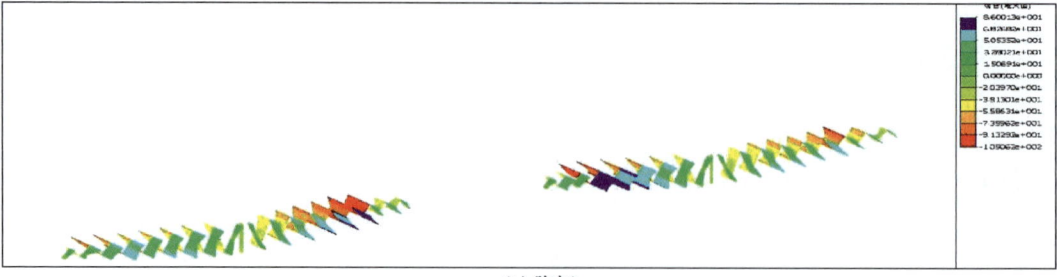
(b) 腹杆

图 7-23　浇注预留槽混凝土后钢梁应力分布(单位：MPa)

应力为 6.6 MPa。计算结果如图 7-24、图 7-25 所示。

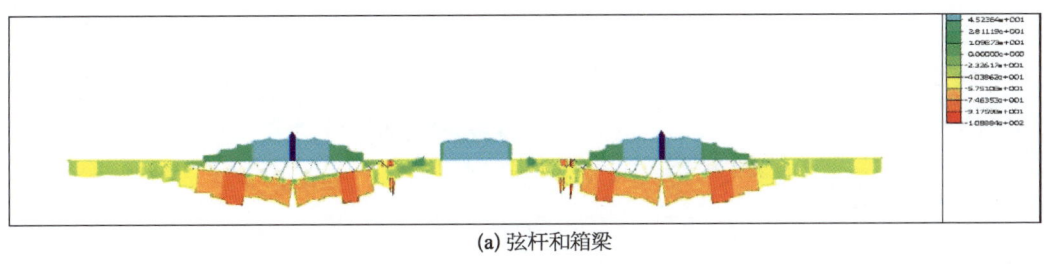

(a) 弦杆和箱梁

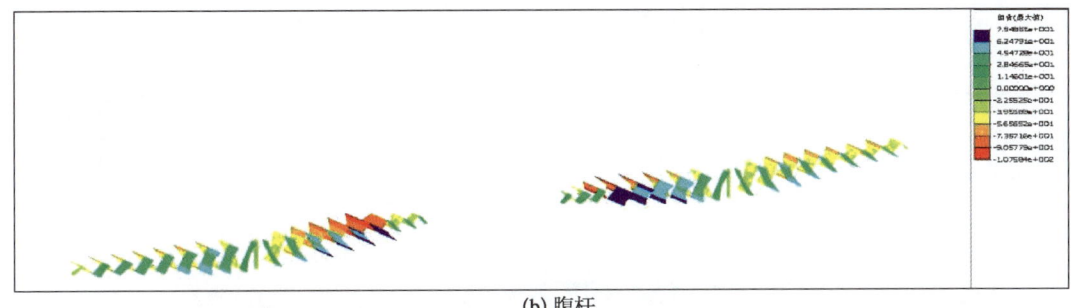

(b) 腹杆

图 7-24 张拉预留槽预应力后钢梁应力分布(单位:MPa)

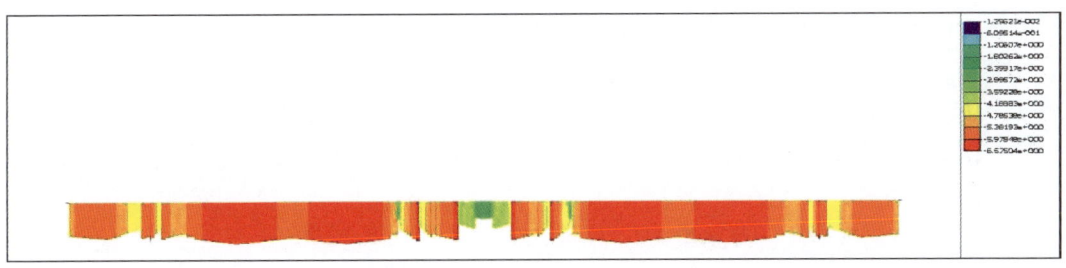

图 7-25 张拉预留槽预应力后桥面板应力分布(单位:MPa)

(9) 施工桥面铺装,成桥。施工桥面铺装后,钢梁上弦杆最大拉应力为 91 MPa,下弦杆最大压应力为 106 MPa,腹杆最大应力为 77 MPa。混凝土桥面板最大压应力为 7.5 MPa,无拉应力出现。计算结果如图 7-26、图 7-27 所示。

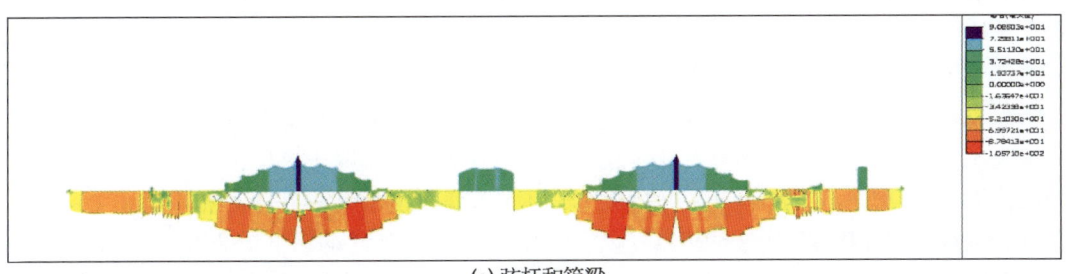

(a) 弦杆和箱梁

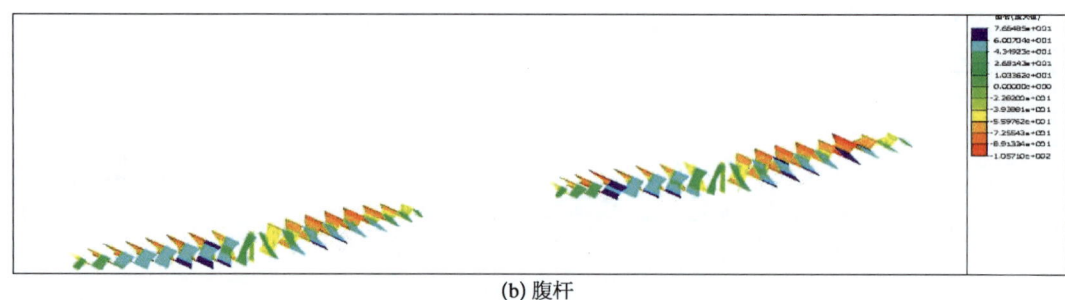

(b) 腹杆

图 7-26　施工桥面铺装后钢梁应力分布(单位：MPa)

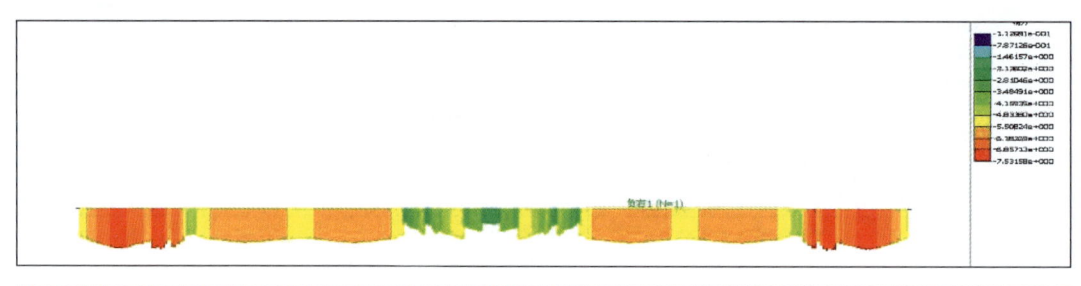

图 7-27　施工桥面铺装后桥面板应力分布(单位：MPa)

(10) 成桥10年。根据《公路桥涵钢结构及木结构设计规范》(JTJ 025—1986)，混凝土徐变可考虑有效弹性模量 $E_1=kE$，计算结构重力对徐变影响时取 $k=0.4$，计算混凝土收缩对徐变影响时取 $k=0.5$，E 为混凝土的弹性模量。基于该取值建议，最终成桥后钢梁的应力分布，与之前阶段相比应力变化不大。混凝土的收缩徐变效应会降低桥面板压应力的储备，但桥面板混凝土未出现拉应力。计算结果如图7-28、图7-29所示。

7.2.3.4　正常运营阶段计算结果

1) 正常运营阶段荷载工况组合

依据《公路桥涵通用设计规范》(JTG D60—2004)，正常运营阶段分析采用的荷载工况包括：

(1) 汽车荷载：公路-Ⅰ级车道荷载。

(2) 温度荷载：整体升温30℃、整体降温30℃、主梁梯度升温、主梁梯度降温。

(3) 支座沉降：10 mm。

考虑最不利荷载组合，对于钢结构部分采取容许应力法分析，荷载工况组合按标准值组合，主要考虑4种组合形式，组合系数均取1.0。

组合1：恒荷载+汽车荷载+人群荷载+整体温升+梯度温升+支座沉降。

组合2：恒荷载+汽车荷载+人群荷载+整体温降+梯度温降+支座沉降。

组合3：恒荷载+汽车荷载+人群荷载+整体温升+梯度温降+支座沉降。

组合4：恒荷载+汽车荷载+人群荷载+整体温降+梯度温升+支座沉降。

对于混凝土桥面板，跨中无预应力段混凝土桥面板按照普通钢筋混凝土构件设计，其余位置的混凝土桥面板按照A类预应力混凝土构件设计，预应力混凝土构件设计需要考虑短期效应和长期效应两种基本情况。

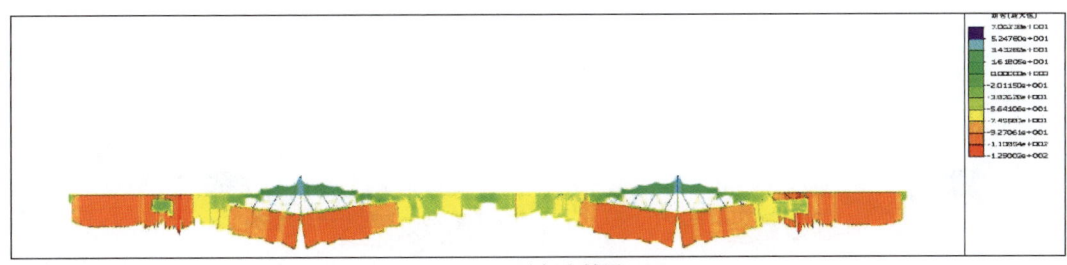

(a) 弦杆和箱梁

(b) 腹杆

图 7-28　成桥 10 年后钢梁应力分布(单位：MPa)

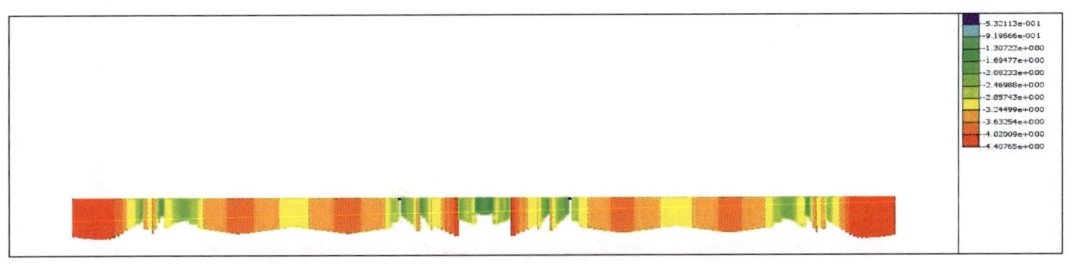

图 7-29　成桥 10 年后桥面板应力分布(单位：MPa)

短期效应组合如下：
(1) 恒荷载+0.7 倍(汽车及人群荷载)+体系温升+0.8 倍梯度温降+支座沉降。
(2) 恒荷载+0.7 倍(汽车及人群荷载)+体系温降+0.8 倍梯度温升+支座沉降。
长期效应组合为：恒荷载+0.4 倍(汽车及人群荷载)+支座沉降。
2) 正常运营阶段计算结果

对于钢结构部分，计算结果如图 7-30 所示。由图可知，上弦杆最大拉应力为 92 MPa，下弦杆最大压应力为 139 MPa，腹杆最大应力为 95 MPa。计算结果表明，钢结构应力满足规范要求。

图 7-31 所示为正常运营阶段最不利标准组合下桥面板压应力分布，最大压应力为-12 MPa，满足规范要求。为使得结构构件各部分具有相同的安全度，将中跨跨中合龙块及合龙块之间的混凝土标号强度提高至 C60。与此同时，按普通钢筋混凝土构件设计中跨跨中混凝土桥面板，并适当

加大该区域纵向普通钢筋直径。

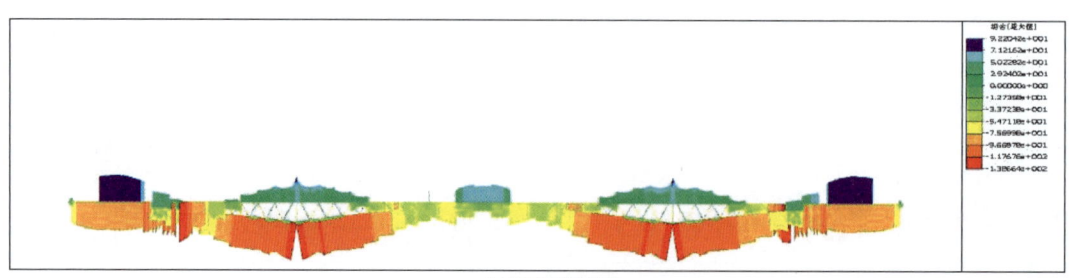

(a) 弦杆和箱梁

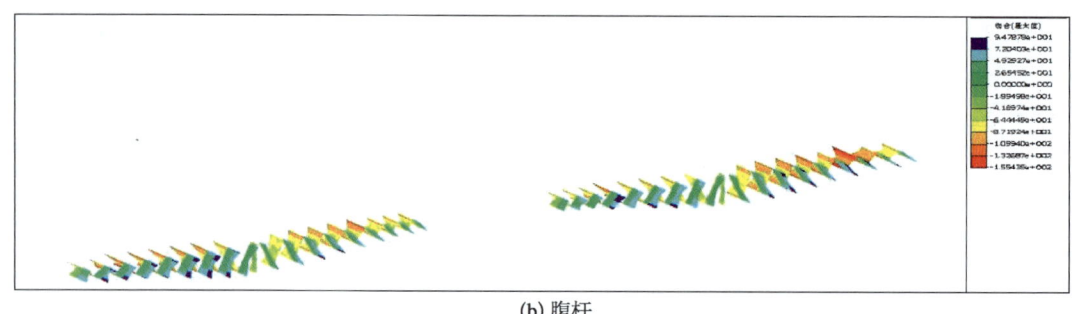

(b) 腹杆

图 7-30　正常运营阶段组合 1~4 工况钢梁的应力分布包络(单位:MPa)

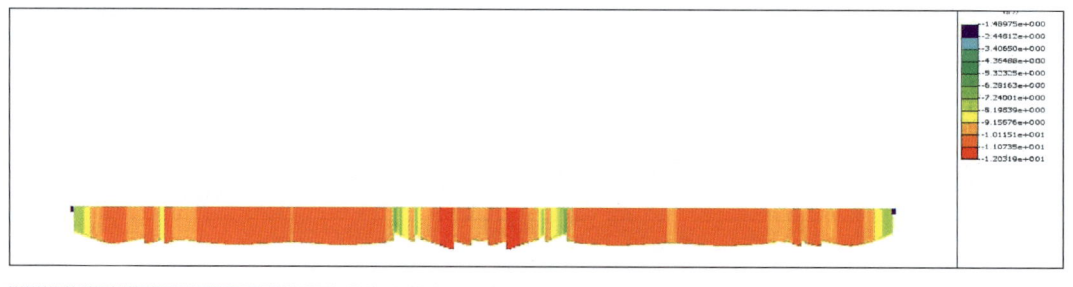

图 7-31　正常运营阶段最不利标准组合桥面板压应力分布(单位:MPa)

短期效应组合下,混凝土桥面板最大拉应力为 1.2 MPa,长期效应组合时不出现拉应力,桥面板符合 A 类预应力混凝土构件的设计要求。

7.2.3.5　整体计算结论

通过对全桥进行计算,全面分析施工全过程和正常运营阶段桥梁的整体受力性能,综合评定钢梁和混凝土桥面板的设计控制参数,主要结论如下:

(1) 在最不利荷载工况下,钢梁应力控制在 140 MPa 以内,满足规范要求。

(2) 混凝土桥面板的最大压应力满足规范要求。

(3) 跨中无预应力段混凝土通过配置两层横向间距为 100 mm、钢筋直径为 22 mm 的普通钢筋,控制短期效应作用下混凝土裂缝宽度为 0.2 mm 以内,实现普通混凝土构件的设计要求。

(4) 预应力混凝土桥面板满足 A 类预应力混凝土构件的设计要求。

7.3 桥梁构造设计及试验研究

对于连续组合桥,无论是实腹式还是桁架式,跨中正弯矩区的设计与简支组合桥相似,而中支点附近的负弯矩区,由于混凝土桥面板受拉、钢梁下翼缘或下弦杆受压,受力较为不利。对于连续组合桁梁桥来说,负弯矩区需要采取合理的设计方法与技术,重点解决下弦杆的受压稳定以及混凝土桥面板的开裂问题。

天津海河吉兆桥采用双重组合技术,在负弯矩区下弦杆灌注混凝土,混凝土桥面板与钢桁架上弦杆不组合,同时采用调整混凝土桥面板的浇筑顺序与分段施加纵向预应力等多项综合技术,以实现连续组合桁梁桥负弯矩区受力性能的最佳优化效果。针对这些技术,相关设计计算方法尚不成熟,已有可借鉴的工程也较为有限,因此有必要对这些技术在具体实施过程中的关键问题开展专题研究。

7.3.1 负弯矩区节段模型试验

7.3.1.1 试验目的

(1) 通过模型试验,验证采用双重组合技术的连续组合桁梁桥,针对负弯矩区桥面系受力性能的改善和优化效果,包括桥面系的抗裂性能、长期性能以及耐久性能的改善,桥面板预应力导入度的提高,负弯矩区下弦杆抗压刚度和稳定性能的提高等。

(2) 纵向可滑动的钢-混凝土抗掀起连接件是一项新的发明,可实现桥面板与钢梁之间的纵向滑移,同时可以抵抗混凝土桥面板的竖向分离和掀起,通过模型试验测试这一新型连接构造的有效性与可靠性。

(3) 通过模型试验,与有限元分析结果相互验证,研究连续组合桁梁桥整体计算方法,用以指导其他类似工程的设计和施工。

7.3.1.2 试验原理及方法

模型试验需要对原结构按一定比例进行缩尺,根据模型试验相似原理,在结构模型试验研究中,只有模型与原型保持相似,才能由模型结果推算出原型结构的相应结果。如果原型和模型在空间上对应的各点及在时间上对应的各瞬间等物理量均成比例,则两个系统相似。相似比是模型物理量同原型物理量之比,主要包括几何相似比、应力、应变、位移、弹性模量、泊松比、边界应力、体积力、材料密度、容重相似比等。在这些相似比中,长度、时间、力所对应的相似比称为基本相似比。

模型和原型的相似要求主要有 5 个方面:几何相似、边界条件相似、物理参数相似、时间相似和初始条件相似。对于绝大多数结构模型试验,都是针对结构局部、基本构件或节点的基本受力性能进行研究。试验中模型的设计难以满足上述全部的相似条件,模型试验结果在数值上与原型结构没有直接的联系,但根据模型试验得到的计算理论、公式以及构件的基本静力和动力性能,则可以推广到实际的结构中去,用于指导实际结构的设计和施工。

对于结构模型试验,通常应依据的条件有 3 个,分别是:

(1) 应变相等,即模型和结构原型保持应变相等。
(2) 应力相等,即模型和结构原型保持应力相等。
(3) 应变或应力保持一定的比例关系,即介于应变相等与应力相等之间。

在模型试验研究中,采用哪种条件应视模型规模、模型用材料以及试验目的等综合确定。负弯矩区双重组合试验所用材料与实际结构材料的弹性模量相等,则无论应力相等或应变相等,所导出的荷载、位移等关系都是相同的,可以保证模型同结构原型的应力、应变状态相一致。

7.3.1.3 试验用主要仪器设备

试验用主要加载设备及量测仪器见表7-2、表7-3。

表7-2 试验用主要加载设备

名 称	型 号	规 格	生 产 厂 家
电液伺服系统	243	1 000/1 400 kN	美国 MTS 公司
液压千斤顶	Q250B	2 500 kN,150 mm	成都伺服液压设备公司
液压稳压器	JSF300 T-IV	30 MPa	成都伺服液压设备公司

表7-3 试验用主要量测设备

名 称	规格/型号	量 程	生 产 厂 家
IMP 数据采集仪	35951B	—	英国 Solartron Instruments
压力传感器	YLR-3	2 000 kN	上海振丹传感器仪表厂
位移计	YHD-200	±200 mm;±50 mm;±25 mm	江苏溧阳仪表厂
转角仪	—	±10°	—
应变片(钢片)	BX120-3AA BX120-5AA	—	航天部701所
应变片(混凝土片)	BX120-100AA	—	航天部701所

实验室使用的仪表均经过标定,符合试验技术要求。其中,数据采集系统 IMPDAS 由清华大学结构试验室自主开发。数据采集仪由英国 Solarton Instruments 公司生产,包括分散式数据采集板 IMP 和接口板两部分。

IMPDAS 系统适用于土木工程各个领域(包括建筑、桥梁、水工、港口和地下结构等)的室内试验和现场监测,能进行各种物理量如电压、应变、力、转角、位移和温度等的量测。系统软件功能包括参数设置、多种模式的数据采集、实时监测显示、事后数据预处理等。除主控操作台外,IMPDAS 还提供专用监视屏,并配备运行于局域网下的多用户监视子系统。IMP 采集板前端装有微处理器,可同步扫描记录各个测点,测点间的时间差最多为 200 ms。该系统可以分散式布置,具有功耗低、稳定性好、系统抗干扰能力强等特点,适合工程现场环境。整个数据采集系统可以保证试验测试数据的准确性与科学性。

7.3.1.4 节段模型选取

取负弯矩区反弯点之间的梁段进行缩尺模型试验,如图7-32所示。

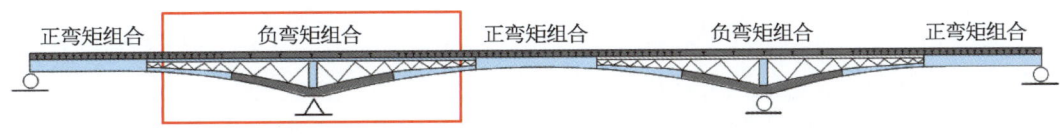

图 7‑32　节段模型选取示意图

7.3.1.5　节段模型钢结构部分构造设计

试验模型按照 1∶5 缩尺，选取反弯点之间 42 m 的节段，缩尺为 8.4 m 长的试验构件，如图 7‑33 所示。两端为铰支座，支座间距为 8.0 m，跨中使用千斤顶施加向上的力。混凝土板和上弦杆不组合，利用纵向可滑动的抗掀起连接件相连，下弦杆部分区段灌注混凝土，桁梁整体采用双重组合技术。根据全桥计算分析结果进行加载直至破坏，考察负弯矩区双重组合技术的有效性、桥面系的抗裂性能以及新型抗掀起连接件的工作性能。

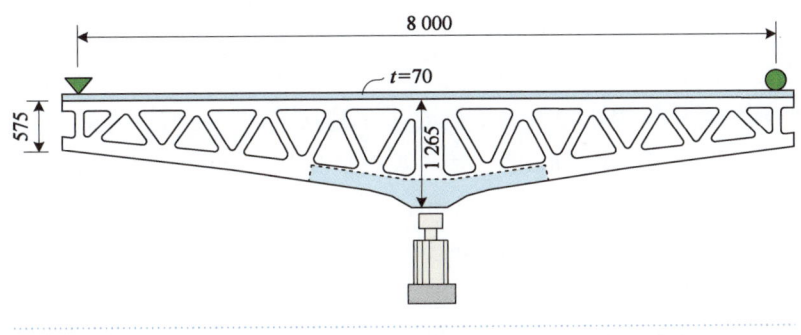

图 7‑33　试件模型示意图

根据设计图纸，进行试验构件的构造设计，包括对焊缝、加劲肋、杆件尺寸以及支座进行细化设计和调整。钢结构部分具体构造如图 7‑34 所示。

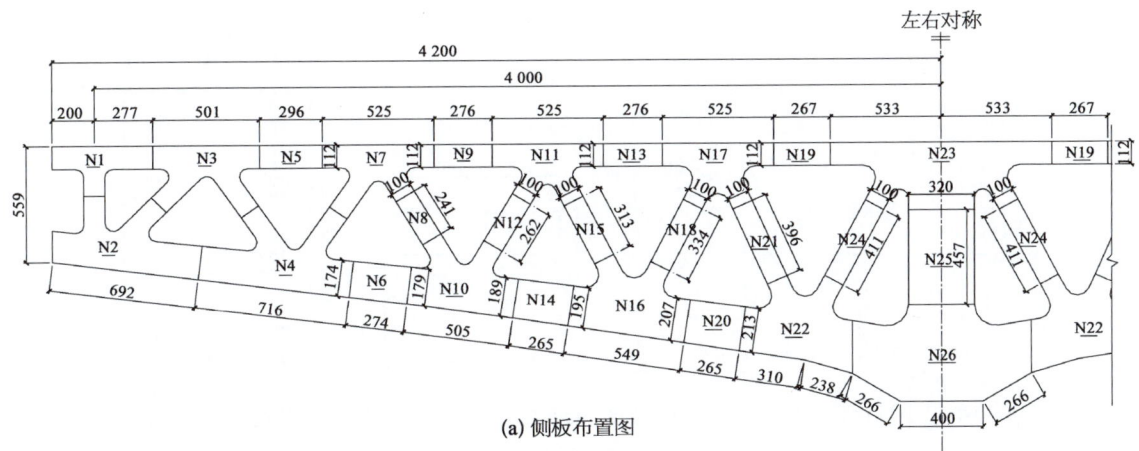

(a) 侧板布置图

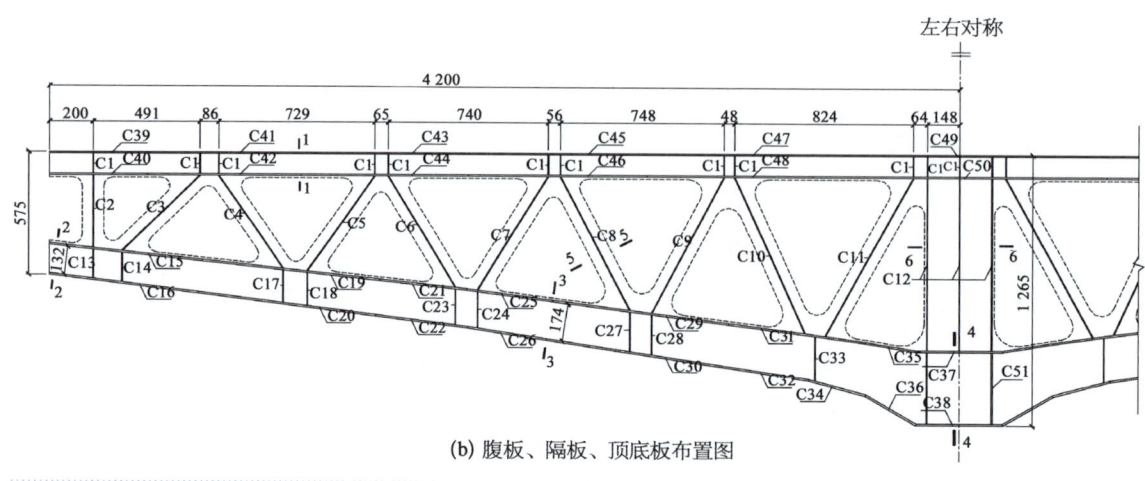

(b) 腹板、隔板、顶底板布置图

图7-34 钢结构部分具体构造

7.3.1.6 试验对比参数设置

节段模型共两件,分别采用新型抗拔不抗剪T形连接件和普通栓钉连接件。试件CTGB-1为新型抗拔不抗剪T形连接件组合形式,连接件腹板厚度为2 mm,高度为46 mm,长度为20 mm,顶板厚度为4 mm,宽度为20 mm,长度为20 mm;试件CTGB-2为普通栓钉连接件组合形式,栓钉高度为50 mm,直径为6 mm。连接件布置如图7-35所示。

试件表面混凝土板经过缩尺之后厚度为70 mm,宽度为800 mm,长度为8 400 mm,采用C55混凝土。为了保证预应力钢筋在混凝土板端部的锚固,在混凝土板两端各设置一块锚固钢板。

7.3.1.7 试验装置及加载制度

1) 试验装置

试验通过在简支阶段模型中部施加向上的荷载,形成跨中荷载的效果,节段模型两端分别简支,约束支座移动。

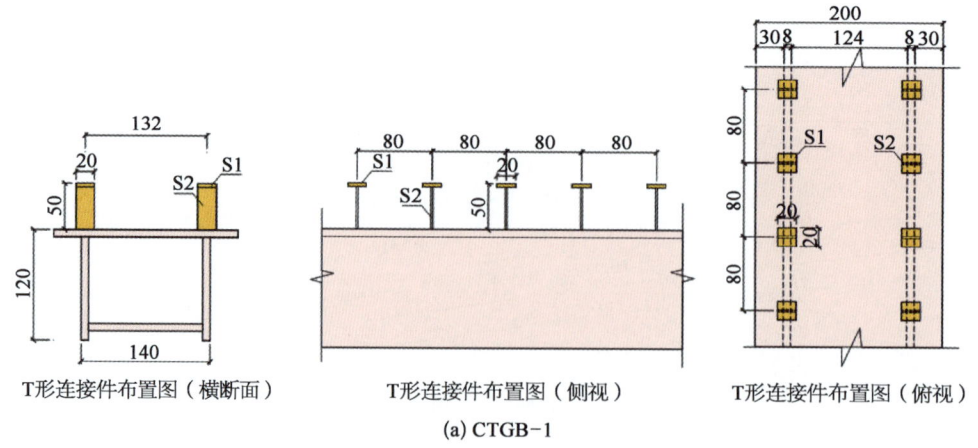

(a) CTGB-1

第 7 章 天津海河吉兆桥

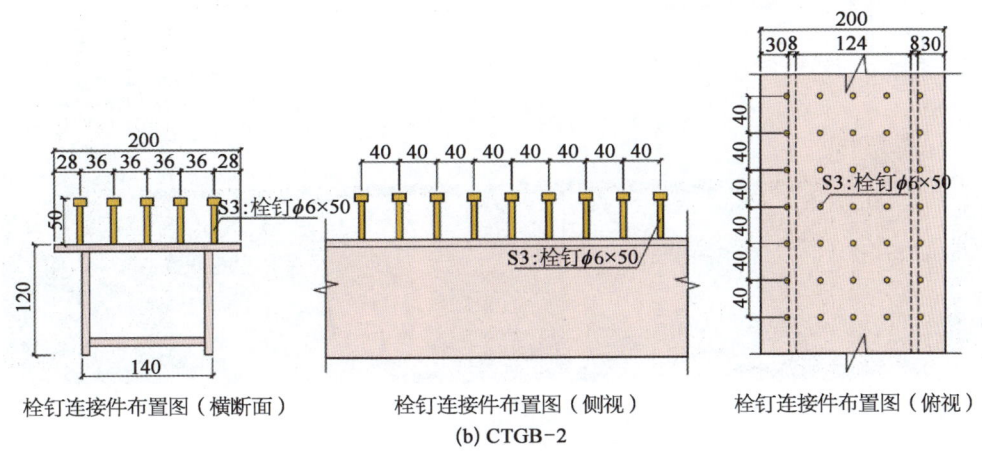

图 7-35 CTGB-1、CTGB-2 连接件布置(单位：cm)

2) 加载制度

试验采用静力单调加载,直至构件破坏。图 7-36 为试件实际的加载制度。

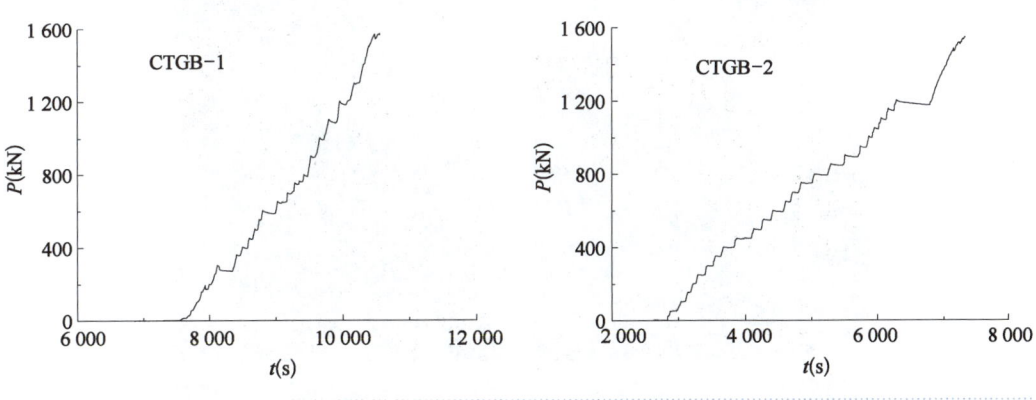

图 7-36 试件实际加载制度

7.3.1.8 测试内容

试验主要测试的内容有：荷载大小、支座反力大小、构件重要位置处的竖向位移、钢结构、混凝土板关键位置处应变、钢结构与混凝土板界面滑移。

7.3.1.9 试件照片

图 7-37、图 7-38 所示为试件照片。

7.3.1.10 试验结果

1) 竖向位移

在每个试件的顶部布置 3 个竖向位移量测装置,从左至右编号：1/4 跨处为 2-2,跨中为 2-1,3/4 跨处为 2-3,在跨中混凝土板下部也布置一个位移量测装置,编号为 2-5。CTGB-1 与 CTGB-2 各个测点的荷载-挠度曲线如图 7-39 所示。

图 7-37　试件 CTGB-1 整体照片

图 7-38　试件的支点及测点

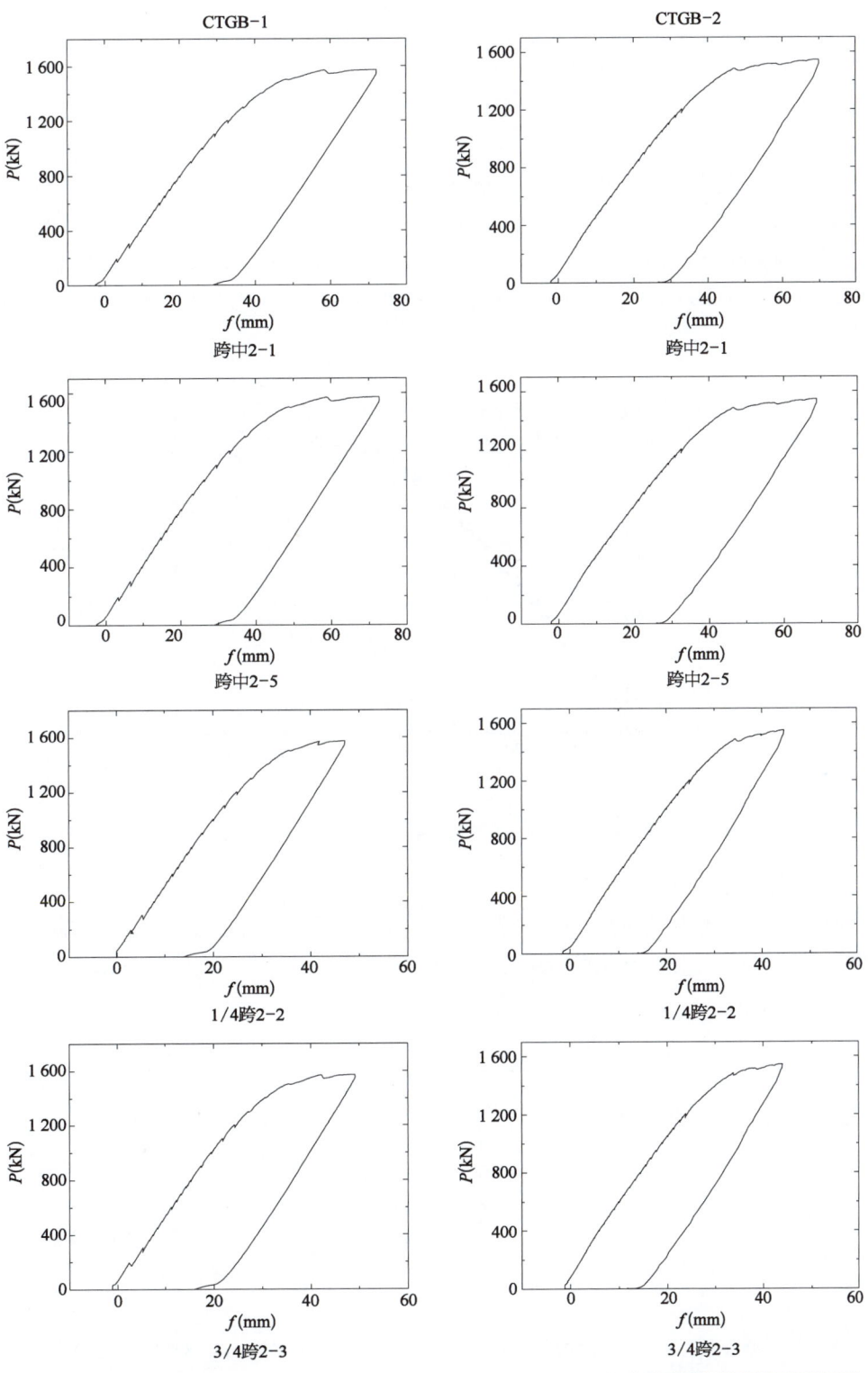

图 7-39　CTGB-1 与 CTGB-2 各个测点的荷载-挠度曲线

通过4个通道的荷载挠度曲线可以观察到,2个试件在跨中挠度最大,相同构件1/4与3/4跨处的挠度相差不大,说明试件整体是对称的。

试件CTGB-1混凝土面板上部跨中最大挠度(2-1)为72.15 mm,钢结构上部跨中最大挠度(2-5)为72.75 mm,相差较小。试件CTGB-2混凝土面板上部跨中最大挠度(2-1)为69.89 mm,钢结构上部跨中最大挠度(2-5)为68.76 mm,相差较小。

试件CTGB-2的跨中最大挠度比试件CTGB-1小,如图7-40所示,试件CTGB-2采用普通栓钉连接钢结构和混凝土面板,使得两部分整体工作,刚度比试件CTGB-1略大,但两者的刚度差别较小,且试件CTGB-1具有足够的刚度,说明试件CTGB-1的新型抗拔不抗剪T形连接件发挥较为理想的不组合作用。

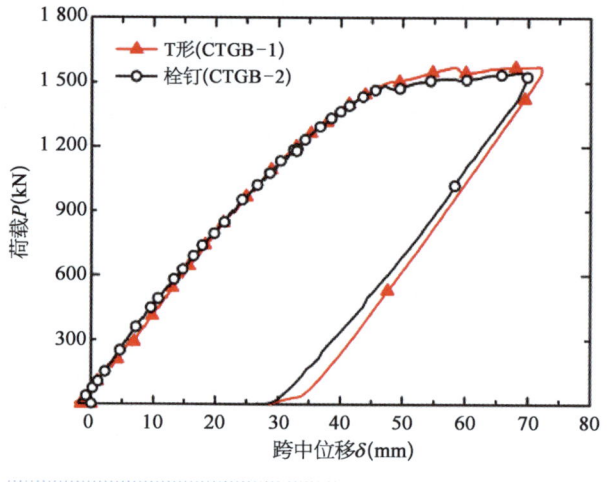

图7-40 CTGB-1与CTGB-2荷载-位移曲线对比

2)钢结构与混凝土面板相对滑移

对于两个试件,在构件的一侧相同位置分别布置5处位移量测装置,测量钢结构部分与混凝土面板之间的相对滑移,从最远端至跨中编号分别为2-8、2-7、2-10、2-9、2-4,测得的荷载-滑移曲线如图7-41所示。

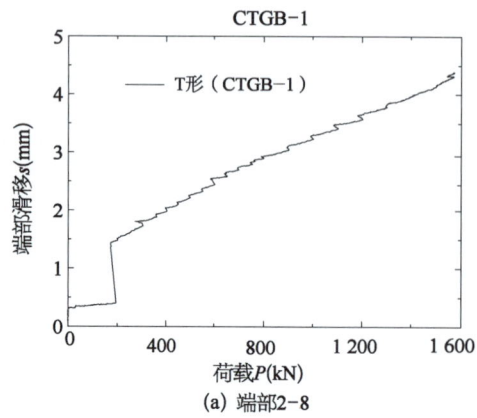

(a) 端部2-8

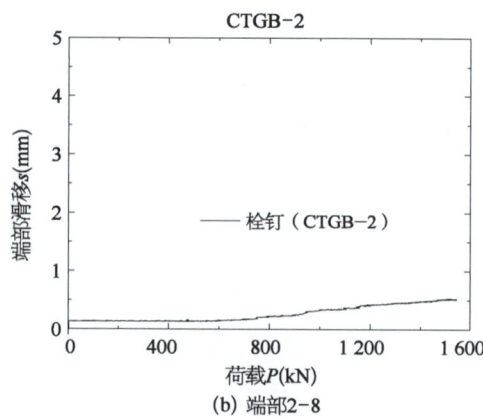

(b) 端部2-8

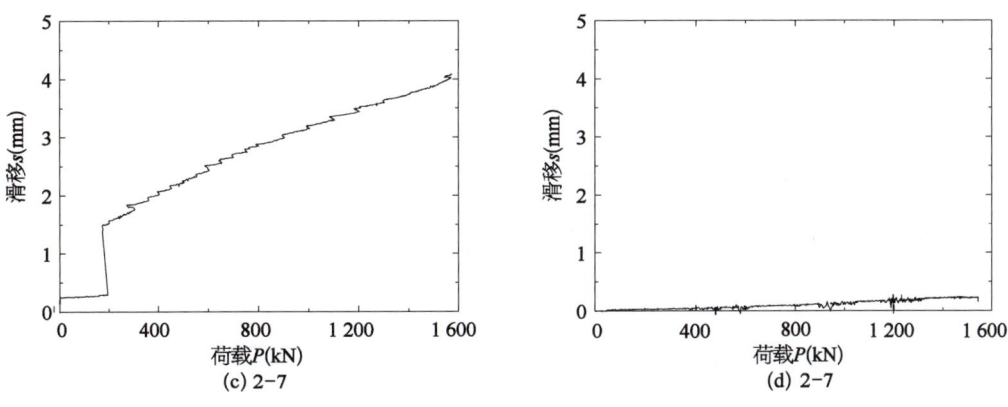

图 7‑41　CTGB‑1、CTGB‑2 荷载‑滑移曲线

对比两试件钢结构与混凝土板之间的相对滑移曲线(图 7‑42)可以明显看出,采用新型抗拔不抗剪 T 形连接件的构件 CTGB‑1 产生较大的相对滑移,端部滑移超过 4 mm;而采用普通栓钉连接件的构件 CTGB‑2 相对滑移量非常小,端部相对滑移量不足 0.5 mm。抗拔不抗剪 T 形连接件起到明显的不组合作用,端部滑移量为普通连接件的 8 倍以上。

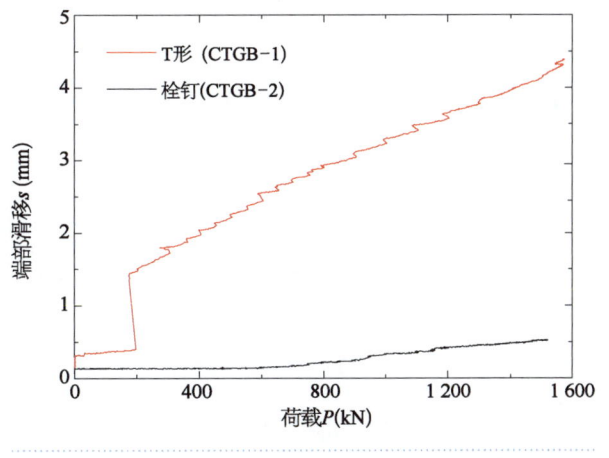

图 7‑42　CTGB‑1 与 CTGB‑2 端部荷载‑位移曲线对比

采用新型抗拔不抗剪 T 形连接件的试件 CTGB‑1 靠近中部的三处位移计所记录的荷载‑滑移曲线如图 7‑43 所示,说明越靠近跨中,相对滑移量越小,这与理论分析结论吻合。

3) 钢桁架上弦杆应变

在试件 CTGB‑1 钢桁架上弦杆呈直线布置一排应变片,用来量测试件受力时上弦杆的应变情况。上弦杆量测区的钢板厚度为 8 mm,平均屈服强度为 390.6 MPa,平均极限强度为 549.7 MPa,钢材弹性模量取 $E_s=2\times10^5$ MPa,得到钢材屈服时应变为 1 953 $\mu\varepsilon$,极限强度对应的应变为 2 749 $\mu\varepsilon$。试件 CTGB‑1 上弦杆五处量测点的相对荷载‑应变曲线如图 7‑44 所示。由图可以得到,达到 80% 极限荷载时,3‑3 处应变超过屈服应变,而其余 4 个测量点的钢材应变始终低于屈服应变。

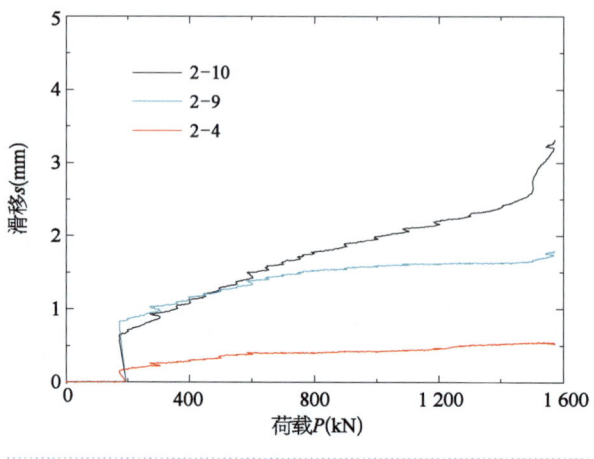

图7-43 CTGB-1中部荷载-滑移曲线

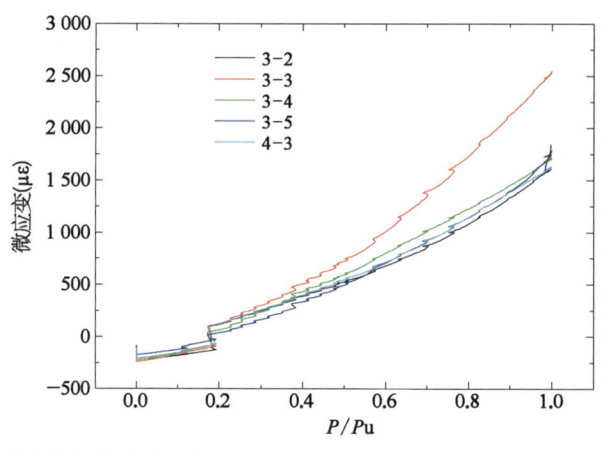

图7-44 试件CTGB-1上弦杆五处量测点的相对荷载-应变曲线

与试件CTGB-1做法相同,在CTGB-2钢桁架上弦杆呈直线布置一排应变片,用来量测试件受力时上弦杆应变情况。上弦杆量测区的钢板厚度为8 mm,平均屈服强度为390.6 MPa,平均极限强度为549.7 MPa,钢材弹性模量取$E_s=2\times10^5$ MPa,得到钢材屈服时应变为1 953 $\mu\varepsilon$,极限强度对应的应变为2 749 $\mu\varepsilon$。试件CTGB-2上弦杆五处量测点的相对荷载-应变曲线如图7-45所示。由图可以得到,达到极限荷载时,3-5处应变接近屈服应变,而其余4个测量点的钢材应变始终低于屈服应变。

对比两曲线图可以发现,构件CTGB-2的钢材应变普遍比构件CTGB-1小,这说明CTGB-1的不组合作用发挥之后,钢结构承担更多荷载,也证明新型抗拔不抗剪T形连接件可以有效地工作。

4) 钢桁架下弦杆应变

在试件CTGB-1钢桁架下弦杆斜向呈直线布置一排共三处应变量测点,在跨中加载区布置两

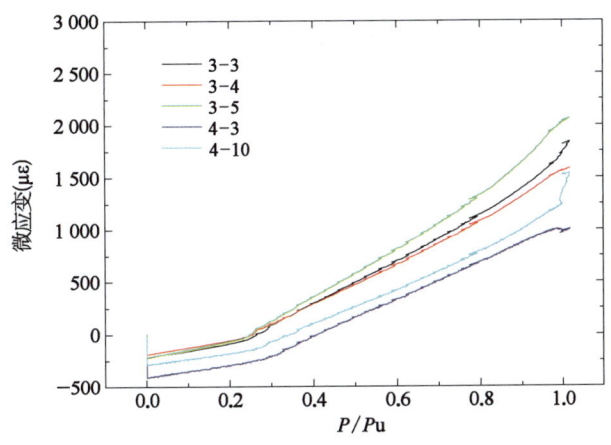

图7-45 试件CTGB-2上弦杆五处量测点的相对荷载-应变曲线

处水平应变量测装置,用来量测试件受力时下弦杆应变情况。下弦杆量测区的钢板厚度为8 mm,平均屈服强度为390.6 MPa,平均极限强度为549.7 MPa,钢材弹性模量取$E_s=2\times10^5$ MPa,得到钢材屈服时应变为1 953 $\mu\varepsilon$,极限强度对应的应变为2 749 $\mu\varepsilon$。试件CTGB-1下弦斜杆、加载区五处量测点的相对荷载-应变曲线如图7-46、图7-47所示。由图可以得到,荷载达到80%极限荷载时,3-6处应变超过屈服应变,当荷载达到极限荷载时,该处应变超过极限应变。其他加载区量测点的水平应变始终未超过极限应变。

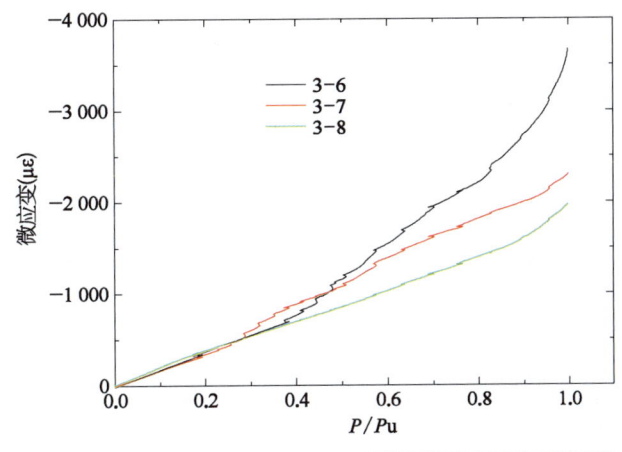

图7-46 试件CTGB-1下弦斜杆五处量测点的相对荷载-应变曲线

在试件CTGB-2钢桁架下弦杆斜向呈直线布置一排共三处应变测点,在跨中加载区布置两处水平应变量测装置,用来量测试件受力时下弦杆应变情况。下弦杆量测区的钢板厚度为8 mm,平均屈服强度为390.6 MPa,平均极限强度为549.7 MPa,钢材弹性模量取$E_s=2\times10^5$ MPa,可得钢材屈服时应变为1 953 $\mu\varepsilon$,极限强度时应变为2 749 $\mu\varepsilon$。试件CTGB-2下弦斜杆、加载区五处量测点的相对荷载-应变曲线如图7-48、图7-49所示。由图可知,到荷载达到80%极限荷载时,3-6处

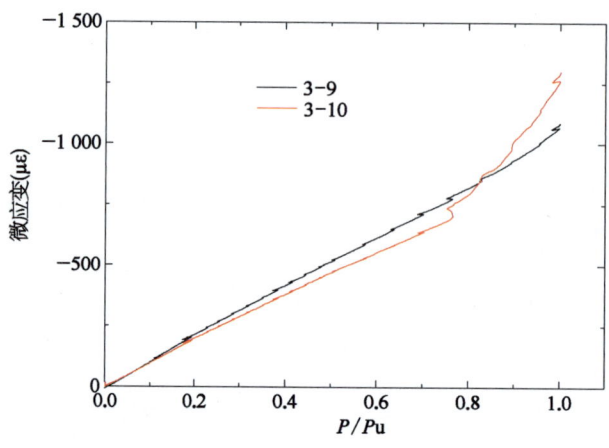

图 7-47　试件 CTGB-1 下弦加载区五处量测点的相对荷载-应变曲线

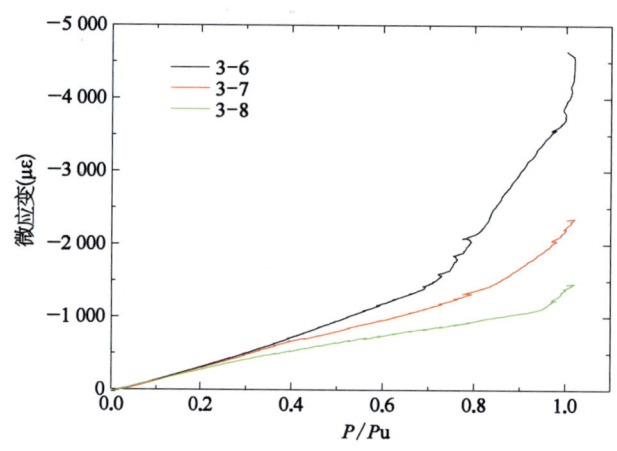

图 7-48　试件 CTGB-2 下弦斜杆五处量测点的相对荷载-应变曲线

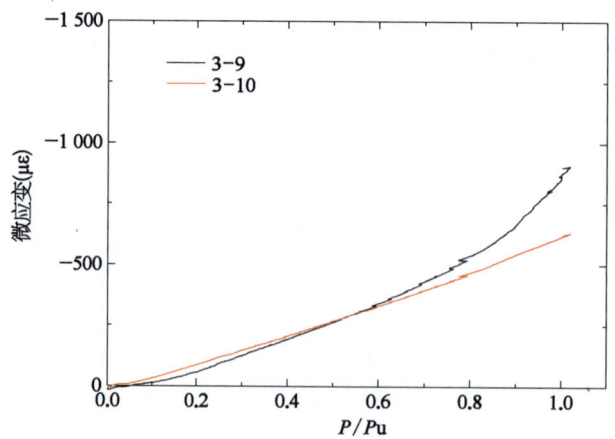

图 7-49　试件 CTGB-2 下弦加载区五处量测点的相对荷载-应变曲线

第 7 章 天津海河吉兆桥

应变超过屈服应变,当荷载达到极限荷载时,该处应变超过极限应变。其他加载区量测点的水平应变始终未超过极限应变。

对比两试件在相同位置的应变可以看出,试件 CTGB-1 的钢材应变比同等水平下试件 CTGB-2 的应变水平要高,这也说明 CTGB-1 的不组合作用发挥之后,钢结构承担更多荷载,也证明新型抗拔不抗剪 T 形连接件可以有效工作。

5) 钢桁架腹杆应变

在试件 CTGB-1 偏跨中的三根腹杆上布置五处应变量测点,由跨中开始跨中腹杆、第一根斜腹杆及第二根斜腹杆相对荷载-应变曲线如图 7-50～图 7-52 所示。由图可以得到,跨中腹杆及第一根腹杆的应变水平都很低,第二根腹杆的应变超过了极限应变,此处斜腹杆也发生屈曲现象,与试验数据吻合。

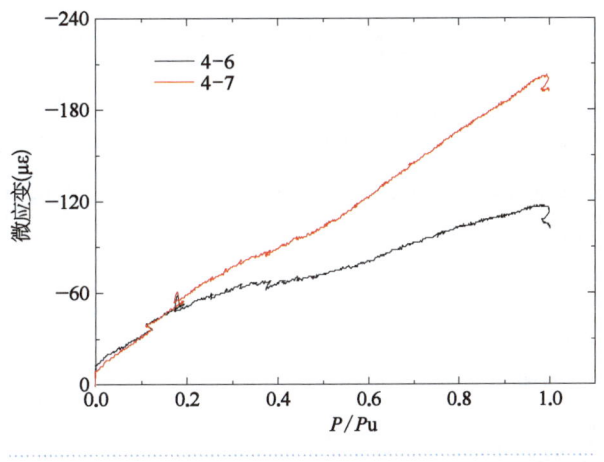

图 7-50 CTGB-1 跨中腹杆相对荷载-应变曲线

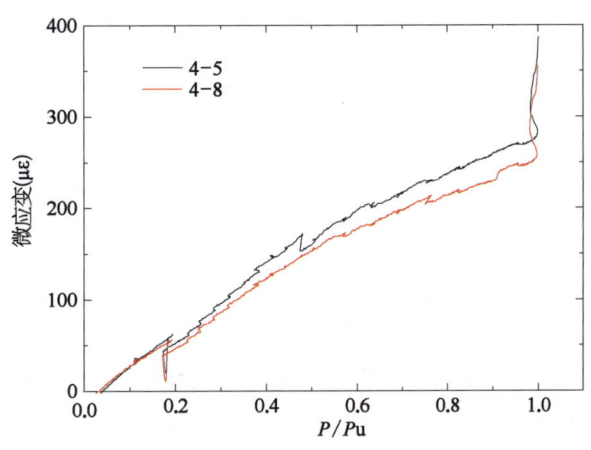

图 7-51 CTGB-1 跨中向外第一根斜腹杆相对荷载-应变曲线

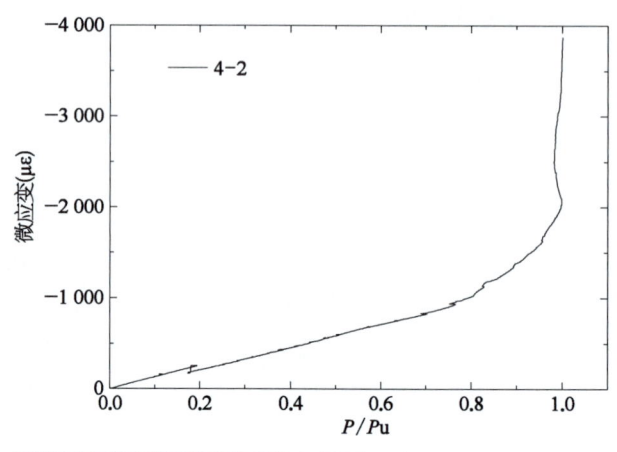

图 7-52 CTGB-1 跨中向外第二根斜腹杆相对荷载-应变曲线

在试件 CTGB-2 跨中偏外的三根腹杆上布置五处应变量测点,由跨中开始第三根斜腹杆、第五根斜腹杆及第七根斜腹杆相对荷载-应变曲线如图 7-53～图 7-55 所示。由图可以得到,跨中向外第三根斜腹杆在达到极限荷载时应变超过屈服应变,而跨中向外第五、第七根斜腹杆在达到极限荷载时应变值非常大,在试验中此处发生了屈曲,与试验数据吻合。

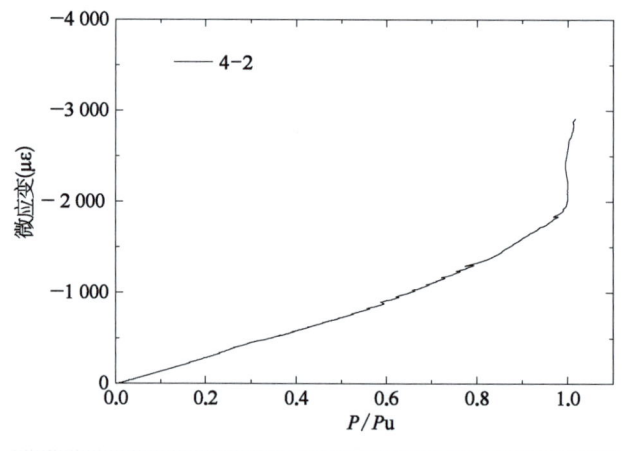

图 7-53 CTGB-2 跨中向外第三根斜腹杆相对荷载-应变曲线

6) 钢筋应变

在试件 CTGB-1 混凝土板中的三根钢筋上布置应变量测装置,相对荷载-应变曲线如图 7-56～图 7-58 所示。由图可以得到,由于预应力作用,钢筋开始为受压状态,当荷载达到 550 kN 时,钢筋应变变为 0,达到消压状态。当荷载达到 635 kN 时,钢筋应变达到 100 $\mu\varepsilon$,此时达到混凝土开裂状态。钢筋直径为 12 mm,屈服强度平均值为 324.2 MPa,极限强度平均值为 498.1 MPa,钢材弹性模量取 $E_s=2\times10^5$ MPa,可得屈服应变为 1 621 $\mu\varepsilon$,此时荷载值为 1 183 MPa,极限应变为 2 490 $\mu\varepsilon$,钢筋应变均未达到极限应变。

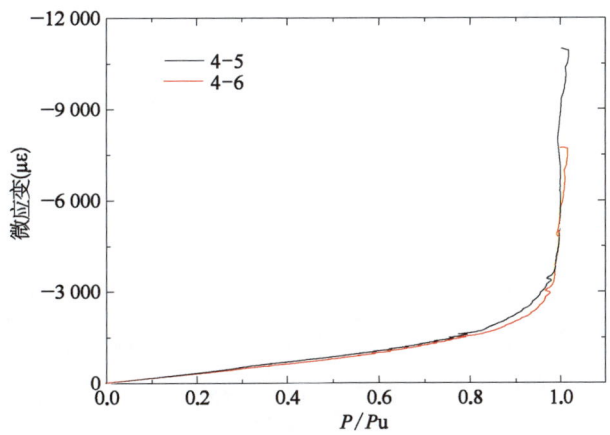

图 7-54　CTGB-2 跨中向外第五根斜腹杆相对荷载-应变曲线

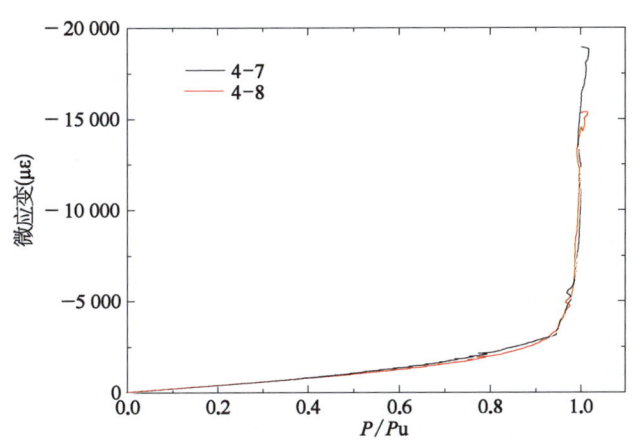

图 7-55　CTGB-2 跨中向外第七根斜腹杆相对荷载-应变曲线

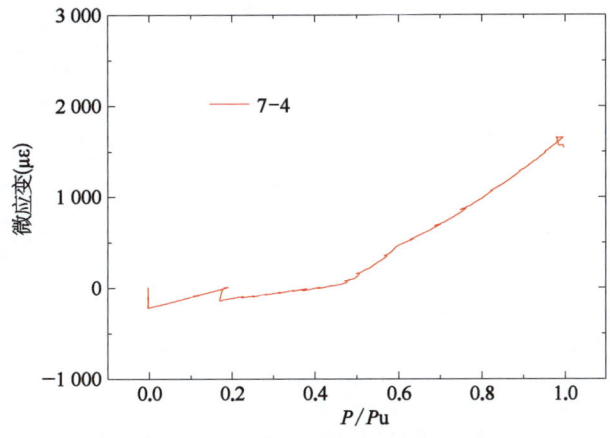

图 7-56　CTGB-1 第一根钢筋相对荷载-应变曲线

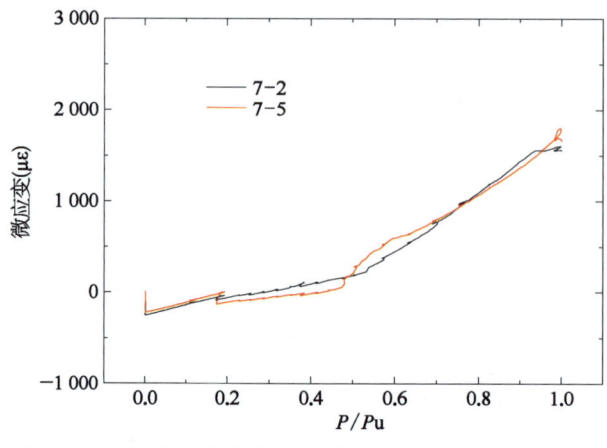

图 7-57 CTGB-1 第二根钢筋相对荷载-应变曲线

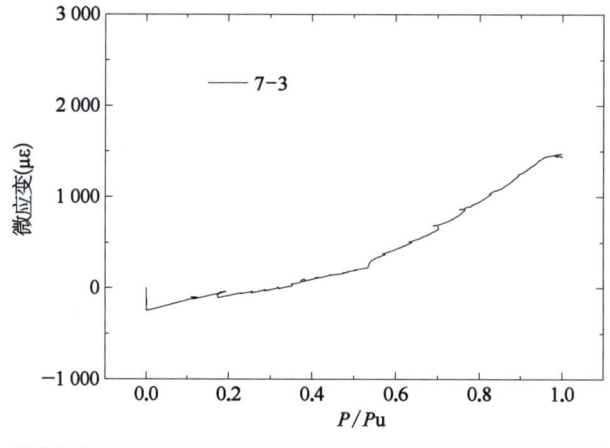

图 7-58 CTGB-1 第三根钢筋相对荷载-应变曲线

在试件 CTGB-2 混凝土板中的三根钢筋上布置应变量测装置，相对荷载-应变曲线如图 7-59～7-61 所示。由图可以得到，由于预应力作用，钢筋开始是受压状态，当荷载达到 300 kN 时，钢筋应变变为 0，达到消压状态。当荷载达到 384 kN 时，钢筋应变达到 100 $\mu\varepsilon$，此时达到混凝土开裂状态。钢筋直径为 12 mm，屈服强度平均值为 324.2 MPa，极限强度平均值为 498.1 MPa，钢材弹性模量取 $E_s = 2 \times 10^5$ MPa，可得屈服应变为 1 621 $\mu\varepsilon$，此时荷载值为 1 183 MPa，极限应变为 2 490 $\mu\varepsilon$，钢筋应变均未达到极限应变。

7) 混凝土应变

在两个构件的混凝土板上侧及侧面均布置混凝土应变量测点，测量混凝土面板在荷载作用下的应变情况，CTGB-1 及 CTGB-2 的相对荷载-混凝土应变如图 7-62 所示。由于预应力作用，在加载之前混凝土呈受压状态。

对于 CTGB-1，当荷载达到 450 kN 时，跨中混凝土为消压状态；当荷载达到 650 kN 时，跨中混凝土应变达到 100 $\mu\varepsilon$，可认为达到开裂状态，这与钢筋应变情况差别不大。

第 7 章　天津海河吉兆桥

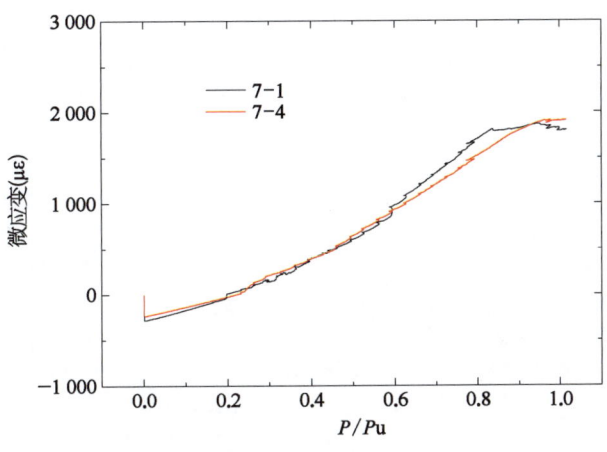

图 7-59　CTGB-2 第一根钢筋相对荷载-应变曲线

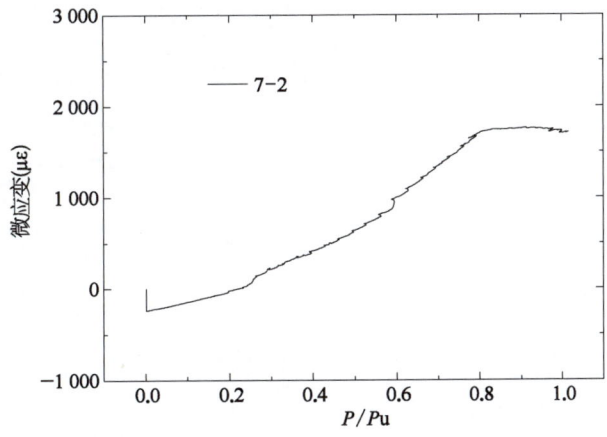

图 7-60　CTGB-2 第二根钢筋相对荷载-应变曲线

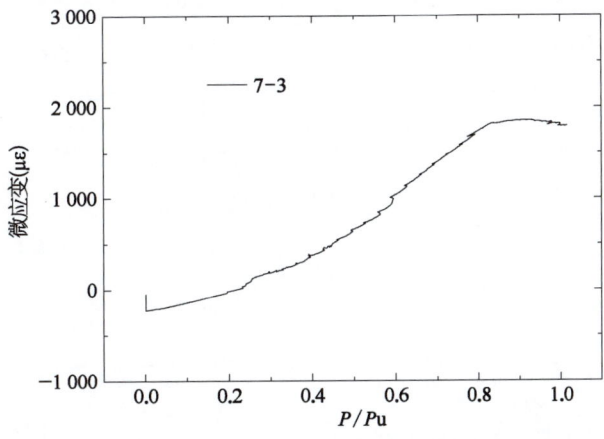

图 7-61　CTGB-2 第三根钢筋相对荷载-应变曲线

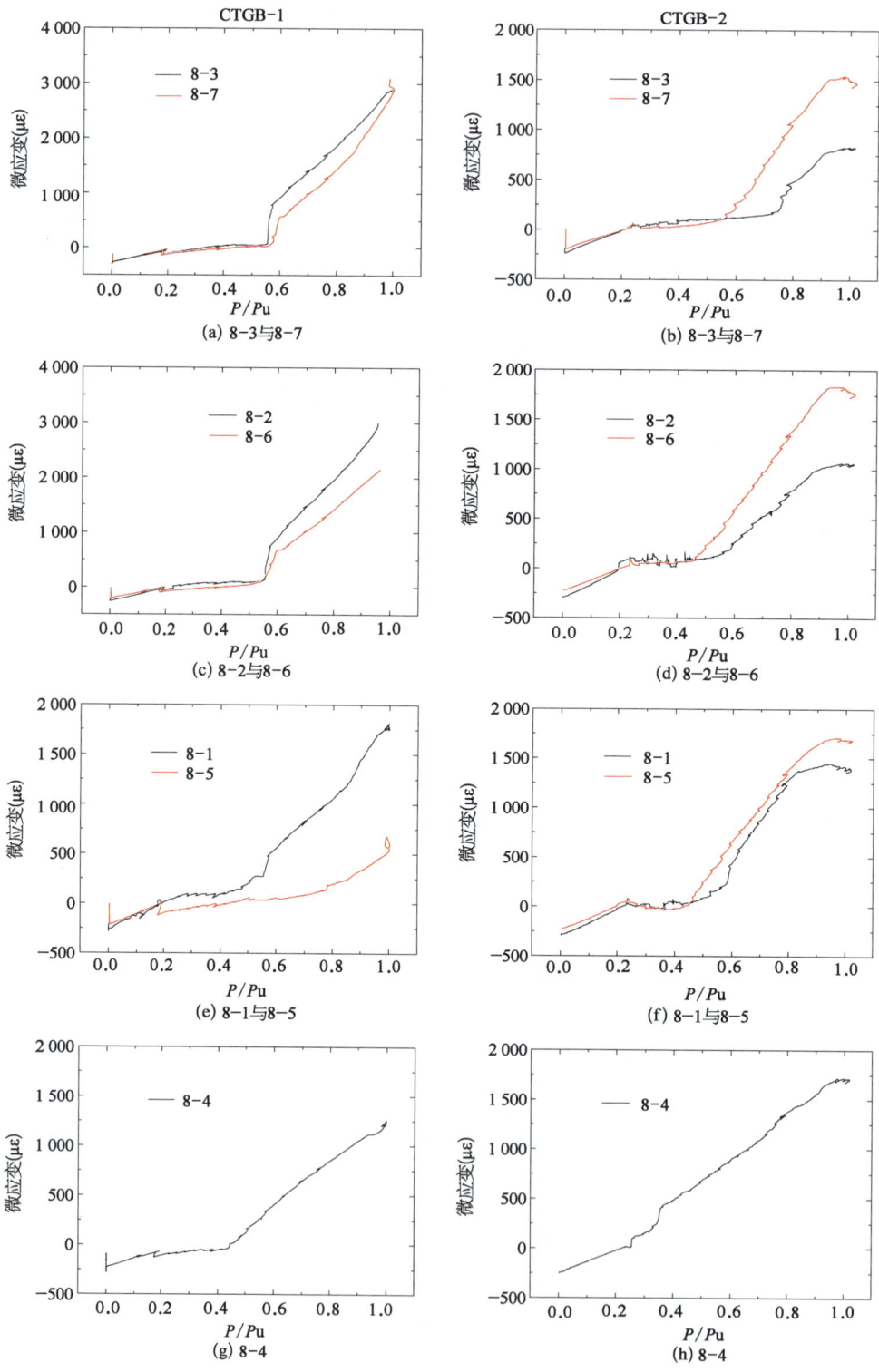

图 7-62 CTGB-1、CTGB-2 相对荷载-混凝土应变曲线

对于 CTGB-2,当荷载达到 298 kN 时,跨中混凝土为消压状态,当荷载达到 360 kN 时,跨中混凝土应变达到 100 $\mu\varepsilon$,可认为达到开裂状态,这与钢筋应变情况差别不大。

通过对比两试件的混凝土应变可以发现,试件 CTGB-1 的混凝土应变水平普遍低于试件 CTGB-2,这说明试件 CTGB-1 中的新型抗拔不抗剪 T 形连接件有效地发挥不组合作用,降低混凝土面板的受力,特别是降低支座负弯矩区混凝土拉应力水平,将混凝土的消压荷载及开裂荷载推后。

8) 钢桁架 Von Mises 应力

对于试件 CTGB-1,在钢桁架上共布置五处应变花,用来量测该处的 Von Mises 应力。每个测点在各级荷载作用下的 Von Mises 应力值如图 7-63 所示。测量点钢材厚度为 8 mm,材性试验

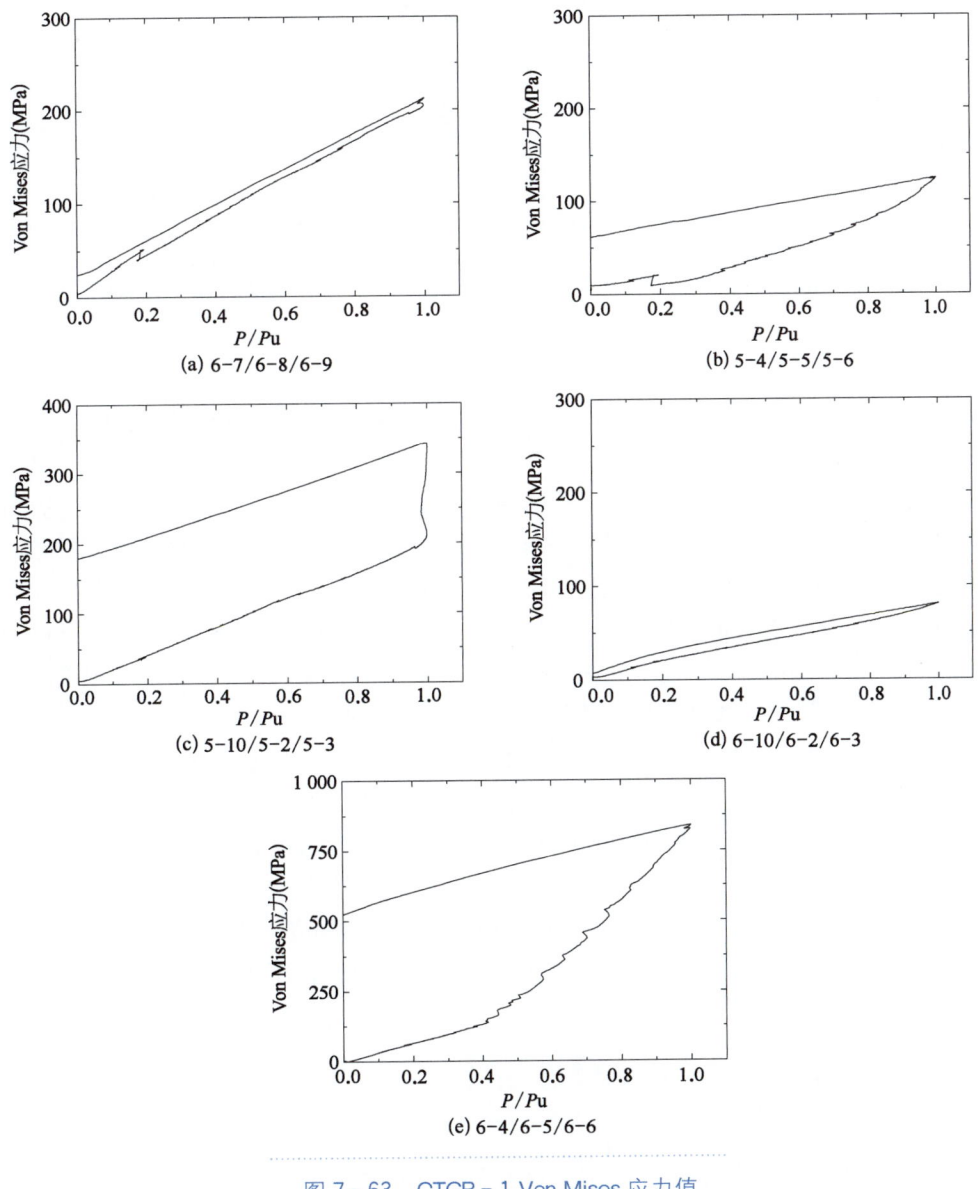

图 7-63 CTGB-1 Von Mises 应力值

测得钢材的平均屈服强度为 390.6 MPa,平均极限强度为 549.7 MPa,通过应力图可以得到只有 6-4/6-5/6-6 处 Von Mises 应力超过屈服强度,其余测点处钢材均未屈服。

对于试件 CTGB-2,在钢桁架上共布置两处应变花,用来量测该处的 Von Mises 应力。每个测点在各级荷载作用下的 Von Mises 应力值如图 7-64 所示。测量点钢材厚度为 8 mm,材性试验测得钢材的平均屈服强度为 390.6 MPa,平均极限强度为 549.7 MPa,通过应力图可以得到两个测点处钢材均未屈服。

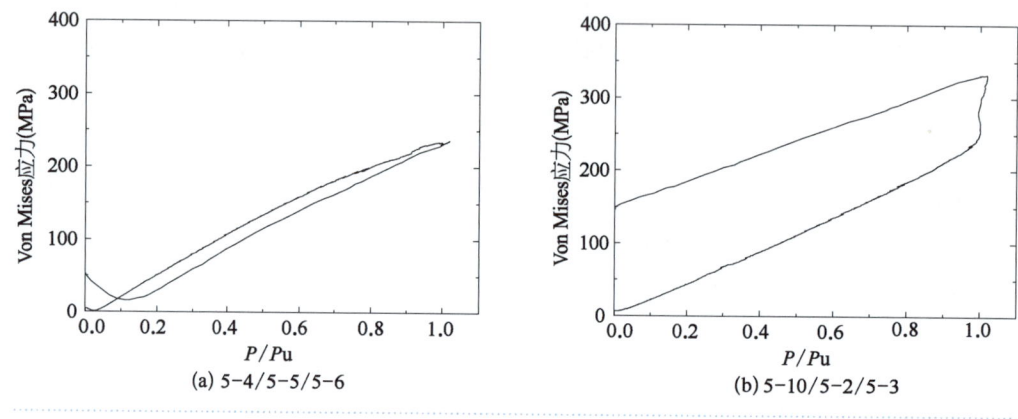

图 7-64　每个测点在各级荷载作用下的 Von Mises 应力值

通过对节段模型进行试验加载,综合比较普通栓钉连接件与新型抗拔不抗剪 T 形连接件在负弯矩区的工作性能,可以得到以下结论:

(1) 采用普通栓钉连接的试件,钢结构和混凝土面板两部分整体工作,刚度比采用新型抗拔不抗剪 T 形连接件的试件略大,说明新型抗拔不抗剪 T 形连接件发挥较为理想的不组合作用。

(2) 通过对比两试件钢结构与混凝土板之间的相对滑移曲线,采用新型抗拔不抗剪 T 形连接件的构件端部滑移量为普通连接件的 8 倍以上,说明新型抗拔不抗剪 T 形连接件起到明显的不组合作用。

(3) 通过对比钢结构应变曲线,发现新型连接件不组合作用发挥后,钢结构承担更多荷载,也证明新型抗拔不抗剪 T 形连接件可以有效工作。

(4) 通过对比混凝土应变,发现采用新型连接件的试件混凝土应变水平普遍低于普通连接件试件,说明新型抗拔不抗剪 T 形连接件有效地发挥不组合作用,降低混凝土面板的应力,特别是降低支座负弯矩区的混凝土拉应力水平,将混凝土的消压荷载及开裂荷载推后。

(5) 试验表明,厚度 20 mm 的泡沫塑料完全能够起到预期作用,但滑移量可以进一步增大,泡沫塑料可以根据距离预应力张拉端远近的不同,采用 20 mm、30 mm 两种类型。

(6) 栓钉连接件连接构造安全可靠,因此拆架所形成的恒载预压可以可靠地传递至中跨跨中混凝土桥面板。

7.3.2　新型抗拔不抗剪 T 形连接件性能试验

7.3.2.1　试验目的

连接件是保证钢桁架与混凝土桥面板形成有效组合作用的关键元件。为研究新型抗拔不抗剪 T 形连接件的各项性能,拟采用不同界面处理方式及缓冲材料尺寸,对试件模型开展对比试验研究。通过对比不同条件下新型连接件的力学性能,并在试验过程中优化参数,研究新型连接件对改善连续组合梁负弯矩区受力性能的效果,为吉兆桥负弯矩区的构造优化提供设计建议,同时也为相关设计方法的研究提供试验基础,并提出连接件设计方法。

7.3.2.2 试验原理及方法

新型抗拔不抗剪 T 形连接件的试验,应根据模型试验相似原理对原结构按一定比例进行缩尺。新型抗拔不抗剪 T 形连接件试验所用材料与实际结构材料的弹性模量相等,则无论应力相等或应变相等,所导出的荷载、位移等关系都是相同的,可以保证模型同结构原型的应力、应变状态相一致。

7.3.2.3 试验用主要仪器设备

试验用主要设备及测试仪器见表 7-4。实验室使用的仪表经过标定,符合试验技术要求。

表 7-4 试验用主要仪器设备及测试仪器

名 称	型 号	规 格	生 产 厂 家
液压千斤顶	Q250B	2 500 kN,150 mm	成都伺服液压设备公司
IMP 数据采集仪	35951B	—	英国 Solartron Instruments
位移计	YHD-200 等	±150 mm 等	江苏溧阳仪表厂
液压稳压器	JSF300 T-IV	30 MPa	成都伺服液压设备公司

数据采集系统 IMPDAS 由清华大学结构试验室自主开发。数据采集仪由英国 Solarton Instruments 公司生产,包括分散式数据采集板 IMP 和接口板两部分。

7.3.2.4 试验模型设计

试验模型钢结构部分为轴对称结构,如图 7-65 所示,主体结构为长 1 000 mm、宽 650 mm、高 400 mm 的箱形结构,中部焊接有保证结构刚度的加劲肋。主体结构两侧各对称布置有两个新型

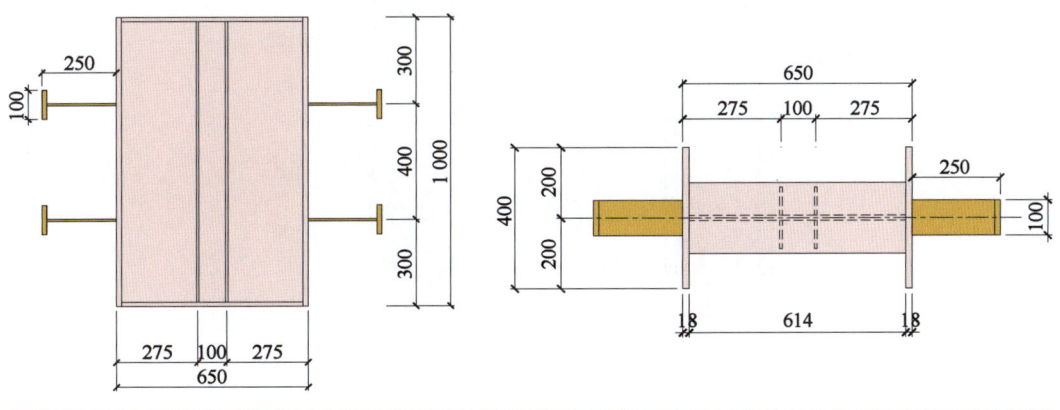

图 7-65 钢结构试件构造

抗拔不抗剪 T 形连接件,连接件高为 250 mm,顶部宽为 100 mm,顶板厚为 16 mm,腹板厚为 8 mm,间距为 400 mm 布置。

为形成抗拔不抗剪机制,需要在 T 形连接件周围留出与混凝土之间的空隙,试验中在连接件外侧包有泡沫。泡沫板 A、B 正视及侧视如图 7-66 所示,包裹 T 形连接件腹板的泡沫为泡沫板 A,体形为长方体;包裹 T 形连接件端板的泡沫为横截面是门形的泡沫板 B。

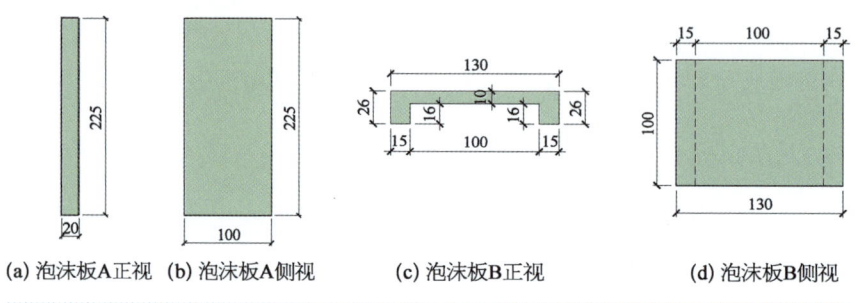

图 7-66　泡沫板 A、B 正视及侧视图

整体试验模型需要在钢结构两侧现浇钢筋混凝土,将 T 形连接件覆盖以进行推出试验。每侧混凝土单块尺寸长为 1 400 mm、宽为 350 mm、高为 810 mm。钢筋均采用 345 级螺纹钢筋。为将钢筋混凝土块锚固在地锚上,每块钢筋混凝土两端间隔 1 000 mm 各预留一个圆孔方便锚固,采用内径为 95 mm 的圆钢管设置预留孔。整体试验模型及配筋情况如图 7-67 所示。

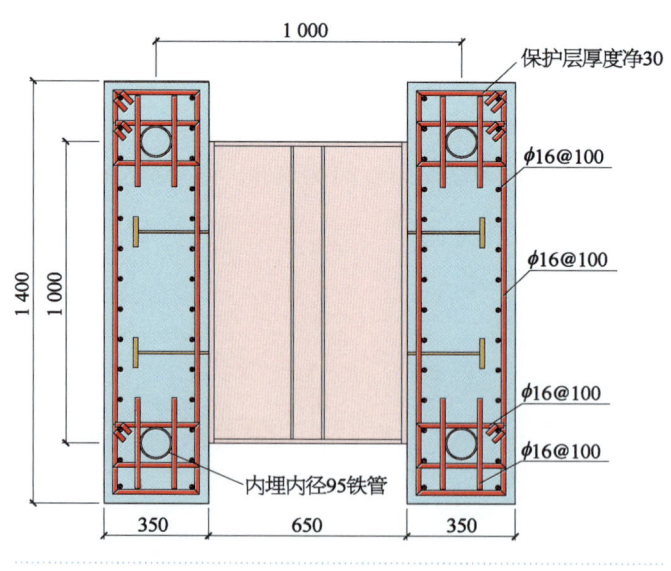

图 7-67　整体试验模型及配筋情况

试件材料用量见表 7-5~表 7-7。

表7-5 试件钢材用量表(一个试件)

编号	材性	规格(mm)	数量(个)	单件重(kg)	合重(kg)
K1	Q345C	200×614×14	2	13.8	27.5
K2		614×972×14	1	66.9	66.9
K3		400×1 000×18	2	57.7	115.3
K4		80×972×8	4	5.0	19.9
K5		100×100×16	4	1.3	5.1
K6		100×234×8	4	1.5	6.0
合　计					240.7

注：内径95圆钢管0.81×4＝3.24 m。

表7-6 试件混凝土用量表(一个试件)

名称	材性	规格(mm)	数量	单件体积(m^3)	合体积(m^3)
现浇混凝土	C50	1 400×810×350	2	0.397	0.794

表7-7 试件钢筋用量表(一个试件)

编号	材性	直径(mm)	长度(mm)	数量(个)	重量(kg)
1	HRB335	螺纹16	3 296	16	83.3
2	HRB335	螺纹16	1 988	28	87.9
3	HRB335	螺纹16	912	28	40.3
4	HRB335	螺纹16	300	56	26.5
合　计					238.0

7.3.2.5 试验对比参数设置

本试验主要研究不同钢-混凝土界面对推出T形连接件的影响,共设置3种不同的界面形式:界面不处理方式、界面油漆处理方式及界面覆盖塑料薄膜处理方式,如图7-68所示。

7.3.2.6 测试内容和测点布置

1)测试内容

试验通过在简支节段模型中部施加向上的荷载,形成跨中荷载的效果。节段模型两端分别简支,约束支座移动。新型抗拔不抗剪T形连接件性能试验加载示意如图7-69所示,主要量测内容有荷载大小、混凝土与钢结构相对位移。

2)测点布置

测点布置如图7-70所示,在混凝土块与钢构件之间对称布置D1和D2两个位移计,测量两部分之间的相对位移。

3)加载方案

采用拟静力试验方法对构件施加低周水平反复荷载作用。

由于此连接件可以在初期较小的剪力下产生位移,而当位移达到极限值时剪力得到大幅提高,因此形成"剪力迟滞"效应。加载制度按照位移控制加载,每级位移增量为2 mm,每级荷载循环2次。

图 7-68　界面不处理方式、界面油漆处理方式及界面覆盖塑料薄膜处理

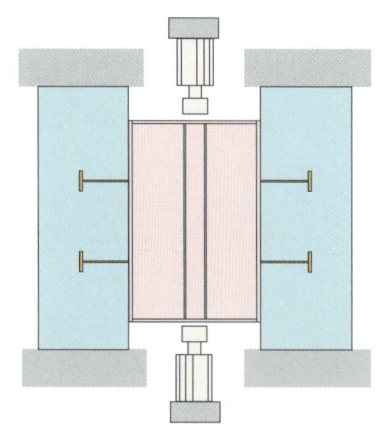

图 7-69　新型抗拔不抗剪 T 形连接件性能试验加载示意

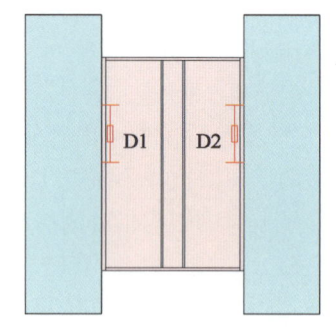

图 7-70　测点布置

试验过程中,通过 IMP 数据采集系统自动采集和记录各测点的数据,并实时绘制典型测点的荷载-位移曲线和滞回曲线,并作为试验控制的依据。试验过程中,人工随时记录结构的变形、屈

曲、破坏位置以及其他可能出现的异常情况等,并及时拍照或摄像记录。

7.3.2.7 试件照片

试验过程中的现场照片如图7-71～图7-73所示。

图7-71 试件制作

图7-72 试件绑扎钢筋及支模

图 7-73 试件混凝土浇筑完毕

7.3.2.8 试验结果

1）材性试验

对于试件混凝土部分，每个试件均制作 1 组共 3 个 150 mm×150 mm×150 mm 的混凝土立方体试块，并在与构件相同的室内环境中进行养护，在试件加载当天按标准试验程序测试混凝土的抗压强度。混凝土材性试验参数见表 7-8。

表 7-8 混凝土材性试验参数

试件编号	极限压力 (kN)	横截面积 (mm²)	f_{cu} (MPa)	$f_{cu,m}$ (MPa)	龄期 (天)
TCLS-1 （界面不处理）	1 172 1 182 1 150	22 500 22 500 22 500	52.1 52.5 51.1	51.9	21
TCLS-2 （界面覆盖塑料薄膜处理）	974 1 082 942	22 500 22 500 22 500	43.3 48.1 41.9	44.4	17
TCLS-3 （界面油漆处理）	785 890 808	22 500 22 500 22 500	34.9 39.6 35.9	36.8	13

试件钢结构部分有 K1~K6 共 6 种编号的钢板，钢板厚度为 8 mm、14 mm、16 mm 和 18 mm，试件所用钢材型号为 Q345C。其中 T 形连接件的顶板及腹板分别由 16 mm 及 8 mm 的板材制作。由于试验中假定钢结构主体部分为刚性，因此只对 T 形连接件 2 种厚度的钢板进行材性试验。钢材材性试验应力、应变曲线及参数如图 7-74 和表 7-9 所示。

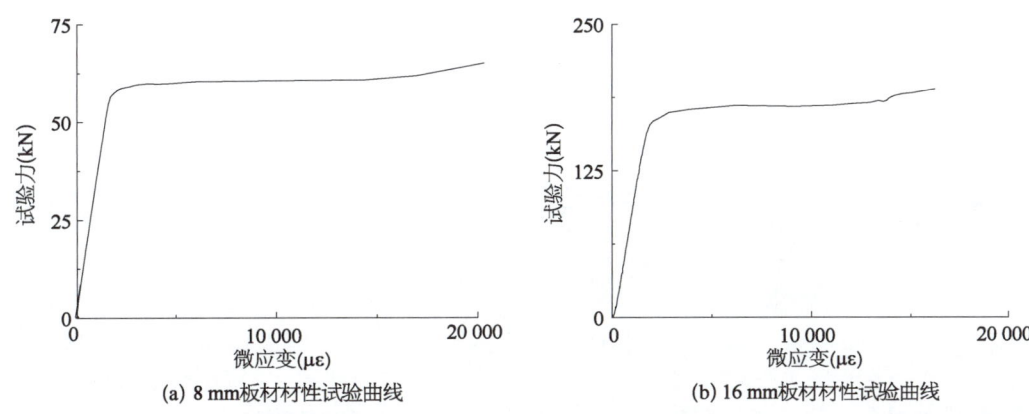

(a) 8 mm板材材性试验曲线　　　　　(b) 16 mm板材材性试验曲线

图 7-74　钢材材性试验应力、应变曲线

表 7-9　钢材材性试验应力、应变参数

钢板规格 (mm)	屈服强度 (MPa)	屈服强度平均值(MPa)	极限强度 (MPa)	极限强度平均值(MPa)	延伸率	延伸率平均值
8	398.6 385.7 387.7	390.6	562.2 547.5 539.2	549.7	29.3% 29.3% 29.3%	29.3%
16	420.5 398.5 385.3	401.4	556.3 550.7 545.8	550.9	30.4% 27.2% 24.0%	27.2%

2) 试验过程及现象

TCLS-1、TCLS-2、TCLS-3 等 3 个试件的加载过程类似，将试件固定在地锚上，并在一侧连接传力机构，在钢结构部分与混凝土部分之间架设 2 个位移量测装置，以测量钢结构与混凝土结构平均相对位移，减少偏心作用等未知因素的影响。试件固定完成现场如图 7-75、图 7-76 所示。

图 7-75　试件固定完成俯视

图 7-76　试件固定完成侧视

由于3个试件的加载模式及各项参数基本相同,因此试验过程与现象也大致相同。开始以每级2 mm的位移加载后,试件均出现显著的"剪力迟滞"效应,在较小的试验力作用下,钢结构部分与混凝土部分即产生显著的相对错动,说明在T形连接件外部包裹的塑料泡沫起到预期的效果,试验过程照片如图7-77、图7-78所示。

图7-77 钢结构与混凝土部分出现明显错动

图7-78 钢结构与混凝土部分相对位移发展至最大

图7-79 钢结构与混凝土部分边界出现分离

在加载期间,3个试件的现象较为类似,都发生较为明显的错动,由于T形连接件顶板包裹泡沫的厚度为15 mm、腹板部分包裹厚度为20 mm,当相对错动超过10 mm时,相对位移不再显著提升,而剪力发生较大增长。由于泡沫在试验准备及混凝土浇筑过程中产生一定的变形,因此试件在剪力增加时的位移无法达到15 mm。在试验加载后期,当位移超过14 mm时,试件钢结构与混凝土块之间在边界上出现分离,如图7-79所示,原因可能在于T形连接件产生弯曲及偏心作用。

试验后期,3个试件均达到极限荷载,试件TCLS-1的极限荷载为687 kN,对应位移为14.59 mm;试件TCLS-2的极限荷载为661 kN,对应位移为14.64 mm;试件TCLS-3的极限荷载为812 kN,对应位移为15.49 mm。其中TCLS-3试件在达到极限荷载后继续加载时发生T形连接件的剪断,如图7-80、图7-81所示。对剪断后的界面进行观察,发现由于T形连接件的挤压作用,导致塑料泡沫已经被压缩变形,而混凝土与连接件之间有明显的空隙出现,说明塑料泡沫很好地发挥作用。

3) 试验结果分析

试件TCLS-1采用界面不处理的形式,实测曲线及后期处理曲线如图7-82～7-85所示。试验结果显示2-1和2-2位移计所测得的相对位移值并不相同,说明试件在施加荷载时有少量的非对称情况,通过取平均值可以有效消除该影响。

图 7-80　TCLS-3 试件发生连接件剪断

图 7-81　混凝土中残余的连接件及泡沫

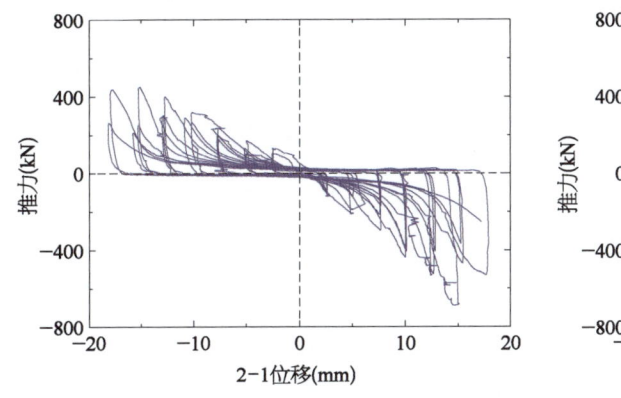
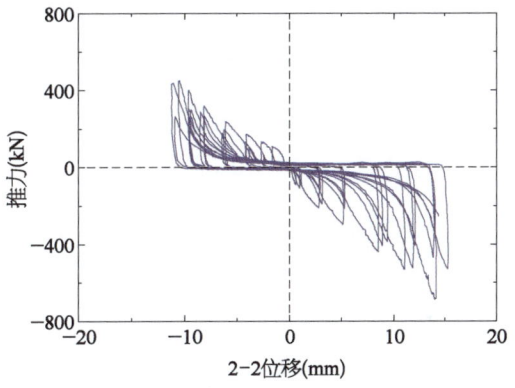

图 7-82　TCLS-1 两处位移计实测力-位移曲线

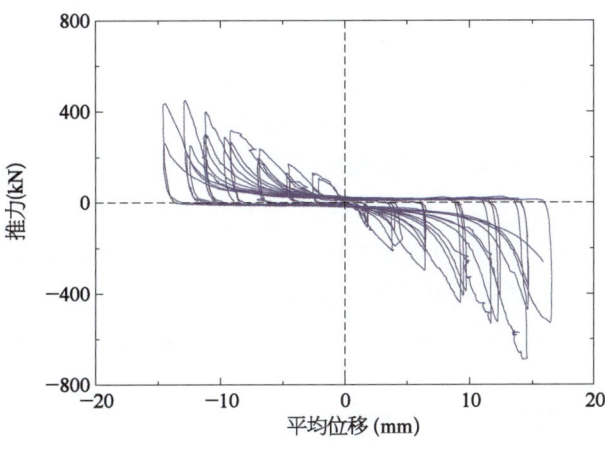

图 7-83　TCLS-1 力-位移平均值曲线

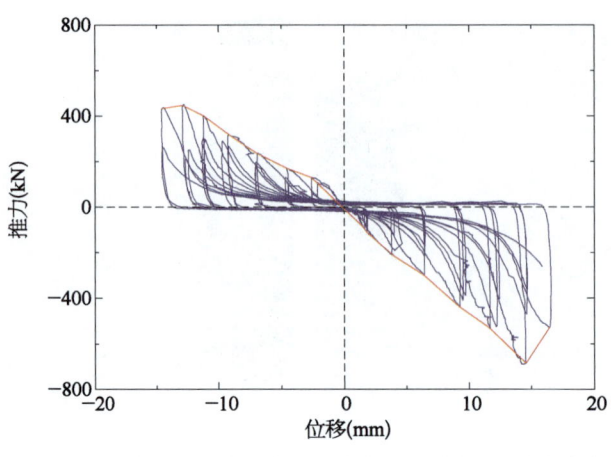

图 7-84　TCLS-1 提取骨架曲线

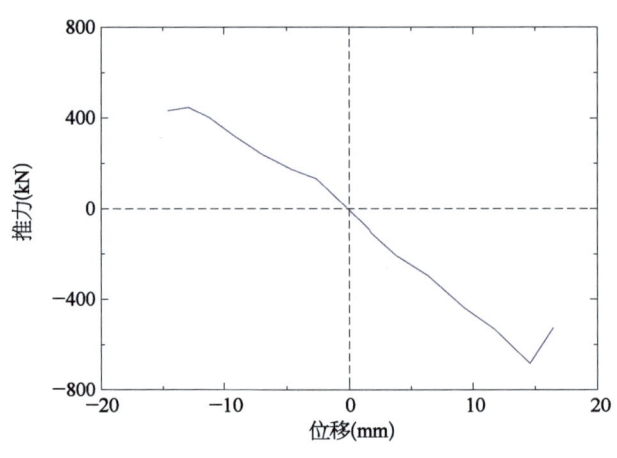

图 7-85　TCLS-1 力-位移骨架曲线

在位移增加早期，由于钢材与混凝土界面未被破坏，因此有一定的剪力增加，而当界面破坏以后，由于泡沫被挤压而产生空隙，因此剪力在一定相对位移内不发生增加或只产生少量增加。而当位移超过 10 mm 时，剪力发生显著提升，这是因为连接件与混凝土之间的泡沫已经被挤压到最小，使得连接件直接承担剪力作用，极限荷载为 687 kN，对应的相对位移为 14.59 mm。试验表明新型抗拔不抗剪 T 形连接件在钢结构与混凝土发生相对位移早期不抵抗界面剪力或只承担少部分剪力，可以有效阻止混凝土的早期开裂；而在相对位移较大时，T 形连接件又可以发挥理想的抗剪作用，对结构的整体稳定性提供保障，这对于受到往复荷载作用的结构减少疲劳效应以及混凝土早期开裂都有显著的改善效果。

试件 TCLS-2 采用界面覆盖塑料薄膜的处理形式，实测曲线及后期处理曲线如图 7-86～图 7-89 所示。试验结果显示 2-1 和 2-2 位移计所测得的相对位移值并不相同，说明试件在施加荷载时有少量的非对称情况，通过取平均值可以有效消除该影响。

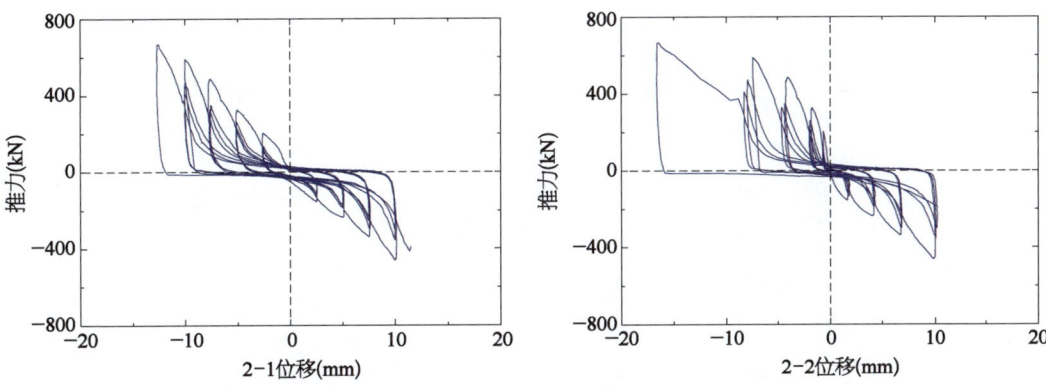

图 7-86 TCLS-2 两处位移计实测力-位移曲线

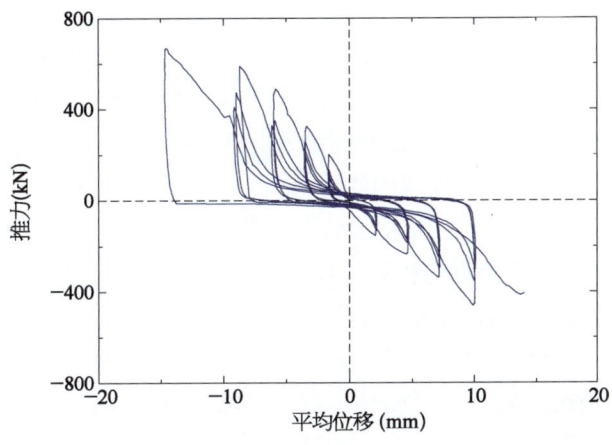

图 7-87 TCLS-2 力-位移平均值曲线

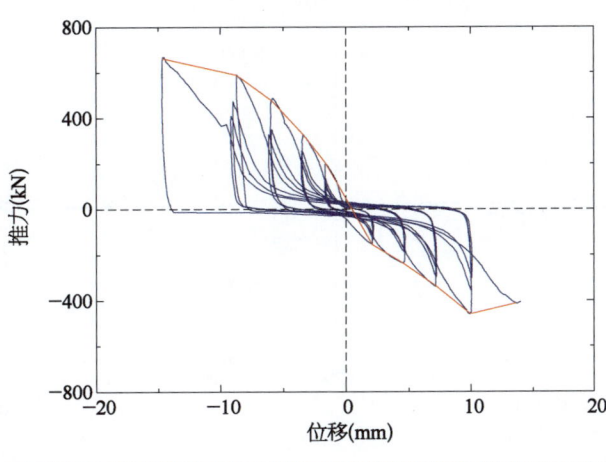

图 7-88 TCLS-2 提取骨架曲线

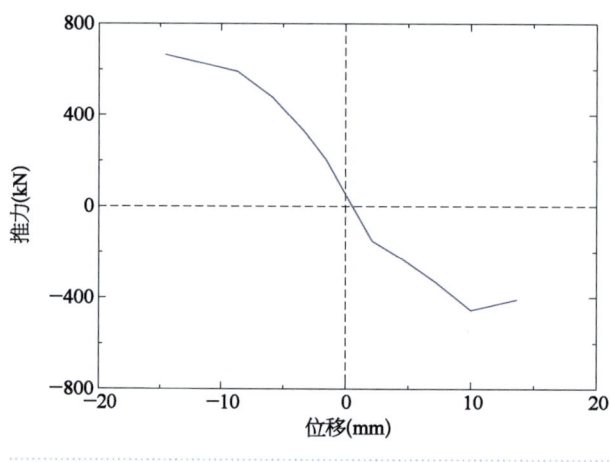

图 7‑89　TCLS‑2 力‑位移骨架曲线

在位移增加早期,由于钢材与混凝土界面已经被破坏,剪力不发生明显增加;之后泡沫被挤压而产生空隙,剪力在一定相对位移内不发生增加或只产生少量增加。而当位移超过 8 mm 时,剪力发生显著提升,极限荷载为 661 kN,对应的相对位移为 14.64 mm。界面处理使得钢结构与混凝土界面被破坏,使 T 形连接件发挥更加理想的效果,相比于界面不处理的形式更加优化。

TCLS‑3 采用界面油漆处理形式,实测曲线及后期处理曲线如图 7‑90～图 7‑93 所示。试验结果显示 2‑1 和 2‑2 位移计所测得的相对位移值并不相同,说明试件在施加荷载时有少量的非对称情况,通过取平均值可以有效消除该影响。

在位移增加早期由于钢材与混凝土界面覆盖油漆,实际受力情况介于上述两种处理形式之间,剪力发生较少增加,之后泡沫被挤压而产生空隙,剪力在一定相对位移内不发生增加或只产生少量增加。而当位移超过 10 mm 时,剪力发生显著提升,极限荷载为 812 kN,对应的相对位移为 15.49 mm。

通过对 3 个试件的力‑位移骨架曲线进行对比(图 7‑94)可以得到,3 种处理方式产生的效果相近,油漆处理方式介于不处理方式及覆盖塑料薄膜处理方式之间。

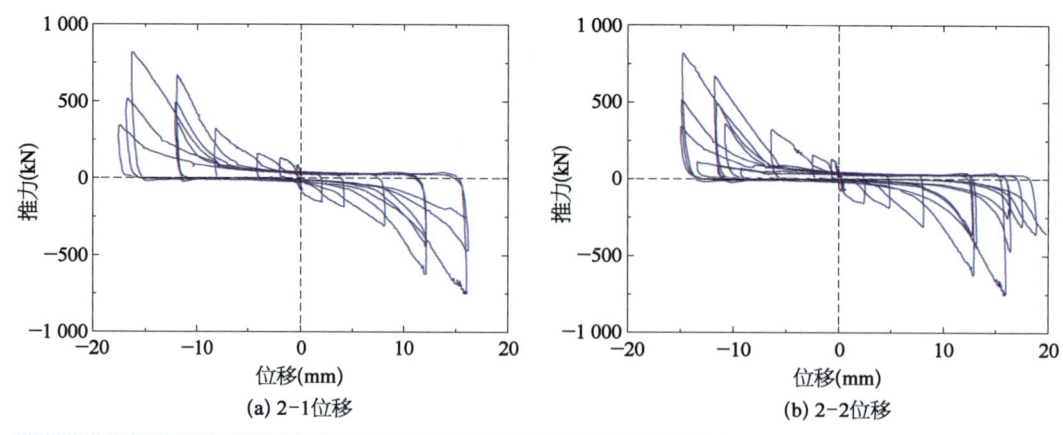

图 7‑90　TCLS‑3 两处位移计实测力‑位移曲线

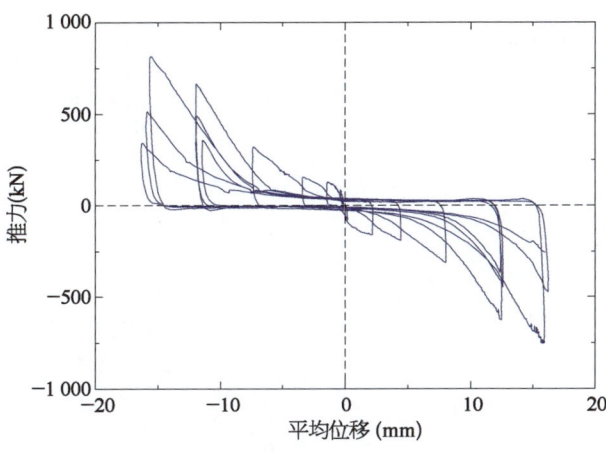

图 7‑91　TCLS‑3 力‑位移平均值曲线

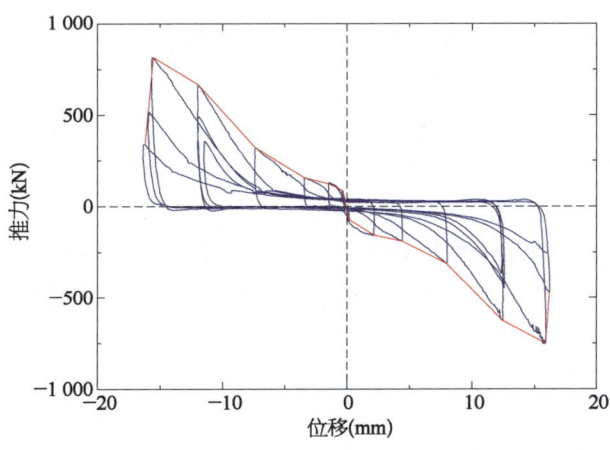

图 7‑92　TCLS‑3 提取骨架曲线

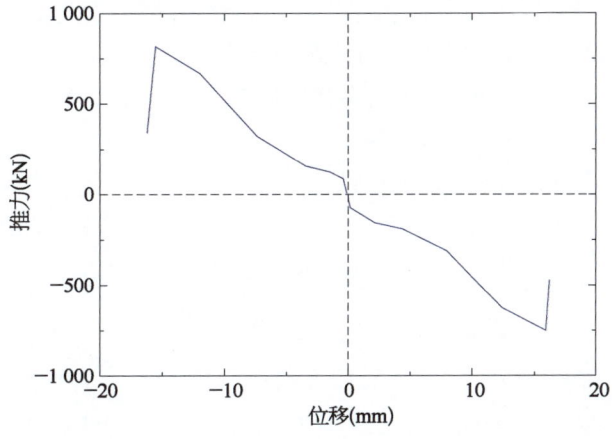

图 7‑93　TCLS‑3 力‑位移骨架曲线

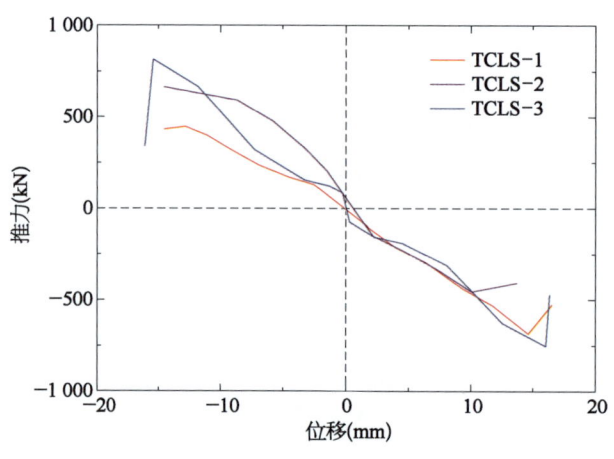

图 7-94 推出试件力-位移骨架曲线对比

通过进行新型抗拔不抗剪 T 形连接件的推出试验,获得该新型连接件单独工作的受力性能参数,为继续发展和优化连接件形式提供参考,得到的试验结论如下:

(1) 对于每个推出试验构件,在钢材与混凝土界面被破坏之后,剪力不发生明显增加;之后泡沫被挤压而产生空隙,剪力在一定相对位移内不发生增加或只产生少量增加,形成有效的不抗剪机制。

(2) 3 种界面处理方式对于连接件工作性能的影响产生相近的效果,油漆处理方式介于不处理方式及覆盖塑料薄膜处理方式之间。由于界面处理方式只针对荷载增加早期界面未发生破坏和错动时最为有效,而位移增加后期则作用不大,因此可以认为,界面处理对于新型抗拔不抗剪 T 形连接件的早期作用起到有效影响,而对后期性能发挥影响较小,在实际工程中可以视情况需要考虑是否进行界面处理。

7.3.3 软钢阻挡装置力学性能试验研究

吉兆桥采用高性能软钢阻挡装置实现对桥梁结构的减震、耗能设计,软钢阻挡装置具有如下特点:

(1) 位移相关型阻尼器,进入屈服状态后在小位移下能耗散地震能量。

(2) 在小震作用下,高性能软钢阻挡装置不影响结构的使用。在大震作用下,高性能软钢阻挡装置在支座发生大变形时进入屈服状态并耗散地震能量。

(3) 该装置在地震下能够有效地防止落梁。

对高性能软钢阻挡装置的力学性能进行试验研究如下。

7.3.3.1 材料试验

在软钢阻挡装置的试验研究中,试验用低屈服强度钢材型号见表 7-10。

表 7-10 试验用低屈服强度钢材型号

型 号	ZNQ-1	ZNQ-2	ZNQ-3	ZNQ-4
钢板材料	BLY160	BLY160	BLY160	BLY225
钢板尺寸(mm×mm)	300×300	300×300	300×300	300×300

(续表)

型 号	ZNQ-1	ZNQ-2	ZNQ-3	ZNQ-4
钢板厚度(mm)	10	12	14	10
数量(块)	6	6	4	6

软钢的屈服点较低,其材料力学性能设计值见表 7-11。

表 7-11 软钢材料力学性能设计值

牌号	拉 伸 试 验			
	屈服强度(R_{eL},MPa)	抗拉强度(R_m,MPa)	断后伸长率(%)	屈服比
BLY160	140~180	220~320	≥45	≤80
BLY225	205~245	300~400	≥40	≤80

拉伸试验结果见表 7-12。

表 7-12 拉伸试验结果

牌号	试样编号	厚度(mm)	样品编号	截面尺寸(mm×mm)	屈服强度(R_{eL},MPa)	抗拉强度(R_m,MPa)	伸长率(A,%)	屈强比(YR,%)
BLY160	1#	10	1008L126001	9.54×25.14	183	285	60.5	64.2
			1008L126001	9.56×25.14	184	285	59.5	64.6
BLY225	2#	10	1008L126002	9.53×25.14	225	300	58.5	75.0
			1008L126002	9.60×25.16	215	295	58.5	72.9
BLY160	3#	12	1009L053002	11.52×24.96	158	278	64	56.8
			1009L053002	11.53×24.95	160	278	61	57.6
BLY160	4#	14	1009L053003	13.75×25.00	161	281	63	57.3
			1009L053003	13.70×24.98	167	280	61.5	59.6

冲击试验结果见表 7-13。

表 7-13 冲击试验结果

样品编号	牌号	编号规格	试验温度(℃)	冲击功(A_{kv},J)	断口剪切面积(F_A,%)	备注
1009L004001	BLY160	1#	20	171 174 171	100 100 100	7.5 mm 样
1009L004001		10 mm	0	186 198 195	100 100 100	7.5 mm 样
1009L004002	BLY225	2#	20	174 174 174	100 100 100	7.5 mm 样
1009L004002		10 mm	0	198 201 204	100 100 100	7.5 mm 样
1009L004003	BLY160	3#	20	255 264 261	100 100 100	—
1009L004003		12 mm	0	285 303 300	100 100 100	—
1009L004004	BLY160	4#	20	264 264 261	100 100 100	—
1009L004004		14 mm	0	303 294 297	100 100 100	—

7.3.3.2 软钢阻挡试验水平加载装置

试验加载装置的工装主要由4个弹性支撑体和1块带扣槽的连接板组成。弹簧支撑体由阻尼缸体、支撑轴、支撑圆板、四氟板组成。将150 kN的竖向力由4个弹性体承担,每个分别承担37.5 kN。阻尼缸体内装有阻尼弹性块,当承受竖向力时,弹性块受压变形,经计算得到弹性块的刚度约为4 600 N/mm,受压时变形量约为8 mm。支撑轴的底部与支撑圆板焊接,再将四氟板与圆板粘接。由于四氟板与钢板的摩擦系数小,当在水平方向做往复运动时,产生的摩擦力较小。实验水平加载工装及加载如图7-95所示。

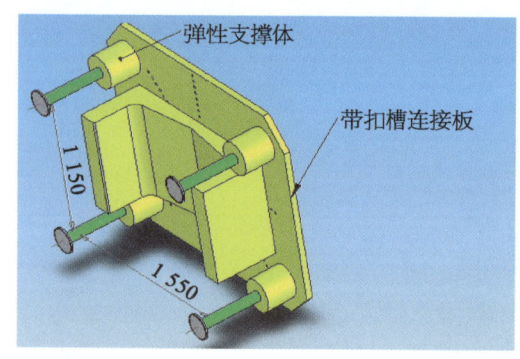

图7-95 实验水平加载工装及加载

7.3.3.3 软钢阻挡装置

软钢阻挡装置主要分为有加劲肋和无加劲肋2种,有加劲肋的软钢阻挡装置及加载试验情况如图7-96所示。

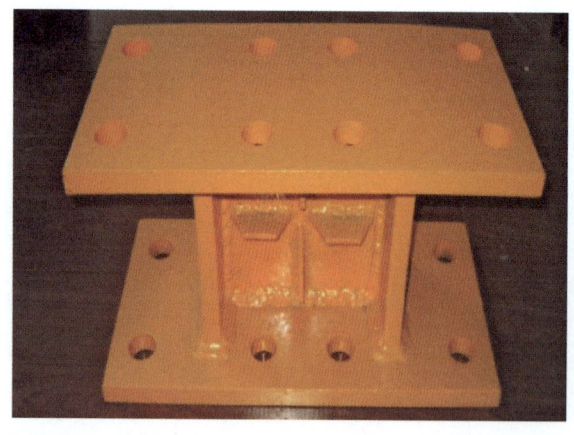

图7-96 有加劲肋的软钢阻挡装置及加载试验

按照水平应变2%的变化幅度逐步加大应变进行加载,最后按12%水平应变的水平力进行往返加载,直至试验构件破坏。试验加载水平应变历程如图7-97所示。

采用BLY160钢材的软钢阻挡装置的详细试验参数见表7-14。

第 7 章 天津海河吉兆桥

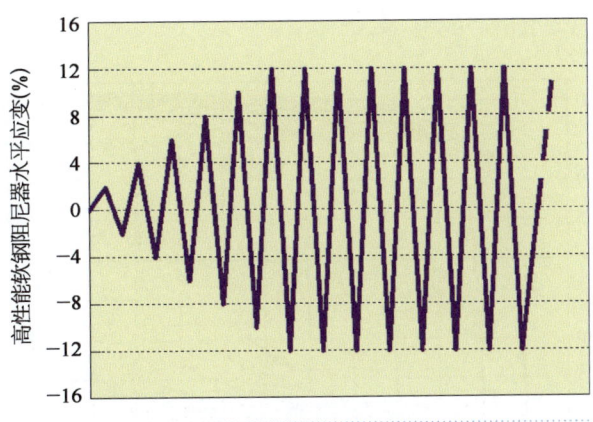

图 7-97 试验加载水平应变历程

表 7-14 采用 BLY160 钢材的软钢阻挡装置的详细试验参数

序 号	腹板(mm×mm)	腹板厚度(mm)	加劲肋	加劲肋间距(mm)
1	300×300	10	无	无
2	300×300	10	单面	150
3	300×300	10	双面	150
4	300×300	10	单面	100
5	300×300	10	双面	100
6	300×300	12	无	无
7	300×300	12	单面	150
8	300×300	12	双面	150
9	300×300	12	单面	100
10	300×300	12	双面	100
11	300×300	14	无	无
12	300×300	14	双面	150
13	300×300	14	双面	100

采用 BLY225 钢材的软钢阻挡装置的详细试验参数见表 7-15。

表 7-15 BLY225 钢材的软钢阻挡装置详细试验参数

序 号	腹板(mm×mm)	腹板厚度(mm)	加劲肋	加劲肋间距(mm)
14	300×300	10	无	无
15	300×300	10	单面	150
16	300×300	10	双面	150
17	300×300	10	单面	100
18	300×300	10	双面	100
19	300×300	12	无	无

16号试件的滞回曲线如图7-98所示。

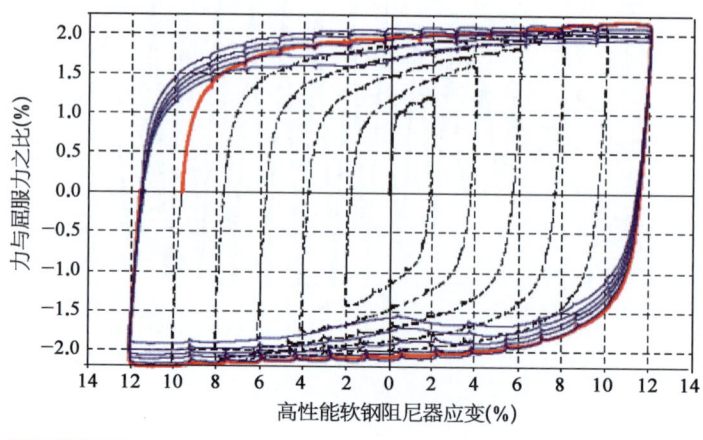

图7-98　16号试件的滞回曲线

试验结果数据见表7-16。

表7-16　试验结果数据

型号	腹板 （mm×mm）	腹板厚度 （mm）	加劲肋	屈服位移 （mm）	屈服力 （kN）	极限位移 （mm）	极限力 （kN）
1	300×300	10	无	0.34	259	24	442
2	300×300	10	单面	0.34	267	24	553
3	300×300	10	双面	0.34	349	39	789
4	300×300	10	单面	0.34	278	30	578
5	300×300	10	双面	0.34	379	36	813
6	300×300	12	无	0.38	310	38	531
7	300×300	12	单面	0.38	322	42	664
8	300×300	12	双面	0.38	421	48	947
9	300×300	12	单面	0.38	334	48	694
10	300×300	12	双面	0.38	455	54	981
11	300×300	14	无	0.44	376	55	642
12	300×300	14	双面	0.44	515	67	1 144
13	300×300	14	双面	0.44	578	69	1 189
14	300×300	10	无	0.57	456	41	771
15	300×300	10	单面	0.57	572	53	931
16	300×300	10	双面	0.57	622	62	1 272
17	300×300	10	单面	0.57	581	55	955
18	300×300	10	双面	0.57	703	61	1 382
19	300×300	12	无	0.65	609	55	1 077

通过对高性能软钢阻挡装置进行试验研究,依据试验结果,进行吉兆桥的减震、耗能设计,并配合隔震橡胶支座形成位移型混合耗能减隔震系统,从而有效地减少地震对桥梁的影响。

7.4 施工关键技术研究

7.4.1 钢桁架制作精度控制

7.4.1.1 杆件分类

针对吉兆桥钢桁架结构特点,对各类杆件进行分类,并对施工控制要点进行分析,见表7-17。

表7-17 杆件分类

杆件名称	杆件特点	控制要点	施工难点
钢箱形梁1、2	箱形梁结构位于主梁截面最小处,分别连接引桥及桥梁跨中,受力较大,是钢桁梁的重要组成部分	箱形梁的焊接质量控制	内部空间狭小,焊接及涂装工作施工空间小
上、下弦杆及腹杆	上、下弦杆为箱形结构,连接腹杆为工字梁结构,对钢桁架整体稳定、成桥线形起关键作用,是主桁架的重要组成部分	1. 焊接质量控制; 2. 线形控制; 3. 上、下弦杆与钢箱梁连接; 4. 斜杆定位控制	1. 内部空间狭小,内部隔板焊接困难; 2. 上、下弦杆节点板角度各不相同,上、下弦杆组合后线形控制难度较大; 3. 内部空间狭小,涂装工作施工空间小; 4. 板厚较厚,焊接变形控制难; 5. 弦杆内部隔板与斜杆位置准确度要求高
钢梁及钢桁架横向连接杆件	工字梁结构,连接9榀主钢桁架	1. 下弦杆横向连接杆件上、下翼缘板角度控制; 2. 不同位置杆件分类编号	1. 下弦杆为曲线变截面箱形梁; 2. 焊接变形控制难

7.4.1.2 关键工艺控制

1)焊接工艺评定

在桥梁施工前,根据钢材材质、板厚、钢梁结构形式、施工条件以及规范和设计要求,编制钢桁架梁焊接工艺评定方案。在正式施焊过程中,焊接工艺应严格按照对应评定项目的焊接工艺要求执行。为保证工程质量,在焊接施工中要求制备产品试板,检查焊接质量情况,从而在节约成本及工期、保证工程质量的前提下,保证焊接工艺评定的先进性与科学性。

选用工程使用的同批号母材制备试板,选用的焊接材料应使焊缝的强度、韧性高于母材。试板焊接时,要考虑坡口根部间隙、环境和约束等极限状态,以使评定结果具有广泛的适用性。焊材选用方法见表7-18。

表7-18 焊材选用方法

序号	焊接方法	母材	焊材(耗材)名称
1	埋弧焊	Q345qD	埋弧焊丝 H08Mn2E,焊剂 SJ101
2	CO_2气保焊	Q345qD	药芯焊丝 E501T-1
3	手弧焊	Q345qD	低氢焊条 J507

2) 桁架三维建模及放样

对整体桁架进行计算机辅助三维建模(图7-99),具体要求如下:

(1) 对钢桁架各类连接形式分别进行转化。
(2) 确定节点连接关系、各类杆件的位置和高程。
(3) 注意局部连接关系复杂节点、桁架内部隔板设置情况及其与横纵向连接杆件的位置关系。

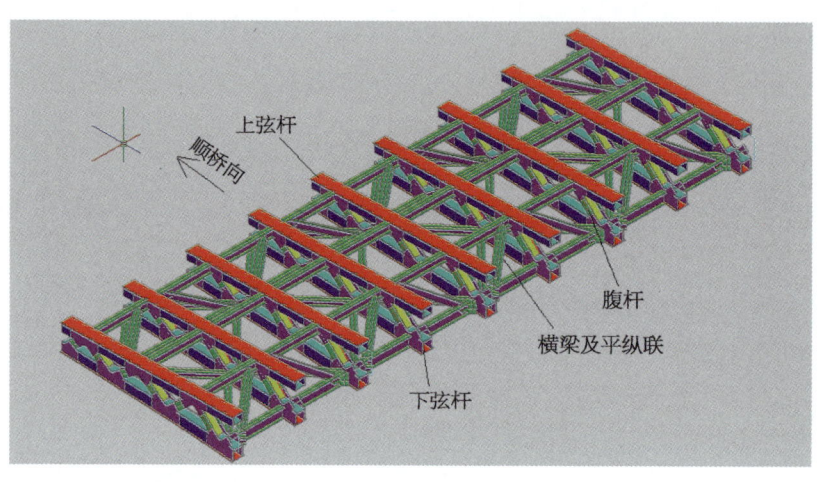

图7-99 典型桁架梁段三维模型示意

3) 钢构件下料

该桥钢桁架结构复杂,尤其是上、下弦杆节点板角度控制要求高,因此优先采用精密(数控、半自动)切割下料,手工气割及剪切仅用于工艺特定或切割后仍需加工的零件。当采用数控切割机下料的零件编程时,根据零件形状、复杂程度、尺寸大小和精度要求等确定切入点、退出点、切割方向和切割顺序。钢板切割下料时预放焊接收缩补偿量,一次切割下料成活。

采用普通切割机下料的零件,应先制作样板、样条、样杆,并应按工艺文件规定留出加工余量和焊接收缩量。

4) 工装胎架制作

全桥纵向9榀梁为主要受力杆件,对全桥受力及线形有决定性影响,工厂内将纵向9榀梁的制作作为重要控制点。为保证制造精度,工厂内制作钢桁架梁专用胎架,对9榀梁进行匹配制作。胎架线形根据钢桁架梁下弦杆线形确定,根据监控单位要求设置适当的预拱值,保证钢梁制作质量符合设计要求。

5) 钢桁架匹配制造技术

由于吉兆桥跨度、宽度大,进行钢桁架整体预拼存在较大困难,经济性较差。钢桁架预拼的主要目的是验证钢桁架分段接口及横、纵向联接杆件的位置情况。采用分段匹配制造的工艺方案,可有效控制各分段的制造尺寸,同时节约预拼费用。

7.4.2 钢桁架小空间复杂节点制造技术

7.4.2.1 钢箱梁与上、下弦杆连接部位

钢箱梁与上、下弦杆连接部位结构较为复杂,钢箱梁内部有加强结构,外部横向有横连,如图 7-100、图 7-101 所示。

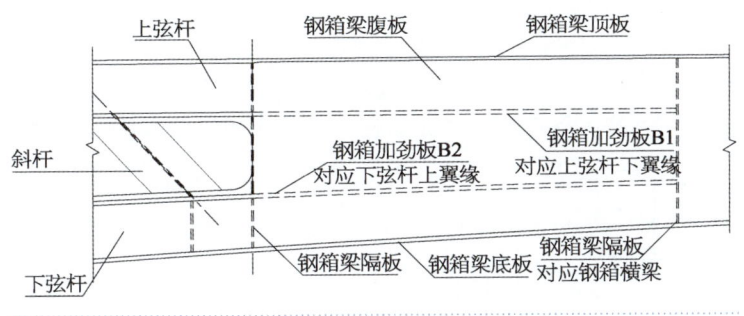

图 7-100 上、下弦杆与钢箱梁连接示意图

为避免焊缝重叠且便于施工,工厂内加工组拼方法如下:

(1) 钢梁与上、下弦杆连接部位数控下料,如图 7-102 所示。

(2) 将腹板与钢箱内部加劲板组装焊接,如图 7-103 所示。

(3) 钢箱梁隔板组装焊接,如图 7-104 所示。

(4) 钢箱腹板、加劲板与相邻上、下弦杆焊接,如图 7-105 所示。

(5) 焊接钢箱与下弦杆底板,如图 7-106 所示。

(6) 组装焊接钢箱与上弦杆顶板,如图 7-107 所示。

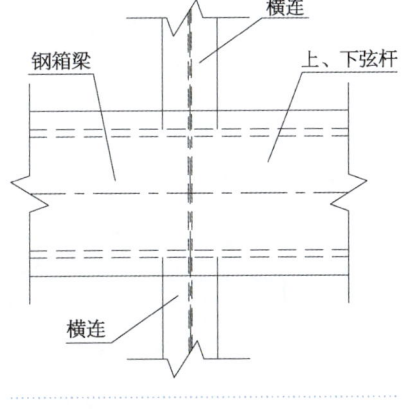

图 7-101 横连示意图

7.4.2.2 桁架组装

桁架组装顺序流程如下:底板上胎→隔板组装焊接→腹板组装焊接→顶板合箱→顶板焊接→矫形。

以 4#墩位处下弦杆为例,钢桁架组装如图 7-108 所示。

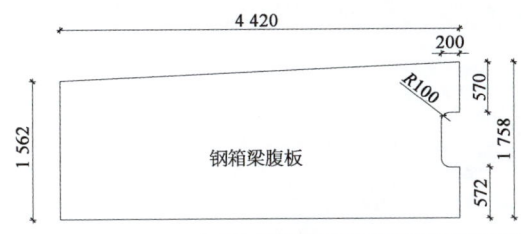

图 7-102 钢梁与上、下弦杆连接部位数控下料

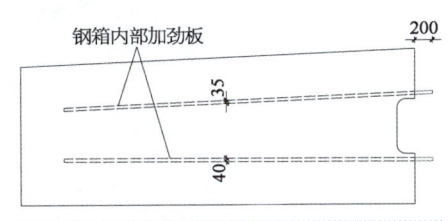

图 7-103 腹板与钢箱内部加劲板组装焊接

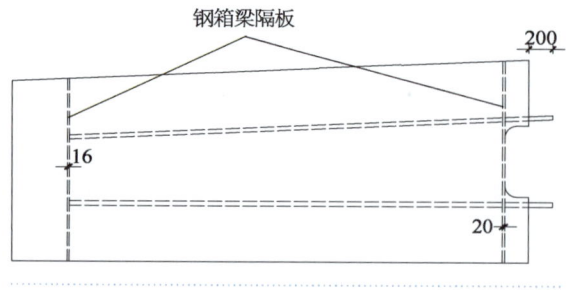
图 7‑104　钢箱梁隔板组装焊接

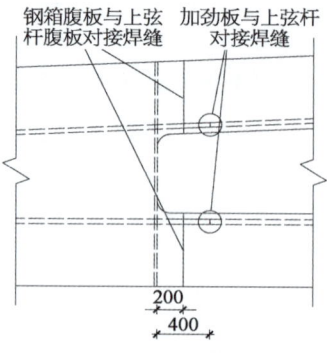
图 7‑105　钢箱腹板、加劲板与上、下弦杆焊接

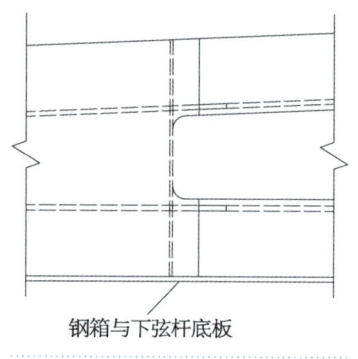
图 7‑106　焊接钢箱与下弦杆底板焊接

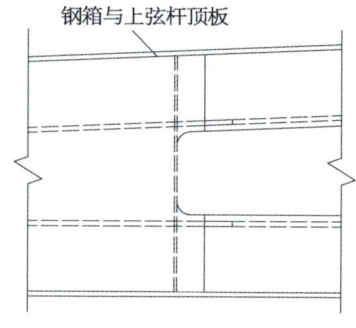
图 7‑107　组装焊接钢箱与上弦杆顶板焊接

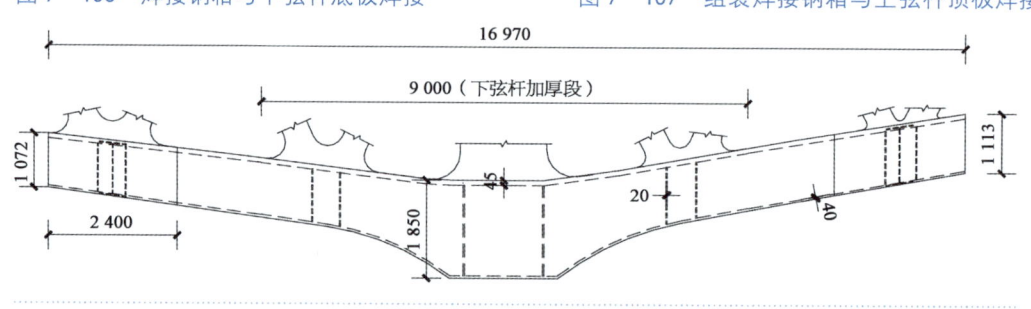
图 7‑108　钢桁架组装示意图

（1）下弦杆底板上胎组拼，如图 7‑109 所示。

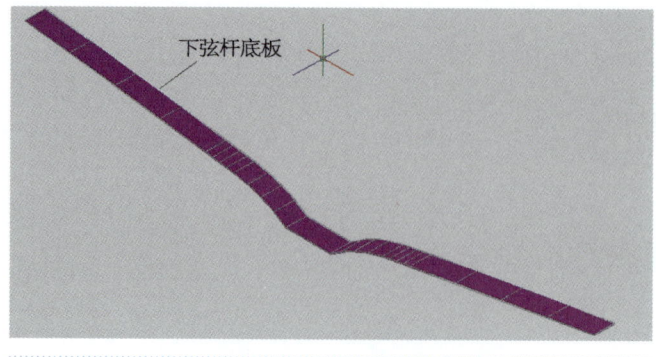
图 7‑109　下弦杆底板上胎组拼

(2) 隔板组装如图 7-110 所示。

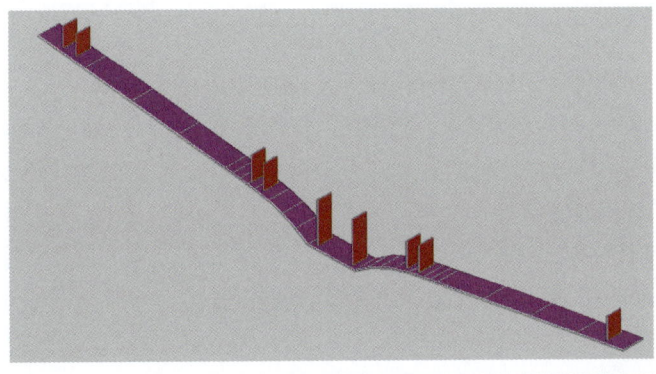

图 7-110　隔板组装

(3) 腹板组装如图 7-111 所示。

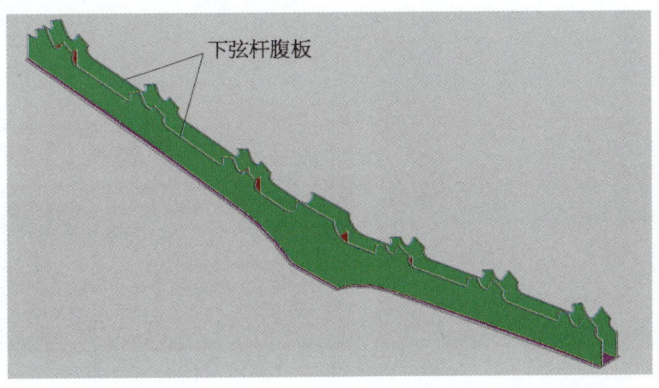

图 7-111　腹板组装

(4) 顶板组装如图 7-112 所示。

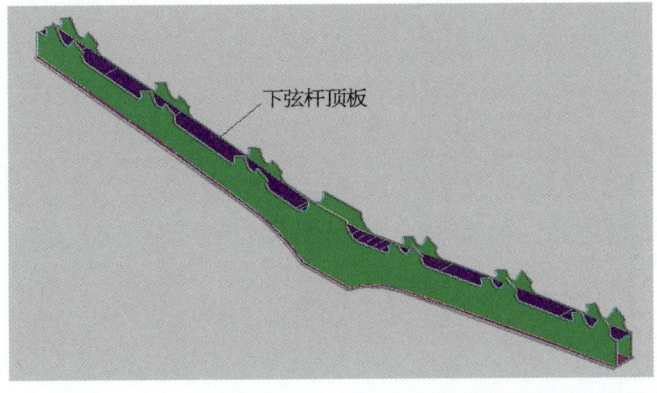

图 7-112　顶板组装

由于下弦杆内部隔板距离较小,因此采用顶板分段嵌补的方法进行焊接。

7.4.3 钢桁架安装技术

桥梁结构钢梁总质量约为 5 140 t,钢桁架梁及端横梁采用载重量为 50～150 t 的汽车运输,小型构件采用 20 t 汽车运输,同时配备相应起吊能力的汽车起重机。钢桁架梁现场安装工艺流程如下:龙门式起重机基础施工→安装龙门式起重机→安放水上平台砂箱→划制水上平台轴线→复测水上平台坐标→对称安装钢桁架。

由于大部分钢结构桥梁均采用工厂制造、现场安装的工艺方案,在施工前,必须对加工场地至桥位的运输路线进行实地考察,以便确定钢桁架的制造分段。

钢桁架制造分段的确定主要考虑以下几方面因素:① 运输路线的路面宽度,沿途限高桥梁,电缆线路高度。② 桥位现场起重吊装能力。③ 加工厂场地情况。④ 河道过往船舶情况。⑤ 桥位支架布置情况。吉兆桥施工现场如图 7-113 所示。

图 7-113 吉兆桥施工现场

参 考 文 献

[1] 邓文中.拱的艺术：第二十一届全国桥梁学术会议论文集[M].北京：人民交通出版社，2014.
[2] 韩振勇.解析大沽桥技术特点—日月同辉大沽桥[J].中国公路，2006(18)：88-89.
[3] 韩振勇.海河综合开发新建桥梁结构技术特点[J].桥梁建设，2007(3)：40-43.
[4] 项海帆.高等桥梁结构理论[M].北京：人民交通出版社，2001.
[5] 秦权，白刚，王建秀.斜拱面非对称钢箱系杆拱桥的抗震分析[J].工程力学，2005，22(3)：152-156.
[6] 闫学成，董景强，张伟.大沽桥拱肋支架体系施工技术[J].天津建设科技，2006，16(B07)：198-201.
[7] 韩振勇.索支承桥梁拉索张拉优化方法[J].结构工程师，2007，23(2)：75-79.
[8] 肖汝诚，项海帆.斜拉桥索力优化的影响矩阵法[J].同济大学学报，1998，26(3)：235-240.
[9] 韩振勇.新型桥梁设计构思和施工技术优化[D].上海：同济大学，2006.
[10] 刘云，钱振东，程刚.天津大沽桥钢桥面铺装的设计与施工[J].交通运输工程与信息学报，2005，3(4)：94-100.
[11] 晏永.钢桥铺装用环氧沥青的研究现状及展望[J].公路交通科技，2016，33(9)：69-77.
[12] 井润胜.天津海河奉化桥设计构思及结构特点：第十八届全国桥梁学术会议论文集[M].北京：人民交通出版社，2008.
[13] 韩振勇.吊索结构的索力施工技术优化方法在奉化桥中的应用：第十八届全国桥梁学术会议论文集[M].北京：人民交通出版社，2008.
[14] 韩振勇.天津海河综合开发新建桥梁技术特点-大沽桥、奉化桥、蚌埠桥：第十七届全国桥梁学术会议论文集[M].北京：人民交通出版社，2006.
[15] 张振学等.天津海河蚌埠桥设计构思及结构特点：第十八届全国桥梁学术会议论文集[M].北京：人民交通出版社，2008.
[16] 汤洪雁.天津海河蚌埠桥结构与特殊构造：第十八届全国桥梁学术会议论文集[M].北京：人民交通出版社，2008.
[17] 徐建军.海河蚌埠桥反对称空间扭曲网格拱结构研究[D].天津：天津大学，2013.
[18] 胡宗文.天津海河蚌埠桥铝合金桥面板静力承载性能试验研究[J].建筑科学，2009，25(1)：58，78-81.
[19] 韩振勇.天津海河赤峰桥设计构思及结构特点：第十八届全国桥梁学术会议论文集[M].北京：人民交通出版社，2008.
[20] 崔志刚.天津海河赤峰桥整体结构计算分析与设计：第十八届全国桥梁学术会议论文集

[M].北京：人民交通出版社,2008.
- [21] 周孟波.斜拉桥手册[M].北京：人民交通出版社,2004.
- [22] 孙远.天津赤峰桥主塔施工应力监测[J].施工技术,2009(7)：54-56.
- [23] 孙彦华.赤峰桥钢锚箱施工工艺的研究[J].天津建设科技,2007(增刊)：169-172.
- [24] 孙远.天津赤峰桥体系转换施工监控[J].结构工程师,2009,25(5)：130-136.
- [25] 韩振勇.天津海河富民桥设计构思及结构特点：第十八届全国桥梁学术会议论文集[M].北京：人民交通出版社,2008.
- [26] 司振清.天津富民桥锚碇构造设计[J].桥梁建设,2008(5)：5-7.
- [27] 汤洪雁.天津富民桥结构设计与施工控制关键技术研究[D].天津：天津大学,2010.
- [28] 井润胜.天津富民桥主桥整体结构空间分析与设计[J].桥梁建设,2008(5)：1-4.
- [29] 汤洪雁.天津富民桥空间缆索系统关键技术[J].桥梁建设,2008(5)：8-11.
- [30] 韩振勇.天津富民桥可转动索夹的研发[J].桥梁建设,2008(5)：12-14.
- [31] 韩振勇.天津富民桥主桥施工技术综述[J].桥梁建设,2008(5)：18-20.
- [32] 韩振勇.天津海河吉兆桥总体设计要点：全国桥梁学术会议论文集[M].北京：人民交通出版社,2013.
- [33] 张振学.钢-混凝土连续组合桁梁桥受力性能优化[J].桥梁建设,2012(6)：57-62.
- [34] 聂建国.钢-混凝土组合结构：原理与实例[M].北京：科学出版社,2009.
- [35] 聂建国.大跨钢-混凝土连续组合箱梁桥双重组合作用[J].清华大学学报：自然科学版,2012,52(2)：133-138.
- [36] 聂建国.抗拔不抗剪栓钉连接件抗拔性能试验研究[J].特种结构,2015,32(3)：6-12.
- [37] 范立础,王志强.桥梁减隔震设计[M].北京：人民交通出版社,2001.
- [38] 韩振勇.天津海河吉兆桥抗震设计概述：第二十一届全国桥梁学术会议论文集[M].北京：人民交通出版社,2014.